Nordrhein-Westfalen

Doppel-Klick 10

Das Sprach- und Lesebuch

Differenzierende Ausgabe

Herausgegeben von
Renate Krull, Elisabeth Schäpers und Renate Teepe

Erarbeitet von
Mahir Gökbudak, Silke González León, Beate Hallmann,
August-Bernhard Jacobs, Lucia Jacobs, Jona Jasper,
Michaela Koch, Patricia Litz, Ekhard Ninnemann,
Martin Püttschneider, Christiane Rein, Elisabeth Schäpers,
Matthias Scholz, Michael Strangmann, Renate Teepe

Cornelsen

Themen

Kompetenzen

Debattieren: Streiten mit Kultur

Mündlicher Aufgabentyp 1c: eigene Standpunkte präsentieren
sich verständlich, sach- und situationsangemessen äußern
eigene Redebeiträge gestalten, zuhören
auf Gegenpositionen eingehen
Gespräche leiten, beobachten, auswerten

Training: Eine Debatte vorbereiten, durchführen und auswerten

Mündlicher Aufgabentyp 1c: eigene Standpunkte präsentieren
Standpunkte begründet vertreten

Nanotechnologie – Die Größe liegt im Kleinen

Schriftlicher Aufgabentyp 3: eine Argumentation erstellen
Lesestrategien anwenden und reflektieren
sich argumentativ mit Sachverhalten und Meinungen auseinandersetzen
die eigene Meinung begründet und nachvollziehbar vertreten

Training: Eine Argumentation schreiben

Schriftlicher Aufgabentyp 3: eine Argumentation erstellen
einen argumentativen Text zu einem Sachverhalt verfassen

Gut ankommen im Beruf

Mündlicher Aufgabentyp 3: Sprechakte gestalten und reflektieren
formelle und informelle Gesprächssituationen richtig einschätzen und sich angemessen ausdrücken
sich präsentieren und darstellen

Training: Sich präsentieren

Mündlicher Aufgabentyp 3: Sprechakte gestalten und reflektieren

Schriftlicher Aufgabentyp 5: Texte analysieren und überarbeiten

Alles hat seine Zeit

Schriftlicher Aufgabentyp 6: produktionsorientiert zu Texten schreiben
Texte sprachlich gestalten
sprachliche Bilder deuten
Erzählperspektive und die Raum-Zeit-Darstellung untersuchen
literarische Figuren charakterisieren

Training: Produktives Schreiben

Schriftlicher Aufgabentyp 5 und 6: produktionsorientiert zu Texten schreiben und die eigenen Texte sprachlich überarbeiten

Empört euch!

Mündlicher Aufgabentyp 1a: Arbeitsergebnisse mediengestützt präsentieren
Informationen adressatenbezogen aufbereiten, veranschaulichen, präsentieren

Schriftlicher Aufgabentyp 2: Verfassen eines informativen Textes
über komplexe Sachverhalte informieren
appellative Sprache situations- und adressatenbezogen verwenden

Training: Einen informativen Text verfassen

Schriftlicher Aufgabentyp 2: Verfassen eines informativen Textes

Mensch – Wer bist du? Menschenbilder in verschiedenen Zeiten

Schriftlicher Aufgabentyp 4a und 4b: literarische Texte interpretieren, Textaussagen deuten und bewerten
wesentliche Textmerkmale erfassen
Gestaltungsmittel in ihren Wirkungszusammenhängen und in ihrer historischen Bedingtheit erkennen
eigene Deutungen des Textes entwickeln und belegen

Training: Einen dramatischen Text interpretieren

Schriftlicher Aufgabentyp 4a: einen literarischen Text analysieren und interpretieren

Kompetenzen

Macht(,) Gedichte!

Mündlicher Aufgabentyp 2b: Gedichte gestaltend vortragen

Schriftlicher Aufgabentyp 4a: einen literarischen Text analysieren und interpretieren
lyrische Texte lesen und verstehen
Zusammenhänge von Inhalt, Form und Sprache analysieren
sprachliche Bilder deuten
Gedichte umschreiben und gestalten

Training: Gedichte untersuchen und vergleichen

Schriftlicher Aufgabentyp 4a: einen literarischen Text analysieren und interpretieren
Ergebnisse einer Textuntersuchung schriftlich darstellen

Begegnungen in Kurzgeschichten

Schriftlicher Aufgabentyp 4a: einen literarischen Text analysieren und interpretieren
wesentliche Textmerkmale erfassen
sprachliche Gestaltungsmittel erkennen
zu Kurzgeschichten schreiben
eigene Deutungen entwickeln und am Text belegen

Training: Eine Kurzgeschichte interpretieren

Schriftlicher Aufgabentyp 4a: einen literarischen Text analysieren und interpretieren
Ergebnisse einer Textuntersuchung schriftlich darstellen

Die Liebe in Romanen

Schriftlicher Aufgabentyp 4a: einen literarischen Text analysieren und interpretieren
Besonderheiten der Textsorte und Textmerkmale erkennen
komplexere Erzähltexte kennen lernen und ihre Wirkung erfassen
Erzählperspektiven unterscheiden
produktive Methoden nutzen

Theater, Theater

Mündlicher Aufgabentyp 2a: dialogische Texte gestaltend vortragen
szenisch lesen und spielen

Schriftlicher Aufgabentyp 4a und 4b: fragengeleitet literarische Texte und Sachtexte analysieren und bewerten
die Wirkung des Textes und mögliche Aussageabsichten ableiten
Merkmale des epischen Theaters kennen lernen
Zusammenhang zwischen Text, Entstehungszeit und Biografie des Autors untersuchen

Joyce Carol Oates: Eine Stimme Nordamerikas

Schriftlicher Aufgabentyp 4a: einen literarischen Text analysieren und interpretieren

Figuren und Figurenkonstellationen deuten, bewerten und vergleichen
literarische Texte unter Aspekten des äußeren und inneren Geschehens, der Sprachgestaltung und der Aussageabsicht untersuchen
literarische Figuren charakterisieren
produktiv schreiben

Mit spitzer Feder gezeichnet und geschrieben

Schriftlicher Aufgabentyp 4b: fragengeleitet aus Texten Informationen ermitteln, Textaussagen reflektieren und bewerten

Texte und ihre Wirkung verstehen und bewerten
stilistische Gestaltungsmittel und ihre Wirkungsweise untersuchen
Rhetorik und Struktur von Texten untersuchen

Auftritt im Netz

Neue Kommunikationsmedien kritisch nutzen

Nutzungsmöglichkeiten verschiedener Medien kennen und reflektieren
sich mit dem Datenschutz auseinandersetzen
Medien in ihren Formen und Wirkungen vergleichen
Intentionen medialer Texte kennen und verstehen

Arbeitstechniken trainieren

Kompetenzen

Leseerwartungen und Leseerfahrungen reflektieren
Struktur und Inhalt literarischer Texte kommentieren
die eigene Lesekompetenz einschätzen

Aufbau, Inhalt und Formulierungen eigener und fremder Texte überprüfen und überarbeiten

Zitate korrekt in den eigenen Text integrieren

Vorträge durch Präsentationstechniken und Begleitmedien unterstützen

Rechtschreiben

Die Trainingseinheiten

Kompetenzen

Grundregeln der Rechtschreibung und Zeichensetzung sicher beherrschen
häufig vorkommende Wörter, Fachbegriffe und Fremdwörter richtig schreiben
erweiterte Regeln der Zeichensetzung kennen und anwenden

Die Rechtschreibhilfen

im Bereich wortbezogener Regelungen weitgehend sicher schreiben

Die Arbeitstechniken

Strategien zur Überprüfung der sprachlichen Richtigkeit und Rechtschreibung anwenden
individuelle Fehlerschwerpunkte erkennen und abbauen

Training Grammatik

Kompetenzen

Sprache und Sprachgebrauch

Sprachvarianten reflektieren und über Kenntnisse in Bezug auf Gebrauch, Bedeutung und Wandel verfügen

Sprache und Stil

Merkmale und Funktion komplexer stilistischer Mittel untersuchen

Satzglieder im einfachen Satz

Satzglieder im Satzgefüge

Bauformen von Satzgliedern erkennen und gezielt stilistisch verwenden
Kenntnisse im Bereich der Syntax festigen, differenzieren, erweitern und zur Analyse und zum Schreiben von Texten nutzen

Lernen durch Lehren

Mehrsprachigkeit zur Entwicklung von Sprachbewussheit und zum Sprachvergleich nutzen

Das kann ich!

Debattieren: Streiten mit Kultur

- Mündlich argumentieren
- Debattieren

1

2

3

4

Streitkultur – Ein demokratisches Prinzip

Die Fotos auf Seite 11 zeigen verschiedene Situationen.

1 Welche Gesprächssituationen könnten dargestellt sein?
  a. Beschreibt die Situationen auf den Fotos.
  b. Vergleicht sie miteinander.

2 Was lösen Streitgespräche eurer Meinung nach aus?
Tauscht euch darüber aus.

3 Welche Regeln sollten in Streitgesprächen berücksichtigt werden?
Schreibt sie auf und tauscht euch darüber aus.

Die Kapitelüberschrift und der folgende Text geben Hinweise darauf, um welche Form von Streitgesprächen es in diesem Kapitel geht.

In einer demokratischen Gesellschaft gibt es ein grundlegendes Prinzip: Menschen haben unterschiedliche Meinungen und ein Recht darauf, diese zu vertreten. Wenn daraus Konflikte entstehen, kommt es darauf an, wie gestritten wird. Fairer Streit und das Bemühen um vernünftige Kompromisse sind in einer Demokratie unerlässlich. Es bedarf einer Streitkultur, um sich fair und konstruktiv auseinanderzusetzen.

4 Klärt die Bedeutung des Begriffs **Streitkultur**.
  a. Erklärt, was mit **Kultur** in diesem Zusammenhang gemeint ist.
  b. Schreibt wesentliche Bedingungen für eine faire und konstruktive Auseinandersetzung auf.

(se) débattre *abgeleitet* von alt frz. debatre = schlagen (beim Fechten), sich streiten.
Eine Debatte ist ein Wortgefecht nach festgelegten Regeln.
Ziel ist es, mit Worten treffend zu argumentieren, ohne andere zu verletzen.

5 **Debatte** leitet sich vom französischen Verb **débattre** ab.
  a. Lest die Informationen in der Randspalte.
  b. Erklärt den Zusammenhang zwischen der Herkunft des Verbs **débattre** und dem Begriff **Streitkultur**.

Bestimmte Debatten werden in der Öffentlichkeit geführt.

6 Wozu dienen öffentliche Debatten? Erläutert anhand von Beispielen.

Z **7** Manche Machthaber verhindern öffentliche Debatten oder stellen diese unter Strafe. Tauscht euch über die Gründe aus.

In diesem Kapitel lernt ihr, eine Debatte zu führen. Ihr debattiert zu strittigen Themen und übt, mündlich überzeugend zu argumentieren. Das Zeichen in der Randspalte markiert die wesentlichen Schritte.

Sich auf eine Debatte vorbereiten

„Soll eine Altersgrenze von 18 Jahren für den Zugang zu sozialen Netzwerken festgelegt werden?“ – Diese Frage soll auf einer Jahrgangskonferenz der zehnten Klassen debattiert werden. Um vorab Argumente zu sammeln, fragt Hanna ihre Mitschüler nach ihrer Meinung.

Gion: Immer nur Kontrolle ... Jeder sollte die Möglichkeit haben, sich im Netz mit anderen auszutauschen. Demnächst wird dann noch der Inhalt der Nachrichten überwacht, der nur jeden ganz persönlich etwas angeht.

Selina: Naja, sehr persönlich bleiben ja die Nachrichten im Netz nicht gerade. Besonders jüngere Schüler können doch gar nicht abschätzen, welche Informationen missbraucht werden könnten, wenn sie sie preisgeben.

Ekrem: Das hat doch nichts mit dem Alter zu tun, sondern mit den Netzwerken. Meinen Account habe ich gelöscht, als ich gelesen habe, dass eine Gesichtserkennung geplant ist, mit der jeder Fremde mithilfe eines Fotos von mir auch an meine Daten kommt. So etwas sollte verboten werden.

Gion: Jetzt tut doch nicht so, als ob ihr große Geheimnisse veröffentlichen würdet. Wer ich bin und was ich so mache, kann ruhig jeder wissen.

Selina: Ich habe noch Fotos von dir auf Gerrits Party. Soll ich die hochladen?

Tom: Bleibt doch mal sachlich. Es gibt immer Leute, die Grenzen überschreiten. Aber warum sollen deshalb alle jüngeren Mitglieder eingeschränkt werden? Ich finde es praktisch, dass ich schnell mit meinen Freunden kommunizieren kann und mit vielen gleichzeitig.

Lisa: Genau. Und für mich ist z. B. Facebook nichts anderes als mein persönliches Adressbuch, das sich selbst aktualisiert. Selbst wenn einige nach der 10. Klasse woanders hinziehen, kann ich den Kontakt halten.

1 Welche Meinung vertreten die befragten Mitschüler? Schreibe auf, wer für und wer gegen eine Altersgrenze ist.

2 Stelle dir vor, du könntest in das Streitgespräch eingreifen. Schreibe auf, was du zu wem sagen würdest.

Hanna ist auch gegen eine Altersgrenze.

3 Welche Argumente aus dem Streitgespräch könnten ihr in einer Debatte nützlich sein?
  a. Schreibe sie auf.
  b. Ergänze sie durch eigene Argumente.

Am Rand findet ihr Informationen zum Begriff Debatte.

4 Welche Gemeinsamkeiten und Unterschiede bestehen zwischen dem Streitgespräch oben und einer Debatte? Sprecht darüber.

Info

Eine **Debatte** ist ein Streitgespräch, das im Unterschied zur Diskussion festgelegten formalen Regeln folgt. Es gibt verschiedene Debattierformate, wie z. B. die Parlamentsdebatte oder die Debatte in einem Rednerwettstreit.
Je nach Debattierformat können die Teilnehmer verschiedene Ziele verfolgen, z. B. andere zu überzeugen, Verständnis für andere Standpunkte zu entwickeln oder gemeinsam Kompromisse zu finden.
In einer Debatte werden die Pro- und Kontra-Argumente in kurzen Redebeiträgen vorgetragen. Eine Geschäftsordnung oder Wettstreitbedingungen regeln die Form und den Ablauf.

Redebeiträge in der Debatte untersuchen

Ein **Statement** (sprich: *Stäitment*) ist eine kurze Stellungnahme.

Eine Debatte besteht aus verschiedenen Redebeiträgen. Die Redner nennt man Debattanten. Oft beginnt eine Debatte mit einer Eröffnungsrunde, in der die Debattanten ein Statement abgeben.

Ekrem: Soziale Netzwerke sollten erst ab 18 Jahren zugänglich sein. Ich behaupte, dass gerade Jugendliche gefährdet sind, nur noch virtuell zu kommunizieren, und dabei zunehmend ihre Kommunikationsfähigkeit im realen Leben verlieren. Viele posten täglich mehrere Stunden, das wirkliche Leben um sie herum nehmen sie nicht mehr wahr. Ich spiele Fußball im Verein und trainiere noch die Minikicker. Das ist sinnvoller. Bleibt im direkten Kontakt. Sozialverhalten lernt man nicht am Rechner.

Tom: Alle Jugendlichen sollten die Möglichkeit haben, soziale Netzwerke zu nutzen. Diese Plattformen sind doch nicht an sich schlecht, sondern es kommt auf eine vernünftige Nutzung an. Es verlangt ja auch keiner von Kindern, dass sie schreiben und rechnen können, ohne es zu üben. Wer nicht lernt, mit modernen Medien umzugehen, kann diese später auch nicht kritisch nutzen.

Selina: Eine Altersgrenze für Netzwerkmitglieder halte ich für notwendig. Ich denke, dass gerade jüngere Schüler dadurch geschützt würden. Einige verhalten sich so, als wäre das Internet ein rechtsfreier Raum, in dem man sich ohne Aufsicht austoben kann. Dabei kommt es z. B. auch zu Cybermobbing. Plattformen dürfen nicht missbraucht werden, um anderen zu schaden.

1 Vergleicht die Statements inhaltlich und ihrem Aufbau nach.
  a. Schreibt auf, welche Meinung die Schüler jeweils vertreten.
  b. Beschreibt den Aufbau mithilfe der Arbeitstechnik.

Inhalt und Aufbau verstehen

2 Wozu werden Statements abgegeben?
Sprecht darüber, welche Funktion sie zu Beginn der Debatte erfüllen.

die Funktion von Statements verstehen

Sollte der Zugang zu sozialen Netzwerken erst ab 18 Jahren erlaubt sein?

3 Schreibt mithilfe der Arbeitstechnik ein Statement zu dieser Frage.

ein Statement formulieren

Arbeitstechnik

Ein Statement formulieren

In einem Statement triffst du eine **klare Aussage**, mit der du zu einer Frage oder zu einem Thema **eindeutig Position beziehst**.
- Formuliere in einem Satz deine persönliche **Meinung**.
- Unterstütze deine Meinung durch ein oder zwei **Argumente** und veranschauliche sie möglichst durch **Beispiele** oder **sprachliche Bilder**.
- Beende dein Statement mit einem **Appell** oder einer **Warnung**.

Während man in der Eröffnungsrunde ein Statement vorbereiten kann, geht es anschließend in der freien Aussprache darum, auf die Argumente anderer Debattanten spontan, aber überzeugend zu reagieren.

Selina: Meint ihr wirklich, die Jugendlichen wissen, worauf sie sich mit einem Zugang zu sozialen Netzwerken einlassen? Niemand macht sich Gedanken, wieso zum Beispiel das Unternehmen „facebook", das für alle Teilnehmer umsonst ist, Anfang 2011 auf einen Marktwert von 50 Milliarden US-Dollar geschätzt wurde – und das sieben Jahre nach seiner Gründung. Gewinne macht das Unternehmen mit dem Verkauf der privaten Daten an Firmen.

Tom: Das ist nicht zu bestreiten, aber gerade deshalb möchte ich als Jugendlicher auf die Risiken aufmerksam gemacht werden. Dann kann ich lernen, verantwortungsvoll zu entscheiden, welche Daten ich veröffentliche. Und wenn eine Firma dafür zahlt, dass sie den Namen meines Hundes erfährt, welcher Schaden soll daraus schon entstehen?

Ekrem: Wenn es hier um Datenschutz geht, vernachlässigt ihr die rechtliche Seite. Viele Jugendliche laden zum Beispiel Bilder von Freunden hoch, ohne sich von diesen die Erlaubnis zu holen. In § 22 des Kunsturheberrechtsgesetzes steht: „Bildnisse dürfen nur mit Einwilligung des Abgebildeten verbreitet oder öffentlich zur Schau gestellt werden." Viele Jugendliche machen sich also strafbar, ohne es zu wissen.

4 Untersuche die Redebeiträge von Selina, Tom und Ekrem.
- **a.** Erkläre, auf welchen inhaltlichen Aspekt sich alle drei beziehen.
- **b.** Belege durch Zitate, wie sie sprachlich aufeinander eingehen.

auf Redebeiträge eingehen

5 Im Tandem!
Mit welchen Formulierungen könnt ihr auf Redebeiträge anderer Debattanten eingehen? Schreibt sie auf.

Starthilfe

Ich möchte dem, was du gesagt hast, widersprechen.

Um in einer Debatte auf die Argumente der anderen eingehen zu können, ist es wichtig, sich gut über das Thema zu informieren.

Argumente stützen

6 Wie zeigen Selina und Ekrem ihre Sachkenntnis?
Schreibe in Stichworten auf, welche Informationen ihre Argumente stützen.

Z **7** Was Tom meint, wird mit dem Begriff **Medienkompetenz** bezeichnet.
- **a.** Recherchiere, was mit dem Begriff Medienkompetenz gemeint ist.
- **b.** Formuliere Toms Redebeitrag präziser.
  Beziehe die Ergebnisse deiner Recherche mit ein.

recherchieren ➤ S. 295

Einen Debattierwettstreit durchführen

Debatten entstehen aus Entscheidungsfragen. Die folgenden Kriterien sollten erfüllt sein:

- Das Thema wird als Entscheidungsfrage formuliert, die sich mit Ja oder Nein beantworten lässt, nicht als Klärungsfrage (W-Fragen: Wer, Was, Wie usw.).
- Die Entscheidungsfrage wird auf eine konkrete Maßnahme oder Regelung bezogen (Soll-Frage), denn praktische Themen lassen sich leicht debattieren.
- Die Frage sollte generell regelungsbedürftig sein, also keine Privatsache, Geschmackssache oder ein Einzelfall.
- Die Frage wird so formuliert, dass die Bejahung (Pro-Position) den bestehenden Zustand ändert. Dann wird deutlich, welche Folgen daraus entstehen.
- Die Pro- und die Kontra-Position sollten gleichermaßen mit guten Gründen vertreten werden können.

- Sollen Lehrer durch ihre Schüler bewertet werden?
- Sollen Betriebe, die nicht ausbilden, deshalb eine Abgabe zahlen?
- Soll das Wahlrecht durch Wahlpflicht ersetzt werden?
- ...

1 **a.** Überprüft, ob die Fragen in der Randspalte zum Debattieren geeignet sind.
b. Wählt eine Entscheidungsfrage für eure Debatte aus oder formuliert selbst eine geeignete und interessante Frage.

Entscheidungsfragen beurteilen und formulieren

Die Debatte selbst könnt ihr auch als Wettstreit organisieren.

2 Gruppenarbeit!
Bereitet die einzelnen Phasen eurer Debatte jeweils zu viert vor.

Phase 1: Eröffnungsrunde
- Notiert jeder Stichworte für ein Statement. (Zeitvorgabe: maximal zwei Minuten)
- Danach trägt jeder sein Statement vor.
- Die anderen prüfen, ob die Zeitvorgabe eingehalten wird.

Phase 2: Freie Aussprache
- Schreibt Argumente und Beispiele auf, die eure Position stützen.
- Tragt sie der Gruppe vor und heftet sie z. B. an eine Pinnwand.
- Prüft, welche Argumente der Gegenposition ihr entkräften könnt, macht euch dazu Notizen und heftet sie zum passenden Argument.
- Lasst eure Redebeiträge aneinander folgen. Geht dabei inhaltlich und sprachlich auf eure Vorredner ein.

Phase 3: Schlussrunde
- Entscheidet darüber, eure Position zu bekräftigen oder sie zu ändern.
- Notiert Stichworte für ein abschließendes Statement (Zeitvorgabe: maximal eine Minute). Bekräftigt darin eure anfängliche Position oder begründet eure Meinungsänderung.

einen Debattierwettstreit vorbereiten und durchführen

ein Statement formulieren ➤ S. 14

Aufgaben gemeinsam bewältigen ➤ S. 304

Bevor ihr mit der Durchführung des Wettstreits beginnt, sind noch einige Vorbereitungen zu treffen.

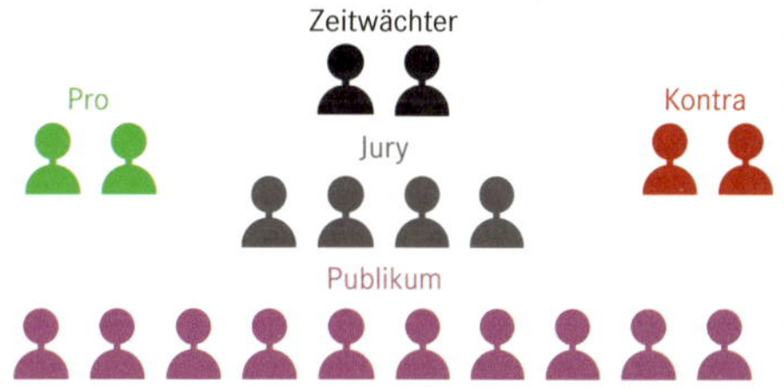

3 Klärt mithilfe der Abbildung am Rand, welche Aufgaben zu vergeben sind.

4 Damit jedem die gleiche Zeit zur Verfügung steht, signalisieren Zeitwächter den Debattanten, wann ihre Redezeit abläuft.

a. Notiert mithilfe der Arbeitstechnik einen Zeitplan für eure Debatte.

b. Wählt Zeitwächter und verabredet Signale.

Starthilfe

- 15 Sekunden vor Ende der Redezeit: 1 x klingeln
- Ende der Redezeit: ...
- Überschreiten der Redezeit: ...

5 In einem Wettstreit bewertet eine Jury jeden Debattanten.

a. Entwerft einen Bewertungsbogen. Ordnet dabei die Bewertungskriterien nach ihrer Wichtigkeit.

b. Legt fest, nach welchem Punktesystem ihr bewerten wollt.

c. Bildet eine Jury und legt fest, wer auf welche Kriterien achtet.

Bewertungskriterien
- Sachkenntnis
- Ausdrucksvermögen
- Fähigkeit, auf Redebeiträge einzugehen
- Überzeugungskraft

6 Führt eure Debatte (als Wettstreit) mithilfe der Arbeitstechnik durch. Nutzt eure Notizen aus Aufgabe 2.

Arbeitstechnik

Einen Debattierwettstreit durchführen

In einem Debattierwettstreit debattieren vier Teilnehmer (Debattanten) nach **festgelegten Regeln** über eine Entscheidungsfrage.
Eine Debatte besteht aus drei Phasen:
1. Eröffnungsrunde: Debattanten der Pro- und der Kontra-Position verdeutlichen abwechselnd ihren Standpunkt in einem Statement, ohne unterbrochen zu werden.
Jeder Debattant hat zwei Minuten Zeit.
2. Freie Aussprache: Die Debattanten hören einander zu und gehen im freien Wortwechsel aufeinander ein.
Sie nennen ihre Argumente und entkräften die Argumente der Gegenposition. Sie einigen sich spontan auf die Reihenfolge der Beiträge.
Gesamtdauer dieser Phase: zwölf Minuten
3. Schlussrunde: Alle Debattanten geben in der Reihenfolge der Eröffnungsrunde ein abschließendes Statement ab.
Jeder hat jetzt aber nur eine Minute Zeit, Meinungsänderungen sind möglich.
In allen Phasen notiert die **Jury** ihre **Bewertung der Debattanten**.

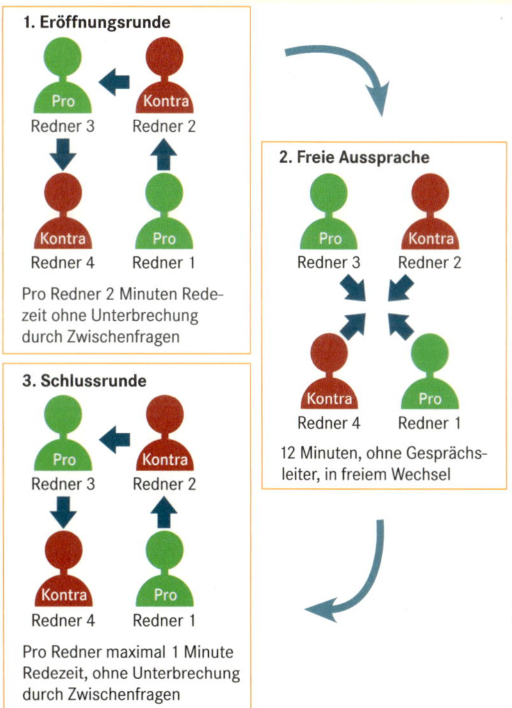

7 Erklärt den Debattanten, wie ihre Wertung zustande kommt.

Extra Sprache: Satzverknüpfer verwenden

In einer Debatte überzeugt, wer schlüssig argumentiert.
Mit Satzverknüpfern kannst du Sätze logisch miteinander verbinden.

Soziale Netzwerke können verschieden genutzt werden.	Individuelle Interessen und der Freundeskreis können einen positiven Eindruck über die eigene Person vermitteln.
Soziale Netzwerke eignen sich gut, um sich selbst zu präsentieren.	Negative Einträge auf Pinnwänden und abfällige Kommentare können andere verletzen.
Die Sicherheitseinstellungen zum Schutz der Privatsphäre müssen nach der Anmeldung im Netzwerk aktiv vorgenommen werden.	Man kann durch Profile klicken und Applikationen nutzen, man kann kommunizieren und sich verabreden.
Soziale Netzwerke können missbraucht werden.	Persönliche Daten können nach der Veröffentlichung auf sozialen Netzwerkseiten nicht geschützt werden.

1 Verknüpfe die Sätze zu inhaltlich und sprachlich logischen Argumenten. Schreibe sie mit passenden Satzverknüpfern auf.

Starthilfe
Soziale Netzwerke können verschieden genutzt werden.
Man kann sowohl durch Profile ... als auch ...

beispielsweise
denn
obwohl

Du verwendest Satzverknüpfer auch, um Argumente der Gegenposition zu entkräften.

Argumente entkräften

2 Entkräfte zwei Argumente aus Aufgabe 1.
Verwende dazu passende Satzverknüpfer.

Starthilfe
Einerseits ist der Missbrauch sozialer Netzwerke nicht ausgeschlossen, andererseits ...

jedoch
hingegen

In der Schlussrunde einer Debatte ziehst du mithilfe von Satzverknüpfern in einem Statement deine Schlussfolgerung.

eine Schlussfolgerung formulieren

3 **a.** Schreibe Satzverknüpfer auf, mit denen du eine Schlussfolgerung formulieren kannst.

Z **b.** Formuliere eine Schlussfolgerung zu einer Debatte über die Gefahren und Möglichkeiten sozialer Netzwerke.

somit
folglich

Extra Sprache: Mit sprachlichen Mitteln beeinflussen

Es ist nicht leicht, andere in einer Debatte zu überzeugen, denn meist gibt es gute Argumente für beide Positionen. Mit sprachlichen Mitteln kannst du Einfluss zu nehmen, z. B. eine Position auf- bzw. abwerten oder Sachverhalte zugespitzt formulieren.

sprachliche Mittel erkennen und verwenden

Die Frage, ob an unseren Schulrechnern die Seiten der sozialen Netzwerke gesperrt werden, hat einen **Kampf** zwischen Nutzern und Kritikern der Netzwerke **entfacht**.

Nur wenn ihr einseht, dass **eine solche Maßnahme die Stimmung** an der Schule **vergiftet**, können wir zu einer Lösung kommen.

Für manche Schüler wäre das aber **wie eine Notbremse,** die ihre Sucht stoppt, ständig **im Netzwerk unterwegs zu sein**.

1 Untersuche die Äußerungen in den Sprechblasen.
   a. Benenne die verwendeten Mittel und beschreibe ihre Wirkung.
   b. Welche Strategien könnten Sprecher mit den Äußerungen verfolgen? Ordne jeder Äußerung passende Strategien zu.

Beeinflussungsstrategien:
Aufwertung, Abwertung, Zuspitzung (Dramatisierung)

Auch durch rhetorische Fragen kannst du Einfluss nehmen.

2 **a.** Recherchiere, was man unter rhetorischen Fragen versteht.
   b. Erkläre die Funktion rhetorischer Fragen.
   - Was erwartet ein Sprecher, der rhetorische Fragen stellt?
   - Wie können rhetorische Fragen die Hörer beeinflussen?

Rhetorische Fragen:
- Ist das nicht eine Katastrophe für unsere Schule?
- Könnt ihr euch etwa vorstellen, dass eine solche Maßnahme Erfolg hätte?

Ein Debattant formuliert seine Kritik an sozialen Netzwerken so:

Liebe Mitschüler, viele meiner Freunde fragen sich, ob soziale Netzwerke gefährlich sind. Ja, ist das denn überhaupt noch eine Frage? Seit Jahren tobt eine Schlacht zwischen Datenschützern und der Werbeindustrie um die Sicherheit von unseren privaten Daten und nun gibt es Menschen, die diese auch noch freiwillig im Netz veröffentlichen. Die Firmen müssen die Datenflut aus den sozialen Netzwerken nur noch kanalisieren. Unternehmen haben schon erreicht, worum sie seit Jahren kämpfen: Der gläserne Mensch ist kein Horrorszenario der Zukunft mehr, er steht vor uns.

3 Untersuche die sprachlichen Mittel und die Beeinflussungsstrategien. Erkläre anhand ausgewählter Textstellen ihre Wirkung und ihre Funktion.

Z **4** Unterstütze oder entkräfte die Kritik mit einem eigenen Redebeitrag. Nutze dazu sprachliche Bilder und rhetorische Fragen.

Z Weiterführendes: Überzeugungstechniken in einer Rede

Wer in der Öffentlichkeit spricht, hat die Möglichkeit, viele Menschen zu überzeugen. Diese Rede verfasste Jean Ziegler zur Eröffnung der Salzburger Festspiele. Sie wurde als „Rede des Jahres 2011“ ausgezeichnet.

Jean Ziegler (geb. 1934) ist ein Schweizer Soziologe, Politiker, Sachbuch- und Romanautor. Von 2000 bis 2008 war er UN-Sonderberichterstatter für das Recht auf Nahrung. In dieser Funktion schrieb er Empfehlungen und Berichte zur Versorgungssituation verschiedener Länder der Welt. Er forderte unter anderem ein Bleiberecht für Hungerflüchtlinge, kritisierte große Unternehmen und rief sie dazu auf, den Zugang zu Wasser, Krediten und Bildung zu erleichtern.

1 Lies die Rede mithilfe des Textknackers.

Sehr verehrte Damen und Herren,
alle fünf Sekunden verhungert ein Kind unter zehn Jahren. 37 000 Menschen verhungern jeden Tag und fast eine Milliarde sind permanent schwerstens unterernährt. Und derselbe World-Food-Report der FAO[1], der alljährlich diese Opferzahlen gibt, sagt, dass die Weltlandwirtschaft in der heutigen Phase ihrer Entwicklung problemlos das Doppelte der Weltbevölkerung normal ernähren könnte. Schlussfolgerung: Es gibt keinen objektiven Mangel, also keine Fatalität[2] für das tägliche Massaker des Hungers, das in eisiger Normalität vor sich geht. Ein Kind, das an Hunger stirbt, wird ermordet. Gestorben wird überall gleich. Ob in den somalischen Flüchtlingslagern, den Elendsvierteln von Karachi oder in den Slums von Dhaka, der Todeskampf erfolgt immer in denselben Etappen. Bei unterernährten Kindern setzt der Zerfall nach wenigen Tagen ein. Der Körper braucht erst die Zucker-, dann die Fettreserven auf. Die Kinder werden lethargisch[3], dann immer dünner. Das Immunsystem bricht zusammen. […]
Dazu kommt: Die Länder des Horns von Afrika werden von ihren Auslandsschulden erdrückt. […] In Afrika südlich der Sahara sind lediglich 3,8 % des bebaubaren Bodens künstlich bewässert. […]
Die Dürre tötet ungestört. Diesmal wird sie viele Zehntausende töten. Viele der Schönen und der Reichen, der Großbankiers und der Konzern-Mogule[4] dieser Welt kommen in Salzburg zusammen. Sie sind die Verursacher und die Herren dieser kannibalischen Weltordnung.
Was ist mein Traum?
Die Musik, das Theater, die Poesie – kurz: die Kunst – transportieren die Menschen jenseits ihrer selbst. Die Kunst hat Waffen, welche der analytische Verstand nicht besitzt: Sie wühlt den Zuhörer, Zuschauer in seinem Innersten auf, durchdringt auch die dickste Betondecke des Egoismus, der Entfremdung und der Entfernung. Sie trifft den Menschen in seinem Innersten, bewegt in ihm ungeahnte Emotionen[5]. Und plötzlich bricht die Defensiv-Mauer[6] seiner Selbstgerechtigkeit zusammen.

[1] der World-Food-Report der FAO: ein Bericht der „**F**ood and **A**griculture **O**rganisation“ über drohenden Hunger aufgrund schlechter Ernten, hoher Nahrungsmittelpreise, Konflikten und Vertreibung [2] die Fatalität: Unausweichlichkeit, Verhängnis
[3] lethargisch: teilnahmslos [4] die Konzern-Mogule: Großunternehmer
[5] die Emotionen: Gefühle [6] Defensiv-Mauer: Mauer der Verteidigung

Logo der FAO; die lateinischen Worte „fiat panis“ bedeuten „Es werde Brot“.

Der neoliberale Profitwahn[7] zerfällt in Staub und Asche. Ins Bewusstsein dringt die Realität, dringen die sterbenden Kinder. Wunder könnten in Salzburg geschehen: Das Erwachen der Herren der Welt. Der Aufstand des Gewissens! Aber keine Angst, dieses Wunder wird in Salzburg nicht geschehen! Ich erwache. Mein Traum könnte wirklichkeitsfremder nicht sein! Kapital ist immer und überall und zu allen Zeiten stärker als Kunst.

[7] neoliberaler Profitwahn: eine Haltung, die benachteiligte Menschen nicht berücksichtigt, sondern nur große Unternehmer begünstigt

2 Welche Position vertritt Jean Ziegler in seiner Rede?
a. Fasse zusammen, was er kritisiert und was er sich wünscht.
b. Schlussfolgere, was er mit der Rede erreichen will.

Inhalte zusammenfassen und wiedergeben
➤ S. 303

Diese Rede wurde in den Medien veröffentlicht und erregte großes Aufsehen.

3 Wodurch könnte die Rede diese Wirkung hervorgerufen haben? Beschreibe, wie sie auf dich wirkt, und begründe deinen Eindruck.

die Wirkung beschreiben

Mithilfe folgender Informationen kannst du die Rede untersuchen.

Info

Ein Redner kann seine Adressaten auf verschiedene Weise überzeugen. Den Verstand kann er durch schlüssige **Argumentation** ansprechen mit dem Ziel, dass die Adressaten seine Begründungen nachvollziehen können. Der Redner kann seine Persönlichkeit auch durch den **Aufbau eines Images** in ein gutes Licht setzen. Er vermittelt sprachlich, dass er sympathisch und kompetent ist, und überzeugt so durch Glaubwürdigkeit. Adressaten sind meist eher bereit, einer Argumentation zu folgen, wenn sie dem Redner auf der Gefühlsebene zustimmen. Dies kann ein Redner zur Überzeugung der Adressaten nutzen, wenn er erwünschte Gefühle hervorruft oder vorhandene Gefühle aufgreift. Diese Technik nennt man **Affekterregung.**

4 Untersuche die Überzeugungstechnik in der Rede von Jean Ziegler.

Überzeugungstechniken untersuchen

Starthilfe

Textstelle	Argumentation	Imageaufbau	Affekterregung
Zeile 1–6	– Position wird durch Fakten gestützt	– Redner beweist Sachkenntnis, wirkt kompetent	– Gegenüberstellung der Fakten löst Empörung aus

Jean Ziegler konnte die Rede zur Eröffnung der Salzburger Festspiele 2011 nicht halten, da er vorher wieder ausgeladen wurde.

5 Was könnte zur Ausladung geführt haben? Begründet eure Vermutungen.
Tipp: Sucht im Internet nach dem Video „Der Aufstand des Gewissens“.

Das kann ich!

Mündlich argumentieren
Debattieren

In diesem Kapitel hast du gelernt, zu einer strittigen Frage mündlich zu argumentieren. Der folgende Zeitungsartikel wirft mehrere Fragen auf.

Internet-Versand verdrängt Handel   Inge Blazejewski

Rheinhausen. [...] Leerstände, Billigläden, Ketten: Warum hat sich der Einzelhandel in Rheinhausen im Laufe der Jahrzehnte derart verändert? Was hat die Inhaber der Fachgeschäfte zur Aufgabe gezwungen? Richtet sich die Entwicklung allein nur nach Angebot und Nachfrage? Ist die Kaufkraft tatsächlich so stark gesunken, dass ein Fachhändler nicht mehr überleben kann? Geht heute nur noch billig? Einige dieser Fragen lassen sich mit dem Blick auf die Statistik beantworten. „Dabei wird deutlich, dass es die Probleme längst nicht nur in Rheinhausen gibt, vielmehr folgen sie auch der bundesweiten Entwicklung", sagt Wilhelm Bommann, Geschäftsführer des Einzelhandelsverbands Niederrhein. [...]

Zudem hat letztlich auch das Internet das Konsumverhalten geändert. Der Online-Handel ist ein Milliardengeschäft mit jährlichen Wachstumsraten von mehr als 20 Prozent. Nach einer Studie von TNS-Infratest machen zwar Versandhändler, die ihre Waren per Katalog und im Internet anbieten, derzeit noch den meisten Umsatz. Das größte Wachstum verzeichneten aber die reinen Internetversender. Und auch die aktuellsten Zahlen geben der Branche wenig Hoffnung: Für die erste Jahreshälfte 2009 hat das Landesamt für Daten und Statistik im Vergleich zum Vorjahresergebnis einen Umsatzrückgang um 3,3 Prozent im Einzelhandel ermittelt. Fazit: So sehr man auch den Niedergang des mit Fachgeschäften geprägten Einzelhandels bedauert, so sehr hat jedoch auch jeder Einzelne mit seinem Kaufverhalten zu der Misere und den geänderten Strukturen beigetragen.

1 Mit welchem Fazit endet der Zeitungsartikel?
  a. Gib die Textstelle an.
  b. Formuliere es in eine strittige Entscheidungsfrage um.

eine Entscheidungsfrage formulieren ➤ S. 16

Starthilfe

Kann der Niedergang der Fachgeschäfte ...

2 Im Tandem!
  a. Legt fest, wer die Pro- und wer die Kontra-Position zur Entscheidungsfrage aus Aufgabe 1 b vertritt.
  b. Sammelt für eure jeweilige Position überzeugende Argumente.

Argumente sammeln

Ihr habt auch gelernt, eine Position in einer Debatte zu vertreten. In einer Debatte zur Frage „Sollte der Internethandel gesetzlich eingeschränkt werden, um den Einzelhandel vor Ort zu schützen?" äußerten sich Schülerinnen und Schüler so:

1 Der Internethandel bietet die Möglichkeit, Preise zu vergleichen, weil man die Informationen blitzschnell und unkompliziert beschaffen kann.

2 Der Händler vor Ort bietet den besseren Service, den ich so im Internet nicht bekomme. Wenn eine neue Hose zu lang ist, kann ich sie gleich ändern lassen.

3 Im Internet shoppen dauert einfach nicht so lang wie das lästige Einkaufen im Laden. Da bleibt genügend Zeit für die Hobbys, die Hausaufgaben, die Freunde und zum Chillen.

4 Meine Freundin Aylin arbeitet in der Boutique am Marktplatz. Ich kann sie immer treffen, wenn ich dort einkaufe.

3 Welche Argumente würdest du in einem Statement verwenden? Begründe deine Wahl.

Argumente bewerten

4 Notiere ein Statement für die Eröffnungsrunde einer Debatte mit den Argumenten aus Aufgabe 3 oder verwende eigene Argumente und Beispiele.

ein Statement formulieren ➤ S. 14, 16

Nun könnt ihr eure Überzeugungskraft in einem Debattierwettstreit messen.

5 Gruppenarbeit!
Bildet Vierergruppen, in denen je zwei Debattanten den Internethandel und zwei den Einzelhandel vor Ort vertreten.

einen Debattierwettstreit vorbereiten und durchführen ➤ S. 16–17

6 Bereitet einen Debattierwettstreit vor und führt ihn durch.

7 Bewertet die Debattanten mithilfe einer Checkliste.
a. Geht auf die Kriterien Überzeugungskraft, Fähigkeit, auf Redebeiträge einzugehen, Sachkenntnis und Ausdrucksvermögen ein.
b. Erklärt den Debattanten, wie eure Wertung zustande kommt.

einen Debattierwettstreit auswerten ➤ S. 17

Eine Debatte vorbereiten, durchführen und auswerten

Sich inhaltlich vorbereiten

Hanna und Ekrem bereiten sich auf den Schulwettbewerb „Jugend debattiert“ vor. Debattiert wird die Frage „Sollte Internet-Piraterie mit Internetsperre bestraft werden?“. Zunächst müssen die beiden sich inhaltlich auf das Thema vorbereiten. Hanna hat dazu Fragen notiert.

- *Was versteht man eigentlich unter Internet-Piraterie?*
- *Warum ist der Download von manchen Inhalten aus dem Internet legal, von anderen Inhalten dagegen illegal?*
- *Wer verhängt eine Internetsperre?*
- *Gelten Sperren für das gesamte Internet oder nur für bestimmte Bereiche?*
- *Wie sinnvoll sind Geldstrafen?*

1 Informiere dich zum Thema der Debatte.
a. Recherchiere die Antworten in Zeitungen, Büchern oder im Internet.
b. Ergänze weitere Fragen.

sich über das Thema informieren
recherchieren ➤ S. 295

Hanna vertritt die Pro-Position, Ekrem übernimmt die Kontra-Position.

2 Stelle Pro- und Kontra-Argumente in einer Tabelle gegenüber.

Argumente sammeln

Starthilfe

Sollte Internet-Piraterie durch Internet-Sperre bestraft werden?	
Pro-Argumente	Kontra-Argumente
- Urheberrecht muss geschützt werden	- Sperre verstößt gegen Informations- und Meinungsfreiheit

3 Warum sollten Hanna und Ekrem auch Argumente für die Gegenposition sammeln? Tauscht euch darüber aus.

In der Eröffnungsrunde wollen die Debattanten ihre Position verdeutlichen.

4 Formuliere ein Statement für Hanna oder für Ekrem mithilfe der Arbeitstechnik auf Seite 14.
Wähle dazu überzeugende Argumente aus deiner Tabelle zu Aufgabe 2.

ein Statement formulieren

Die Durchführung planen

Tom und Selina planen die Debatte und organisieren die Durchführung. Sie haben sich über den zeitlichen Ablauf des Wettbewerbs informiert und folgende Stichworte dazu notiert.

Bewertung durch die Jury, Eröffnungsrunde (8 Minuten), Siegerehrung, Schlussrunde (4 Minuten), freie Aussprache (12 Minuten), Begrüßung

einen Zeitplan erstellen

1 Tom und Selina wollen die 6. Stunde am Freitag (12.30 – 13.30 Uhr) zur Durchführung nutzen.

a. Bringe die Stichworte in die richtige Reihenfolge.

b. Schreibe einen Zeitplan für den Ablauf des Wettbewerbs.

Für die Organisation müssen Tom und Selina weitere Fragen klären.

- *Wo soll der Schulwettbewerb stattfinden?*
- *Wer übernimmt die Rolle der Zeitwächter?*
- *Wer soll Mitglied der Jury sein?*
- *Wer übernimmt die Begrüßung?*
- *Wer informiert die Presse über die Veranstaltung?*
- *Welchen Preis gibt es für den Sieger/die Siegerin?*

organisatorische Fragen klären

2 Wie würdest du den Wettbewerb organisieren?

a. Beantworte die Fragen für eine Durchführung an deiner Schule.

b. Schreibe weitere Fragen auf, die für die Organisation wichtig sind, und beantworte sie.

Damit es bei der Bewertung gerecht zugeht, sollten die Bewertungskriterien für alle nachvollziehbar sein.

Debattant/-in	Name:
Sachkenntnis	Punkte
Ausdrucksvermögen	Punkte
Fähigkeit, auf Redebeiträge einzugehen	Punkte
Überzeugungskraft	Punkte
Gesamtwertung	Punkte

Bewertungskriterien festlegen

3 Im Tandem!

a. Legt die Höchstpunktzahl für einen Wettbewerb an eurer Schule fest.

b. Sprecht darüber, für welche Leistung ihr wie viele Punkte vergebt.

c. Schreibt die Kriterien für eure Bewertung auf.

Die Debatte durchführen und auswerten

Nun könnt ihr eine Debatte in eurer Klasse oder in eurem Kurs an eurer Schule durchführen.

1 Führt die Debatte zur Frage „Sollte Internet- Piraterie durch Internetsperre bestraft werden?“ mithilfe der Arbeitstechnik auf den Seiten 16–17 durch.
- **a.** Bereitet den Raum vor.
- **b.** Legt Materialien, die ihr benötigt, bereit.
- **c.** Legt die Reihenfolge der Debattanten für die Eröffnungs- und für die Schlussrunde fest.
- **d.** Verwendet in der Debatte eure Ergebnisse zu den Aufgaben 1, 2 und 4 auf Seite 24.

Starthilfe
Eröffnungsrunde:
Debattant 1 (Pro-Position), ...

Materialien:
- Stoppuhr für Zeitwächter
- Bewertungsbogen und Stifte für Jury
- ...

Anschließend wertet ihr die Debatte aus.

2 Die Jury gibt allen Debattanten einzeln ein Feedback.
- **a.** Geht auf ihre Leistung in den einzelnen Bewertungsbereichen ein.
- **b.** Erklärt ihnen mithilfe eurer Kriterien von Aufgabe 3 auf Seite 25, wie eure Gesamtwertung zustande kommt.

ein Feedback geben
➤ S. 301

3 Nutzt das Feedback zur Verbesserung eurer Debattierfähigkeiten. Berücksichtigt dazu die Arbeitstechnik.

ein Feedback nutzen

Arbeitstechnik

Ein Feedback empfangen

Beim Feedback steht nicht die Kritik im Mittelpunkt. Es ist eine **Möglichkeit, mehr über sich zu erfahren** – positiv wie negativ.
Damit du es gut nutzen kannst, solltest du Folgendes beachten:
- **Lass** den Feedback-Geber **ausreden**.
- **Höre** gut **zu** und **frage nach**, wenn etwas unklar oder zu allgemein ist.
- **Vermeide** spontane **Rechtfertigungen** oder Verteidigungen.
- Zeige durch die **Körpersprache** (Nicken, Blickkontakt), dass du das Feedback anerkennst.
- Denke anschließend in Ruhe darüber nach, welche Punkte du akzeptierst, und **entscheide, was du ändern möchtest**.

4 Welchen Nutzen hat das Feedback für die Debattanten? Was können die übrigen Teilnehmer und Zuschauer erfahren? Sprecht darüber.

5 Wertet nun auch die Planung und Durchführung der Debatte aus. Was ist gut gelungen? Was würdet ihr beim nächstes Mal anders oder besser machen?

die Planung und die Durchführung auswerten

Nanotechnologie – Die Größe liegt im Kleinen

- Sachtexte erschließen
- Schriftlich argumentieren

1 Meter : 1 000 000 000 = 1 Nanometer

Ein Nanometer (nm) ist ein milliardstel Meter. Unvorstellbar klein?

Vielleicht hilft dieses Bild.
Es veranschaulicht das Größenverhältnis zwischen dem Nanobereich und der gerade noch vorstellbaren Dicke eines menschlichen Haares.

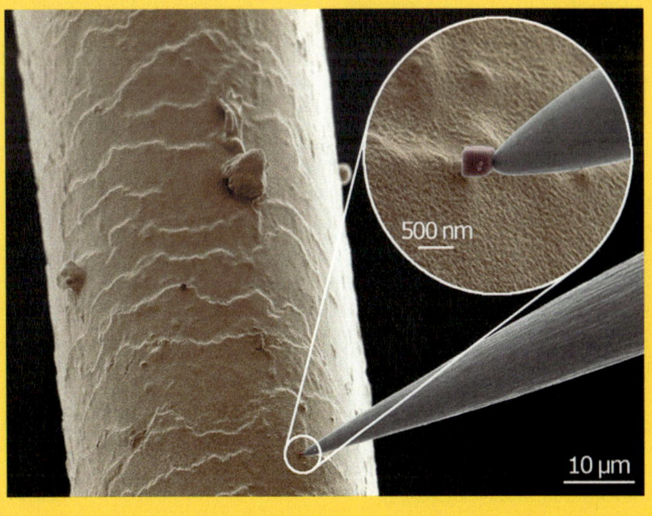

Sich dem Thema nähern

Seite 27 verrät einiges über das Thema des Kapitels.

1 Was erfahrt ihr mithilfe der Abbildungen und des Textes?
- **a.** Beschreibt die Abbildungen und lest den Text.
- **b.** Tauscht eure Vermutungen zum Thema aus und begründet sie.
- **c.** Recherchiert, was die Vorsilbe Nano bedeutet.

Vermutungen zum Thema formulieren

Die Fortschritte in der Anwendung von Nanotechnologie, zeigen sich z. B. im Bereich der Informatik.

1

der Rechner Z1 (1941)

2

der Commodore 64 (1982)

3

der Laptop (2005)

4

das Smartphone (2012)

2040 ?

2 Welche Entwicklung verdeutlicht die Auswahl der Fotos?
- **a.** Erklärt, wie sich die Größe der Geräte allmählich verändert hat.
- **b.** Sprecht über eure Vermutungen zur weiteren Entwicklung.

eine Fotoauswahl interpretieren

Die Überschrift auf Seite 27 verrät, um welches Forschungsgebiet es sich handelt.

3 Was wisst ihr schon über Nanotechnologie? Was wollt ihr noch erfahren? Schreibt Stichworte und Fragen zum Thema auf.

Vorwissen und Erkenntnisinteresse formulieren

In diesem Kapitel lernt ihr, Informationen aus Sachtexten zu entnehmen und sie beim schriftlichen Argumentieren zu verwenden. Das Zeichen in der Randspalte markiert die wesentlichen Schritte.

Nanotechnologie im Alltag

Nicht nur die Wünsche von Verbrauchern nach immer kleineren und mobilen Gebrauchsgegenständen werden durch Nanotechnologie erfüllt. Nanoteilchen können in vielen Bereichen eingesetzt werden, um Produkteigenschaften zu verbessern.

1 der Kunststofflöffel

2 die Lebensmittel

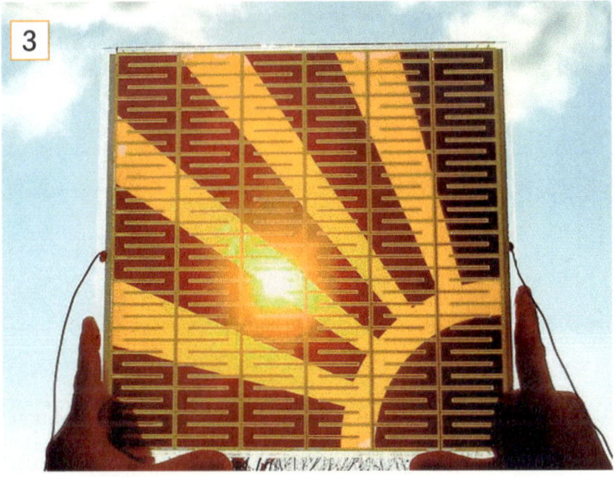

3 die Solarzelle

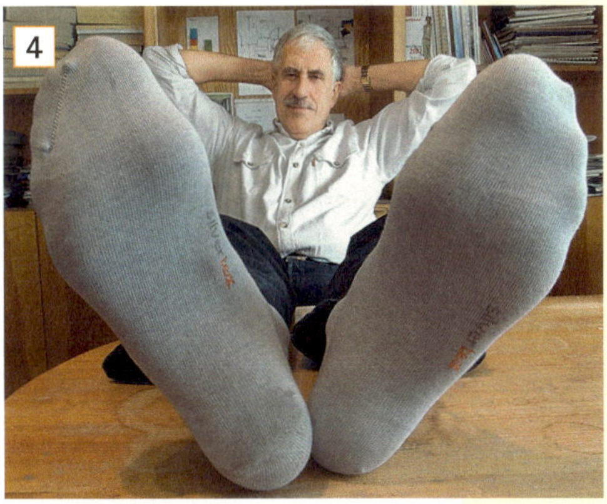

4 die Sportsocken

1 Wozu wird Nanotechnologie verwendet?

Produkte und Materialeigenschaften beschreiben

a. Wähle zwei der abgebildeten Produkte aus und beschreibe ihre Eigenschaften.

Z b. Recherchiere zu einem Produkt, wie die Produkteigenschaften mit Nanoteilchen verbessert werden können.

Starthilfe

Produkt	Eigenschaften	Verbesserung der Eigenschaften
Kunststofflöffel	glatte Oberfläche, wenig Haftung von klebrigen Flüssigkeiten	Verbesserung der abweisenden Oberfläche

2 Wo kommst du mit Nanotechnologie in Berührung?

Produkte im Alltagsgebrauch untersuchen

a. Lies auf Verpackungen verschiedener Produkte (z. B. Sonnencremes, Ketchup, Schuhsprays) nach, ob Nanotechnologie angewendet wird.

b. Notiere, welche Vorzüge auf der Verpackung beschrieben werden.

Einen Text mit dem Textknacker erschließen

In diesem Text erfährst du einiges über die aktuelle Diskussion um einen Forschungsbereich, der sehr umstritten ist. Die Informationen benötigst du für eine eigene Argumentation über Nutzen und Gefahren der Nanotechnologie.

1 Lies den folgenden Sachtext mithilfe des Textknackers.

einen Sachtext mit dem Textknacker erschließen ➤ S. 33

der Textknacker ➤ S. 294

Nanotechnologie – „Zwerge“ ganz groß   Eckhard Mieder

Könnte sich der Mensch auf ein Milliardstel seiner Größe verkleinern, müsste er vor Demut und Bewunderung vor der Natur noch kleiner schrumpfen. In dem Animationsfilm „Horton hört ein Hu!“ existiert eine Kleinstadt in einem Staubkorn. Das ist Fantasie. Und doch. Wer den Film gesehen hat, wird es nicht für unmöglich halten, dass noch im kleinsten Teil der Materie Überraschungen stecken. In der Welt der Atome und Moleküle geschehen seit Milliarden von Jahren erstaunliche Dinge. Winzigste Teilchen erzielen im Zusammenspiel mit dem Material, in dem sie enthalten sind, verblüffende Wirkungen. Jenen Winzlingen gaben die Wissenschaftler am Ende der 1950er Jahre den Namen „Nanoteile“, abgeleitet vom altgriechischen „nannos“, dem „Zwerg“.

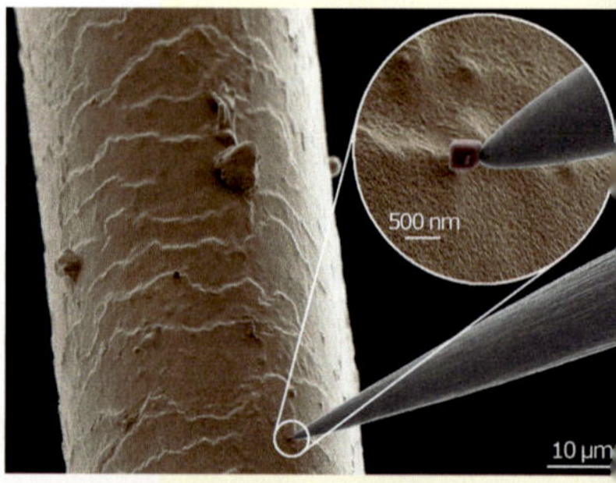

Ein Nanometer, die Maßeinheit für die Größe der „Zwerge“, ist ein Millionstel eines Millimeters. Anders gesagt: Ein Nanometer verhält sich zu einem Meter wie eine Haselnuss zur Erde. Oder auch: Ein menschliches Haar hat einen Durchmesser von 50 000 Nanometern. Nanoteilchen sind also unfassbar klein und doch unglaublich fähig zu Leistungen, die von Chemikern, Biologen und Physikern erforscht werden, um sie künstlich nachzubauen.

In jeder Pflanze stecken unzählige komplette Kraftwerke, die aus Sonnenlicht Energie machen. Für diese Umwandlung hat die Natur ein vier Nanometer (vier Millionstel Millimeter!) „dickes“ Häutchen geschaffen, das wie ein Sandwich aufgebaut ist. Es besteht aus einer Doppelschicht fettartiger Lipidmoleküle, in denen Rezeptoren verankert sind. Sie fangen das Licht auf und leiten es einem Zentrum zu, in dem es in Energie umgewandelt wird. Eine perfekte Konstruktion, die wir imitieren. Solarzellen werden mit einem organischen Farbstoff beschichtet, der in Kombination mit Nanopartikeln Sonnenlicht in Strom umwandelt. Diese künstlichen Kleinkraftwerke könnten zukünftig in Glasfassaden eingebaut werden. Der Energieverbrauch von Gebäuden würde erheblich sinken.

Ein anderes Beispiel aus der Pflanzenwelt: Die Blätter der Lotus-Pflanze weisen an der Oberfläche Strukturen auf, die das Wasser abtropfen lassen. Das haben wir Menschen abgekupfert.

Wir beschichten Oberflächen mit Nano-Strukturen, die Schmutz, Wasser und Fette abweisen oder diese kratzfester machen. Lacke, Pfannen, Glas, Besteck und vieles andere mehr erhält eine neue Qualität.

Forscher haben auch die Lebensmittel im Blick. Nanoteilchen sollen in Zukunft helfen, Übergewicht und Fehlernährung vorzubeugen. Vitamine könnten zum Beispiel mithilfe von Nanokapseln erst an genau definierten Stellen im Körper freigesetzt werden und die Aufnahme verbessern. Fettpartikel könnten gezielt in Fettzellen eindringen und sie damit anregen, einen Botenstoff zu bilden, der dem Gehirn Sättigung signalisiert.

Baustoffe werden leichter und zugleich fester. Textilien weisen von selbst Schmutz ab. Tomatenketchup wird verdickt und Salatdressings werden aufgehellt. Die Nano-Produktpalette reicht von Computerdisks über Hautcremes bis zu Schuhspray. In Autoreifen verstärken Siliziumdioxid- und Nanorußpartikel das Material, ermöglichen einen geringeren Rollwiderstand und helfen, bis zu zehn Prozent Kraftstoff einzusparen. Hunderte von Nano-Tec-Firmen schießen aus dem Boden der Gewerbegebiete. Es werden Produkte auf den Markt geworfen, ohne dass gekennzeichnet wird, ob sie Nanoteilchen enthalten, obwohl die möglichen giftigen Wirkungen noch nicht erforscht sind.

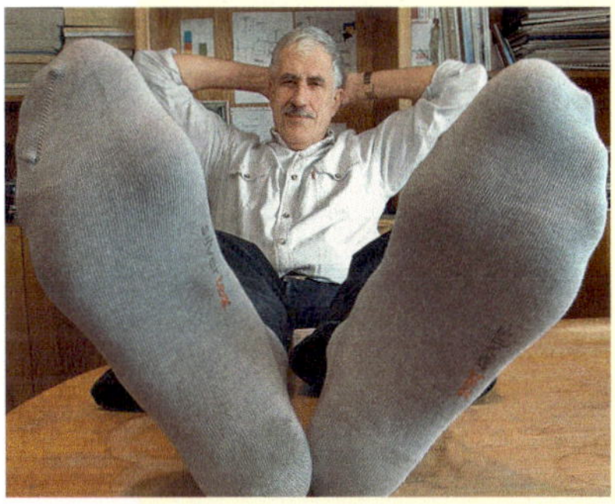

Einerseits ist es natürlich angenehm, in Sportsachen zu rennen, die die Bakterienbildung hemmen und in denen man deshalb auch nicht nach Schweiß riecht. Nanopartikel aus Silber machen es möglich, denn sie unterdrücken Geruchs- und Krankheitskeime. Andererseits: Werden Trikot und Socken gewaschen, können diese „Silberzwerge" ins Abwasser und in die Kläranlage gelangen. Dort töten sie möglicherweise die Bakterien, die für die Säuberung des Wassers benötigt werden. Dringen die Nanoteilchen erst ins Grundwasser, sind die Folgen für die Umwelt noch gar nicht abzusehen.

In der Medizin werden die Winzlinge als U-Boote eingesetzt. Sie können Wirkstoffe an die entlegensten Orte des menschlichen Körpers tragen. Sie überwinden die Blut-Hirn-Schranke. Sie können gezielt gegen Tumore[1] eingesetzt werden und damit Patienten schwere Nebenwirkungen bestimmter Behandlungsmethoden ersparen. Sie können helfen, Knochen zu stabilisieren und sogar künstliche Knochen wachsen lassen. Aber auch diese Eigenschaft ist nicht ausschließlich hilfreich, weil bisher nicht ausreichend erforscht ist, welche Verbindungen die Nanoteilchen mit anderen Molekülen eingehen können. Metallhaltige Nanopartikel etwa können in menschlichen Lungenzellen Schaden anrichten. Gerade weil sie so winzig sind, durchdringen sie mühelos das „Bauwerk Mensch", beispielsweise durch die Haut, durch die Wände der Blutgefäße, über den Magen-Darm-Trakt, hinein in die Zellen.

[1] der Tumor: ein Geschwür, eine Gewebewucherung am Körper

Auf ähnliche Weise können sie auch in Flüssigkeiten, Kunststoffe und in elektronische Schaltkreise gelangen. Die „Zwerge" kennen kaum einen Widerstand. Von innen heraus können sie den größeren Material-Körper verändern – zu einer veränderten Qualität, aber möglicherweise auch zu seinem Schaden. Wegen ihrer Winzigkeit verfügen sie über völlig andere chemische und physikalische Fähigkeiten als größere Partikel oder Körper des gleichen Materials. Sie bilden eine sogenannte „kritische Masse", die mächtiger sein kann als der Gesamtkörper. Das befähigt die „Zwerge", sozusagen ihr „Haus" von innen heraus zu verändern.

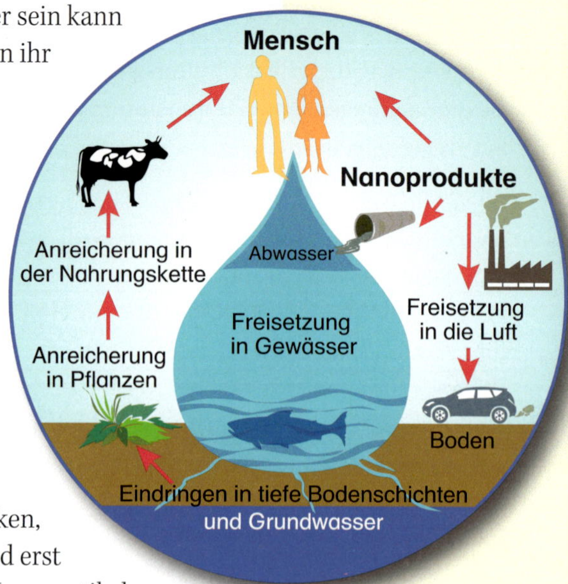

Es gibt Stimmen, die die Nanopartikel für den „Asbest des 21. Jahrhunderts" halten. Asbest wurde in den 70er Jahren als „Wunderfaser" bezeichnet, weil er sehr fest, hitze- und säurebeständig ist und hervorragend verbaut werden kann. Bis man entdeckte, dass die Fasern bereits beim Einatmen gesundheitsgefährlich sind. Auch Nanoteilchen können bei ihrer Herstellung in den Labors, in denen sie mit ihren hervorragenden Eigenschaften ausgestattet werden, als feinster Staub entweichen. Außerdem könnten sich Nanopartikel beim Gebrauch der Produkte und Materialien, in denen sie stecken, als giftig erweisen. Und schließlich wissen die Forscher und erst recht die Verbraucher noch sehr wenig darüber, wie sich Nanopartikel verhalten, wenn sie samt dem Material, in dem sie enthalten sind, entsorgt werden.

Die Nanotechnologie gilt zwar als eine Schlüsseltechnologie[2] der Zukunft. Wie bei der Gentechnik wurde auch die Nanotechnik schnell industriell nutzbar und marktfähig gemacht, bevor gesicherte Erkenntnisse über unmittelbare und langfristige Folgen für die Gesundheit der Menschen vorliegen konnten. Umso wichtiger wäre ein Dreierbund von Verbraucherschützern, Herstellern und Politikern, die sich gemeinsam Gedanken machten über Gesetze, Kontrollen und Kennzeichnungen von Nanoprodukten.

[2] die Schlüsseltechnologie: eine Technologie, die für andere (Forschungs-) Bereiche wichtig ist

2 Im Tandem!
Welche eurer Fragen zum Thema Nanotechnologie (Aufgabe 3 auf Seite 28) könnt ihr nun beantworten?
Schreibt die Antworten auf.

Fragen helfen auch, den Text zu verstehen.

3 Was möchtet ihr mithilfe des Sachtextes klären?
Schreibt Fragen an den Text auf und tragt sie zusammen (z. B. an der Tafel).

Fragen an den Text stellen

Je nachdem, welche Informationen du suchst, wendest du verschiedene Lesetechniken an.

4 Wie groß ist ein Nanometer?
Suche die Antwort an einer Textstelle und schreibe sie auf.

eine Textstelle auffinden

5 Welche Fortschritte und Risiken der Nutzung von Nanotechnologie werden im Text genannt? Kennzeichne mithilfe einer Folie über den Buchseiten 30–32 Textstellen durch zwei Farben:
Markiere mit Grün durch Nanotechnologie erzielte Fortschritte und markiere mögliche Risiken mit Rot.

Informationen kombinieren

6 Welche Informationen sind für das Schreiben einer Argumentation über Nutzen und Gefahren der Nanotechnologie besonders wichtig?
- Schreibe dafür wesentliche Informationen aus dem Text auf.
- Nutze dein Vorwissen zum Schreiben einer Argumentation. Informiere dich, wenn nötig, darüber.

das Vorwissen und weitere Informationsquellen nutzen

eine Argumentation schreiben
➤ S. 37

Nun wählt ihr die passenden Lesetechniken für eure Fragen aus.

7 **a.** Sortiert eure Fragen aus Aufgabe 3 danach, welche Lesetechniken ihr zur Beantwortung benötigt.
b. Beantwortet die Fragen mithilfe der passenden Lesetechnik.

die geeignete Lesetechnik auswählen

8 Welche Lesetechniken waren zur Vorbereitung einer schriftlichen Argumentation hilfreich? Wertet eure Arbeit mit dem Textknacker aus.

die Anwendung von Lesetechniken reflektieren

Arbeitstechnik

Einen Sachtext mit dem Textknacker erschließen

Der Text hilft dir beim Lesen und Verstehen von Texten.
Als Erstes musst du wissen, warum du einen Text liest.
Du suchst z. B. nach Informationen zu einem Thema oder du hast einen bestimmten Arbeitsauftrag.

Schritt 1: Vor dem Lesen
Du siehst dir den Text als Ganzes an, z. B. die Bilder und die äußere Gestalt.

Schritt 2: Das erste Lesen
Du überfliegst den Text: Was fällt dir auf? Was kennst du schon? Worum geht es?

Schritt 3: Beim genauen Lesen
Du achtest auf die Überschrift, die Absätze, Schlüsselwörter, unbekannte Wörter. Welche **Fragen** hast du an den Text? Was ist wichtig für deine Arbeit?

Schritt 4: Nach dem Lesen
Du schreibst etwas zum Text auf oder erfüllst deinen **Arbeitsauftrag** und arbeitest dabei mit deinen Arbeitsergebnissen aus Schritt 2 und 3.

Eine Argumentation planen und schreiben

Eine Stoffsammlung anlegen

Clara und Cemil wollen eine Argumentation schreiben, in der sie ihre Position zur Entwicklung und Anwendung von Nanotechnologie verdeutlichen.
Als Vorbereitung auf ihre Argumentation haben sie Argumente gesammelt und eine Stoffsammlung angelegt.

Info

Beim **schriftlichen Argumentieren** entscheidest du, welche Position du zu einem strittigen Thema einnehmen willst. Du zeigst, wie du zu deiner Schlussfolgerung kommst, indem du Pro- und Kontra-Argumente darstellst und gegeneinander abwägst.

Entwicklung und Anwendung von Nanotechnologie – Ja oder Nein?

1. Pro-Argumente

a) Technische Geräte sind leistungsfähiger (z. B. Computer, Solarzellen).
b) Rohstoffe und Energie können in vielen Bereichen eingespart werden (z. B. Sparen an Material).

2. Kontra-Argumente

a) Das Lungengewebe kann durch winzigste Nanoteilchen geschädigt werden (Beispiel/Beleg: Tierversuche).
b) Silberpartikel können die Qualität des Trinkwassers beeinträchtigen.

Claras Stoffsammlung

Entwicklung und Anwendung von Nanotechnologie – Ja oder Nein?

1. Kontra-Argumente

a) Wechselwirkung mit anderen Molekülen im menschlichen Körper
b) Verunsicherung des Verbrauchers wegen nicht vorhandener Meldepflicht für Nanoprodukte

2. Pro-Argumente

a) Herstellung von Medikamenten mit weniger Nebenwirkungen möglich
b) Behandlung von Krankheiten kann erforscht werden

Cemils Stoffsammlung

1 Vergleiche die beiden Stoffsammlungen,
- **a.** Beschreibe, wie sie jeweils gegliedert sind.
- **b.** Welche Gliederung würdest du wählen, um die Pro-Position zu vertreten? Welche für die Kontra-Position? Begründe deine Wahl.

Bereite nun deine eigene Argumentation vor.

Argumente sammeln und gewichten

2 Ergänze eine der beiden Stoffsammlungen.
- **a.** Lies dazu noch einmal den Sachtext auf den Seiten 30–32 und deine Ergebnisse zu den Aufgaben 5 und 6 auf Seite 33.
- **b.** Schreibe in Stichworten Pro- und Kontra-Argumente auf und stütze sie durch Beispiele oder Belege.

3 Gewichte die Argumente aus deiner Stoffsammlung. Schreibe sie ihrer Wichtigkeit nach in einer Reihenfolge auf.

Die Argumentation gliedern

Die Formulierung des Themas einer Argumentation gibt oft Aufschluss darüber, was der Hauptteil enthalten muss.

Thema: Pro und kontra Nanotechnologie
Was spricht für die weitere Entwicklung und Anwendung der Nanotechnologie? Was spricht dagegen?

1 Untersuche das Thema.
- **a.** Lies die Themenstellung und die Ergänzungsfragen.
- **b.** Formuliere in eigenen Worten, was du im Hauptteil deiner Argumentation tun musst.
- Z **c.** Erkläre, warum sich für das Thema Nanotechnologie eine Entscheidungsfrage (pro <u>oder</u> kontra) weniger eignet.

die Themenstellung verstehen

Für den Hauptteil deiner Argumentation kannst du verschiedene Gliederungsformen verwenden.

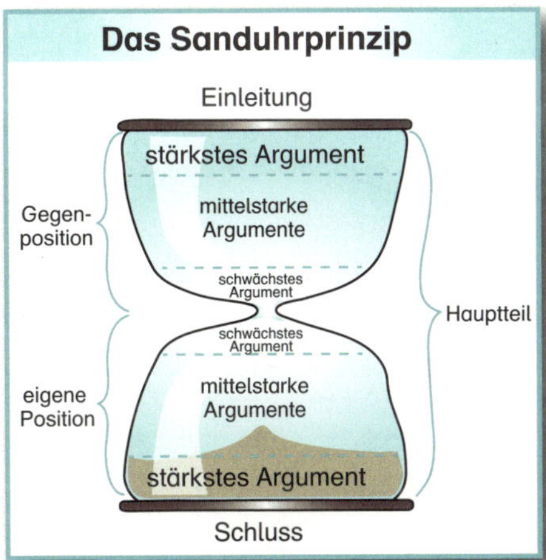

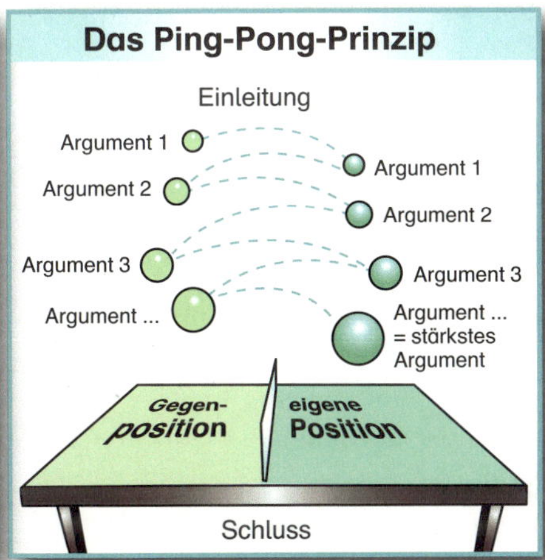

2 Beschreibe und vergleiche die beiden Gliederungsformen.

Gliederungsformen kennenlernen

Nun kannst du deinen eigenen Hauptteil gliedern.

3 Schreibe eine Gliederung nach dem Sanduhrprinzip.
Verwende deine Ergebnisse der Aufgaben 2 und 3 auf Seite 34.

den Hauptteil gliedern

Z **4** Wie könnte dein Hauptteil noch gegliedert sein?
Schreibe einen Entwurf für die Gliederung nach dem Ping-Pong-Prinzip.

Die Argumentation schreiben

Das Thema Nanotechnologie ist auch unter Experten sehr umstritten. In einem Live-Chat des Bundesministeriums für Bildung und Forschung konnten Clara und Cemil Mediziner nach ihrer Meinung fragen.

Argumentationsstränge untersuchen und entwickeln

Dr. Dirk Müller	19.12.2013 14:02

Nanotechnologie bietet immens viele Vorteile, weil mit ihrer Hilfe Diagnosen schneller und schon im Frühstadium einer Krankheit gestellt werden können und neu entwickelte Medikamente auf Nanobasis Menschenleben retten können. So weiß man, dass z. B. durch die Früherkennung von Krebs die Heilungschancen stark steigen. Es gilt, diesen Forschungsbereich zu stärken, indem mehr finanzielle Mittel bereitgestellt werden.

Dr. Anja Lietzmann	19.12.2013 14:05

Die Risiken, die die Nanotechnologie in sich birgt, verbieten einen unkontrollierten Einsatz, da eine gründliche Erforschung des Einflusses von Nanoteilchen auf den menschlichen Organismus noch nicht existiert. Es besteht gegebenenfalls z. B. die Gefahr, dass das menschliche Immunsystem nicht angemessen auf synthetisch hergestellte Nanopartikel reagieren kann. Bevor der Einsatz von Nanoteilchen erlaubt wird, muss die Begleitforschung den unbedenklichen Einsatz bestätigen.

1 Welche Positionen vertreten die Mediziner?
Formuliere für jeden Chatbeitrag eine entsprechende These.

Um ihre Meinung zu stützen, verwenden die Mediziner Argumentationsstränge.

2 Im Tandem!
Untersucht die Chatbeiträge genauer.
- **a.** Informiert euch über den Aufbau von Argumentationssträngen.
- **b.** Tragt Stichworte aus den Chatbeiträgen in die entsprechenden Felder einer Tabelle ein.
- **c.** Ergänzt Stichworte für einen eigenen Argumentationsstrang.

Info

Aufbau eines Argumentationsstrangs:

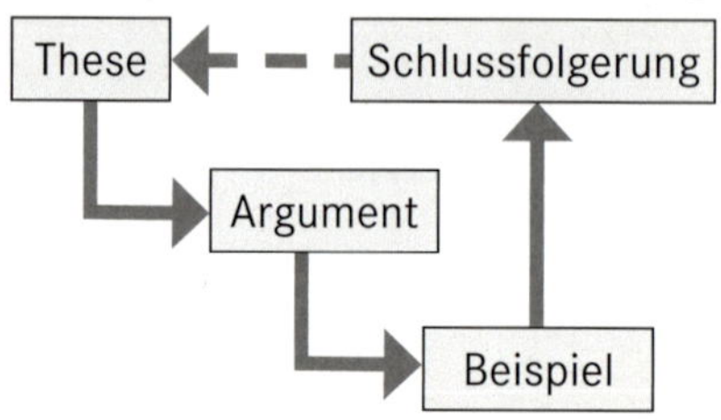

Starthilfe

	Chatbeitrag 1	Chatbeitrag 2	eigene Position
These	...	...	...
Argument	Heilungschancen ...	...	...
Beispiel	...	...	...
Schlussfolgerung	...	zu unerforscht ...	...

Deine Gliederung strukturiert den Hauptteil, der von einer Einleitung und einem Schlussteil umrahmt wird.

3 Schreibe eine Einleitung zu deiner Argumentation.
a. Nenne das Thema und formuliere dein Interesse daran.

Starthilfe
> Die Nanotechnologie macht es möglich.
> Das behaupten viele Forscher auf diesem Gebiet und ihre Ergebnisse sind auch beeindruckend ...

b. Formuliere deine Position in einer These.

4 **a.** Formuliere Argumentationsstränge für die Gegenposition und für deine Position.
b. Formuliere eine Überleitung zwischen der Darstellung der Gegenposition und deiner eigenen Position.

Starthilfe
> Neben den positiven Aspekten darf man jedoch nicht außer Acht lassen, dass ...

5 Schreibe den Schluss.
a. Fasse deine begründete Meinung zusammen.
b. Formuliere eine Schlussfolgerung.

6 Schreibe nun deine Argumentation.
Nutze die Arbeitstechnik und deine Notizen zu den Aufgaben 3 bis 5.

die Argumentation schreiben

Arbeitstechnik

Eine Argumentation schreiben

Mit einer **Argumentation** stellst du **deine Position** zu einem strittigen Thema oder zu einer strittigen Frage dar. Du führst **Pro- und Kontra-Argumente** auf und verdeutlichst, welche **Schlussfolgerung** du ziehst.
Eine Argumentation baust du dreiteilig auf:

In der **Einleitung** benennst du das Thema und formulierst dein Interesse daran. Formuliere auch deine Position.
Im **Hauptteil** führst du die Pro- und Kontra-Argumente auf. Du kannst dabei nach dem Prinzip der **Sanduhr** vorgehen. Du beginnst mit dem stärksten und endest mit dem schwächsten Argument der Gegenposition. Du kannst schwache Argumente der Gegenposition entkräften. Zur Unterstützung deiner Position beginnst du mit dem schwächsten Argument und endest mit dem stärksten Argument.
Im **Schlussteil** fasst du deine Position zusammen und ziehst deine Schlussfolgerung zum Thema.

die Argumentation überarbeiten

Schreibkonferenz
➤ S. 222–225

Z **7** Gruppenarbeit!
Überarbeitet eure Argumentationen in einer Schreibkonferenz.

Extra Sprache: Argumente verknüpfen

Besonders im Hauptteil einer Argumentation ist es wichtig, Argumente so zu verknüpfen, dass den Lesern der Zusammenhang der Gedanken verdeutlicht wird. Diese Verknüpfer helfen dir dabei.

> außerdem, ferner, überdies, nicht zuletzt, ebenso, gleichzeitig, des Weiteren, erstens/zweitens/..., zum Ersten/Zweiten/...
>
> daher, deshalb, deswegen, darum, aus diesem Grund
>
> sonst, andernfalls, unter der Bedingung, dass
>
> vor allem, schwerer wiegt, insbesondere, überzeugender ist, ausschlaggebender ist
>
> jedoch, hingegen, zwar ... aber, dessen ungeachtet, einerseits/andererseits, dennoch, nicht nur ... sondern auch
>
> also, folglich, demzufolge, demnach, infolgedessen

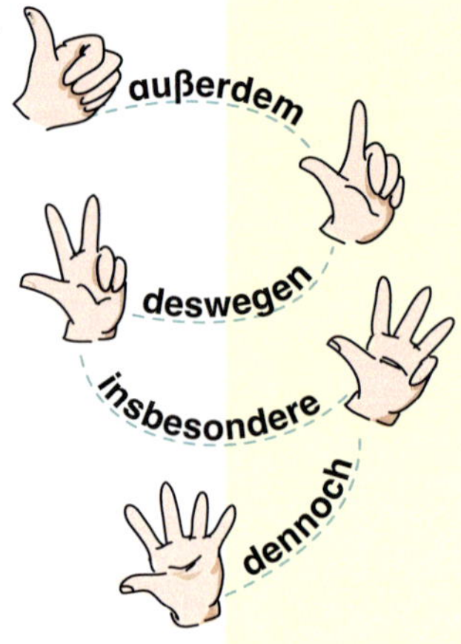

1 Wozu dienen die einzelnen Verknüpfer?
a. Ordne die Verknüpfer den Verknüpfungstechniken am Rand zu.
b. Ergänze weitere Verknüpfer für die einzelnen Techniken.

Verknüpfungstechniken:
- begründen
- einen Gegensatz aufzeigen
- Bedingungen angeben
- Folgen aufzeigen
- aneinanderreihen
- abwägen, gewichten

2 Wende die Verknüpfungstechniken an.
Überarbeite deine Argumentation zu Aufgabe 7 auf Seite 37.
Verwende passende Verknüpfer.

Auch die verschiedenen Teile deiner Argumentation sollten logisch miteinander verbunden sein.

> Die angeführten Argumente zeigen recht deutlich, dass ...
> Trotzdem gibt es gute Gründe dafür, ...
>
> Obwohl viele Argumente dafür/dagegen sprechen, ..., ist meiner Meinung nach entscheidend, dass ...

3 An welcher Stelle einer Argumentation nach dem Sanduhr-Prinzip könntest du diese Formulierungen verwenden?
a. Zeige die Stelle mithilfe der Grafik am Rand.
b. Überarbeite die Textstelle in deiner Argumentation zu Aufgabe 7 auf Seite 37.

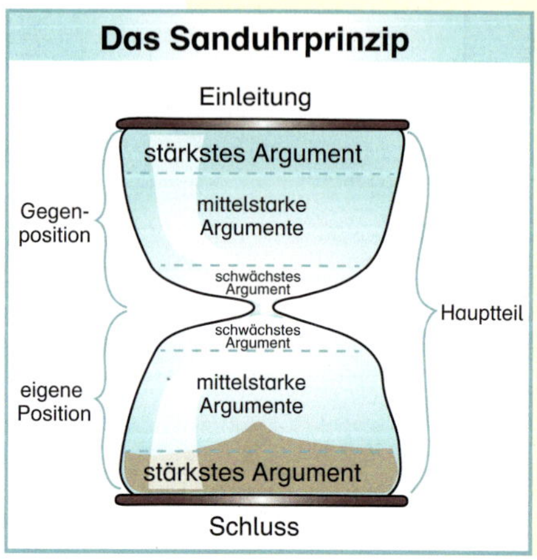

Extra Sprache: Nominalstil verstehen

Argumente zum Thema Nanotechnologie findest du zum Beispiel in Sachtexten oder in wissenschaftlichen Texten.

1	Wegen der Belastung des Körpers durch Nanoteilchen sprechen sich einige auch gegen die Nanotechnologie aus.
2	Weil Nano-Teilchen den Körper belasten, sprechen sich einige auch gegen die Nanotechnologie aus.

1 Vergleiche die beiden Sätze.

a. Untersuche den Satzbau.

b. Welcher Satz ist auf Anhieb leichter verständlich?

den Satzbau vergleichen

Sachverhalte können verbal oder nominal ausgedrückt werden.

1	Wenn man Produkte mit Nanopartikeln verwendet, sollte man vorsichtig sein.
2	Bei der Verwendung von Produkten mit Nanopartikeln sollte man vorsichtig sein.

2 Erkläre anhand der Beispiele, was man unter Verbalstil und was man unter Nominalstil versteht. Leite die Bedeutung von dir bekannten Begriffen ab.

Starthilfe

Verbalstil kann man von Verb ableiten ...

Fachbegriffe verstehen und erklären

Der Nominalstil wird oft verwendet, um viele Informationen in knapper Form zu vermitteln. Manchmal hilft es, Sätze umzuformulieren, um Sachverhalte besser zu verstehen.

Vor dem Einsatz von Nanoteilchen muss die Forschung alle Bedenken ausräumen.
Beim Eindringen von Nanopartikeln in die Lunge besteht große Gefahr.
Zur Feststellung von Diagnosen im Frühstadium einer Krankheit bietet die Nanotechnologie große Vorteile.

3 Formuliere die Sätze um. Verwende dabei den Verbalstil. Leite sie durch einen Nebensatz ein.

Starthilfe

Bevor Nanoteilchen ...

Verbalstil verwenden

Z Weiterführendes: Argumenttypen untersuchen

Die Entwicklung der Nanotechnologie ist nicht mehr aufzuhalten, aber die Anwendung ist umstritten.

1 Lies den folgenden Online-Kommentar mithilfe des Textknackers.

den Textknacker anwenden

Textknacker ➤ S. 30–33, 294

Bei Nano-Partikeln ist große Vorsicht geboten *von Michael Miersch*

Das Umweltbundesamt warnt vor Nano-Partikeln. Zu Recht, denn viele Fragen über die Wirkung der Kleinstteilchen sind noch offen. Wo die Partikel fest gebunden sind, droht höchstwahrscheinlich keine Gefahr. Doch wo sie in den Körper gelangen, ist Vorsicht geboten, denn sie können bis in die Lungenbläschen vordringen.

Die vielen Gift-Warnungen, mit denen Verbraucher in den vergangenen Jahrzehnten verunsichert wurden, haben zu einem gewissen Abstumpfungseffekt geführt. Hätte auch nur die Hälfte gestimmt, müsste die Lebenserwartung der Deutschen drastisch gesunken sein. Stattdessen steigt sie unentwegt. Im Körperfett, im Blut und in der Muttermilch werden immer weniger Schadstoffe gemessen. Kritische Konsumenten[1] haben längst bemerkt, dass Angst vor unbewiesenen Gefahren ein Geschäft geworden ist, von dem einige Branchen gut leben. Das sollte allerdings nicht zu dem Umkehrschluss verführen, alles, was die Industrie auf den Markt bringt, sei völlig harmlos und man könne darauf vertrauen, dass die Produktentwickler selbst die Bremse ziehen, wenn Zweifel an der Sicherheit ihrer Erzeugnisse aufkommen.

Bereits 2008 erklärt die Nano-Kommission[2] der Bundesregierung, über die Gefährlichkeit von Nanoteilchen lasse sich, „keine verallgemeinerte Aussage treffen". In dem Bericht des Gremiums[3] ist von „Wissenslücken" und „unzureichender Datenlage" die Rede. Jetzt warnt das Umweltbundesamt vor Nano-Produkten, unter anderem vor antibakterieller Kleidung mit Nanosilber, das beim Waschen abgeht. Denn die Wirkung solcher Nanopartikel in der Umwelt und im menschlichen Körper ist nicht völlig geklärt.

Nanotechnologie ist nicht grundsätzlich gefährlich. Wo die Partikel fest gebunden sind, zum Beispiel auf Lackbeschichtungen, droht höchstwahrscheinlich keine Gefahr. Bei den flüssigen oder in der Luft schwebenden Teilchen macht die Form einen großen Unterschied, und ob sie eine Oberfläche haben, die mit Strukturen in den Zellen reagiert.

Wo sie in den Körper gelangen, ist Vorsicht geboten, denn sie können bis in die Lungenbläschen vordringen. In Tierversuchen gelangten sie sogar

[1] die Konsumenten: die Verbraucher [2] die Kommission: ein Ausschuss von beauftragten Personen, die sich beraten und/oder Beschlüsse fassen [3] das Gremium: ein anderes Wort für Kommission

ins Innere der Körperzellen. Mäuse, denen man große Mengen Kohlenstoff-Nanoröhrchen in den Bauchraum spritzte, bildeten Tumore.

Bei solchen Befunden steht ein Menetekel[4] im Raum: Asbest, die „Wunderfaser", bei der viel zu spät auf Warnungen gehört wurde. Bis in die 70er-Jahre war Asbest der bevorzugte Stoff, um Materialien feuersicher zu machen. Dabei war schon Jahrzehnte vorher bekannt, dass Asbest tödliche Lungenkrankheiten auslösen kann.

Freilich kommen die größten Mengen an Nanopartikeln, die von Menschen eingeatmet werden, nicht von Nano-Produkten, sondern aus sehr gewöhnlichen Quellen: Holzfeuer, Zigarettenqualm, Dieselabgase und die Emissionen[5] von Druckern und Kopierern. Dass sie gesundheitsschädlich sind, ist erwiesen. Es sollten nicht noch weitere Nano-Stoffe hinzukommen, deren Wirkung ungeklärt ist. Kein Grund zur Hysterie[6], aber zur Vorsicht.

[4] das Menetekel: ein Zeichen drohenden Unheils, ein Warnsignal
[5] die Emissionen: die Verunreinigung der Luft durch ausströmende Stoffe
[6] die Hysterie: eine überstarke oder übertriebene Gereiztheit

2 Fasse die Position des Autors zusammen.

Inhalte zusammenfassen ➤ S. 302

Argumenttypen kann man ihrer Funktion nach unterscheiden.

Info

Faktenargument: Die These wird durch logische Verknüpfung mit einer nachweisbaren Aussage gestützt.
Autoritätsargument: Eine These wird dadurch untermauert, dass die Meinung von akzeptierten Experten (Autorität) wiedergegeben wird.
Analogisierendes Argument: Eine These wird dadurch abgesichert, dass die Autorin/der Autor ein Beispiel aus einem anderen Bereich heranzieht, das auf den eigentlichen Sachverhalt übertragbar ist.
Indirektes Argument: Die eigene Meinung soll dadurch plausibel erscheinen, dass die gegenteilige Meinung als realitätsfern vorgeführt oder entkräftet wird.

3 Untersuche die im Online-Kommentar verwendeten Argumenttypen. Weise die Argumenttypen anhand einer passenden Textstelle nach.

Argumenttypen untersuchen

W Wählt eine der folgenden Aufgaben aus und bearbeitet sie.

4 Entwerft ein Protestplakat gegen Nanotechnologie. Verwendet dazu passende Argumenttypen.

Argumenttypen verwenden

5 Entwerft ein Werbeplakat für Nanotechnologie. Verwendet dazu passende Argumenttypen.

Das kann ich!

Sachtexte erschließen
Schriftlich argumentieren

In diesem Kapitel habt ihr gelernt, Sachtexte zu erschließen. Ihr habt daraus Informationen zum Thema Nanotechnologie entnommen und von unterschiedlichen Positionen zu diesem Forschungsgebiet erfahren.

In einer Fachzeitschrift erschien der folgende Artikel.

1 Lies den Zeitschriftenartikel mit dem Textknacker.

den Textknacker anwenden

Textknacker ➤ S. 30–33, 294

Mit einem „U-Boot" Krebs bekämpfen?

In der Medizin erhofft man sich von der Nanotechnologie völlig neue Therapiemöglichkeiten. Teilweise klingen diese Hoffnungen wie Science-Fiction, doch in wenigen Jahren könnten Therapien alltäglich sein, die heute noch unvorstellbar sind. Bei der heutigen Krebstherapie, z. B. der sogenannten Chemotherapie, wirken die Medikamente noch so, dass sie die sich schnell vermehrenden Tumorzellen zwar abtöten können, dabei jedoch auch gesundes Gewebe zerstören, in dem sich ebenfalls Zellen schnell neu bilden und vermehren. Das erklärt, warum den Patienten bei der Chemotherapie oftmals die Haare ausfallen und sie durch schwere Nebenwirkungen belastet sind. Das Problem liegt somit darin, ein Krebsmedikament so zu dosieren, dass zwar kranke Zellen absterben, gesunde Zellen aber kaum zerstört werden. Deshalb versucht man neuere, besser verträgliche Therapieformen zu entwickeln. Aktuell versuchen Wissenschaftler aus den Bereichen Medizin, Chemie und Physik kleine Nanoroboter zu entwickeln, die sich wie U-Boote durch den Blutkreislauf bewegen, um gezielt Zellen eines kranken Gewebes wie z. B. Krebstumore anzusteuern. Denn dort könnten sie dann Medikamente freisetzen, die ausschließlich das kranke Gewebe zerstören, nicht jedoch das gesunde Gewebe. Eine solche Therapie wäre ein großer Erfolg in der Medizin. Es gilt also abzuwarten, ob die Hoffnungen auf Krebsbekämpfung, die in die Nanotechnologie gesetzt werden, auch erfüllt werden können.

In der Medizin setzt man vor allem auf neue Medikamente mit Nanopartikeln als Wirkstofftransporter

2 Worüber informiert der Zeitschriftenartikel? Fasse den Inhalt zusammen.

Inhalte zusammenfassen ➤ S. 302

Mit seinem Artikel will der Autor nicht nur informieren.

3 Welche Schreibziele verfolgt der Autor außerdem? Belege deine Antwort anhand von Textstellen.

die Schreibziele verstehen

zitieren ➤ S. 295

Ihr habt auch gelernt, Informationen aus Sachtexten beim schriftlichen Argumentieren zu verwenden. Mit diesem Leserbrief antwortet ein Leser auf den Zeitschriftenartikel.

Die Geister, die ich rief …

Der Autor des Sachtextes spielt die Rolle des Optimisten. Liest man seinen Artikel, klingt es so, als sei der Sieg im Kampf gegen den Krebs nur noch eine Frage der Zeit! Ich halte derartige Aussagen für gefährlich und irreführend, da mit ihnen Erwartungen, insbesondere bei Krebskranken, geweckt werden, die sich vielleicht nie erfüllen lassen. Die beschriebenen Bilder, wie z. B. U-Boote für frei schwimmende Nanoroboter, sind nicht unproblematisch, weil sie den Anschein erwecken, dass im atomaren Raum technisch alles machbar und manipulierbar sei. Doch wenn man die Nano-Forschung ein wenig genauer betrachtet, so stellt man fest, dass dem nicht so ist. Kohlenstoff-Nanoröhrchen z. B. sind seit ca. 15 Jahren bekannt, doch ein hinreichend standardisiertes Herstellungsverfahren gibt es bis heute nicht. Wer kann dann ihre erwarteten Eigenschaften garantieren? Was geschieht, wenn die Nanotechnik außer Kontrolle gerät? Bereits bei genmanipulierten Nahrungsmitteln hat man viele Bedenken beiseitegeschoben, weil man sich mehr Ertrag und somit mehr Profit erhoffte. Doch die Langzeitwirkungen sind auch hier nicht bekannt. Man darf einen solchen Fehler nicht ein zweites Mal wiederholen. Ansonsten droht uns der Goethe'sche Zauberlehrling!

E. Leutz, Kassel

4 Welche Position vertritt der Leser?

a. Formuliere sie in einer These.

b. Schreibe die angeführten Argumente und Beispiele auf.

c. Erkläre, was der Leser durch die Überschrift und den letzten Satz ausdrückt.
Tipp: Informiere dich über die Ballade „Der Zauberlehrling" von Johann Wolfgang von Goethe.

Informationen gezielt entnehmen und mit dem Vorwissen verknüpfen

In einer Argumentation kannst du deine Position darstellen.

5 Schreibe eine Argumentation.
Gehe dabei auch auf die Argumente im Artikel und im Leserbrief ein.

eine Argumentation schreiben
➤ S. 36–37

6 Formuliere die Arbeitstechnik auf Seite 37 in Checkfragen um und überarbeite deine Argumentation mithilfe der Checkliste.

Checkliste: Eine Argumentation schreiben	Ja	Nein
– Ist die Argumentation dreiteilig aufgebaut?	☐	☐
– Habe ich in der Einleitung …	☐	☐

die Argumentation überarbeiten

Eine Argumentation schreiben

Eine Argumentation planen

Eine Schülerzeitung veröffentlicht unter der Rubrik „Streitfälle“ regelmäßig Artikel zu aktuellen Themen. Für die nächste Ausgabe lautet das Thema „Nanotechnologie – gefährliche Zwerge auf dem Vormarsch“.

Bevor du einen Artikel schreibst, klärst du verschiedene Fragen.

1 An wen richte ich den Artikel?

2 Was wissen die Leser schon über das Thema? Was muss ich erklären?

3 Was interessiert die Leser?

4 Wie kann ich das Interesse der Leser wecken?

5 Was will ich mit dem Artikel erreichen?

1 Im Tandem!

Schreibziele klären

a. Beantwortet die Fragen jeder für sich.
b. Vergleicht eure Antworten und tauscht euch darüber aus.

Deine Position zu einem strittigen Thema kannst du in Form einer Argumentation schreiben.

2 Welche Argumente willst du verwenden?
Wähle aus deiner Stoffsammlung zu Aufgabe 2 auf Seite 34 Argumente aus, die du für deinen Artikel gebrauchen kannst.

Argumente auswählen

3 Gewichte die ausgewählten Argumente.
Schreibe sie ihrer Wichtigkeit nach geordnet in einer Reihenfolge auf.

Argumente gewichten

4 Erarbeite eine Gliederung nach dem Sanduhrprinzip.

These der Gegenposition:
Die Entwicklung/Nutzung der Nanotechnologie ...
– stärkstes Argument: ...
– mittelstarkes Argument: ...
– schwächstes Argument: ...

These zu deiner Position: ...
– schwächstes Argument: ...
– mittelstarkes Argument: ...
– stärkstes Argument: ...

Die Argumentation schreiben

Du baust deine Argumentation dreiteilig auf.

Mit der Einleitung weckst du das Interesse deiner Leser am Thema. Es gibt verschiedene Möglichkeiten zu beginnen.

Gestern las ich in der Tageszeitung einen interessanten Artikel über Nanotechnologie. Hier kamen Experten zu Wort, die ...

Vor vier Jahrzehnten wusste kaum jemand, was sich hinter dem Begriff „Nanotechnologie" verbirgt. Heute jedoch, so scheint es, ...

Schüler unserer Klasse führten in unserem Jahrgang ein Interview zum Thema „Nanotechnologie" durch. Die Umfrageergebnisse zeigten, dass 70 Prozent der Schüler nicht über ... informiert sind.

„Trotz aller Euphorie muss man feststellen, dass die möglichen Gefahren und Risiken für die menschliche Gesundheit und die Umwelt, die mit dieser neuen Technologie verbunden sind, noch weitgehend unerforscht sind." So warnte im Oktober 2009 das Umweltbundesamt die Verbraucher ...

1 Wie kannst du deine Argumentation einleiten?
  a. Ordne die Textbeispiele den Möglichkeiten am Rand zu.
  b. Für welche Möglichkeit gibt es kein Textbeispiel? Schreibe dafür ein eigenes Textbeispiel.
  c. Formuliere in der Einleitung deine Position in einer These.

- Zitat
- Vergleich
- Feststellung einer Tatsache (z. B. Umfrageergebnis)
- persönliches Erlebnis
- aktuelle Diskussion

Im Hauptteil stellst du deine Position und die Gegenposition begründet und zusammenhängend dar.

2 Schreibe den Hauptteil als zusammenhängenden Text.
- Formuliere Argumentationsstränge mithilfe deiner Gliederung zu Aufgabe 4 auf Seite 44.
- Verwende geeignete Formulierungen, um Thesen und Argumente einzuleiten.
- Entkräfte mindestens ein Gegenargument.

- Viele denken, dass ...,
- Ich hingegen vertrete die Auffassung, dass ...,
- Für entscheidender halte ich aber, dass ...
- Ein berechtigter Einwand ist ...

Im Schlussteil fasst du deine Position zusammen und ziehst eine Schlussfolgerung aus den angeführten Argumenten.

3 Schreibe einen Schluss für deine Argumentation.
- Du kannst auf dein stärkstes Argument verweisen.
- Du kannst auch mit einer Frage oder einer Aufforderung enden.

Die Argumentation überprüfen und überarbeiten

Mit diesem Artikel aus einer Schülerzeitung kannst du dein Wissen über den Aufbau einer Argumentation überprüfen.

mehr über den Nanotruck
➤ **www.nanotruck.de**

Die Nanos und ich – Eine unheimliche Beziehung

Vor zwei Wochen stand der Nanotruck auf dem Marktplatz. Wüstes Teil! Wer hineingeht, kann was lernen, und wer nichts lernt, hat wenigstens Spaß! Um es gleich zu sagen: Ich ging unwissend rein und kam verwirrt raus. Ich hatte schon davon gehört und gelesen, dass die Nanoteilchen eine spannende Sache seien. Die tummeln sich überall, in Lebensmitteln, Klamotten, Medikamenten, Baustoffen, Autos, Handys. Und was die nicht alles können ... Nano-Hersteller sind dabei, alles leichter, fester, sicherer, bunter, schmackhafter, duftiger, kleiner, sicherer, haltbarer und so weiter zu machen. Sie werden eines Tages dafür sorgen, dass mein Fahrrad fliegen kann und mein gebrochenes Schlüsselbein – falls ich das habe – in null Komma nichts zusammenwächst. Um ehrlich zu sein: Es kam mir gespenstisch vor. Es kann sein, dass diese Nanoteilchen Alleskönner sind. Ich wüsste nur gern, wo sie drin sind, was sie anrichten und was sie mit mir machen. Ich sehe sie nicht, ich höre sie nicht, ich schmecke sie nicht. Gespenstisch. Ich bin jedenfalls dafür, dass auf jedem Produkt draufsteht, ob da die „Zwerge“ drin sind, weil ich wissen möchte, ob das „Frucht- oder Giftzwerge“ sind. Und weil ich nicht in einer Gespensterwelt leben möchte.

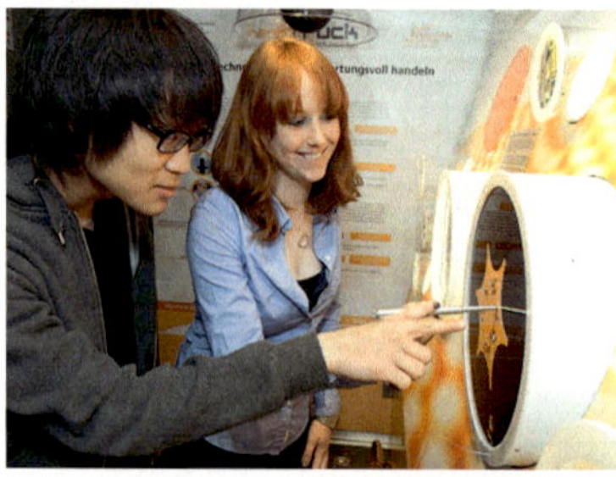

Ljuba S., 10 b

1 Überprüfe den Zeitungsartikel mithilfe deiner Checkliste von Seite 43.

Wenn du eine Argumentation in Form eines Zeitungsartikels schreibst, musst du auch deine Leser berücksichtigen.

2 **a.** Lies auf den Seiten 44 und 45 nach, wie du auf deine Leser eingehen kannst.
b. Ergänze dazu weitere Checkfragen auf deiner Checkliste.
c. Überprüfe den Zeitungsartikel mit den ergänzten Checkfragen.

Nun kannst du deinen Zeitungsartikel überprüfen und überarbeiten.

3 Überprüfe deinen Zeitungsartikel von Seite 45 mithilfe der ergänzten Checkliste.
a. Überarbeite deinen Zeitungsartikel, wenn du Fragen mit „Nein“ beantwortet hast.
b. Überprüfe zum Schluss die Rechtschreibung.

Gut ankommen im Beruf

- Sprechakte gestalten
- Sich präsentieren

Soziale Kompetenz im Beruf erkennen

Nicht nur im Privatleben, sondern auch im Berufsleben kommt es darauf an, wie Menschen miteinander umgehen.

ein Hörtext über soziale Kompetenz im Beruf
➤ Webcode: DK611833-048

Situationen beschreiben

1 Tauscht euch über die Situationen auf den Fotos auf Seite 47 aus.
- **a.** Beschreibt die Situationen.
- **b.** Schreibt auf, was die Personen denken könnten.

Szenen schreiben, spielen und auswerten

Szenisches Spiel ➤ S. 303

2 Gruppenarbeit!
Entwickelt eine Szene zu einem der Fotos und wertet sie aus.
- **a.** Schreibt auf, was die Personen sagen und wie sie ihre Gedanken und Gefühle ausdrücken.
- **b.** Spielt die Szene in der Klasse vor.
- **c.** Beurteilt als Zuschauer das Verhalten der dargestellten Figuren.

Was im Privatleben angemessen ist, gilt nicht unbedingt für das Berufsleben – und umgekehrt.

Umgangsformen reflektieren

3 Schreibt eure Szene zu Aufgabe 2 so um, dass die Situation im privaten Umfeld stattfindet.
Vergleicht das Verhalten der Personen im beruflichen und im privaten Umfeld. Schreibt Gemeinsamkeiten und Unterschiede auf.

Auch in der Ausbildung ist die Fähigkeit sehr wichtig, in verschiedenen Situationen angemessen mit anderen umzugehen.

eine Grafik erschließen

Grafiken erschließen ➤ S. 295

4
- **a.** Sprecht darüber, was unter sozialer Kompetenz zu verstehen ist.
- **b.** Erklärt, was die Grafik veranschaulicht.

In diesem Kapitel setzt ihr euch mit Erwartungen auseinander, die in der Ausbildung und im Beruf an euch gestellt werden. Ihr übt, euch im Berufsleben zu präsentieren und Gesprächssituationen zu gestalten. Das Zeichen in der Randspalte markiert die wesentlichen Schritte.

Soziale Kompetenz zeigt sich oft darin, wie man kommuniziert. Wie sicher seid ihr schon beim Kommunizieren im Berufsleben? Der folgende Test kann euch darüber Auskunft geben.

Test: Umgangsformen im Beruf – Kennst du dich aus?

Situation 1: In deinem Ausbildungsbetrieb wechselst du in eine neue Abteilung. Der Ausbilder erklärt dir deine Aufgaben. Du schreibst alles auf. Am Ende fragt dich der Ausbilder, ob du nun erst mal alleine zurechtkommst. Was antwortest du?

a. „Na klar. Ich bin ja nicht auf den Kopf gefallen. Das krieg ich schon hin."

b. „Ja, ich habe mir alles aufgeschrieben. Wenn noch Fragen auftauchen, melde ich mich."

c. „Nein, ich fühle mich noch sehr unsicher. Könnten Sie mir bitte bei der Bearbeitung der ersten Aufgabe helfen?"

Situation 2: Du möchtest kurzfristig zwei Tage Urlaub nehmen. Dein Vorgesetzter stimmt zu. Allerdings muss deine Vertreterin in dieser Zeit einen Teil deiner Aufgaben übernehmen. Wie bringst du ihr das bei?

a. Kurz bevor ich gehe, schreibe ich ihr eine Urlaubsübergabe per E-Mail. Darin nenne ich ihr alle Aufgaben, die sie bearbeiten muss.

b. Ich muss sie gar nicht informieren. Mein Ausbilder weiß Bescheid und weist ihr die Aufgaben zu.

c. Ich gehe persönlich zu ihr und sage ihr Bescheid, dass ich Urlaub habe. Dabei bitte ich sie, einige Aufgaben zu übernehmen. Zusätzlich schreibe ich eine Urlaubsübergabe per E-Mail.

Situation 3: Ein Kunde ruft an und beschwert sich bei dir über einen Fehler in einer Rechnung. Du hast die Rechnung allerdings nicht erstellt. Wie verhältst du dich?

a. Ich sage, dass ich nicht zuständig bin, und beende das Gespräch.

b. Ich bitte den Kunden, später nochmal anzurufen, weil ich dazu nichts weiß.

c. Ich lasse mir vom Kunden erklären, wo der Fehler liegt, und informiere die verantwortliche Kollegin darüber. Dem Kunden sage ich, dass wir uns wieder bei ihm melden.

Situation 4: Du hast gerade viel zu tun. Da fragt dich ein anderer Auszubildender, wie er eine bestimmte Aufgabe angehen soll. Du hast diese Aufgabe ein Jahr lang erledigt und bist Profi darin. Was antwortest du ihm?

...

5 Welches Verhalten haltet ihr jeweils für angemessen?

a. Wählt aus den vorgegebenen Möglichkeiten die beste aus.
b. Ergänzt eine eigene Antwort für Situation 4.
c. Vergleicht und bewertet eure Antworten für Situation 4.

das eigene Kommunikationsverhalten überprüfen

Umgangsformen analysieren und reflektieren

Im Ausbildungsalltag kannst du deine soziale Kompetenz schulen. Du lernst selbst dann dazu, wenn im Umgang mit anderen nicht alles reibungslos abläuft, wie das folgende Fallbeispiel zeigt.

Eine haarige Angelegenheit – Aus dem Leben einer Azubi

Ingrid Ute Ehlers / Regina Schäfer

Oh, schon halb elf! Ein Blick auf die Armbanduhr zeigt Sandy, dass sie heute spät dran ist. Ihr Arbeitstag bei Adriennes HairArt beginnt zwar erst um 11 Uhr – und dauert dafür auch bis 20 Uhr –, aber sie muss noch rasch etwas besorgen. Sie flitzt in den Drogeriemarkt, denn sie braucht noch dringend eine Tube Handcreme. Im Eingangsbereich schlängelt sich Sandy entschlossen an einer Mutter mit Kinderwagen vorbei, die vergeblich versucht, die Tür des Geschäftes zu öffnen und dadurch den Eingang unfreiwillig blockiert. Nachdem Sandy ihren Einkauf erledigt hat, ist sie richtig genervt. Mann, das dauert wieder heute! Schnell macht sie noch einen Abstecher zum Kiosk an der Ecke: „Eine TV-komplett", verlangt sie vom Verkäufer, lässt eine Euromünze in die Geldschale fallen, schnappt sich die Zeitschrift und spurtet in Richtung Friseursalon. Dort angekommen, stürmt sie erst einmal in die Garderobe, vorbei an den Kolleginnen und Kollegen.

Sandy hat vor drei Monaten bei HairArt mit ihrer Ausbildung zur Friseurin begonnen und ist total happy: ihr Traumberuf! Allerdings sind manche Kundinnen und Kunden gewöhnungsbedürftig, findet sie. Einige benehmen sich für ihren Geschmack ganz schön zickig mit ihren Sonderwünschen und tragen die Nase ziemlich hoch. Und wie geschwollen die manchmal daherreden! Dass die Kolleginnen und Kollegen da immer so ruhig und freundlich bleiben können!

Trotzdem hat Sandy Spaß an ihrer Arbeit. Bei der wöchentlichen Schulung im Salon macht sie gute Fortschritte. Sie schneidet Haare millimetergenau. Ihre Chefin lobt sie oft wegen ihrer raschen Auffassungsgabe und ihres Gespürs für neue Trends. So wird es bestimmt nicht mehr lange dauern, bis sie ihr Können auch bei der Kundschaft des Salons unter Beweis stellen darf. Darauf freut sie sich schon.

„Ja, grüß' Sie, Frau Habsburger", ruft die Friseurmeisterin Adrienne Albrecht der Kundin zu, die nun den Salon betritt. „Wie schön, Sie zu sehen. Einen Moment noch, ich bin gleich bei Ihnen!" Frau Albrecht geleitet die Kundin an ihren Platz: „Darf ich Ihnen in der Zwischenzeit etwas zu trinken anbieten? Wie wäre es mit einem frisch gepressten Orangensaft?" Frau Habsburger nimmt dieses Angebot erfreut an und Frau Albrecht verschwindet im Küchenkabuff, um das gewünschte Getränk zu holen.
[...]

Nun ist erst mal Mittagspause. Zu blöd, jetzt hab ich doch mein Müsli zu Hause stehen lassen, fällt Sandy schlagartig ein. Und dabei muss sie jetzt dringend etwas essen, sonst ist sie nicht zu gebrauchen. Zum Einkaufen ist die Pausenzeit allerdings zu knapp. Was tun? Sandy verschwindet erst einmal in der Teeküche, um sich ihre Wasserflasche aus dem Kühlschrank zu holen. Hier dürfen alle Angestellten des Salons ihr Essen verstauen. Ja, was haben wir denn da?, denkt Sandy, als sie einen Becher Erdbeerjogurt im Kühlschrank entdeckt. Glück muss man haben! Es klebt kein Namenszettel dran. Selbst schuld, denkt Sandy und schnappt sich den Becher. Wer hungrig ist, kann schließlich nicht vernünftig arbeiten. Jetzt noch eine starke Tasse Kaffee zum Abschluss und es kann wieder losgehen. Nach dem Essen stellt Sandy ihre schmutzige Kaffeetasse und den Jogurtlöffel noch rasch in die Spüle. Das kann ich ja später noch abspülen, überlegt sie und verlässt die Teeküche.

Als Sandy den Salon wieder betritt, naht schon die nächste Kundin: Frau Dr. Schmitt-Bergdorf, eine Augenärztin, die ihre gutgehende Praxis gleich nebenan führt. Zielstrebig steuert sie auf Sandy zu, die sich auf dem Weg zum Kassentresen befindet. „Guten Morgen zusammen. Ich habe um halb zwei einen Termin bei Adrienne. Ansätze nachfärben, Strähnchen auffrischen und schneiden. Das übliche Programm." „Hallöchen!", begrüßt Sandy die Kundin betont freundlich, denn sie weiß, dass Frau Dr. Schmitt-Bergdorf manchmal etwas schwierig im Umgang ist. „Wie geht's denn so?" Bevor Frau Dr. Schmitt-Bergdorf darauf antworten kann, wird Sandy von einem heftigen Niesanfall geschüttelt. Der Heuschnupfen ist aber supernervig dieses Jahr, denkt sie und putzt sich zuerst einmal ausgiebig die Nase. Sie schnäuzt sich geräuschvoll in ein Papiertaschentuch. Dies stopft sie eilig in den linken Ärmel. Da klingelt das Telefon und Sandy nimmt ab. Sie meldet sich: „Guten Morgen, Sandy hier, was gibt's?" Eine Kundin ihres Kollegen David hat eine Terminanfrage. Die kann Sandy nicht allein beantworten und schaut sich hilfesuchend um. „Bin gleich wieder da", informiert sie Frau Schmitt-Bergdorf. Und drückt ihr noch schnell einen Frisierumhang in die Hand, bevor sie im hinteren Teil des Salons verschwindet, um ihren Kollegen David zu suchen.

Als Sandy wieder zurückkommt, hat inzwischen eine Kollegin die Kundin zu ihrem Platz geführt. Um die Unterbrechung wiedergutzumachen, beugt Sandy sich vertraulich zu Frau Dr. Schmitt-Bergdorf hinunter: „Sie waren schon länger nicht mehr bei uns, stimmt's? Ihre Haare sind ja ganz stumpf geworden." Hoffentlich stört es Frau Dr. Schmitt-Bergdorf nicht, dass sie gestern Zaziki mit Knoblauch gegessen hat ... Von der Kundin kommt keine Reaktion, deshalb fährt Sandy munter fort: „Ich soll schon mal waschen, kommen Sie bitte hier rüber zum Waschbecken." Mann, ist die schwer von Begriff!, denkt Sandy. Die „Schmitt-Bergdoof", wie sie die Kundin insgeheim nennt, müsste doch so langsam wissen, wie das hier läuft, denkt sich Sandy, als die Kundin endlich am Waschbecken Platz nimmt. „Ihre Haare sind wieder etwas dünner geworden seit dem letzten Mal. Da nehme ich besser ein Aufbaushampoo gegen Haarausfall", versucht Sandy ihr Fachwissen an die Frau zu bringen. Frau Dr. Schmitt-Bergdorf lässt statt einer Antwort nur ein unbestimmtes Murmeln hören. Na gut, dann eben keine Unterhaltung mit der Kundin, denkt sich Sandy und massiert das Shampoo kräftig ein. Dabei unterhält sie sich mit ihrer Kollegin über das Fernsehprogramm von gestern Abend.

Zwei Stunden später steht Frau Dr. Schmitt-Bergdorf perfekt gestylt an der Kasse, Sandy drückt der Kundin die zahlreichen Einkaufstüten, die diese in der Kundengarderobe untergestellt hatte, in die Hand. Tja, da hat sie jetzt einiges zu schleppen, denkt sich Sandy. Aus sicherer Entfernung beobachtet sie die Kundin, die jetzt Mühe hat, die schwere Glastür zu öffnen. Kein Wunder, sie hat ja keine Hand frei. Beim dritten Versuch rutscht der Kundin ihre noch offene Handtasche von der Schulter und mit Getöse knallen Geldbörse, Schlüssel, Puderdose und Handy auf den Marmorboden. „Du liebe Zeit, Frau Dr. Schmitt-Bergdorf, wie kann ich Ihnen helfen?", flötet Frau Albrecht, die soeben aus dem hinteren Teil des Salons auftaucht. Sie hilft der Kundin die Sachen wieder einzusammeln. „Warten Sie, ich halte so lange Ihre Tüten, bis Sie alles wieder verstaut haben. Haben Sie es denn weit bis zu Ihrem Auto? Sandy kann Ihnen doch helfen, Ihre Einkäufe zum Auto zu bringen, nicht wahr, Sandy?" Frau Albrecht winkt Sandy energisch zu sich. Das ist ja wohl der Gipfel!, empört sich Sandy innerlich. Ich bin doch eine angehende Starfriseurin und kein Transportesel! Aber es bleibt ihr nichts anderes übrig. Widerwillig begleitet sie Frau Dr. Schmitt-Bergdorf zum Auto. Um dieser klarzumachen, dass solch eine Hilfeleistung eigentlich unter ihrer Würde ist, trottet sie schweigend hinter Frau Dr. Schmitt-Bergdorf her. Wortlos packt sie die Tüten in den Kofferraum und verabschiedet sich mit einem halbherzigen „Auf Wiedersehen", bevor sie sich auf den Rückweg in den Salon macht.

Geschafft! Endlich Feierabend. Sandy fegt noch die letzten Haare zusammen und hängt die Frisierumhänge wieder an ihren Platz. „Hey Sandy, wie wär's noch mit einem Abstecher ins Jimmy's?", ruft ihre Kollegin Julia ihr zu. „Die anderen gehen auch alle hin." „Logo, ich bin dabei!", antwortet Sandy.

Später – auf dem Weg zum Jimmy's – beklagt sich Sandy bei Julia über ihre magere Trinkgeldausbeute. „Ich bin schon enttäuscht. Als ich anfing, hat die Chefin mir erklärt, dass wir unser Gehalt durch die großzügigen Trinkgelder der Kundinnen und Kunden erheblich aufbessern können. Davon habe ich allerdings noch nicht so viel bemerkt."

„Ich kann da eigentlich nicht klagen", entgegnet Julia. „Ich bekomme immer etwas, meistens sogar ein hohes Trinkgeld. Besonders die Schmitt-Bergdorf ist immer sehr großzügig. Schade, dass ich sie heute nicht bedient habe. Aber dafür hast du das Glück gehabt."

„Waaaas? Ausgerechnet die Schmitt-Bergdoof?", ruft Sandy. „Ich fass' es nicht. Die ist doch supergeizig. Von der habe ich noch nie etwas bekommen!"

„Das ist aber merkwürdig. Na ja, vielleicht war sie nur in Gedanken und hat's einfach vergessen. Das ist bestimmt nicht absichtlich passiert."

Sandy ist nachdenklich geworden. Irgendwie läuft das mit dem Trinkgeld bei ihr wirklich nicht so gut. Dabei gibt sie sich doch richtig Mühe. Oder etwa nicht?

Sandy beginnt ihr Verhalten zu überdenken. Dabei kann es helfen, das eigene Verhalten aus der Perspektive anderer zu betrachten.

eigene Verhaltensweisen durch Perspektivwechsel reflektieren

1 Versetze dich in eine der Personen, auf die Sandy trifft.
- **a.** Beschreibe aus deren Sicht, wie Sandys Verhalten wirkt.
- **b.** Beschreibe auch, welche Gefühle Sandys Verhalten auslösen könnte.

Starthilfe

Mutter mit Kinderwagen im Drogeriemarkt: Sieht die junge Frau nicht, dass ... Ich finde, sie verhält sich ... Ich fühle mich von ihr ...

Aufgaben gemeinsam bewältigen ➤ S.304

2 Im Tandem!
Wie reagieren einzelne Personen auf Sandys Verhalten?
- **a.** Wählt eine Person aus und beschreibt ihre Reaktion.
- **b.** Diskutiert darüber, ob die Reaktionen für euch nachvollziehbar sind.

Verhaltensalternativen entwickeln

szenisch spielen ➤ S. 303

3 Gruppenarbeit!
- **a.** Entwickelt aus der Textstelle in den Zeilen 52–116 eine Spielszene, in der Sandys Verhalten positiv wirkt, und spielt sie in der Klasse vor.
- **b.** Beschreibt als Zuschauer, wie Sandys Verhalten auf euch wirkt.

Sandy zeigt in ihrer Ausbildung Stärken und Schwächen.

ein Feedback empfangen und geben ➤ S.301

Z **4** Welches Feedback würdest du ihr als ihre Ausbilderin geben?
- **a.** Sieh dir die Grafik auf Seite 48 noch einmal an.
- **b.** Formuliere ein Feedback für Sandy. Gehe dazu auf ihr Verhalten ein.

Gesprächssituationen gestalten und reflektieren

Kontakte zu anderen Menschen werden durch Gespräche geknüpft. Gerade beim Kennenlernen kommt es darauf an, auf Gesprächspartner zuzugehen.

1 Welche Erfahrungen hast du in Gesprächen gemacht, in denen du auf andere zugegangen bist?

a. Erzähle, wie du in diesen Situationen Kontakt aufgenommen hast:
- in der Schule, im Freundeskreis, bei Freizeitaktivitäten
- im Praktikum, bei offiziellen Anlässen oder Feiern

b. Gehe darauf ein, wie deine Gesprächspartner reagiert haben.

c. Beschreibe, wie du die Situationen jeweils empfunden hast.

2 Erzähle auch von deinen Erfahrungen in Gesprächssituationen, in denen andere Kontakt mit dir aufgenommen haben.

Auch in der Ausbildung entstehen Situationen, in denen du auf andere, dir unbekannte Menschen zugehst.
Davon handelt das folgende Fallbeispiel.

Fallbeispiel 2: Talkshow mit Tobias – Aus dem Leben eines Azubis

Ingrid Ute Ehlers / Regina Schäfer

Tobias hat vor vierzehn Tagen seine kaufmännische Lehre bei einer mittelständischen Maschinenbaufirma angetreten. Das Unternehmen beliefert die großen Autohersteller mit Klimaanlagen. Tobias ist sehr an Technik interessiert und findet seine Arbeit spannend und abwechslungsreich. Zurzeit ist er in der Versandabteilung tätig, seiner ersten Ausbildungsstation.

Er versteht sich gut mit seinem Kollegen Peter, der bereits im zweiten Lehrjahr ist. Peter hat ihm verraten, dass am kommenden Donnerstag Herr Dr. Eisenbart, der Unternehmensinhaber, seinen 60. Geburtstag feiert – mit der gesamten Belegschaft in der Kantine des Unternehmens. […]

Heute ist der große Tag: der Geburtstag vom Chef mit feierlichem Umtrunk und großem Büfett! Alle dürfen bereits um 17 Uhr Feierabend machen. Tobias ist, ehrlich gesagt, ganz schön aufgeregt. Er wird jeder Menge neuer Gesichter begegnen (er kennt ja noch kaum jemanden), darunter sämtliche Abteilungsleiter und natürlich der Chef persönlich, mit dem er seit seinem Bewerbungsgespräch auch noch kein weiteres Wort gewechselt hat. Aber Tobias macht sich Mut und ist ganz gespannt, wie das festliche Ereignis verlaufen wird. *Schließlich bin ich ja nicht auf den Mund gefallen*, denkt er sich. Bei seinen Freunden ist er wegen seines selbstbewussten Auftretens und seines Humors geschätzt. Und in der Schule hat er mit seinen Pausenwitzen immer für gute Stimmung gesorgt.

Als er kurz nach 17 Uhr die Kantine betritt, ist schon mächtig was los. Sein Kumpel Peter ist allerdings nirgendwo zu sehen. Überall fremde Gesichter. *Na dann, auf ins Getümmel,* denkt Tobias. Er erspäht zwei Anzugträger jüngeren Alters, die in der Nähe des Getränkeausschanks stehen. Sie haben jeder ein Glas Sekt in der Hand und unterhalten sich angeregt. *Mensch, so einen schicken Anzug würde ich mir auch gern leisten,* überlegt Tobias. *In welcher Abteilung die Jungs wohl arbeiten?* Entschlossen geht er auf die beiden zu. *Nur nicht gleich mit der Tür ins Haus fallen,* überlegt er sich, sich erst einmal dezent zu den beiden dazustellen. Er nimmt sich vor, das Gespräch erst einmal eine Weile zu verfolgen. Die beiden Männer tauschen sich offensichtlich über die Besetzung einer offenen Sekretärinnenstelle aus. Der „graue Anzug" sagt: „Ja, die zweite Bewerberin hat einen guten Eindruck hinterlassen. Wie liefen denn die Gehaltsverhandlungen mit ihr?" „Du, das erzähle ich dir lieber bei ein paar Häppchen", antwortet sein Gegenüber. Beide drehen sich plötzlich weg und schlendern in Richtung Büfett, ohne Tobias Beachtung zu schenken. *Na, so was,* denkt Tobias, *die waren ja so in ihr Gespräch vertieft, die haben mich gar nicht bemerkt* – und er beschließt seine Annäherungsstrategie zu ändern.

Er bemerkt eine lebhafte, gemischte Fünfergruppe. Er stellt sich dicht dazu und verfolgt interessiert das Gespräch. Die jüngere der beiden Frauen erzählt gerade von ihrem neuen Hobby, dem Kite-Surfen, das sie während des Sommerurlaubs in Thailand erlernt hat. Mit den witzigen Schilderungen ihrer verunglückten Anfängerversuche bringt die Erzählerin alle zum Lachen. *Da kann ich doch noch einen draufsetzen,* denkt sich Tobias. Ermutigt von der lebhaften Stimmung der Gruppe beginnt er nun seinerseits von seinem Hobby – Computerspiele – zu erzählen. Das Spiel „Herr der Ringe – Schlacht um Mittelerde" hat es ihm besonders angetan. „Die realistische Darstellung der Figuren und ihrer Handlungswelt – einfach der Hammer! Am besten wirkt das Ganze natürlich, wenn man einen 21 Zoll Flatscreen und ein leistungsstarkes Headset zur Verfügung hat. Da knallt es dann erst so richtig", erzählt er. Als ihm nichts mehr einfällt, verabschiedet er sich von seinen Gesprächspartnern mit der Bemerkung, dass er überhaupt noch nichts gegessen hat und jetzt endlich einmal das Büfett erkunden will. Komisch, die junge Kite-Surferin ist auf einmal verschwunden. Auch die anderen zerstreuen sich rasch. Schade, er hätte gern erfahren, wie sie heißen und in welcher Abteilung sie arbeiten.

Hätte er sich mit seinem Namen vorstellen sollen? *Ach nein, das ist doch viel zu altmodisch und steif,* denkt er.

Am Büfett reiht sich Tobias in die Schlange der Hungrigen ein. Mit Teller, Serviette und Besteck bewaffnet, muss er sich noch etwas gedulden, bis er an der Reihe ist. Plötzlich wird die Frau vor ihm von einem heftigen Niesanfall geschüttelt. Fürsorglich legt er ihr eine Hand auf die Schulter und wünscht ihr Gesundheit. Sofort fühlt er sich an seine schwere Grippe erinnert, die ihn vor wenigen Wochen fest im Griff hatte, und er beschreibt der Kollegin ausführlich den Krankheitsverlauf. Da ist es ihm dreckig gegangen, oh Mann! Schüttelfrost und eine Schniefnase, die sich gewaschen hat. Er ist mit dem Schnäuzen gar nicht mehr nachgekommen, so sehr ist ihm die Nase gelaufen. Einfach eklig. Hoffentlich bleibt das der Kollegin erspart. „Am besten heute noch in die heiße Wanne, das wirkt bekanntlich Wunder", empfiehlt er der Kollegin abschließend. „Super Idee. Danke für den Hinweis. Hoffentlich ist mir jetzt der Appetit nicht vergangen", gibt die Frau zurück, nimmt sich eine Portion Thunfischsalat und entschwindet wort- und grußlos. *Oje, entweder chronisch schlecht gelaunt oder schon der erste Fieberschub,* denkt Tobias. *Da habe ich aber auch ein Pech heute!*

Schließlich setzt er sich allein an einen freien Tisch und beginnt sich über seinen Braten herzumachen. Da sieht er auf einmal Peter auf sich zukommen. „Hallo, Peter! Super, dass du da bist. Komm, setz dich!", begrüßt Tobias seinen Kollegen erleichtert – froh, ein bekanntes Gesicht neben sich zu haben. Irgendwie hat er sich die Feier unterhaltsamer vorgestellt. Den Rest des Abends unterhalten sich die beiden über Fußball, die neuesten DVDs und das Lernpensum an der Berufsschule. *Auf Peter kann ich mich wenigstens verlassen,* denkt Tobias, als er sich von ihm verabschiedet.

Später auf dem Heimweg beschleicht ihn dann ein ungutes Gefühl. *Mensch, ich habe gar keine neuen Kollegen kennen gelernt,* denkt er. Er hätte auch gern noch mehr über das Unternehmen und seinen Chef erfahren. Das hat auch nicht funktioniert. Niemand hat ihn aufgefordert, sich der betriebseigenen Fußballmannschaft anzuschließen, wie er insgeheim gehofft hat.

Irgendwie ist es doch nicht so prima gelaufen, muss er zugeben. Die anderen Gäste waren aber auch irgendwie alle nicht richtig zugänglich oder haben recht ablehnend reagiert.

Das verstehe ich nicht, denn schließlich habe ich mir doch wirklich alle Mühe gegeben, grübelt er. Oder etwa nicht?

Tobias befindet sich in einer neuen Situation.

3 **a.** Beschreibe seine Erwartungen mithilfe der folgenden Fragen:
- Was verspricht sich Tobias von der Feier in der Firma?
- Was erwartet er von seinen Kolleginnen und Kollegen?

b. Belege deine Antworten anhand von Textstellen.

Gesprächssituationen untersuchen und reflektieren

4 Untersuche die einzelnen Gesprächssituationen genauer.
Stelle die Antworten zu den folgenden Fragen in einer Tabelle gegenüber.
- Wie nimmt Tobias Kontakt auf?
- Wie reagieren seine Kolleginnen und Kollegen?
- Wie erklärt sich Tobias ihre Reaktion?

Starthilfe

Kontaktaufnahme	Reaktion	Tobias' Erklärung
Tobias stellt sich zu zwei unbekannten Kollegen, die in ein Gespräch vertieft sind, und hört ihnen zu (Zeilen 24-43).	...	...
... (Zeilen 44–66)	Tobias' Kollegen gehen nicht darauf ein, ...	...
...	...	...

5 Im Tandem!
Wie erklärt ihr euch die Reaktionen der Kolleginnen und Kollegen?
Tauscht euch darüber aus.

Aufgaben gemeinsam bewältigen ➤ S. 304

6 Gruppenarbeit!
Wie hätten die Kolleginnen und Kollegen es Tobias erleichtern können, auf der Feier Anschluss zu finden?

a. Entwickelt Alternativen zu ihrem Verhalten in den folgenden Textstellen: Zeilen 24–43, Zeilen 44–66 und 67–85.
b. Spielt eure Alternative als Szene in der Klasse vor.
c. Beurteilt, wie das Verhalten der Personen auf euch gewirkt hat.

Gesprächsalternativen entwickeln

szenisch spielen ➤ S. 303

Jede neue Situation bietet auch die Chance, etwas über das eigene Gesprächsverhalten und über die Spielregeln in einem bestimmten Umfeld zu erfahren.

7 Diskutiert über die folgenden Fragen in der Klasse:
- Was könnte Tobias an diesem Abend über sich erfahren?
- Was sollte er zukünftig auf Feiern in seiner Firma berücksichtigen?

- Gespräch in einer Zweiergruppe
- Abstand zum Gesprächspartner
- Vorstellung der eigenen Person
- Gesprächsthemen
- Vertraulichkeit

Z Weiterführendes: Einen Sachtext erschließen

In diesem Text erfährst du mehr über soziale Kompetenz.

In jeder Situation angemessen agieren Christoph Wurzel

Für den Umgang untereinander, sei es privat, in der Schule, Ausbildung oder im Beruf gelten Regeln, die dir helfen, gut mit anderen Menschen auszukommen, gemeinsame, aber auch persönliche Ziele zu erreichen und die eigenen Interessen zu vertreten. Sind die Regeln bekannt, weißt du genau, wie du dich zu verhalten hast. Aber nicht für jede Situation existieren Richtlinien, an die du dich halten kannst. Dann musst du auf deine Erfahrungen und auf bisher erlerntes Verhalten zurückgreifen.

Bestimmte Fähigkeiten, die wir brauchen, um den Anforderungen in sozialen Situationen gerecht zu werden, fassen Wissenschaftler unter dem Begriff *Soziale Kompetenz* zusammen. So lernen wir beispielsweise als Kind, Erwachsenen Achtung entgegenzubringen, und erfahren selbst Wertschätzung durch andere Menschen. Diese Erfahrungen begleiten uns ein Leben lang, in der Schule, in der Ausbildung, im Beruf. Wir überprüfen sie in neuen Situationen, erlernen so, ein „Werkzeug" zu benutzen, das uns kompetent, d. h. fähig macht, im Umgang mit Menschen gut zurechtzukommen.

Mit Respekt finden wir zum Beispiel im Team größere Anerkennung für unsere Vorschläge, als wenn wir versuchen, unsere Ziele rücksichtslos durchzusetzen. Auch das Gegenteil ist möglich: Wer sich zu sehr anpasst, wird irgendwann nicht mehr ernst genommen. Daher gehört ein gewisses Maß an Selbstvertrauen ebenfalls zu sozial kompetentem Verhalten. Soziale Fähigkeiten variieren also von Situation zu Situation und spiegeln sich im Verhalten anderen gegenüber. So ist es ein ganz wesentliches Merkmal sozialer Kompetenz, die Konsequenzen des eigenen Handelns bei den Menschen, mit denen wir zu tun haben, richtig einschätzen zu können.

Manchmal lernen wir erst im Umgang miteinander, wie unser Verhalten auf andere in einem bestimmten Umfeld wirkt. An der Art, wie sich Menschen begrüßen, zeigt sich, dass es von der jeweiligen Kultur abhängt, welche Form angemessen ist. In Frankreich ist die leichte Berührung der Wangen als Begrüßungsgeste üblich, die zwar nicht unter ganz Fremden, aber unter einigermaßen Bekannten ausgetauscht wird. In Indien dagegen würde man mit solchem Verhalten sein Gegenüber ziemlich verwirren, vielleicht gar beleidigen. Denn dort begrüßt man sich durch eine kurze gegenseitige Verbeugung, bei der man die Handflächen vor dem Oberkörper aneinanderlegt. Auch die Gepflogenheiten im beruflichen Umfeld können sich von Branche[1] zu Branche und sogar von Betrieb zu Betrieb sehr unterscheiden. Was z. B. in Besprechungen, auf Betriebsausflügen oder zum Beginn und Ende einer Ausbildung üblich ist, erfährt man erst im Laufe der Zeit. Diese Zeit ist auch nötig, um zu einem Verhalten zu finden, das rücksichtsvoll in Bezug auf Kollegen und Vorgesetzte ist, ohne sich dabei selbst zu verleugnen.

Soziale Kompetenz ist ein Thema, mit dem sich viele Wissenschaftszweige beschäftigen.

Die *Psychologie* untersucht sie unter dem Aspekt der persönlichen Voraussetzungen, die ein Mensch

[1] die Branche: ein Berufszweig

diesbezüglich mitbringt, die *Pädagogik* fragt danach, wie sich soziale Kompetenz erlernen lässt, die *Soziologie* beschäftigt sich damit, herauszufinden, wie sich soziale Kompetenz in Systemen wie Arbeitsteams oder in Betrieben insgesamt auswirkt. Die heutige Arbeitswelt erfordert ein hohes Maß an sozialer Kompetenz, da das Fachwissen ständigem Wandel unterliegt und es nötig ist, sich rasch diesen Veränderungen zu stellen. Daher sind Anpassungsfähigkeit an neue Situationen, eine hohe Motivation, Dingen auf den Grund zu gehen, Selbstständigkeit beim Lösen von Aufgaben und eine sinnvolle Organisation des eigenen Arbeitsprozesses in Stellenanzeigen besonders häufig geforderte Kompetenzen in den meisten Berufssparten.

Neben den fachlichen Kompetenzen, die in vielen Fächern erworben werden und die auf Wissen aufbauen, sind die sozialen Kompetenzen ebenso wichtig. Allerdings sind sie im Gegensatz zur kognitiven[2] Leistungsfähigkeit kaum messbar und werden daher auch *Soft Skills*[3] genannt. Neben den persönlichen Kompetenzen wie Belastbarkeit, Gewissenhaftigkeit oder Interesse gehören die kooperativen Kompetenzen, wie die Fähigkeit, angemessen Kontakt zu anderen aufzunehmen oder einen Konflikt auszutragen, ohne aggressiv zu werden, zu den wichtigen Sozialkompetenzen.

Die entscheidende Fähigkeit, auf der all dieses Können aufbaut, dürfte allerdings das Vermögen sein, sich in andere hineinzudenken und deren Gefühle zu erfassen. Diese Fähigkeit nennt die Psychologie *Empathie*. Um diese aufzubringen, bedarf es einer sensiblen Wahrnehmung anderer Menschen und einer hohen Bereitschaft, sich auf diese einzulassen. Ein Auge sollte nach innen, auf die eigenen Interessen, Wünsche und Gefühle gerichtet sein und eines nach außen auf Mitmenschen als Partner in einer bestimmten Situation.

Grundlagen für kompetentes Verhalten im Beruf werden schon in der Schule gelegt.
Ein geeignetes Feld, soziale Kompetenz für das Berufsleben zu trainieren, sind Praktika oder das Freiwillige Soziale Jahr, das von immer mehr Jugendlichen absolviert wird.
Hier kannst du in konkreten Situationen Verhaltensweisen überprüfen und neue erwerben.

[2] kognitiv: das Wissen betreffend, erkenntnismäßig
[3] Soft Skills: wörtlich übersetzt: weiche Fähigkeiten, wobei sich „weich" auf nicht eindeutig messbar bezieht.

1 Fasse wesentliche Textaussagen zusammen.

Textaussagen zusammenfassen

2 Welche Textaussagen kannst du auf die Fallbeispiele auf den Seiten 50–53 und 54–57 beziehen?
a. Belege die Aussagen anhand von Textstellen aus den Fallbeispielen.
b. Erläutere, welche Aussagen du besonders wichtig und interessant findest.

Textaussagen mit dem Vorwissen verknüpfen

3 Informiere dich über das **Freiwillige Soziale Jahr** und stelle deine Ergebnisse in einem Kurzreferat vor.

sich und andere informieren

Sich präsentieren

Das Telefon als Bewerbungshelfer

Bei deiner Bewerbung um einen Ausbildungsplatz kannst du in einem Telefongespräch deine Chancen auf eine Zusage verbessern.

1 Welchen Nutzen hat ein Anruf in Ausbildungsbetrieben vor deiner Bewerbung? Tauscht euch darüber aus.

Ziele eines Telefongesprächs klären

In einem Telefongespräch vermittelst du einen Eindruck von dir. Deshalb solltest du dich gründlich darauf vorbereiten.

2 Erstelle eine Checkliste, mit der du dich auf ein Telefonat vorbereitest.
a. Vergleiche die Situationen auf den Fotos 1 und 2.
b. Leite aus den Situationen Checkfragen ab und schreibe sie auf.

eine Checkliste erstellen

besondere Ausbildungsschwerpunkte

besondere Form der Bewerbungsunterlagen (z. B. Online-Bewerbung)

Chancen, übernommen zu werden

...

3 **a.** Formuliere mögliche Fragen für das Telefongespräch.
b. Bereite dich auch auf Fragen vor, die dein Gesprächspartner dir stellen könnte (z. B. zu deinem Lebenslauf und deinen Zielen).

ein Telefonat vorbereiten

4 Im Tandem!
a. Trainiert ein Telefonat in einem Rollenspiel.
b. Wertet aus, was ihr gut beherrscht und was ihr noch üben wollt.

ein Telefongespräch trainieren

Der erste Eindruck zählt

In einem Vorstellungsgespräch erhält dein Gesprächspartner einen ersten Eindruck von dir: von deiner äußeren Erscheinung, von deinem Auftreten, von deinem Verhalten im Gespräch.

sich angemessen präsentieren

1 Im Tandem!
Worauf würdet ihr in Bezug auf eure äußere Erscheinung achten?
a. Beratet euch gegenseitig.
b. Beschreibt eurer Klasse, wie ihr zum Vorstellungsgespräch gehen würdet, oder stellt euch in eurem Bewerberoutfit der Klasse vor.

- Ist die Kleidung sauber?
- Fühlst du dich wohl darin?
- Sind die Haare ...

Noch bevor du zu sprechen beginnst, verrätst du einiges über dich.

2 Tauscht euch darüber aus, wie die Körpersprache der Bewerber auf den Fotos auf euch wirkt.

die Wirkung der Körpersprache reflektieren

Jedes Vorstellungsgespräch verläuft anders, aber im Wesentlichen geht es immer wieder um dieselben Themenbereiche.

Antworten vorbereiten

- Warum haben Sie sich für diese Ausbildung entschieden?
- Wie verhalten Sie sich in Konfliktsituationen?
- Wie informieren Sie sich über das aktuelle Geschehen?
- Wie hoch ist Ihre Bereitschaft, für die Ausbildung umzuziehen?
- Was wissen Sie über unsere Firma?

Themenbereiche:
- Motive und Ziele
- Stärken und Schwächen
- Neigungen und Interessen
- Interesse an der Ausbildung und am Ausbildungsbetrieb

3 Im Tandem!
a. Ordnet den Fragen passende Themenbereiche zu.
b. Stellt euch diese und weitere Fragen und beantwortet sie.

Auch du kannst das Vorstellungsgespräch mitgestalten.

4 Schreibe Fragen auf, die dein Interesse an der Ausbildungsstelle zeigen.

Fragen formulieren

Die Bewerbungsunterlagen – deine Visitenkarte

Das Anschreiben

Anhand der Bewerbungsunterlagen entscheiden Betriebe und Firmen, wer zu einem Vorstellungsgespräch eingeladen wird.
Daher ist es wichtig, sich an inhaltliche und formale Vorgaben zu halten.

ein Anschreiben überarbeiten und verfassen

Ricarda Grünmann · Heldenstraße 97 · 34112 Kassel · Tel.: 0561/123455

Stadt Kassel
Grünflächenamt
Herr Peter Timm
Tulpenallee 106
34127 Kassel

Kassel, den 25. September 2014

Bewerbung um einen Ausbildungsplatz als Gärtnerin

Sehr geehrte Damen und Herren,
ich habe erfahren, dass die Stadt Kassel noch freie Ausbildungsplätze im Grünflächenamt hat, und bewerbe mich hiermit um meinen Traum-Ausbildungsplatz als Gärtnerin.

Ich werde die Schule im nächsten Sommer mit dem mittleren Schulabschluss verlassen und möchte dann den Beruf der Gärtnerin erlernen.
Seit meiner Kindheit helfe ich meinen Großeltern begeistert bei der Pflege ihres Schrebergartens. In den letzten drei Schuljahren konnte ich außerdem in der AG Feuchtbiotop viele Erfahrungen sammeln.

Als auszubildende Gärtnerin möchte ich gerne dazu beitragen, das Erscheinungsbild meiner Heimatstadt Kassel zu pflegen und zu verschönern.
Ich freue mich sehr auf die Einladung zu einem Vorstellungsgespräch.

Tschüss

Ricarda

Anlagen

Sie kennt doch meinen Namen aus der Anzeige und aus unserem Telefonat!

Wie, wo hat sie von den freien Ausbildungsplätzen erfahren?

Grußformel und Unterschrift entsprechen nicht der Form eines offiziellen Briefes.

Ricarda hat die meisten Vorgaben eines Anschreibens berücksichtigt.
Der Personalleiter, Herr Timm, hat jedoch einige Kritikpunkte entdeckt.

1 Überarbeite das Anschreiben mithilfe der Kritikpunkte in der Randspalte.

2 Verfasse ein Anschreiben für die Ausbildungsstelle deiner Wahl. Berücksichtige formale und inhaltliche Vorgaben für ein Anschreiben.

Der Lebenslauf

Der Lebenslauf vermittelt dem Ausbildungsbetrieb eine genauere Vorstellung von dir. Ricarda hat diesen Lebenslauf entworfen.

Lebenslauf

(ca. 8 cm)

(ca. 6 cm)

Persönliche Daten

Name:	Ricarda Grünmann
Anschrift:	Heldenstraße 97 34112 Kassel
Geburtstag:	01. Mai 1998
Geburtsort:	Kassel

Schulbildung

08/2005 – 07/2009	Grundschule, Kassel
seit 09/2009	Realschule, Kassel
voraussichtlich 2015	Realschulabschluss
Lieblingsfächer:	Biologie, Kunst, Werken
Schulisches Engagement:	Mitglied in der „AG Feuchtbiotop“ zur Begrünung unseres Schulhofs

Praktische Erfahrungen

03/2014	Praktikum im Forstamt Wolfhagen

Außerschulische Interessen

Sport und Freizeit:	Schwimmen und Gärtnern

Kassel, 25. September 2014 — Ricarda Grünmann

1 **a.** Tauscht euch darüber aus, welche Angaben ihr ergänzen würdet.
b. Schreibt oder aktualisiert euren eigenen Lebenslauf am PC.

- Telefonnummer
- Jobs
- Ehrenämter
- Sprachkenntnisse
- ...

Z **2** Sind Aufteilung und Gestaltung eures Entwurfs übersichtlich? Verbessert euren Entwurf falls nötig, indem ihr Hervorhebungen verwendet (**Fett**, *Kursiv*, Unterstreichung).
Tipp: Beschränkt euch auf wenige Hervorhebungen.

Die Online-Bewerbung

Manche Unternehmen bevorzugen Online-Bewerbungen. Auf der Internetseite wirst du dazu aufgefordert, entweder ein Online-Formular auszufüllen oder dich individuell online zu bewerben.

Bewerbungsassistent

1 Persönliche Daten – 2 Ausbildung – 3 Berufserfahrung – 4 Qualifikationen – 5 Präferenzen – 6 Zusatzdaten – 7 Anschreiben – 8 Anlagen

< Vorheriger Schritt | Präferenzen >

Schätzen Sie bitte Ihre Kompetenzen und Qualifikationen ein. Nutzen Sie bei Bedarf die Textfelder, um weitere Angaben zu Sprachkenntnissen zu machen.

Fachwissen/Methodenkenntnisse | IT-Kenntnisse | Sprachen

Qualifikationen

Ausgewählt	Qualifikation	Weitere Informationen	Ausprägung
❐	Deutsch		unbewertet ▼
❐	Englisch		unbewertet ▼

weitere Qualifikationen:

Übernehmen | Abbrechen

< Vorheriger Schritt | Schließen

1 Untersuche den Aufbau des Online-Bewerbungsformulars.

a. Erkläre anhand der oberen Leiste, welche Angaben gefordert werden.

b. Beschreibe, wie du beim Ausfüllen des Formulars vorgehen würdest.

c. Welche Unterlagen könnten dir beim Ausfüllen nützlich sein? Begründe deine Antwort.

Starthilfe
Zeugnisse, ...

den Aufbau eines Online-Bewerbungsformulars verstehen

Eine individuelle Online-Bewerbung verschickst du per E-Mail.

An: kfz-thielemann@e-mail.de

Betreff: Bewerbung als Kfz-Mechatroniker

Anlagen: Anschreiben Lebenslauf Zeugnisse/Nachweise

Sehr geehrte Frau Thielemann,

hiermit bewerbe ich mich auf die Stellenanzeige zum Kfz-Mechatroniker. Anbei sende ich Ihnen meine vollständigen Bewerbungsunterlagen zu.

PDF

Mit freundlichen Grüßen
Marlon Berger

2 Wie ist die individuelle Online-Bewerbung aufgebaut?

a. Tausche dich mit einer Partnerin oder einem Partner darüber aus.

b. Schreibt eine Probebewerbung und schickt sie euch gegenseitig zu.

c. Überprüft den Aufbau und die Bestandteile der Probebewerbung und gebt euch gegenseitig ein Feedback.

➤ Mehr Informationsmaterial zur Bewerbung mit Musterbriefen erhältst du kostenlos bei Banken und Versicherungen.

Alles hat seine Zeit

- Literarische Texte erschließen und interpretieren
- Produktiv schreiben

Harold Lloyd in dem Stummfilm „Safety Last“ (1923)

Über die Zeit nachdenken und schreiben

Auf der Seite 65 seht ihr eines der berühmtesten Bilder der Filmgeschichte.

1 Beschreibe das Bild.

ein Bild beschreiben und dazu erzählen

2 Im Tandem!
a. Schreibt drei Fragen auf, die ihr zu dem Bild habt.
b. Tauscht eure Fragen aus und beantwortet sie euch gegenseitig.

3 Schreibe eine Geschichte zu dem Bild. Notiere dazu zunächst Stichworte auf und erzähle die Geschichte dann der Klasse.

Schon immer haben sich Menschen Gedanken über die Zeit gemacht.

Es ist nicht zu wenig Zeit, die wir haben, sondern es ist zu viel Zeit, die wir nicht nutzen.

Lucius Annaeus Seneca,
römischer Philosoph und Dramatiker (1–65)

Wenn man zwei Stunden lang mit einem Mädchen zusammensitzt, meint man, es wäre eine Minute. Sitzt man jedoch eine Minute auf einem heißen Ofen, meint man, es wären zwei Stunden. Das ist Relativität.

Albert Einstein,
deutsch-amerikanischer Physiker (1879–1955)

Wir brauchen viele Jahre, bis wir verstehen, wie kostbar Augenblicke sein können.

Ernst Ferstl,
österreichischer Schriftsteller (geb. 1955)

Es ist erstaunlich, wie voll der Tag sein kann, wenn man sich vor Zeitverschwendung hütet.

Katherine Mansfield, neuseeländisch-britische Schriftstellerin (1888–1923)

Ich habe so selten einmal Zeit zum Träumen und doch so viele Träume.

Franziska Gräfin zu Reventlow, deutsche Schriftstellerin und Malerin (1871–1918)

Jeder Tag ist ein neuer Anfang.

Thomas Stearns Eliot, amerikanischer Lyriker und Dramatiker (1888–1965)

4 Gib die Aussagen der Zitate mit eigenen Worten wieder und verdeutliche sie mithilfe von Beispielen.

Zitate erschließen

5 Wähle ein Zitat aus, das dir besonders gefällt, und begründe deine Wahl.

Z **6** Formuliere, wie du die Zeit und ihr Verstreichen wahrnimmst.

eine Aussage formulieren

In diesem Kapitel setzt ihr euch anhand von literarischen Texten mit dem Thema Zeit auseinander. Ihr untersucht diese Texte, schreibt sie um oder weiter und erzählt eigene Geschichten zur Zeit. Das Zeichen in der Randspalte markiert die wesentlichen Schritte.

Wie unterschiedlich Zeit wahrgenommen werden kann, zeigen diese beiden Auszüge aus einem Jugendbuch.

Wenn du stirbst, zieht dein ganzes Leben an dir vorbei, sagen sie Lauren Oliver

1 Mr Tierneys Test besteht aus drei Fragen und ich weiß nicht genug, um mir auch nur auf eine einzige eine Antwort auszudenken. Lauren neben mir hat ihr Blatt umgeknickt und ihre Zunge zwischen den Zähnen hindurchgeschoben. Das macht sie immer, wenn sie nachdenkt. Ihre erste Antwort sieht eigentlich ganz gut aus: Sie hat sauber und ordentlich geschrieben und nicht hektisch irgendwas hingekritzelt, wie man es macht, wenn man nicht weiß, wovon man redet, und hofft, dass der Lehrer das nicht merkt, wenn man nur krakelig genug schreibt. (Nur der Vollständigkeit halber: Es funktioniert nie.) [...]
Ich linse über Laurens Schulter und schreibe zwei ihrer Antworten ab – ich bin gut darin, mich nicht erwischen zu lassen. Dann ruft Mr Tierney: „Noch dreeeeei Minuten." Er sagt es theatralisch, als würde er einen Film synchronisieren, und davon schwabbelt sein Doppelkinn.
Offenbar ist Lauren fertig und überprüft noch mal ihre Antworten. Dabei hat sie sich vorgebeugt, so dass ich die dritte nicht sehen kann. Ich beobachte, wie der Sekundenzeiger auf der Uhr vorantickt – „Noch zweeeeei Minuuuuten und dreeeeeißig Sekuuuuunden", dröhnt Tierney [...]

2 Meistens ist es mir so vorgekommen, als zögen sich die Schultage ewig hin – außer bei Tests und Arbeiten, wo die Sekunden beim Versuch zu entkommen übereinanderzustolpern schienen. Heute ist es auch so. Egal, wie sehr ich mir wünsche, dass alles ganz langsam geht, strömt die Zeit davon, blutet aus. Ich habe gerade mal mit der zweiten Frage von Mr Tierneys Test angefangen, als er schon ruft: „Die Zeit ist um!", und uns allen einen grimmigen Blick zuwirft, so dass ich mein Blatt unvollständig abgeben muss.

7 Gib den Inhalt der Textauszüge mit eigenen Worten wieder.

Inhalte zusammenfassen und wiedergeben ➤ S. 302

8 Erkläre anhand von Zitaten, wie hier Zeit wahrgenommen wird.

9 **a.** Sucht im zweiten Textauszug die Metaphern heraus und überlegt, wofür diese sprachlichen Bilder stehen könnten.
b. Sammelt weitere Bilder für das Verstreichen der Zeit und stellt sie vor.

Metapher ➤ S. 290

10 Im Tandem!
Erzählt euch gegenseitig von einem Moment, in dem für euch die Zeit besonders schnell verstrichen ist oder stillzustehen schien.

von eigenen Erfahrungen erzählen

Z **11** Gruppenarbeit!
Gestaltet ein Plakat mit Sprichwörtern und Redensarten zur Zeit. Recherechiert dazu die Bedeutung der Sprichwörter und Redensarten.

Plakat ➤ S. 299

Aufgaben gemeinsam bewältigen ➤ S. 304

Die Zeit im Rückblick – ein Romanauszug

„Wenn du stirbst, zieht dein ganzes Leben an dir vorbei, sagen sie“ lautet der Titel des Jugendromans von Lauren Oliver.

Lauren Oliver (geb. 1982) ist eine US-amerikanische Jugendbuchautorin. Ihr Roman „Wenn du stirbst, …“ erschien 2010 und wurde 2011 für den Deutschen Jugendbuchpreis nominiert.

1 Sprecht in der Klasse über den Titel. Was fällt euch auf?

2 Welche Momente deines Lebens würdest du gerne noch einmal an dir vorbeiziehen lassen?
- **a.** Notiere deine Erlebnisse.
- **b.** Schreibe einen kurzen Text darüber, warum es gerade diese Erlebnisse/Momente sein sollten. Begründe deine Meinung.

Die 16-jährige Samantha Kingston, die Hauptfigur des Romans, erzählt von ihrem letzten Tag und den Eindrücken ihres Lebens. Der Roman beginnt mit dem Prolog, einer Einleitung in das Geschehen.

Wenn du stirbst, zieht dein ganzes Leben an dir vorbei, sagen sie   Lauren Oliver

Prolog

Wenn du stirbst, zieht dein ganzes Leben an dir vorbei, sagen sie, aber bei mir war es nicht so.

Um ehrlich zu sein, fand ich schon immer, dass diese ganze Sache mit dem letzten Augenblick und dem gedanklichen Schnelldurchlauf durchs Leben ziemlich furchtbar klang. Manche Dinge bleiben besser begraben und vergessen, wie meine Mutter sagen würde. Ich zum Beispiel würde liebend gerne die komplette fünfte Klasse vergessen (die Brillen- und Rosa-Zahnspangen-Phase), und will wirklich jemand den ersten Tag auf der weiterführenden Schule noch mal durchleben? Dazu kommen all die langweiligen Familienurlaube, sinnlosen Mathestunden, Regelschmerzen und miesen Küsse, die ich schon beim ersten Mal kaum ertragen habe …

Ich muss allerdings zugeben, dass es mir nichts ausgemacht hätte, meine strahlendsten Sternstunden noch mal zu erleben: Als Rob Cokran und ich beim Jahresball zum ersten Mal geknutscht haben – mitten auf der Tanzfläche, wo es alle sehen konnten und so wussten, dass wir miteinander gingen; als Lindsay, Elody, Ally und ich betrunken waren und versuchten, im Mai Schneeengel zu machen, und lebensgroße Abdrücke auf dem Rasen vor Allys Haus hinterließen; die Party zu meinem sechzehnten Geburtstag, als wir hundert Teelichter aufgestellt und auf dem Gartentisch getanzt haben; Halloween, als Lindsay und ich Clara Seuse einen Streich gespielt haben, von der Polizei verfolgt wurden und so lachen mussten, dass wir uns beinahe übergeben hätten. Die Dinge, die ich in Erinnerung behalten wollte; die Dinge, derentwegen ich in Erinnerung bleiben wollte.

Aber bevor ich starb, dachte ich nicht an Rob oder irgendeinen anderen Jungen. Ich dachte nicht an all die verrückten Sachen, die ich mit meinen Freundinnen gemacht hatte. Ich dachte auch nicht an meine Familie oder daran, wie die Morgensonne die Wände in meinem Zimmer cremefarben tönt, oder daran, wie die Azaleen vor meinem Fenster im Juli riechen, nach einer Mischung aus Honig und Zimt.

Stattdessen dachte ich an Vicky Hallinan.

Genauer gesagt dachte ich daran, wie Lindsay in der vierten Klasse einmal im Sport vor allen Leuten verkündete, sie wolle Vicky nicht in ihrer Völkerballmannschaft haben. „Sie ist zu fett", platzte Lindsay heraus. „Die trifft man ja mit geschlossenen Augen." Ich war zu diesem Zeitpunkt noch nicht mit Lindsay befreundet, aber schon damals hatte sie die Fähigkeit, Dinge so zu sagen, dass sie urkomisch klangen, und ich lachte zusammen mit allen anderen, während Vickys Gesicht so dunkellila anlief wie die Unterseite einer Gewitterwolke.

Das war es, was mir im Augenblick vor meinem Tod einfiel, als ich eigentlich irgendeine große Offenbarung aus meiner Vergangenheit hätte haben sollen: der Geruch nach Lack und das Quietschen unserer Turnschuhe auf dem polierten Boden; wie eng meine Polyester-Shorts saßen; das Gelächter, das durch den großen, kahlen Raum hallte, als wären viel mehr als fünfundzwanzig Leute in der Sporthalle.

Und Vickys Gesicht.

Das Komische ist, dass ich schon ewig nicht mehr daran gedacht hatte. Es war eine dieser Erinnerungen, von der mir nicht einmal bewusst war, dass ich sie hatte, wenn ihr wisst, was ich meine. Vicky war deswegen auch nicht traumatisiert oder so. Es war einfach das, was Kinder sich gegenseitig antun. Keine große Sache. Es wird immer jemanden geben, der lacht, und jemanden, über den gelacht wird. Das kommt jeden Tag vor, in jeder Stadt in Amerika – wahrscheinlich auf der ganzen Welt, soweit ich weiß. Beim Erwachsenwerden geht es einfach darum zu lernen, auf der Seite der Lacher zu bleiben.

Vicky war gar nicht mal besonders dick, sie hatte nur ein bisschen Babyspeck im Gesicht und am Bauch – und noch vor der Highschool hatte sie den verloren und war sieben Zentimeter gewachsen. Sie freundete sich sogar mit Lindsay an. Sie spielten zusammen Hockey und sagten Hallo, wenn sie sich auf dem Gang begegneten. Einmal in der neunten Klasse brachte Vicky die Sache auf einer Party zur Sprache – wir waren alle ziemlich angeschickert – und wir lachten und lachten, Vicky am meisten von allen, bis ihr Gesicht fast genauso lila wurde wie vor Jahren in der Sporthalle.

Das war das eine, was komisch war.

Noch komischer war es, dass wir gerade genau darüber geredet hatten – wie das sein würde, kurz bevor man starb, meine ich. Ich weiß nicht mehr genau, wie wir darauf kamen, nur dass Elody sich beklagte, dass ich immer vorne sitzen durfte. Sie weigerte sich, sich anzuschnallen, und beugte sich vor, um durch Lindsays iPod zu scrollen, obwohl ich eigentlich das DJ-Recht hatte. Ich versuchte meine Theorie der „strahlendsten Sternstunden" im Angesicht des Todes zu erklären und wir überlegten, welche das sein würden. Lindsay wählte natürlich den Augenblick, als sie erfahren hatte, dass sie an der Duke Universität zugelassen worden war, und Ally – die wie üblich über die Kälte meckerte und damit drohte, an einer Lungenentzündung zu sterben – machte lange genug mit, um zu sagen, sie würde am liebsten ihren ersten Kuss mit Matt Wilde für immer durchleben, was keine von uns überraschte. Lindsay und Elody rauchten und eiskalter Regen kam durch die Fenster herein, die einen Spaltbreit offen standen. Die Straße war schmal und kurvig und zu beiden Seiten peitschten die dunklen, kahlen Zweige der Bäume hin und her, als hätte der Wind sie zum Tanzen gebracht. […]

Die Reifen schlitterten ein bisschen auf der nassen Straße und das Auto war voller Zigarettenrauch, kleine Rauchfahnen, die in die Luft aufstiegen wie Gespenster.

Dann blitzte plötzlich etwas Weißes vor dem Auto auf. Lindsay schrie etwas – Wörter, die ich nicht verstehen konnte, irgend so was wie Sitz oder Sicht oder Scheiß – und plötzlich überschlug sich das Auto und schleuderte von der Straße herunter mitten hinein in das schwarze Maul des Waldes. Ich hörte ein schrecklich kreischendes Geräusch – Metall auf Metall, zersplittterndes Glas, ein Auto, das zusammengeknautscht wurde – und roch Feuer. Ich hatte noch Zeit, mich zu fragen, ob Lindsay wohl ihre Zigarette ausgemacht hatte.

Dann stieg Vicky Hallinans Gesicht aus der Vergangenheit auf.

3 Gebt wieder, was Samantha von der Vorstellung hält, ihr ganzes Leben an sich vorbeiziehen zu sehen.

Inhalte zusammenfassen und wiedergeben ➤ **S. 302**

Samantha bewertet im Rückblick einige Momente als die wichtigsten in ihrem Leben, ihre „Sternstunden".

4 **a.** Besprecht, welchen Wunsch sie für ihren letzten Augenblick hat.
b. Gebt wieder, was sie über ihre „Sternstunden" erzählt.

5 Im Tandem!
Setzt euch mit Samanthas Bewertung auseinander, indem ihr die folgenden Fragen beantwortet:
- Seht ihr ihre „Sternstunden" auch als solche an?
- Wären diese Momente auch für Samanthas Eltern, ihre Freunde, ihre Mitschüler die besten Erinnerungen an Samantha?

Begründet und vergleicht eure Antworten.

Samantha erinnert sich an eine Episode, die sie längst vergessen hatte.

6 **a.** Untersuche Samanthas Verhalten gegenüber Vicky.
b. Vergleiche, wie sie selbst ihr Verhalten einschätzt und wie du es siehst.

das Verhalten der Hauptfigur untersuchen

7 Welche Eindrücke und Erinnerungen an Samantha könnten bei den Menschen, die ihr nahestanden, zurückbleiben?

aus einer anderen Perspektive schreiben

Erzähler ➤ S. 291

a. Wähle eine der Personen aus.

b. Suche im Text nach zentralen Aussagen über diese Person. Ordne die Aussagen in eine Tabelle ein.

Starthilfe

Was ist geschehen?	Was könnte ... denken?	Was könnte ... fühlen?
...	...	...

c. Schreibe aus der Perspektive dieser Person einen Tagebucheintrag, einen inneren Monolog oder einen Brief.
Tipp: Achte darauf, dass der Sprachstil zu der Person passt.

innerer Monolog ➤ S. 291

d. Schreibe einen Kommentar zu deinem Text, in dem du erläuterst, warum die von dir ausgewählten Textstellen wichtig sind und worauf du inhaltlich und sprachlich besonders geachtet hast.

Mit diesem letzten Moment in Samanthas Leben fängt die Geschichte allerdings erst an, denn auf unerklärliche Art wiederholt sich dieser Tag, wieder und wieder. Samantha ist die Einzige, die diese Wiederholung bemerkt. Und als Einzige kann sie deshalb die Dinge ändern, die sie tut, und so verläuft der Tag immer wieder anders, bis Samantha begreift, was es ist, das sie ändern muss.
Dieses Muster der „Zeitschleife“ wird auch in Filmen verwendet, z. B. in „Und täglich grüßt das Murmeltier“.

8 Im Tandem!
Tauscht euch darüber aus, woher ihr dieses Motiv der Zeitschleife kennt. Überlegt auch, was passieren muss, damit die Wiederholung durchbrochen wird.

9 Gruppenarbeit!
Der Tag wiederholt sich – was könnte passieren?
Überlegt, wie die Handlung des Romans sich entwickeln könnte.

produktiv schreiben

Figurencharakteristik ➤ S. 298

Handlungsbausteine ➤ S. 294

a. Erarbeitet gemeinsam eine Charakteristik der Hauptfigur Samantha.

b. Entwerft jeder mithilfe der Handlungsbausteine eine Erzählung des letzten Tages.

c. Stellt euch eure Erzählungen vor und ordnet sie in einer möglichen Reihenfolge.

Was tatsächlich mit Samanthas Leben passiert, ist eine spannende Geschichte, mit einem Ende, das man nicht unbedingt erwartet hat. Wenn ihr neugierig geworden seid, lest den Roman!

Extra Sprache: Über Wünsche und Träume schreiben

Samantha, die Hauptfigur in Lauren Olivers Roman, stellt sich einen perfekten Tag in ihrem Leben so vor.

Wenn du stirbst, zieht dein ganzes Leben ... Lauren Oliver

An einem perfekten Tag wäre keine Schule, das ist schon mal klar. Und es gäbe Pfannkuchen zum Frühstück – Moms Pfannkuchen. Und Dad würde seine berühmten Spiegeleier machen und Izzy würde den Tisch decken, wie sie es manchmal in den Ferien macht, mit verschiedenen, nicht zusammenpassenden Tellern und Obst und Blumen, die sie vor dem Haus pflückt und mitten auf den Tisch wirft.

Formen des Konjunktivs untersuchen

Konjunktiv ➤ S. 309

1 a. Schreibe die Konjunktivformen heraus.
b. Begründe, warum Samantha den Konjunktiv verwendet.

2 a. Schreibe den Text im Indikativ Präteritum auf.
b. Vergleiche die beiden Texte.
c. Erkläre, wann du Konjunktiv II verwenden musst.

Starthilfe
An dem perfekten Tag war keine Schule ...

den Konjunktiv anwenden

3 Beschreibe einen perfekten Tag. Verwende den Konjunktiv II.

Den Konjunktiv II verwendest du auch, wenn du ausdrückst, dass etwas unwahrscheinlich ist. Samantha blickt auf ihr Leben zurück.

Ich habe bisher nie darüber nachgedacht, aber es ist ein Wunder, wie viele verschiedene Arten Licht es auf der Welt gibt, wie viele Himmel: die blasse Helligkeit des Frühlings, wenn es aussieht, als würde die ganze Welt erröten; die intensive, leuchtende Kraft eines Julimittags; purpurrote Sturmhimmel und grüne Übelkeit kurz vor dem Blitzschlag; verrückte bunte Sonnenuntergänge, [...] Ich hätte sie intensiver genießen sollen, hätte sie mir alle merken sollen. Ich hätte an einem Tag mit einem wunderschönen Sonnenuntergang sterben sollen. Ich hätte in den Sommer- oder Weihnachtsferien sterben sollen. Ich hätte an irgendeinem anderen Tag sterben sollen.

4 Schreibe die Formen des Konjunktivs II heraus.
Begründe, warum der Konjunktiv II verwendet wird.

5 Wähle ein Erlebnis aus, das du noch einmal erleben möchtest.
Beschreibe, was du hättest tun können oder sollen.
Verwende dazu den Konjunktiv II.

Z **6** Formuliere Merksätze zur Verwendung des Konjunktiv II.

Extra Sprache: Sprachliche Bilder verwenden

Dichter und Schriftsteller haben viele unterschiedliche Bilder gefunden, um das Wesen der Zeit zu beschreiben.

1 Notiert sprachliche Bilder, die das Wesen von Zeit veranschaulichen.

sprachliche Bilder sammeln

Die folgenden Wortgruppen werden in literarischen Texten als sprachliche Bilder verwendet.

ein Kreisel
ein Weg, der über einen Berg führt
aufgehende Blattknospen
ein alter Mann mit Stock
ein Vogel im Flug
ein sausendes Weberschiffchen
ein rasender Zug
eine brennende Kerze
eine Treppe, die nach oben führt
vom Wind verwehter Sand
eine alte Frau am Spinnrad
dahinziehende Wolken
marschierende Füße
ein verschlingendes Ungeheuer
eine Perlenschnur
ein galoppierender Reiter

2 Wähle zwei Wortgruppen aus, die dich besonders ansprechen, und erläutere, was sie dir über die Zeit vermitteln können.

sprachliche Bilder untersuchen

3 Sucht zu den Wortgruppen, die euch veraltet erscheinen, andere, die in eure Lebenswelt passen.

4 Wähle Wortgruppen aus. Formuliere daraus sprachliche Bilder, um das Wesen der Zeit zu verdeutlichen.

sprachliche Bilder verwenden

sprachliche Bilder ➤ S. 290

Starthilfe

Zeit ist wie ein Vogel im Flug ... – sprachlicher Vergleich
die Zeit marschiert ... – Personifikation
eine Perlenschnur, einzelne Tage werden aneinandergereiht ... – Metapher

W Wählt aus den Aufgaben aus.

5 Schreibe einen kurzen Text über ein Erlebnis, bei dem die Zeit sehr langsam oder sehr schnell für dich verging. Veranschauliche darin die Zeit als Vergleich, Personifikation oder Metapher.

einen Text schreiben

6 Gruppenarbeit!
Wie lässt sich Zeit darstellen?
a. Sucht Bilder oder Zeichnungen zur Zeit und fertigt mit ihnen eine Collage an.
b. Stellt eure Collagen vor und erläutert, welche Gedanken ihr mit ihnen ausdrücken wollt.

eine Collage erstellen

Aufgaben gemeinsam bewätigen ➤ S. 304

Z Weiterführendes:
Die Zeitgestaltung in einer Erzählung

In seiner Erzählung „Vorfall: Variation zu einem Thema“ lässt Harry Mulisch einen Ingenieur zu Wort kommen. Der Ingenieur besucht sein Bauprojekt, einen Wolkenkratzer, in dessen obersten Stockwerken noch die Fassaden und Fenster fehlen. Als der Ingenieur sich aus dem 55. Stockwerk vorbeugt, um ein paar Möwen nachzusehen, rutscht er aus und fällt.

Harry Mulisch (1927–2010) ist ein niederländischer Schriftsteller, der durch die Bücher „Das Attentat“ und „Die Entdeckung des Himmels“ bekannt wurde. „Vorfall“ schrieb er 1989.

1 Schreibe einen Text zu folgenden Fragen:
- Was könnte der Ingenieur in der Erzählung während des Fallens denken? Was könnte er fühlen?
- Was könnte in diesem Moment das Wichtigste für ihn sein?

2 Welche Eigenschaften sind für den Beruf eines Ingenieurs wichtig? Schreibe Stichworte auf und vergleiche sie in der Klasse.

Der folgende Text ist ein Auszug aus der Erzählung.

Vorfall: Variation zu einem Thema — Harry Mulisch

Der vierundfünfzigste Stock

Wer noch nie aus dem fünfundfünfzigsten Stock gefallen ist, glaubt vielleicht, dass das Erste, woran man denkt, ist: – Ich bin verloren. Aber vom Ingenieur wissen wir, dass es anders ist. Er spürte nicht einmal Angst. Angst bekommt man, wenn man fürchtet, aus dem fünfundfünfzigsten Stock zu fallen, aber wenn man wirklich fällt, braucht man sich davor nicht mehr zu fürchten, denn dann ist es Tatsache. Nach der Angst kommt nicht die nächste Angst, sondern die Hoffnung. Der Grauen erregende, ersterbende Schrei, mit dem man in Filmen in den Abgrund stürzt, kommt in der Realität nicht vor. Das Allerwahrscheinlichste ist, dass man in den Tod stürzt, aber solange man nicht tot ist, lebt man – und dass auf der Erde Leben existiert, ist im Weltall die allerunwahrscheinlichste Tatsache. Bei Laien[1] existieren hierüber viele Missverständnisse. Warum sollte nicht wiederum das Allerunwahrscheinlichste geschehen? Natürlich wird es geschehen! Wer fällt, ist – paradoxerweise – der Schwerkraft enthoben; das ist von einem fragwürdigen Typen mit einem Bleistiftstummel und einem Zettel unbestreitbar bewiesen worden. Zeit genug, dachte der fallende Ingenieur, während er leicht vornübergeneigt in der Luft hing – und das Erste, was ihm amüsiert einfiel, war ein alter Film von Harold Lloyd, dem Mann mit der Brille: Auch er fiel, in Manhattan, von einem Wolkenkratzer, konnte sich aber am Zeiger einer riesigen Uhr festklammern, der sich langsam bog … Aber vorerst war kein Uhrzeiger in Sicht,

[1] der Laie, die Laien: jemand, der keine Fachkenntnisse auf einem bestimmten Gebiet hat

und wenn einer wusste, dass auch weiterhin keiner in Sicht kommen würde, genauso wenig wie sonst irgendein Vorsprung, dann war es der Ingenieur. Ihm fiel seine Sammlung antiker Sanduhren ein, die er in seinem Arbeitszimmer in den Regalen eines eigens dazu gekauften Schrankes gegenüber dem Schreibtisch aufgebaut hatte:

8 8 8 8 8 8 8
8 8 8 8 8 8 8
8 8 8 8 8 8 8

Wer fällt, ist frei.

Plötzlich sah er, was er nie zuvor bemerkt hatte: dass eine Sanduhr eine dreidimensionale Acht war, die einzige Zahl, deren Linie in sich zurückkehrte: seine Glückszahl! Das bestärkte ihn noch einmal darin, dass ihm nichts passieren würde, auch jetzt nicht. [...]

Allerdings war er auf dem besten Wege, aus einer Höhe von zweihundert Metern nach unten zu fallen. Aber stimmte das überhaupt? Gleich würde er aufwachen, und dann war alles nur ein Traum gewesen. Wie oft war ihm das schon passiert. Verstrickt in einen widerlichen Albtraum, war er aufgewacht, und sekundenlang war die Verdammnis noch um ihn gewesen, er hatte Licht gemacht, und erschrocken wie ein Vampir beim Anblick eines Kruzifixes hatte sich der Höllenpfuhl zurück in die Höhlen verzogen, aus denen er gekommen war. An dessen Stelle stand schon nach wenigen Augenblicken wieder das vertraute Schlafzimmer mit dem Bild seiner Tochter an der Wand, das Haus, die unumstößliche Welt. Diese Herrlichkeit war wohl einen Albtraum wert. Natürlich, so würde es sein. Sogleich würde er aufwachen und denken: Stell dir vor, ich habe geträumt, dass ich vom Turm stürze. Stell dir das mal vor! Danach würde er ein Bad nehmen, sich anziehen und zur Arbeit gehen, in der verräucherten Baracke eine Tasse Kaffee trinken und dann den rumpelnden und schüttelnden Lift nehmen, um ein wenig frische Luft zu schnappen

[...]

Es gab kein Entkommen. Er träumte nicht, er war wirklich dabei, von der fünfundfünfzigsten Etage zu fallen. Keine Panik. Wenn er seinen Körper in einen stumpfen Winkel bringen würde wie einen Bumerang, würde seine senkrechte Bewegung in eine waagerechte übergehen, er würde sich kreiselnd vom Turm wegdrehen, über dem Lagerhaus schweben und in einem weiten Bogen über das Gelände kreisen und langsam steigen, um schließlich wieder dort anzukommen, wo er hergekommen war: im fünfundfünfzigsten Stock – und das alles mit dem unglaublich eleganten Schwung, mit dem ein Akrobat das Trapez auf dem höchsten Punkt loslässt und punktgenau auf dem Bretterboden landet.

Es war schon einiges an Unbegreiflichem geschehen in seinem Leben.

Sein „Nachttagebuch“ fiel ihm ein. Vor etwa zehn Jahren hatte er es angelegt, um endlich seine Träume festzuhalten; er verfügte über ein ausgezeichnetes Gedächtnis, und er konnte es nicht ertragen, dass es keinen Zugriff hatte auf das, was ihn im Schlaf überkam. Sobald er seine Augen aufschlug, erinnerte er sich präzise an zwei, drei oder vier Träume, aber fünf oder zehn Minuten später waren sie ihm entkommen, als ob sie ihm eigentlich gar nicht gehörten, sondern nur vorübergehend ausgeliehen worden wären und nun vom rechtmäßigen Eigentümer zurückgenommen wurden – oder als ob sie ihn nur benutzt hätten, um entstehen zu können, wie Parasiten oder Schleichwespenlarven in einer Raupe oder Kuckucksjunge im Nest eines Singvogels, um dann ihrer Wege zu gehen und ihn seinem Schicksal zu überlassen. Fühlte er sich beleidigt, im Stich gelassen? Auf jeden Fall beschloss er eines Tages, seiner Träume habhaft zu werden. Er kaufte sich ein schönes schwarzes Heft und nahm sich vor, sie jeden Morgen aufzuschreiben. Aber bald hatte er wieder die größte Mühe, sich zu merken, dass er sich das vorgenommen hatte. Obwohl das Heft und sein Stift neben seinem Bett lagen, übersah er sie oft; oder er sah sie und vergaß sie sofort wieder; oder er ging erst noch auf die Toilette, wonach seine Träume verschwunden waren, als ob er auch sie weggespült hätte. Das Vergessen war offensichtlich der Stoff, aus dem die Träume gemacht waren – und es erstreckte sich auf alles, was sie festhalten und zu etwas anderem machen wollten. Träume waren heimtückische Ein- und Davonschleicher, die das Tageslicht scheuten, und dieses Bewusstsein bestärkte ihn in seiner Absicht, sie auf frischer Tat zu ertappen. Entweder sie oder er! Es gelang ihm, dreißig oder vierzig Träume zu Papier zu bringen – aber dann wurde es den Träumen zu bunt. Eines Tages war das Heft verschwunden. Die Gefangenen hatten das Gefängnis gesprengt und waren geflüchtet. [...]

Er stellte das ganze Haus auf den Kopf, auch seine Frau und seine Tochter wurden eingeschaltet, aber obwohl er ganz sicher wusste, dass er es nie aus dem Haus getragen hatte, blieb es verschwunden wie ein vergessener Traum. An nichts, was darin stand, konnte er sich erinnern.

Obwohl er nicht dem nationalen Ideal der fanatischen Nüchternheit entsprach, [...] war er dennoch ein rational denkender Mensch, Diener von Zirkel und Lineal, Absolvent der technischen Hochschule – aber in jenen Tagen musste er sich dazu zwingen, nicht an eine übernatürliche Welt zu glauben, in der die Träume wohnten und in der sich nun auch sein Nachtbuch befand. Er entdeckte damals bei dem Gedanken, dass das natürlich Blödsinn war, fast so etwas wie Enttäuschung in sich. Die nächste Stufe wäre dann, dass er auch an die Himmelfahrt von Propheten und Rabbinern und deren Müttern glaubte. Aber wo war dann das Heft abgeblieben?

Im Laufe der Jahre vergaß er auch das. Manchmal noch erzählte er den Vorfall als amüsante Anekdote, aber manchmal hatte er das Gefühl, dass in seinem Nachtbuch die große Lösung zu finden gewesen wäre, ein erlösendes Wort. Es blieb ein Glanz an dem Heft hängen und ein Strahlenkranz, der ihn ein wenig beunruhigte.

Der dreiundfünfzigste Stock

Eine Himmelfahrt war es auf jeden Fall nicht, womit der Ingenieur im Augenblick beschäftigt war. [...] Er drehte sich mit ausgebreiteten Armen vornüber, und als der Kopf weiter unten war als die Füße, erinnerte ihn diese geschmeidige

Bewegung an die gymnastischen Fantasien, die ihn sein Leben lang, vor allem vor dem Einschlafen, heimgesucht hatten: Wie ein schlanker, unermüdlicher Athlet vollführte er mühelos die schwierigsten und unglaublichsten Figuren an der Reckstange, um schließlich mit einem atemberaubend perfekten Salto auf seinen Füßen zu landen, ohne auch nur einen Millimeter aus dem Gleichgewicht zu geraten. Der Sturm, der auf eine Art und Weise um den Turm tobte, die er in einem genauen Rechenmodell festgelegt hatte, schob und zog unterdessen auch an ihm. Er spürte so etwas wie Verärgerung in diesen Handgreiflichkeiten, aber er ließ es als etwas Gutmütiges über sich ergehen, wie ein Dompteur, der über die sanft nach ihm schlagende Tatze des gähnend brüllenden Löwen auf der Tonne lächeln muss. Es ist alles weniger schlimm, als es scheint, dachte er. Natürlich war nicht alles gleichmäßig angenehm im Leben, aber das konnte man auch nicht verlangen. Immerhin wechselten auch Tag und Nacht einander ab. [...]

Er war niemals unpünktlich. Er hasste Menschen, die nie pünktlich zu Verabredungen kamen, denn sie kamen nie zu früh. Sie hielten sich selber für Menschen, die nun einmal nicht pünktlich sein konnten, aber tatsächlich waren sie Menschen, die immer zu spät kamen. Der Ingenieur meinte, dass es ihnen dann auch in anderer Hinsicht an Perfektion und Bedeutung fehlen musste. Pünktlich sein, am besten auf die Minute, das gab ihm dieselbe Genugtuung wie einem Scharfschützen, wenn er ins Schwarze traf – auf der Kirmes löste das ein triumphierendes Läuten aus und wurde mit einem Foto des Schützen belohnt: mit dem Gewehr an der Schulter und dem Auge hinter dem Visier. Am schönsten war es, wenn diese Pünktlichkeit ohne Hast oder gewollte Verlangsamung möglich war, und das gelang ihm oft, denn er hatte nicht nur räumliches Empfinden, sondern auch ein sehr genaues Zeitempfinden. Ersteres war selbstverständlich. Wenn ein Spiegel oder Gemälde zwei Millimeter schief hing, sah er es und musste es gerade hängen, und wenn es im Büro des Wohnungsbauministers war. Vor allem dort hing übrigens fast alles schief. Wenn er mit regelmäßigen Schritten über den Bürgersteig ging, konnte er auf einen Abstand von fünf Metern sehen, ob er mit dem linken oder rechten Fuß einen bestimmten Punkt erreichen würde oder davor oder dahinter aufkam. Vielleicht hatte die Tatsache, dass er mit der linken Hand schreiben konnte, und mit beiden Händen Spiegelschrift, auch etwas damit zu tun.

Was war lächerlicher als die Vorstellung, dass jemand, der auch mit der linken Hand schreiben und mit beiden Händen Spiegelschrift konnte, in den Tod stürzen könnte?

3 **a.** Vergleicht in der Klasse eure Vorstellungen zu Aufgabe 2 auf Seite 74 mit der Darstellung des Ingenieurs in der Erzählung. Führt dazu passende Textstellen als Beleg an.

b. Besprecht, ob die Gedanken und Gefühle des Ingenieurs euren Erwartungen entsprechen.

die Vermutungen mit der Erzählung vergleichen

Während seines Falls beschäftigt sich der Ingenieur in Gedanken mit Dingen, die nichts mit seinem beruflichen Alltag zu tun haben.

den Inhalt erschließen

4 Stelle eine Liste dieser Dinge auf.

Starthilfe

- ein Bild aus einem alten Stummfilm mit Harold Lloyd (Zeilen 17–20)
- sein Glaube an Glückszahlen (Zeilen ...)
- ...

Vieles von dem, woran der Ingenieur denkt, hat nichts mit der Realität zu tun.

5 Untersucht gemeinsam die Rolle, die irreale Dinge für den Ingenieur spielen, indem ihr die folgenden Fragen beantwortet:
- Was fasziniert ihn an Träumen?
- Was bedeutet es für ihn, dass er sich nicht an sie erinnern kann?

6 Tauscht euch über die folgende Frage aus:
Welche Gründe könnte es dafür geben, dass ihm Dinge wie Träume und unbegreifliche Ereignisse durch den Kopf gehen?

Nur wenige Sekunden dauert der Fall, dann erfasst ihn sechs Stockwerke tiefer eine weitere Windböe und weht ihn wieder in den Turm. Aber diese drei Sekunden scheinen endlos.

7 **a.** Lies die Informationen in der Randspalte. Vergleiche die Erzählzeit und die erzählte Zeit.
b. Wodurch wird die Erzählzeit gedehnt? Schreibe die sprachlichen Mittel heraus.
c. Erkläre, warum die Erzählzeit gedehnt wird.

Z **8** Erzähle ein Erlebnis in einer Zeitraffung, Zeitdeckung oder Zeitdehnung.

Info

Die Zeit wird in literarischen Texten unterschiedlich gestaltet. Die **erzählte Zeit** behandelt den Zeitraum, in dem das Geschehen tatsächlich stattfinden könnte, die **Erzählzeit** dagegen die Zeitdauer, in der die Geschichte erzählt wird. So kann die Erzählzeit gerafft oder gedehnt werden. Wenn Erzählzeit und erzählte Zeit gleich sind, liegt eine Zeitdeckung vor.

W Wähle aus den folgenden Aufgaben aus.

zur Erzählung schreiben

9 Was geschieht mit dem Ingenieur nach seiner Landung? Versetze dich in seine Perspektive und erzähle von dem Flug.

10 Wie kann ein solches Erlebnis das Leben beeinflussen? Schreibe einen Brief aus der Perspektive des Ingenieurs.

11 Schreibe einen Zeitungsartikel über den Fall des Ingenieurs.

Wohl jeder Mensch hat die Erfahrung gemacht, dass die Zeit und ihr Verstreichen etwas sind, das man sehr unterschiedlich erleben kann.

Die gefühlte und die verlorene Zeit Eckhard Mieder

Zeit ist geruchlos – und doch riechst du sie. Zwischen einem appetitlich duftenden und einem angebrannten Schnitzel sind ein paar Minuten zu viel vergangen. Du ärgerst dich darüber, aber deine Freundin mag's gern ein bisschen schärfer.

Zeit ist unsichtbar – und doch siehst du sie. Dem Raubsaurier Raptor kann es egal sein, dass er vor ca. 80 Millionen Jahren über die Erde geflitzt ist und die Spuren seiner Zehenkrallen hinterlassen hat. Aber dass dein Fußabdruck im Sand gleich wieder von einer Welle weggeleckt wird, stimmt dich ein bisschen wehmütig.

Zeit ist unfassbar – und doch fühlst du sie. Die Grippe ist hartnäckig und fesselt dich schon drei Tage ans Bett. Deine Freundinnen und Freunde gehen feiern und amüsieren sich. Genau in den Stunden, die dir nicht vergehen wollen. Zeit ist unhörbar – und doch hörst du sie. Weil der Schall langsamer ist als das Licht, siehst du erst den Blitz und hörst dann den Donner. Die Zeit, die dazwischen vergangen ist, verrät dir, wie weit entfernt der Blitz durch die Luft zuckt. Hoffentlich bist du weit genug weg, dass dir noch Zeit zum Rechnen bleibt.

Zeit ist geschmacklos – und doch schmeckst du sie. Während du dir den Eisbecher „Viva Las Vegas" langsam auf der Zunge zergehen lässt, wird der gleiche Eisbecher vom Mädchen am Nachbartisch rasend schnell verschlungen. Man kann über die Zeit sagen, was man will. Ganz sicher vergeht sie, zeigt sich aber in ihren Wirkungen und Spuren. Und manchmal meinst du, du hättest alle Zeit der Welt. […]

12 Wie könnte der Text enden?

a. Untersuche den Aufbau des Textes. Wie geht der Autor vor?

b. Schreibe den Text zu Ende.

einen Text zu Ende schreiben

W Wähle aus den folgenden Aufgaben aus.

13 Welche Erfahrungen hast du mit Zeit gemacht?

a. Schreibe den Text neu. Verwende eigene Beispiele zur Veranschaulichung deines Zeitgefühls.

b. Vergleiche deinen Text mit den Texten deiner Mitschüler.

über eigene Erfahrungen schreiben

14 Inwieweit wird dein Leben durch die Zeit bestimmt?

a. Schreibe auf, wodurch dein Leben zeitlich bestimmt wird.

b. Schreibe Momente auf, in denen dein Leben nicht von der Zeit bestimmt wird.

c. Schreibe einen Text über dein Empfinden im Umgang mit der Zeit.

Starthilfe

Uhr, Stundenplan, …

Das kann ich!

Literarische Texte erschließen und interpretieren
Produktiv schreiben

In diesem Kapitel hast du literarische Texte gelesen und die Darstellung der Zeit darin untersucht.
Der fünfte Tag in Lauren Olivers Roman „Wenn du stirbst, zieht dein ganzes Leben an dir vorbei, sagen sie" beginnt mit einer Erinnerung Samanthas an einen ganz besonderen Tag in ihrer Kindheit.

Wenn du stirbst, zieht dein ganzes Leben an dir vorbei, sagen sie Lauren Oliver

Im Wald

Komisch, wie stark man sich verändert. Als ich klein war, liebte ich zum Beispiel all das: Pferde, das Schlemmermenü und den Gänsestein. Und mit der Zeit fielen diese Sachen einfach weg, eine nach der anderen, und wurden ersetzt durch Freundinnen und Instant Messaging und Handys und Jungs und Klamotten. Eigentlich schade, wenn man mal darüber nachdenkt. Als gäbe es bei den Menschen keine Kontinuität. Als würde irgendetwas abreißen, sobald man zwölf oder dreizehn wird oder ab wann man kein Kind mehr, sondern ein „junger Erwachsener" ist, und danach ist man ein völlig anderer Mensch. Vielleicht sogar ein unglücklicherer Mensch. Vielleicht sogar ein schlechterer.

So habe ich den Gänsestein entdeckt: Einmal, als Izzy noch nicht geboren war, weigerten sich meine Eltern, mir dieses kleine lila Fahrrad mit einem rosa geblümten Korb und einer Klingel zu kaufen. Ich weiß nicht mehr, warum – vielleicht hatte ich schon ein Fahrrad –, aber ich bin ausgerastet und beschloss, abzuhauen. [...]

Es war Mai und warm. Jeden Tag war es ein bisschen länger hell.

Eines Nachmittags packte ich meine Lieblingstasche und stahl mich zur Hintertür hinaus. (Ich weiß noch, dass ich mir superschlau vorkam, weil ich den Vorgarten vermied, wo mein Vater gerade mit Gartenarbeit beschäftigt war.) Ich weiß auch noch genau, was ich eingepackt habe: eine Taschenlampe, ein Sweatshirt, einen Badeanzug, eine ganze Packung Oreos, mein Lieblingsbuch, Matilda, und eine riesige falsche Perlen-Goldkette, die mir meine Mutter im Jahr davor für Halloween geschenkt hatte. Ich wusste nicht, wo ich hinsollte, also ging ich einfach geradeaus, über die Terrasse, die Treppe runter, durch den Garten, in den Wald, der unser Grundstück von dem der Nachbarn trennt. Ich ging eine Weile durch den Wald, tat mir selber leid und hoffte halb, dass irgendjemand wahnsinnig Reiches mich entdecken, Mitleid mit mir bekommen, mich adoptieren und mir eine ganze Garage voller lila Fahrräder kaufen würde.

Aber nach einer Weile begann mir die Sache irgendwie Spaß zu machen, wie das bei Kindern so ist. Die Sonne war leicht verhangen und golden.

Die Blätter sahen alle aus, als hätten sie einen Lichterkranz; überall sausten kleine Vögel herum und unter meinen Füßen hatte ich dicke Lagen samtgrünes Moos. Die Häuser blieben alle zurück. Ich war ganz tief im Wald und stellte mir vor, ich sei die Einzige, die je so weit gegangen war. Ich stellte mir vor, dass ich für immer hier wohnen würde, ich würde auf einem Bett aus Moos schlafen, Blumen im Haar tragen und in Eintracht mit Bären, Füchsen und Einhörnern leben. Ich kam an einen Fluss, den ich überqueren musste. Ich kletterte auf einen riesig hohen Hügel, der so hoch war wie ein richtiger Berg.

Oben auf dem Hügel war der größte Felsen, den ich je gesehen hatte. Er ragte seitlich aus dem Hügel heraus wie der dickbäuchige Rumpf eines Schiffes, aber obendrauf war er flach wie ein Tisch. Ich kann mich im Zusammenhang mit diesem ersten Ausflug an nicht viel mehr erinnern, als dass ich alle Oreos einen nach dem anderen aufgegessen habe und mich fühlte, als gehörte mir das ganze Waldstück. Ich erinnere mich auch noch, dass ich, als ich mit Bauchschmerzen von den ganzen Keksen nach Hause kam, enttäuscht war, weil meine Eltern sich nicht größere Sorgen um mich gemacht hatten. Ich war mir sicher, dass ich stundenlang weg gewesen war, aber die Uhr zeigte, dass es noch nicht mal vierzig Minuten gewesen waren. Da beschloss ich, dass der Felsen etwas Besonderes war, dass die Zeit dort stehenblieb.

In jenem Sommer ging ich oft dahin, immer wenn ich mal rausmusste, und im Sommer danach ebenfalls. [...]

Jedes Mal, wenn ich nach Hause kam, war weniger Zeit vergangen, als ich dachte. Jedes Mal sagte ich mir immer noch, dass der Gänsestein etwas Besonderes an sich hatte, obwohl ich wusste, dass das blöd war.

den Text erschließen

1 Suche Textstellen heraus, die erklären, warum Samantha in den Wald läuft und auch später den Gänsestein aufsucht.

2 Beschreibe mit eigenen Worten, wie sie die veränderte Stimmung wahrnimmt und was diese Veränderung auslöst.

3 Warum ist der Gänsestein etwas Besonderes für Samantha? Belege deine Antwort mit Zitaten aus dem Text.

zitieren ➤ **S. 226–227**

Du hast dich mit literarischen Texten auseinandergesetzt, sie um-, weiter- und neu geschrieben

eigene Texte schreiben

4 Beschreibe einen Moment in deinem Leben, der ewig zu dauern schien, obwohl nur wenig Zeit vergangen war. Gehe auch auf deine Wahrnehmungen und deine Gefühle ein.

5 Beschreibe einen „magischen“ Moment in deiner Kindheit.

Produktives Schreiben

Einen Romanauszug erschließen

Die Möglichkeit, durch die Zeit zu reisen, ist für Schriftsteller ein faszinierendes Thema. Was in der Wirklichkeit nicht denkbar ist, lässt sich in der Fantasie umso besser ausmalen.

1 Schreibe Gründe auf, warum man den Wunsch haben könnte, in eine andere Zeit zu reisen.

Gründe für Zeitreisen aufschreiben

In Felix J. Palmas Roman „Die Landkarte der Zeit" sind es mehrere Menschen im viktorianischen London, die aus den unterschiedlichsten Gründen in eine andere Zeit reisen wollen. Ein Mann will in die Vergangenheit zurück, um dort zu verhindern, dass seine Geliebte ermordet wird. Mithilfe einer Zeitmaschine soll diese Reise gelingen.

Die Landkarte der Zeit   Felix J. Palma

Andrew zog den Hebel.
Zuerst geschah nichts. Doch dann vernahm er eine Art Schnurren, leise und anhaltend, ein leichtes Vibrieren in der Luft, das ihm das Gefühl gab, dem Verdauen der Welt zuzuhören. Im nächsten Augenblick steigerte sich das einschläfernde Geräusch zu einem übernatürlichen Krachen, und ein blauer Lichtblitz zerschnitt das Dunkel des Dachbodens. Ein weiterer, dem wieder der donnernde Knall vorausgegangen war, folgte, dann noch einer und ein weiterer. Funken stoben in alle Richtungen, als wollten sie die Dimensionen des Raums ausloten. Plötzlich befand sich Andrew im Zentrum eines Gewitters von bläulichen Blitzen [...] Vor seinen Augen brach die Luft, die Zeit, vielleicht sogar die ganze Welt oder alles zusammen auseinander. Die Wirklichkeit zerbrach. Jäh [...] blendete ihn ein Blitz, der heller war als alle anderen und den Dachboden zum Verschwinden brachte. Andrew biss die Zähne zusammen, um nicht zu schreien. Zugleich hatte er das Gefühl abzustürzen.

2 Im Tandem!
a. Untersucht, mit welchen Mitteln der Autor die Leser diesen Moment miterleben lässt.
Tipp: Achtet auf die Sinneswahrnehmungen, die Wortwahl und die Zeitgestaltung.
b. Besprecht, für wie überzeugend ihr die Darstellung haltet.

die sprachlichen Mittel untersuchen und bewerten

3 Beschreibe eine eigene Reise mit einer Zeitmaschine.

beschreiben

In dem gleichen Roman haben zwei Forscher ein mysteriöses Loch entdeckt, durch das sie in eine fremde Welt geraten sind, in der anscheinend keine Zeit existiert.

Vor Kauffman und Austin hatte sich eine unbekannte Welt aufgetan [...] Im Wesentlichen bestand sie aus einer weiten, leicht schimmernden rosafarbenen Steinwüste unter einem stets von undurchdringlichen Wolken verhangenen Himmel. Sollte darüber die Sonne scheinen, so drang kein Lichtstrahl nach unten. Die einzige Helligkeit ging von der seltsamen Bodenbeschaffenheit aus, sodass das ganze Land in einem trüben Zwielicht lag, das aus Tag und Nacht ein ewiges Halbdunkel machte, welches den Blick in die Ferne erschwerte, während man seine Stiefel in aller Deutlichkeit sehen konnte. Ab und zu peitschte ein wütender Sturm über das flache Land, der Wolken von Sand aufwirbelte und die Sicht noch verschlechterte. Es gab noch eine weitere Merkwürdigkeit: Sobald sie die Öffnung durchquerten, blieben ihre Uhren stehen. Kehrten sie jedoch in ihre Wirklichkeit zurück, erwachten die Mechanismen wundersamerweise wieder aus ihrem vorübergehenden Schlaf. Es war, als hätten die Uhren einstimmig beschlossen, jene Zeit nicht zu messen, die ihre Besitzer in der anderen Welt verbrachten. [...] Da die Uhren sich als unbrauchbar erwiesen, beschlossen sie, die Reisedauer mithilfe der Schlafphasen zu messen, was sich jedoch als wenig wirksam erwies, da ihr Schlaf manchmal vom Sturm unterbrochen wurde, der unvermittelt mit solcher Wucht losbrach, dass sie gezwungen waren, wach zu bleiben und ihr Zelt zu befestigen, und sie andere Male von Müdigkeit überwältigt wurden, wenn sie rasteten, um zu essen oder ihre Kräfte zu sammeln. Alles, was sie sagen konnten, war daher, dass sie die angestrebten Berge in einer mehr oder weniger akzeptablen Zeit erreichten. Der Gebirgszug bestand zwar aus demselben schimmernden Felsgestein wie die Ebene, machte jedoch einen trostlosen Eindruck und erinnerte an eine Reihe faulender brüchiger Zähne. Die gezackten Felsen der Gipfel ragten bis in die Wolken hinein, und an einigen Stellen erkannten sie Einbrüche, die wie Höhlen aussahen. Da sie keinen besseren Plan hatten, beschlossen sie, eine Bergflanke bis zur nächstgelegenen Höhle hinaufzuklettern. Sie kamen zügig voran. Von einem Felsvorsprung aus erhielten sie einen vollständigeren Blick über die Ebene. Die zurückgelegte Entfernung machte das Loch, durch das sie in diese Welt gestiegen waren, zu einem schimmernden Punkt am Horizont. [...] Und dann bemerkten sie die anderen schimmernden Punkte, die zitternd in der Landschaft standen. In der diesigen Luft schimmerten sie zwar nur schwach, aber es schienen mindestens ein halbes Dutzend zu sein. Waren das neue Löcher, die in weitere Welten führten?

4 Besprecht in der Klasse, wie der Autor die fremde Welt gestaltet.
- Welche Atmosphäre schafft er?
- Welche sprachlichen Mittel nutzt er dafür?

den Romanauszug untersuchen

Die Handlung fortsetzen

W Der Romanauszug bietet Stoff, um die Geschichte weiterzuentwickeln. Wähle aus den folgenden Möglichkeiten aus.

A Die Forscher steigen durch eines der neuen Löcher: Wo landen sie? In was für einer Welt? In welcher Zeit?

B Die Forscher kehren zurück: Was ist in ihrer Welt passiert, während für sie die Zeit stehengeblieben ist?

C Gestalte selbst eine fremde Welt, in der Dinge geschehen, die in unserer Welt nicht möglich sind.

1 Schreibe den Textauszug weiter. Wähle dazu eine Möglichkeit aus.

den Romanauszug weiterschreiben

W Der Austausch über den eigenen Text hilft dir beim Überarbeiten. Wähle eine der Aufgaben 2, 3 oder 4 aus und überarbeite anschließend deinen Text.

Aufgaben gemeinsam bewältigen ➤ **S. 304**

2 Im Tandem!
Lest euch gegenseitig eure Texte vor und sprecht darüber.

eigene Texte besprechen

3 Gruppenarbeit!
Gebt eure Texte innerhalb der Gruppe weiter. Jeder Leser schreibt eine Anmerkung darunter: eine Frage, einen Kommentar, eine Idee, ein Urteil. Dabei kann jeder auch auf die Idee eines anderen Lesers eingehen.

4 Lies deinen Text vor und nutze die Kommentare und Fragen deiner Zuhörer/innen.
Tipp: Du kannst auch jemanden bitten, deinen Text anonym vorzulesen.

5 Überarbeite deinen Text mithilfe der Anmerkungen und Kommentare der anderen.

eigene Texte überarbeiten

Arbeitstechnik

Einen erzählenden Text schreiben oder fortsetzen

- **Sammelt Ideen** mithilfe einer Mindmap.
- **Markiert** die wichtigsten Ideen.
- **Erstellt** einen **Erzählplan** mit den **Handlungsbausteinen** (Hauptfigur und Situation, Wunsch, Hindernis, Reaktion, Ende).
- **Recherchiert** Informationen, die in eurem Text eine Rolle spielen.
- **Schreibt** den Text mithilfe des Erzählplans und eurer Notizen.

Erzählplan ➤ **S. 296**

Handlungsbausteine ➤ **S. 294**

Empört euch!

- Sich und andere informieren
- Schriftlich appellieren

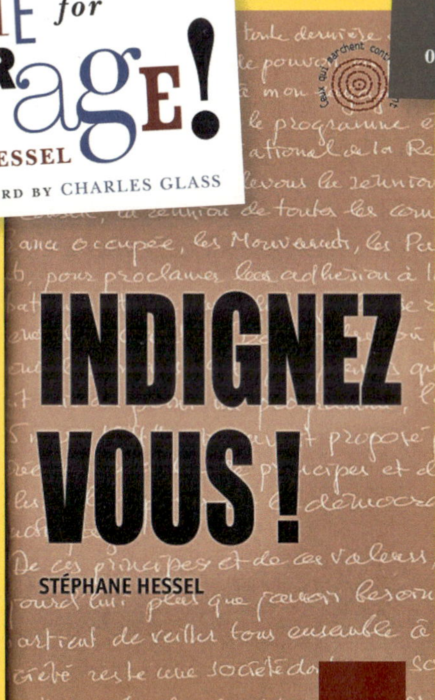

Der Bestseller 2010 von Stéphane Hessel war auch in Deutschland erfolgreich. Was verraten die Cover über den Inhalt des Buchs?

Sich dem Thema nähern

Das Buch, das auf Seite 85 in verschiedensprachigen Ausgaben abgebildet ist, erschien in Deutschland unter dem Titel „Empört euch!“.

1 Seht euch die Buchtitel auf Seite 85 an.
Aus welchen Ländern könnten sie stammen?

2 Was bedeutet das Verb **empören** für euch?

a. Schreibt Verben, die eine ähnliche Bedeutung haben, auf Kärtchen.
Tipp: Verwendet ein Synonymwörterbuch.

b. Ordnet eure Verben, nach der Stärke des Gefühls.

c. Schreibt eine Definition zu dem Verb **empören**.

Starthilfe

... → sich ärgern → sich entrüsten → sich empören → ...

In einem Herkunftswörterbuch ist folgende Erklärung zu finden.

Wortbedeutungen vergleichen

empören: Mittelhochdeutsch (mhd.) *enboeren* „erheben; sich erheben, sich auflehnen“, gehört mit mhd. *bor* „Trotz“ zur indogermanischen Wurzel **bher-* „heben, tragen“

3 Woher stammt das Wort **empören**? Lies die Erklärung.

4 Welche Unterschiede findest du heraus, wenn du die französische Wortfamilie einbeziehst?

a. Vergleiche die Informationen zur französischen Wortfamilie in der Randspalte mit dem deutschen Wort.

Z **b.** Vergleiche die anderen Titel von Seite 85 mit dem deutschen Titel.

digne: würdig, wert
dignité: Würde
indigner: empören
indignez vous: empört euch
indignation: Empörung
indigne: unwürdig, schändlich
indignité: Unwürdigkeit, Niedertracht

Sicher hat jeder von euch schon einmal das Gefühl der Empörung erlebt.

sich über eigene Erfahrungen austauschen

5 Was empört dich?

a. Notiere Situationen, in denen du empört warst, oder Dinge, die in dir Empörung auslösen.

b. Berichte davon in der Klasse. Unterscheide zwischen Dingen, die dich persönlich empören, und Themen, die eine allgemeine, vielleicht auch weltweite Empörung hervorrufen.
Tipp: Sammle Meldungen aus Tageszeitungen und bringe sie mit.

In diesem Kapitel lernt ihr einen Franzosen kennen, der sich mit einer Streitschrift an die jungen Menschen wendet und zur Empörung aufruft. Ihr entnehmt Informationen aus Sachtexten und recherchiert Hintergründe, um informative und appellative Texte zu schreiben. Das Zeichen in der Randspalte markiert die wesentlichen Schritte.

Stéphane Hessels Streitschrift umfasst nur 20 Seiten. Sie erreichte in Frankreich und in anderen Ländern in wenigen Monaten eine Millionenauflage. Menschen, die gegen soziale Missstände demonstrieren, berufen sich auf dieses Buch.

6 Tauscht euch darüber aus, warum diese Streitschrift zu einem Bestseller wurde.

In einem Zeitungsinterview erklärt Stéphane Hessel, was er unter Empörung versteht. Hier lest ihr einen Auszug aus dem Interview.

Warum ist Empörung etwas Kostbares?

Herr Hessel, warum ist Empörung etwas Kostbares?

Stéphane Hessel: Die Gleichgültigkeit lastet heute schwer auf den Menschen. Gleichgültigkeit gegenüber dem, was um sie herum vorgeht, Gleichgültigkeit gegenüber der Geschichte. Ein guter Job, eine schöne Wohnung, das sind die Dinge, die in unserer Konsumgesellschaft zählen. Alles andere ist unwichtig. Nur kann es das sein? Kann es wirklich so weitergehen? [...] Letztlich geht es darum, welche Haltung wir dem Leben gegenüber einnehmen: Stellen wir uns tapfer seinen Herausforderungen oder schieben wir die Dinge einfach von uns weg?

Empörung ist also letztlich eine Frage der Würde?

Hessel: Ja. Der Mensch erlangt seine Würde nur dann, wenn er das, was ihm an Schlechtem widerfährt, was ihn ins Unglück stürzt oder wütend macht, nicht annimmt. Deshalb ist Empörung ein so wichtiger Moment.

Was unterscheidet Ihre Empörung von blinder Wut?

Hessel: Das Engagement. Sich zu empören reicht nicht. Wenn nur Wut da ist, alles zu zerhauen, nützt das niemandem. Empörung ist nur sinnvoll, wenn wir daraus den Auftrag ableiten, die Welt besser zu machen und gerechter. Und es geht auch um das rechte Maß: Sich über das schlechte Wetter zu empören, ist zwecklos. Die richtige Empörung gründet auf verletzten Werten.

Was für Werte sind das?

Hessel: Freiheit, Gleichheit, Brüderlichkeit[1]. Die Grundwerte der Demokratie. Es sind die Werte, für die die französische Résistance[2] im Zweiten Weltkrieg gegen die barbarischen Mächte des Nationalsozialismus gekämpft hat. [...]

Interview: Stefan Winkler

[1] „Freiheit, Gleichheit, Brüderlichkeit!“: Parole der Französischen Revolution, Wahlspruch der heutigen Französischen Republik
[2] die Résistance: die französische Widerstandsbewegung gegen die deutsche Besatzung im 2. Weltkrieg

7 **a.** Schreibt Begriffe heraus, die Stéphane Hessel wichtig sind, und gebt mit eigenen Worten wieder, wie er sie versteht.

Starthilfe: Gleichgültigkeit: ...

b. Vergleicht Hessels Auffassung von **Empörung** mit eurer Definition (Seite 86, Aufgabe 2 c).

ein Interview verstehen

Ein Leben für die Menschenrechte – eine Biografie

Stéphane Hessel erlebte Krieg, Folter und Konzentrationslager, doch er bezeichnet sich gern als Glückskind.

Es gibt in der Geschichte immer wieder Rückschläge.
Doch meiner Überzeugung nach ist die Hoffnung am Ende größer als die Schwierigkeit. Ein langes Leben genügt, um zu erfahren, dass das Schlimme überwunden werden kann. *Stéphane Hessel*

Stéphane Hessel, 1939

Der folgende Text informiert über das bewegte Leben von Stéphane Hessel.

1 Lies den Text mithilfe des Textknackers.

einen biografischen Text verstehen

Textknacker ➤ S. 294

Stéphane Hessel – Glückskind, Kämpfer und Abenteurer

Stéphane Hessel wurde am 20. Oktober 1917 als zweites Kind in Berlin geboren. Beide Eltern, Helen Grund und Franz Hessel, arbeiteten als Schriftsteller. 1925 zog die Familie nach Paris. Stéphane Hessel lernte die französische Sprache schnell. Nach einem einjährigen Aufenthalt in London im Alter von 15 Jahren konnte er sich auch auf Englisch fließend ausdrücken. 1937 wurde er in Frankreich eingebürgert. Mit Kriegsausbruch 1939 ging Stéphane Hessel, der gerade geheiratet hatte, zum Militär, um gegen Nazideutschland zu kämpfen. Doch in der ersten Phase des Kriegs bot sich wenig Gelegenheit dafür, denn Frankreich beschränkte sich vorerst auf die Verteidigung seiner Grenze. Am 17. Juni 1940 kapitulierten die Franzosen und halb Frankreich wurde von den Deutschen besetzt. Stéphane Hessel geriet, ohne große Kampfhandlungen erlebt zu haben, in deutsche Kriegsgefangenschaft. Es gelang ihm, aus dem Lager zu entkommen und über den unbesetzten Teil Frankreichs nach London zu fliehen. Er folgte dem Aufruf des französischen Generals Charles de Gaulle, Widerstand gegen die deutsche Besatzung und die Vichy-Regierung[1] zu leisten. Ende März 1944 wurde Hessel für die Résistance nach Frankreich geschickt. Am 10. Juli 1944 verriet ihn jemand aus den Reihen der Résistance und die Gestapo verhaftete ihn in Paris. Er wurde gefoltert und zum Tode verurteilt. Zwei Wochen vor der Befreiung von Paris wurde er zusammen mit 37 anderen Résistance-Kämpfern in das Konzentrationslager Buchenwald deportiert. 16 Männer aus dieser Gruppe wurden Anfang September gehängt. Gemeinsam mit anderen Häftlingen suchte er nach einem Ausweg. Schließlich gelang es mithilfe eines SS-Arztes, der nicht mehr an Hitlers „Endsieg" glaubte, ihm eine neue Identität zu verschaffen: Hessel bekam an seinem 27. Geburtstag den Namen und die Nummer eines Franzosen, der an Typhus verstorben war. Unter dem neuen Namen wurde Hessel dann in das Konzentrationslager

[1] die Vichy-Regierung: die Regierung des unbesetzten Frankreichs, die mit den Deutschen zusammenarbeitete

Mittelbau-Dora transportiert. Dort litten die Gefangenen unter unmenschlichen Arbeitsbedingungen, die wenigsten überlebten. Anfang April 1945 wurde das Lager aufgelöst und die Gefangenen sollten in das Konzentrationslager Bergen-Belsen transportiert werden. Stéphane Hessel flüchtete aus dem Zug und entging so ein zweites Mal knapp der Hinrichtung. Er schlug sich bis Hannover durch, wo zu diesem Zeitpunkt schon die Amerikaner einmarschiert waren. Er wollte kämpfen, kämpfen, solange der Krieg nicht beendet war.

In amerikanischer Uniform rückte er mit einer motorisierten Einheit Richtung Magdeburg vor. Nach dem Sieg der allierten Streitmächte über Deutschland am 8. Mai 1945 kehrte er schließlich nach Paris zurück.

Viele Menschen, die den Aufenthalt in Konzentrationslagern überlebt hatten, leiteten daraus die Verpflichtung ab, dafür zu sorgen, dass ein solcher Schrecken niemals wieder vorkommen sollte. Auch Stéphane Hessel fühlte sich verantwortlich. Im Februar 1946 sah er für sich eine Möglichkeit, beim Aufbau einer Welt mitzuwirken, „in der es keine Atombomben und Konzentrationslager, keinen Imperialismus und keine Verletzung der Menschenrechte geben sollte". Er arbeitete für die Vereinten Nationen am Text der „Allgemeinen Erklärung der Menschenrechte" mit, die am 10. Dezember 1948 verabschiedet wurde.

Als Diplomat war Hessel bis 1982 in vielen Ländern tätig. Schwerpunkt seiner Arbeit blieb die Durchsetzung der Menschenrechte, für die er sich auch nach seinem Ausscheiden aus dem aktiven Dienst weiter einsetzte. Seine Streitschrift „Empört euch!" kann als Aufruf an die Jugend verstanden werden, sein Werk fortzusetzen. Seine Erinnerungen hat er in der Autobiografie „Danse avec le siècle" („Tanz mit dem Jahrhundert") festgehalten.

Stéphane Hessel, 2008

2 Im Tandem!
Was beeindruckt euch? Tauscht euch darüber aus.

3 Was erfährst du über Hessels Leben?
a. Notiere die einzelnen Stationen in einem tabellarischen Lebenslauf.
b. Überlege, welche Erlebnisse Stéphane Hessel in der Überzeugung bestärkten, ein Glückskind zu sein.
c. Erkläre, warum es Stéphane Hessel bis heute so wichtig ist, sich für eine bessere Welt einzusetzen.

Informationen aus dem Text entnehmen

W **Der Text fasst das ereignisreiche Leben Stéphane Hessels in sehr kurzer Form zusammen. Informiert euch genauer. Wählt dazu eine der folgenden Aufgaben aus.**

4 Bereite ein Interview mit Stéphane Hessel vor.
Welche Fragen würdest du Stéphane Hessel stellen? Schreibe sie auf.

Fragen für ein Interview aufschreiben

5 Informiere dich über Stéphane Hessel und stelle ihn vor.
Nutze dazu ein Referat, einen Zeitungsartikel oder ein Plakat.

andere informieren
präsentieren ➤ S. 301

Eine Streitschrift untersuchen

Der folgende Text enthält Auszüge aus Stéphane Hessels Streitschrift.

über die Textsorte sprechen

1 Tauscht euch darüber aus, was ihr unter einer Streitschrift versteht und welche Merkmale diese Textsorte hat.

eine Streitschrift lesen

Textknacker ➤ S. 294

2 Lies die Auszüge aus der Streitschrift mithilfe des Textknackers.

Empört euch! Stéphane Hessel

93 Jahre. Das ist schon wie die allerletzte Etappe. Wie lange noch bis zum Ende? Die letzte Gelegenheit, die Nachkommenden teilhaben zu lassen an der Erfahrung, aus der mein politisches Engagement erwachsen ist: die Jahre des Widerstands gegen Diktatur und Besetzung – die Résistance – und ihr politisches Vermächtnis. [...]

Widerstand kommt aus Empörung

[...] Das Grundmotiv der Résistance war die Empörung. Wir, die Veteranen[1] der Widerstandsbewegungen und der Kampfgruppen des *Freien Frankreich*, rufen die Jungen auf, das geistige und moralische Erbe der Résistance, ihre Ideale mit neuem Leben zu erfüllen und weiterzugeben. Mischt euch ein, empört euch! Die Verantwortlichen in Politik und Wirtschaft, die Intellektuellen, die ganze Gesellschaft dürfen sich nicht kleinmachen und kleinkriegen lassen von der internationalen Diktatur der Finanzmärkte, die es so weit gebracht hat, Frieden und Demokratie zu gefährden.
Ich wünsche allen, jedem Einzelnen von euch einen Grund zur Empörung. Das ist kostbar. Wenn man sich über etwas empört, wie mich der Naziwahn empört hat, wird man aktiv, stark und engagiert. [...] Die in der „Allgemeinen Erklärung der Menschenrechte“ [...] von 1948 niedergelegten Rechte sind universell. [...]

Das Schlimmste ist die Gleichgültigkeit

Die Gründe, sich zu empören, sind heutzutage oft nicht so klar auszumachen – die Welt ist zu komplex geworden. Wer befiehlt, wer entscheidet? Es ist nicht immer leicht, zwischen all den Einflüssen zu unterscheiden, denen wir ausgesetzt sind. Wir haben es nicht mehr nur mit einer kleinen Oberschicht zu tun, deren Tun und Treiben wir ohne Weiteres verstehen. Die Welt ist groß, wir [...] leben in Kreuz- und Querverbindungen wie noch nie. Um wahrzunehmen, dass es in dieser Welt auch unerträglich zugeht, muss man genau hinsehen, muss man suchen. Ich sage den Jungen: Wenn ihr sucht, werdet ihr finden. „Ohne mich“ ist das Schlimmste, was man sich und der Welt antun kann. Den „Ohne mich“-Typen ist eines der absolut konstitutiven Merkmale des Menschen abhandengekommen: die Fähigkeit zur Empörung und damit zum Engagement. [...]

[1] die Veteranen (*Pl.*): ehemalige Kämpfer

Wir müssen den Weg der Gewaltlosigkeit gehen lernen

Die Zukunft gehört der Gewaltlosigkeit und der Versöhnung der Kulturen – davon bin ich überzeugt. Das muss, das wird die nächste Etappe der Menschheit sein. [...] Wir müssen begreifen, dass Gewalt von Hoffnung nichts wissen will. Die Hoffnung ist ihr vorzuziehen – die Hoffnung auf Gewaltlosigkeit. Das ist der Weg, den wir einschlagen müssen. Wenn es gelingt, dass Unterdrücker und Unterdrückte über das Ende der Unterdrückung verhandeln, wird keine terroristische Gewalt mehr erforderlich sein. Deshalb darf man nicht zulassen, dass sich zu viel Hass aufstaut. [...]

Für einen Aufstand in Friedfertigkeit

[...] Wie soll ich diesen Aufruf zur Empörung beschließen? Indem ich noch einmal daran erinnere, was wir, die Veteranen der Résistance und der Kampfverbände des *Freien Frankreich* aus den Jahren 1940 bis 1945, am 8. März 2004 anlässlich des 60. Jahrestages der Verkündung des Programms des Nationalen Widerstandsrates sagten: „Der Nazismus ist besiegt worden dank dem Opfer unserer Brüder und Schwestern in der Résistance und der im Kampf gegen die faschistische Barbarei verbündeten Nationen. Doch die Bedrohung ist nicht vollständig gebannt, und unser Zorn über die Ungerechtigkeit ist nicht gewichen."

Nein, die Bedrohung ist nicht ganz gebannt. Und so rufen wir weiterhin auf zu „einem wirklichen, friedlichen Aufstand gegen die Massenkommunikationsmittel[2], die unserer Jugend keine andere Perspektive bieten als den Massenkonsum[3], die Verachtung der Schwächsten und der Kultur, den allgemeinen Gedächtnisschwund und die maßlose Konkurrenz aller gegen alle". Den Männern und Frauen, die das 21. Jahrhundert gestalten werden, rufe ich aus ganzem Herzen und in voller Überzeugung zu:

„Neues schaffen heißt Widerstand leisten.
Widerstand leisten heißt Neues schaffen."

[2] die Massenkommunikationsmittel: Massenmedien wie Radio, Fernsehen, Internet
[3] der Massenkonsum: der massenhafte Kauf von industriell hergestellten Produkten, z. B. Bekleidung

3 Untersuche die Streitschrift in Bezug auf den Anlass, die Gründe und die Zielgruppe.

die Streitschrift untersuchen

4 Weshalb nutzt Stéphane Hessel eine Streitschrift für seine Aussagen? Notiere Gründe und belege deine Antworten mithilfe von Textstellen.

zitieren ➤ **S. 226–227**

Stéphane Hessel wendet sich in seiner Streitschrift insbesondere an die Jugend.

Z **5** Fühlst du dich angesprochen? Schreibe Stéphane Hessel einen Brief.

einen Brief schreiben

Eine Streitschrift verfassen

Stéphane Hessel wünscht allen Menschen einen Grund zur Empörung. Gründe dafür finden sich schnell, wie zum Beispiel die Lebensmittelverschwendung der Industrienationen.

sich dem Thema nähern

1 Tauscht euch über folgende Fragen aus:
- Warum ist die Lebensmittelverschwendung ein Grund zur Empörung?
- Wer leidet darunter? / Wer profitiert davon?
- Welche Lebensmittel werft ihr weg?

2007 drehte der Regisseur Valentin Thurn einen Dokumentarfilm über junge Leute, die sich von den Lebensmittelabfällen der Supermärkte ernähren. Er erfuhr dabei, wie viele Lebensmittel vernichtet werden, obwohl sie noch genießbar sind. Seine Empörung darüber drückt er in dem Dokumentarfilm „Taste the Waste" (2011) aus. In der Filmrezension erfahrt ihr mehr über den Inhalt.

„Taste the Waste" Peter Gerhardt

Ein Dokumentarfilm fordert: Schluss mit der sinnlosen Vernichtung von Lebensmitteln!
Joghurts und Käse werden aus Supermarktregalen aussortiert, obwohl das Mindesthaltbarkeitsdatum noch gar nicht erreicht ist. Jede zweite Kartoffel verrottet, weil die Größe nicht stimmt, und in unseren Kühlschränken vergammelt überflüssiges Essen. Über 50 Prozent aller Lebensmittel in Europa landen auf dem Müll, in Deutschland allein 20 Millionen Tonnen im Jahr.
Der Dokumentarfilm „Taste the Waste" („Schmecke den Müll") des Regisseurs Valentin Thurn zeigt den täglichen Wahnsinn. In prägnanten Bildern und ohne erhobenen Zeigefinger deckt Thurn einen Essens-Skandal nach dem anderen auf, bis dem Zuschauer der Bissen im Hals stecken bleibt. Mit der Menge der jährlich weggeworfenen Lebensmittel in der westlichen Welt könnten alle Hungernden der Welt ernährt werden, nicht nur einmal, sondern dreimal! […]
Drei Jahre lang hat Regisseur Valentin Thurn für seinen Dokumentarfilm die Hintergründe dieses Systems recherchiert: „Ich war wirklich geschockt über diese Ausmaße. Wenn man das mal unter dem Strich zusammenfasst: Wir schmeißen ungefähr genauso viel weg, wie wir essen."
In seinem Dokumentarfilm zeigt Valentin Thurn die Gründe dafür: In einem Supermarkt zum Beispiel räumen die Mitarbeiter jeden Abend das Joghurt-Regal leer. Alles, was in weniger als einer Woche abläuft, fliegt raus. Die Kunden wollen das so. Das ist Wahnsinn.

Info

Lebensmittelverschwendung in der EU in Zahlen
Derzeitige Verschwendung in der EU: 89 Mio. t pro Jahr (179 kg pro Kopf)
Prognose für 2020 (bei anhaltendem Trend): 126 Mio. t pro Jahr (40 % Zuwachs), 42 % davon werden in den Haushalten entsorgt,
39 % beim Hersteller,
5 % im Einzelhandel und
14 % in Bewirtungsbetrieben.

Denn: Der gesetzlich vorgeschriebene Begriff „Mindesthaltbarkeitsdatum“ führt in die Irre. Joghurts können noch Wochen danach bedenkenlos gegessen werden. Doch so verschwinden tausende Tonnen genießbarer Lebensmittel sang- und klanglos im Müllcontainer. In den Supermärkten und auch bei uns zu Hause. Völlig unnötig, findet Thurn: „Man sollte seinen Sinnen wieder trauen. Aufmachen, dran riechen, schmecken.“ [...]
„Taste the waste“ führt uns um die ganze Welt und zeigt: Brauchbare Lebensmittel werden vernichtet, weil die Kunden zu jeder Zeit die allerfrischste Ware erwarten. [...] Und er zeigt, dass die Lebensmittelvernichtung nicht nur ein ethisches Problem der Verschwendung ist, sondern auch ein massives Umweltproblem.

mehr über den Hunger in der Welt ➤ S. 20–21

2 Notiere, was du über die Verschwendung von Lebensmitteln erfährst.

sich informieren

W Wählt aus den folgenden Aufgaben aus.

Aufgaben gemeinsam bewältigen ➤ **S. 304**

3 Im Tandem!
Welche Lebensmittel werden bei euch zu Hause weggeworfen?
a. Führt über ein bis zwei Wochen ein Protokoll, welche Lebensmittel in der Mülltonne landeten und aus welchem Grund.
b. Rechnet aus, wie viel Geld diese Lebensmittel gekostet haben.

ein Hörtext über Lebensmittelverschwendung ➤ **Webcode: DK611833-093**

4 In Gruppenarbeit!
Erkundet einen Supermarkt in eurer Umgebung.
a. Findet heraus, wie man dort mit abgelaufenen und noch haltbaren Lebensmitteln umgeht.
b. Informiert eure Mitschüler darüber.

Eine Streitschrift eignet sich auch dazu, Menschen auf das Problem der Verschwendung von Lebensmitteln aufmerksam zu machen.

5 Schreibe mithilfe der Arbeitstechnik eine Streitschrift, die an die Leser appelliert, ihren Umgang mit Lebensmitteln zu überdenken.

eine Streitschrift schreiben

Arbeitstechnik

Eine Streitschrift schreiben

Mit einer Streitschrift **appellierst** du an deine Leser.
Du forderst sie damit zu einer Reaktion auf.
- Lege das **Schreibziel** und die **Adressaten** fest.
- Wähle überzeugende **Fakten** zum Thema aus.
- Schreibe eine **Gliederung**.
- Erwecke das **Interesse** für das Thema.
- Stelle **deine Position** dar und verwende geeignete **sprachliche Mittel**.
- Finde eine aussagekräftige **Überschrift**.

Extra Sprache: Appellativ schreiben

Eine Streitschrift will die Leser zu etwas auffordern.
Lina hat diese Streitschrift gegen die Lebensmittelverschwendung entworfen.

Schluss mit der Lebensmittelverschwendung!
Wann wird endlich jeder Einzelne von uns sein Verhalten ändern?
Die verantwortungslose Wegwerfmentalität gehört in die Tonne, nicht das Essen!
Wir müssen Lebensmittel wieder mehr achten. Einen Apfel mit einer Schorfstelle oder einem Wurmloch kannst du durchaus noch essen.
Niemand sollte Gemüse im Kühlschrank vergammeln lassen, nur weil er gerade Appetit auf etwas anderes hat. Auch die gedankenlose Vernichtung von Brot muss ein Ende haben. Hört damit auf, die liebevoll geschmierten Pausenbrote im Papierkorb zu entsorgen! Habt ihr wirklich kein schlechtes Gewissen, wenn ihr stattdessen einen Schokoriegel am Kiosk kauft?

1 Untersuche den Text.
Welche sprachlichen Mittel werden darin verwendet?
Tipp: Nutze die Randspalte.

Sprachliche Mittel:
wertende Adjektive
rhetorische Fragen
direkte Ansprache
Imperative

Lina hat Stichworte zur Vermeidung von Lebensmittelverschwendung aufgeschrieben.

- den Einkauf mit einem Einkaufszettel planen
- die Reste einer Mahlzeit am nächsten Tag verwenden
- Lebensmittel aus der Saison und der Region kaufen
- auf übermäßigen Fleischkonsum verzichten

2 Formuliere mit den Stichworten einen appellativen Text.

die appellative Sprache anwenden

Starthilfe
Willst du endlich aktiv werden?
So vermeidest du leichtfertige Lebensmittelverschwendung:
Schreibe einen Einkaufszettel ...

3 Überarbeite deine Streitschrift zu Aufgabe 5 auf Seite 93.
Verwende geeignete sprachliche Mittel.

Z **4** Mit welchen sprachlichen Mitteln drückt Stéphane Hessel seine Empörung in seiner Streitschrift aus?
Zitiere die jeweiligen Textstellen und erkläre ihre Wirkungsweise.

die sprachlichen Mittel heraussuchen

„Empört euch!" ➤ S. 90–91
zitieren ➤ S. 226–227

Extra Sprache: Sachlich schreiben

In informativen Texten ist eine sachliche Sprache notwendig.
Leser können so sich informieren und ein eigenes Urteil bilden.

Merkmale von sachlicher Sprache kennen

1 Was zeichnet sachliche Sprache aus?
Schreibt die Merkmale auf.

Starthilfe
- Verwendung von Fachbegriffen
- keine wertenden ...

2 Welche Textsorten sind in sachlicher Sprache verfasst?
a. Besprecht, wo ihr danach suchen würdet.
b. Stellt Beispiele in der Klasse vor.

Dieser Text enthält Informationen über die Entsorgung von Lebensmitteln in den Supermärkten.

Warum schmeißen Supermärkte so viel weg?

Große Supermärkte haben bis zu 40 000 verschiedene Produkte im Angebot, und alle sind nahezu immer zu haben. Da kapiert ja jeder, dass die nicht alle verkauft werden können, bevor sie schlecht geworden sind. Auch das häufig überflüssige Mindesthaltbarkeitsdatum ist ein Teil des Irrsinns. Filialleiter Bernd Hausmann hat in einem Interview gesagt: „In vielen Läden werden Produkte schon vor dem Erreichen des Mindesthaltbarkeitsdatums aussortiert und weggeworfen." Das ist ein Skandal, denn die meisten Produkte sind noch gut genießbar. Besonders schlimm ist das Beispiel Brot. Bäckereien backen immer 15–20 % mehr, als sie verkaufen können, nur damit der letzte Kunde, der kurz vor Ladenschluss kommt, kein langes Gesicht macht.

einen informativen Text überarbeiten

3 Überarbeite den Text.
a. Suche die Textstellen heraus, die unsachlich formuliert sind.
b. Schreibe den Text in sachlicher Sprache auf.

Manchmal enthalten Sätze Wertungen, die auf den ersten Blick sachlich wirken.

- **Für die Landwirtschaft werden sehr große Mengen an Energie, Wasser, Dünger und Pestiziden benötigt.**
- **Die Landwirtschaft verschlingt riesige Mengen an Energie, Wasser, Dünger und Pestiziden.**

4 Erkläre den Unterschied zwischen diesen beiden Sätzen.

Z **5** Suche in Zeitungen Beispiele für solche versteckten Wertungen.

Beispiele heraussuchen

Z Weiterführendes: Jugendliche engagieren sich

Das Jugendmagazin „Spießer“ stellt auf der Website 100 Jugendliche vor, die sich engagieren.

Sophie Petzelberger, 17, Sindelfingen
60 Euro kostet es im Monat, das bessere Leben von Yubitza und Siaka. Yubitza ist elf und wohnt in Bolivien, der neunjährige Siaka lebt in Ghana. Durch unsere Hilfe bekommen die Kinder ausreichend Essen, sauberes Trinkwasser, sie können sich einen Arzt leisten und sogar in eine Schule gehen. Ich kümmere mich darum, dass in unserer Schule jeden Monat die 60 Euro zusammenkommen. Damit es niemand vergisst, sammle ich das Geld ein. Als Leiterin des Projektes schreibe ich außerdem Briefe an Schüler, Eltern und Lehrer, nach Ghana, Bolivien und manchmal auch Artikel für die Schülerzeitung.
Sophie hat an ihrer Schule das Patenkindprojekt übernommen.

Sebastian Wolf, 19, Großneuhausen
Kindern zu erklären, man müsse einen Hasen schützen, weil er niedlich aussieht, das ist nicht mein Ding. Umweltbildung bedeutet für mich, Kindern richtige Zusammenhänge zu erklären. Deshalb ist mir Feldforschung so wichtig: Für eine Studie über Wechselkröten habe ich jede Woche den Laich in einem See gezählt, seine Größe gemessen und ihn beobachtet. Erst so kann ich eine Tierart verstehen und sie bewahren. Natur kann man nur schützen, wenn man sie gut kennt.
Sebastian ist Landesjugendsprecher der Naturschutzjugend Thüringen.

Timo Meyer, 17, Friedrichsthal
Vor etwa vier Jahren wurde im Nachbarort ein junger Türke von einem Rechtsextremen ermordet. Ich war geschockt und kann einfach nicht verstehen, wie man jemanden wegen seiner Herkunft umbringen kann. Für mich war es ein grausames Verbrechen, das in mir viele Fragen und Zweifel aufgeworfen hat. Wie kommt es zu Rechtsextremismus? Was kann man dagegen tun? Wegen dieser Fragen begann ich mich in dem Projekt „Gegen Rassismus und Gewalt“ zu engagieren.
Timo hatte wesentlichen Anteil am Titel „Schule ohne Rassismus - Schule mit Courage“.
www.schule-ohne-rassismus.org

Wassily Nemitz, 15, Köln
Ich kenne in meiner Schule eine Menge von Leuten, denen es egal ist, was um sie herum geschieht. Mir ist es nicht egal. Im Oktober vergangenen Jahres organisierte ich mit anderen Schülern unserer Schule eine Veranstaltung, um auf Menschenrechtsverletzungen hinzuweisen. Wir hatten ein Opfer chinesischer Folter zu Gast. Erst dachten wir, dass die Schilderungen des Mannes den meisten scheißegal sind. Doch viele von ihnen waren am Ende doch sehr interessiert und stellten Fragen, was mich sehr überrascht hat.
Wassily ist Mitglied in der Kölner Stadtgruppe der Menschenrechtsorganisation Amnesty International.

1 Tauscht euch über die Beiträge des Online-Magazins aus:
- Wofür engagieren sich die Jugendlichen?
- Welche Ziele haben sie bei ihrer Arbeit?
- Was bedeutet ihre Arbeit für sie selbst?

ein Hörtext über das Engagement von Jugendlichen
➤ **Webcode: DK611833-096**

Z **2** Stellt Schülerinnen oder Schüler vor, die sich ehrenamtlich engagieren, Nutzt dafür ein Interview oder schreibt einen Text über ihre Arbeit.

über Projekte informieren

Eine Info-Börse organisieren

Viele Jugendliche wollen sich engagieren, doch oft wissen sie nicht, wie. Mit einer Info-Börse könnt ihr andere informieren.

Aufgaben gemeinsam bewältigen ➤ S. 304

Informationen sammeln

1 Sammelt Informationen über Vereine und Organisationen in eurer Nähe, in denen Jugendliche aktiv werden können.

eine Info-Börse planen und durchführen

2 Gruppenarbeit!

Gruppe 1: Kontakt aufnehmen
- Nehmt Kontakt mit den Vereinen und Organisationen eurer Region auf.
- Informiert über euer Vorhaben und bittet um Informationen.
- Sucht Ansprechpartner, die euch bei den Info-Ständen unterstützen.

Gruppe 2: Flyer/Broschüre
- Entwerft einen Flyer oder eine Broschüre, in der Möglichkeiten zum ehrenamtlichen Engagement vorgestellt werden.
  Tipp: Vergesst die Kontaktdaten wie Ansprechpartner, Adresse, Telefonnummer, Homepage nicht.

Gruppe 3: Plakate/Einladungen
- Gestaltet Plakate für eure Zielgruppe. Sie sollten über das Thema, den Ort und die Zeit eurer Info-Börse informieren.
- Gestaltet Einladungen.

Plakat ➤ S. 299

Gruppe 4: Begrüßungsrede
- Schreibt eine Begrüßungsrede. Sie sollte einen Appell an eure Besucher enthalten, sich zu engagieren.
  Tipp: Anregungen findet ihr in der Streitschrift von Stéphane Hessel (S. 90–91) und auf der Seite 94.

über die Info-Börse informieren

3 Dokumentiert eure Info-Börse mit Fotos und schreibt einen Bericht für eure Schulhomepage.

Arbeitstechnik

Eine Info-Börse organisieren

- Legt einen **Termin** fest, der genügend Zeit für die Vorbereitung lässt.
  Tipp: Ihr könnt die Info-Börse zu einem Schulfest veranstalten.
- Überlegt, für wen ihr die Info-Börse veranstalten wollt.
- Findet einen geeigneten **Ort**. Plant die **Gestaltung** eurer Info-Börse. Denkt an Tische, Stellwände, Plakate.
- Erstellt einen **Organisationsplan**. Legt darin fest, wer welche Aufgaben übernimmt.
- Stattet **Info-Stationen** mit eurem **Material** aus.
  Jede Station wird durch Experten aus eurer Klasse betreut.

Das kann ich!

Mich selbst und andere informieren
Schriftlich appellieren

In diesem Kapitel hast du gelernt, verschiedenen Texten Informationen zu entnehmen, um dich und andere zu informieren.
Du hast appellative Texte gelesen und eine eigene Streitschrift verfasst.

Der folgende Text ist ein Auszug aus einem Interview mit Stéphane Hessel.

So geht es nicht weiter   Arno Widmann

Stéphane Hessel ist ein graziler Mann, dessen wache Beweglichkeit sich über den ganzen Körper erstreckt. Er hat nichts Greisenhaftes an sich. Als ich ihn in seiner Wohnung im 14. Pariser Arrondissement traf, sprach er gerade mit dem Schweizer Fernsehen. Davor hatte er drei andere Termine, am Abend noch einen und am nächsten Tag fuhr er zu einer Veranstaltung nach Straßburg. Dieses Leben machte ihm sichtlich Spaß. „Jetzt erkennt man mich im Bäckerladen. Das ist erst einmal angenehm. Aber dass man sogar nicht mehr anonym ist, ist schon auch störend. Aber das wird wieder vorbeigehen“, sagt er.

Als ich Ihr Buch „Empört euch!“ las, dachte ich: Der Mann hat das Gefühl, sein Leben war vergebens. Das, wofür Sie in der Résistance gekämpft haben, ist verloren oder droht doch verloren zu gehen. Das Gleiche gilt für die Geltung der universellen Erklärung der Menschenrechte.

Stéphane Hessel: Das ist merkwürdig. Denn eigentlich gelte ich als unverbesserlicher Optimist. Bei allen möglichen internationalen Verhandlungen oder bei Auseinandersetzungen hier in Frankreich hat man mir immer wieder gesagt: „Das klappt bestimmt nicht! So wird es nie gehen! Wie können Sie das nur glauben? Sie sind viel zu optimistisch.“ Meine Haltung ist die: Die Lage sieht sehr schlecht aus. Aber wir haben schon vieles Schlechte überlebt. Die Nazis waren eine Bedrohung, dann hatten sie sich fast ganz Europa unterworfen. Aber am Ende wurden sie doch besiegt. Die riesige, mächtige Sowjetunion, die nach dem Zweiten Weltkrieg ihren Machtbereich noch einmal gewaltig ausdehnte – es gibt sie nicht mehr. Wie fest verankert war die Apartheid[1]! […] Sie ist weg! Wie groß ist das vereinte Europa geworden! Das europäische Haus steht noch nicht. Aber über den Rohbau sind wir doch deutlich hinaus. Es gibt 27 Länder in Europa, die zusammenarbeiten, statt Kriege gegeneinander zu führen. Das ist doch

[1] die Apartheid: Politik der Trennung von Menschen weißer Hautfarbe von Menschen dunkler Hautfarbe in Südafrika von 1948–1992. Nur Weiße hatten uneingeschränktes Wahlrecht und Zugang zu politischen Ämtern. In öffentlichen Gebäuden, Verkehrsmitteln und sogar auf den Toiletten gab es abgegrenzte Bereiche für Weiße und für Nicht-Weiße.

ein enormer Fortschritt. Wenn man so alt ist wie ich und fast ein ganzes Jahrhundert überblickt, dann weiß man: Die Verbesserung der Menschheit ist möglich. Vieles haben wir geschafft.

Ihr Buch preist aber nicht den Fortschritt, sondern ruft zum Engagement gegen den heutigen Status quo auf. Ist es heute schlimmer als vor dreißig Jahren?

Stéphane Hessel: Sehen Sie, die letzten zehn Jahre des 20. Jahrhunderts waren höchst positive Jahre. Die Mauer fiel. Gleich danach kamen die großen Uno-Konferenzen: Rio, Kairo, Kopenhagen, Peking. Rio – da war im Juni 1992 die Konferenz der Vereinten Nationen über Umwelt und Entwicklung. Dort wurde die Agenda 21 formuliert, die Klimarahmenkonvention und es wurde eine UN-Kommission für nachhaltige Entwicklung eingerichtet. Mindestens ebenso wichtig – mindestens! – war, dass zivilgesellschaftliche Organisationen an der Konferenz beteiligt waren. [...] Diese positive Entwicklung kulminierte[2] dann im Jahr 2000 – wieder in einem September – in der Millenniumserklärung der Generalversammlung der Vereinten Nationen, in der alle in der Uno vertretenen Staaten erklärten, dass sie sich für Freiheit, Gleichheit, Solidarität, Toleranz und die Achtung der Natur einsetzen werden. Dass sie sich klar darüber seien, dass sie eine gemeinsame Verantwortung für die weltweite wirtschaftliche und soziale Entwicklung, für Frieden und Sicherheit haben. Damals erklärte man auch, bis zum Jahre 2014 – in drei Jahren also – die Armut zu halbieren. Ja. Man war sehr optimistisch. Man wusste wohl, dass das nicht so leicht sein würde. Aber man ging doch wenigstens auf dem richtigen Weg. Dann fielen die zwei Türme. Präsident der USA war George W. Bush. Danach der Irak-Krieg, der Krieg in Afghanistan. Das war das Ende der guten Jahre. Das erste Jahrzehnt des 21. Jahrhunderts war ein schlechtes Jahrzehnt für die Welt. Es war ein großer Rückschlag. Wir müssen uns beeilen, um im zweiten Jahrzehnt aufzuholen und weiterzukommen in der 2001 abrupt abgebrochenen Entwicklung. Darum ist das jetzt der richtige Augenblick zur Empörung. Die Regierungen mögen tun, was sie können. Aber sie können nicht viel. Und da müssen wir ihnen kräftig auf die Sprünge helfen. [...]

[2] kulminieren: den Höhepunkt erreichen

1 Untersuche den Interviewauszug mithilfe der Fragen:
- Welche Meinung vertritt Stéphane Hessel und wie begründet er sie?
- Wozu ruft Stéphane Hessel in dem Interview auf?

einen Interviewauszug untersuchen

„Die Verbesserung der Menschheit ist möglich." Stelle Stéphane Hessel unter diesem Motto in eurer Schülerzeitung vor.

2 Verfasse mithilfe der Materialien in diesem Kapitel und eigener Recherchen einen informativen Text über Stéphane Hessel.

einen informativen Text schreiben

3 Schreibe in deinem Schlussteil einen Appell an deine Leserinnen und Leser, Hessels Bücher zu lesen und sich aktiv mit seinem Leben und seinem Werk auseinanderzusetzen.

appellieren

4 **a.** Formuliere die Arbeitstechnik auf S. 102 in Checkfragen um.
b. Überprüfe und überarbeite damit deinen informativen Text über Stéphane Hessel.

einen informativen Text schreiben ➤ **S. 102**

Einen informativen Text verfassen

Informationen auswählen

Ursula Nölle wurde 2011 für den Deutschen Engagementpreis nominiert. Die folgenden Texte und Abbildungen informieren über sie und ihre Arbeit.

1 „Bildung ist ein Menschenrecht“ Hendrik Mulert

Ursula Nölle (86) aus Oststeinbek ermöglicht mit dem Verein „Afghanistan-Schulen“ afghanischen Kindern eine Schulausbildung in ihrem Land.

Alles fing in Pakistan an. Dort war Ursula Nölle im März 1983 zu Besuch bei ihrer Tochter, die gerade dort studierte. Gemeinsam mit der älteren Tochter reisten die Frauen umher und kamen in die Stadt Peschawar. Dort fiel Ursula Nölle eine junge Frau auf, die sehr bedrückt aussah. Die damals 58-Jährige erfuhr, dass diese Frau gemeinsam mit einer anderen Lehrerin 130 Flüchtlingskinder aus Afghanistan betreute und vor Anstrengung nicht mehr konnte. Nach einem Besuch in der Schule und im Flüchtlingslager war der gebürtigen Hamburgerin klar: Sie will helfen. Einen Beitrag leisten, dass die Kinder eine gute Schulbildung bekommen. Zurück in Deutschland begann sie, Spenden zu sammeln. Denn „Bildung ist ein Menschenrecht“, sagt Nölle.

Schnell hatte sie ein paar hundert D-Mark zusammen, wollte aber mehr. 1984 gründete Ursula Nölle den ‚Verein zur Unterstützung von Schulen in Afghanistan‘. Die Mutter von fünf Kindern hielt Vorträge – zu Hause, in Kirchen und überall dort, wo sie für ihr Projekt werben konnte. Ein- bis zweimal im Jahr reiste sie zunächst nach Pakistan, später nach Afghanistan. Dort stehen heute 45 Schulen – gebaut vom Verein. Im vergangenen Jahr sammelte Nölles Projekt mehr als eine Million Euro. Mit Spenden und der Unterstützung des Bundesministeriums für wirtschaftliche Zusammenarbeit und Entwicklung und weiterer Einrichtungen.

Mit 86 Jahren weiterhin aktiv

Nicht nur die Gründung und der Erfolg des Vereins sind besonders: Als Ehrenvorsitzende ist Ursula Nölle, im Alter von 86 Jahren, weiterhin aktiv. Nicht nur als „Botschafterin“ in Deutschland. Erst im April war sie in Afghanistan, um sich um die Arbeit vor Ort zu kümmern. Es kommt vor, dass sie 14 Stunden am Tag auf den Beinen ist. „Ich bin ständig beschäftigt und bin sehr dankbar, dass ich noch arbeiten kann“, sagt sie. Vor allem freut sie, dass die Bevölkerung hinter ihr steht. Trotz der Bedrohung durch die Taliban und deren Versuch, die vom Verein gegründeten Mädchenschulen abzuschaffen.

Bald wird die Trägerin des Bundesverdienstkreuzes 87 Jahre alt, feiert dann mit ihrer Familie in Oststeinbek, wo sie seit 1967 lebt. Ihre Söhne und Töchter, samt 13 Enkeln und zwei Urenkeln, sind das Wichtigste im Leben von Ursula Nölle. An zweiter Stelle kommt Afghanistan, sagt sie. Seit mehr als 25 Jahren gibt ihr die Arbeit sehr viel. Auch Kraft nach dem Tod ihres Mannes im vergangenen Jahr. Im Frühjahr will sie erneut nach Afghanistan – wenn die Wüste wieder blüht.

2

„Ich glaube daran, dass man mit Bildung eine Demokratie von der Basis her aufbauen kann, indem wir jungen Mädchen die Möglichkeit geben, nicht nur Lesen und Schreiben, sondern auch denken zu lernen, Selbstbewusstsein zu entwickeln und vielleicht zu studieren. Das ist eine gute Basis für eine Demokratie. Damit können wir dem Land wirklich helfen."

Ursula Nölle

3

Info

Afghanistan
Fläche: 625 225 qkm
Einwohner: 27,1 Mio., davon unter 15 Jahren: 44,7 %,15 - 64 Jahre 52,9 %, 65 Jahre und älter 2,4 %
Völker: Paschtunen 40 %, Tadschiken 25 %, Hazara 15 %, Usbeken 9%, andere 13 %
Religion: sunnitische Muslime 84 %, schiitische Muslime 15 %, andere 1 %
Analphabeten: 49 % der Männer und 79 % der Frauen ab 15 Jahren

4

Afghanistan-Schulen Verein zur Unterstützung von Schulen in Afghanistan e.V.

Home | Afghanistan | Der Verein | Projekte | Aktuelles | Unterstützung | Kontakt

Hilfe, die Schule macht!

English Information
Rundbrief Oktober 2011
English Information

VUSAF
Union Assistance for Schools in Afghanistan

Suche

Afghan-German-Online
Afghan-Web (english)
w2eu.info-welcome to europe

Warum Bildung für Afghanistan?

Bildung ist nicht nur ein wichtiger Entwicklungsfaktor, sondern ein Menschenrecht. Der 23 Jahre andauernde Krieg hat dazu geführt, dass eine ganze Generation keine Schule besuchen konnte.
Fünf Millionen Menschen mussten fliehen und konnten erst nach dem Ende der Taliban-Herrschaft in ihre zerstörten Städte und Dörfer zurückkehren.
Der afghanische Staat verfügt nicht über die erforderlichen Mittel, um die notwendigen Wiederaufbaumaßnahmen durchzuführen.
Die Eltern möchten ihren Kindern einen Schulbesuch ermöglichen. Ausreichend Lehr- und Lernmittel sowie Klassenräume sind jedoch nicht vorhanden. Damit die Kinder eine Zukunft haben, müssen sie lernen, und zwar jetzt! Und sie wollen es auch. [...]

Was tun wir?

Unser Motto ist „Hilfe zur Selbsthilfe". Die Bemühungen, sowohl in den Flüchtlingslagern zu Beginn unserer Tätigkeit wie auch in Afghanistan selbst Schulen aufzubauen und auszustatten, werden von der Bevölkerung begeistert aufgenommen. Wir arbeiten eng mit den dort lebenden Menschen zusammen. Sie selbst sind die Initiatoren und die Betreiber unserer Projekte. Gemeinsam suchen wir nach kostengünstigen und kulturell akzeptablen Möglichkeiten, die anstehenden Projekte zu verwirklichen.
Schon seit einigen Jahren unterstützen wir in vielfältiger Weise alle Schulen eines Schulbezirks im Nordwesten Afghanistans, wo wir außerdem Englisch-, Computer- und Nähkurse für junge Männer und Frauen eingerichtet haben. Durch den Bau von Brunnen und Wasserreservoirs konnte die Trinkwasserversorgung verbessert werden. Aber mit der Arbeit dort ist es nicht getan. Ein großer Teil unserer Energie geht in die Bildungsarbeit und in die Spendenakquisition in Deutschland.
Wir halten Vorträge, stellen eine Ausstellung zur Verfügung und organisieren Schulpatenschaften. Zweimal im Jahr besuchen Mitglieder des Vereins aus Deutschland die Schulprojekte.

Einen informativen Text schreiben

Deine Schule will sich für den Verein „Afghanistan-Schulen“ engagieren. Auf der Schulhomepage werden Vorschläge dazu gesammelt. Schreibe einen informativen Text.

einen informativen Text planen und schreiben

Textknacker ➤ S. 294

1. Schritt: Die Informationen herausschreiben und ordnen

1 Sammle in einer Tabelle oder einer Mind-Map stichwortartig Informationen aus den Materialien zu folgenden Fragen:
- Wer ist Ursula Nölle?
- Warum engagiert sie sich für das Bildungswesen in Afghanistan?
- Wie ist die Situation in Afghanistan?
- Welche Probleme gibt es bei der Bildungsarbeit in Afghanistan?

Texte zu Ursula Nölle ➤ S. 100–101

2 Erstelle mithilfe deiner Stichworte einen Schreibplan.

Texte planen, schreiben, überprüfen und überarbeiten

➤ S. 296

2. Schritt: Die Einleitung schreiben

3 Formuliere eine Einleitung, in der du den Verein „Afghanistan-Schulen“ kurz vorstellst und das Interesse deiner Leserinnen und Leser weckst.

3. Schritt: Den Hauptteil gliedern und schreiben

4 Schreibe den Hauptteil mithilfe der Arbeitstechnik. Orientiere dich dabei an deinem Schreibplan und den Fragen aus Aufgabe 1.

4. Schritt: Den Schluss formulieren

5 Rufe im Schlussteil dazu auf, die Projekte des Vereins zu unterstützen.

6 Finde eine Überschrift, die Aufschluss über das Thema des Textes gibt.

Arbeitstechnik

Einen informativen Text schreiben

Sammle Informationen aus Sachtexten und Grafiken zu dem Thema.
- **Plane** deinen Text. **Gliedere** dazu die Informationen in einer sinnvollen Reihenfolge.
- **Formuliere** in der **Einleitung** das Thema deines Textes.
- **Schreibe** den **Hauptteil** sachlich und verständlich.
- Vermeide wörtliche Rede oder ersetze sie durch den Konjunktiv.
- **Gib** die **Quellen** deiner Informationen **an**.
- Zum Schluss kannst du deine **eigene Meinung** zum Thema äußern.
- **Überprüfe** und **überarbeite** deinen Text.

zitieren ➤ S. 226–227

7 **a.** Formuliere die Arbeitstechnik in Checkfragen um.
b. Überprüfe und überarbeite deinen Text mithilfe der Checkfragen.

Mensch – Wer bist du? Menschenbilder in verschiedenen Zeiten

- Literarische Texte unter Berücksichtigung historischer und biografischer Informationen interpretieren

1

Edvard Munch: Der Schrei

2

Venus von Fréjus

3

Ernst Barlach: Frierende Alte

Menschenbilder in bildender Kunst und Literatur

Anhand verschiedener Werke aus der Vergangenheit erfahrt ihr, wie die Menschen gelebt und gefühlt haben. Die Kunstwerke auf Seite 103 zeigen Darstellungen aus unterschiedlichen Zeiten.

1 Was könnt ihr auf den Abbildungen auf Seite 103 sehen? Beschreibt die Kunstwerke und bezieht die Titel mit ein.

Abbildungen beschreiben

2 Gruppenarbeit!
Welches Kunstwerk spricht euch besonders an?
Wendet die Placemat-Methode an.

a. Schreibt eure persönlichen Eindrücke, Gefühle und Fragen zu dem Kunstwerk in einem Placemat auf.
b. Lest die Notizen der anderen, ergänzt und kommentiert sie.

ein Schreibgespräch führen

Placemat ➤ S. 299

Aufgaben gemeinsam bewältigen ➤ S. 304

3 Vergleicht die drei Kunstwerke:
Welche Gemeinsamkeiten und Unterschiede erkennt ihr?
Haltet eure Ergebnisse in einer Tabelle fest.

die Kunstwerke vergleichen

Starthilfe

Gemeinsamkeiten	Unterschiede
…	zwei Skulpturen, ein Gemälde …

In den Kunstwerken könnt ihr Vorstellungen über das Wesen des Menschen und sein Verhältnis zur Welt zu einer bestimmten Zeit erkennen.

4 Im Tandem!
Untersucht die verschiedenen Darstellungen des Menschen.

a. Schreibt den jeweiligen Titel des Kunstwerks auf und ergänzt passende Adjektive für die dargestellte Situation des Menschen. Begründet eure Begriffe.
Tipp: Die Wörter in der Randspalte können euch helfen.
b. Überlegt, zu welcher Zeit und vor welchem Hintergrund die Kunstwerke entstanden sein könnten. Begründet eure Vermutungen.
c. Tauscht euch darüber aus, warum die Künstler diese Kunstwerke so dargestellt haben und was sie damit veranschaulichen wollten.

das Menschenbild erkunden

harmonisch
erfüllt
bedroht
angespannt
zufrieden
ängstlich
verzweifelt
erschrocken
panisch

In diesem Kapitel untersucht ihr literarische Texte aus drei Epochen der Literaturgeschichte. Ihr ergründet unterschiedliche Menschenbilder in den Texten und Bildern und nutzt zusätzliche Informationen über die Zeit und den Autor, um die Texte genauer zu erschließen. Das Zeichen in der Randspalte markiert die wesentlichen Schritte.

Diese Textauszüge stammen aus unterschiedlichen Zeiten und lassen sich den Kunstwerken von Seite 103 zuordnen.

A

Ich weeß m'r keen'n Rat nimehr. Ma mag anstell'n, was ma will, ma mag rumlaufen, bis ma liegen bleibt. Ich bin mehr tot wie lebendig und is doch und is kee Anderswerden. Neun hungriche Mäuler, die soll eens nu satt machen. Von was d'nn, hä? Nächten Abend hatt ich a Stickl Brot, 's langte noch nich amal fier de zwee Kleenst'n. Wem sollt ich's d'nn geb'n, hä?

Gerhart Hauptmann: Die Weber

B

Die Sterne fliehen schreckensbleich
Vom Himmel meiner Einsamkeit
Und das schwarze Auge der Mitternacht
Starrt näher und näher.

Ich finde mich nicht wieder
In dieser Todverlassenheit!
Mir ist: Ich lieg von mir weltenweit
Zwischen grauer Nacht der Urangst ...

Else Lasker-Schüler: Chaos

C

Edel sei der Mensch, hilfreich und gut!

Johann Wolfgang von Goethe: Das Göttliche

5 Lies die Textauszüge und beantworte folgende Fragen:
- Worum geht es in den Textauszügen?
- Wer ist der Sprecher bzw. Erzähler?
- Welche Situation könnten die Textauszüge beschreiben?
- Wie werden die Menschen in den Textauszügen dargestellt?

die Textauszüge erschließen

6 Ordne die Textauszüge den Kunstwerken von Seite 103 zu. Begründe deine Zuordnung.

Textauszüge und Bilder zuordnen

7 Tauscht euch darüber aus, welches der Menschenbilder auch zu unserer heutigen Zeit passen könnte. Begründet eure Vermutung.

W Wählt aus den folgenden Aufgaben aus und präsentiert die Ergebnisse.

Menschenbilder gestalten

8 Gestaltet eine Collage mit Bildern von Menschen, die euren Vorstellungen von unserer Zeit entsprechen.

9 Versetze dich in die Lage eines der in den Kunstwerken auf Seite 103 dargestellten Menschen und schreibe einen inneren Monolog.

innerer Monolog ➤ S. 291

10 Wähle ein Kunstwerk von Seite 103 aus. Beschreibe das Menschenbild, das darin und in dem dazugehörigen Textauszug deutlich wird.

Z Das Zitat „Edel sei der Mensch, hilfreich und gut!" von Johann Wolfgang von Goethe ist zu einem bekannten Sprichwort geworden.

11 Diskutiert, ob diese Aufforderung für die heutige Zeit noch gültig ist.

diskutieren

Zeitfenster I: Der Mensch als das ideale Wesen

In dem Gedicht „Das Göttliche“ entwirft Johann Wolfgang von Goethe das Bild eines idealen Menschen.

1 Wie sollte ein idealer Mensch eurer Ansicht nach sein? Erstellt einen Cluster.

einen Cluster erstellen

Cluster ➤ **S. 296**

Das Göttliche *Johann Wolfgang von Goethe*

Edel sei der Mensch,
Hilfreich und gut!
Denn das allein
Unterscheidet ihn
Von allen Wesen,
Die wir kennen.

Heil den unbekannten
Höhern Wesen,
Die wir ahnen[1]!
Ihnen gleiche der Mensch;
Sein Beispiel lehr' uns
Jene glauben.

Denn unfühlend
Ist die Natur:
Es leuchtet die Sonne
Über Bös' und Gute,
Und dem Verbrecher
Glänzen, wie dem Besten,
Der Mond und die Sterne.

Wind und Ströme,
Donner und Hagel
Rauschen ihren Weg
Und ergreifen,
Vorübereilend,
Einen um den andern.

Auch so das Glück
Tappt unter die Menge,
Fasst bald des Knaben
Lockige Unschuld,
Bald auch den kahlen
Schuldigen Scheitel.

Nach ewigen, ehrnen[2],
Großen Gesetzen
Müssen wir alle
Unseres Daseins
Kreise vollenden.

Nur allein der Mensch
Vermag das Unmögliche:
Er unterscheidet,
Wählet und richtet;
Er kann dem Augenblick
Dauer verleihen.

Er allein darf
Den Guten lohnen,
Den Bösen strafen,
Heilen und retten,
Alles Irrende, Schweifende
Nützlich verbinden.

Und wir verehren
Die Unsterblichen,
Als wären sie Menschen,
Täten im Großen,
Was der Beste im Kleinen
Tut oder möchte.

Der edle Mensch
Sei hilfreich und gut!
Unermüdet schaff' er
Das Nützliche, Rechte,
Sei uns ein Vorbild
Jener geahneten Wesen!

(1783)

Antike Statuen galten zu Goethes Zeit als Vorbild für die Darstellung des Menschen

[1] ahnen: vermuten, hier: glauben

[2] ehrne Gesetze: unumstößliche Gesetze

Das Gedicht wirft beim ersten Lesen viele Fragen auf.

Fragen zum Gedicht stellen und beantworten

zitieren ➤ S. 226–227

2 Schreibe die Verse auf, zu denen du Fragen hast, und schreibe deine Fragen dazu.

3 Gruppenarbeit!
a. Lest eure Fragen vor und überlegt gemeinsam, wie ihr sie beantworten könnt.
b. Wählt eine oder zwei Strophen aus, deren Bedeutung ihr erfasst habt. Schreibt mit eigenen Worten auf, wovon die Strophe jeweils handelt.
c. Stellt eure Ergebnisse der Klasse vor und besprecht sie.

Goethe entwirft in seinem Gedicht ein besonderes Menschenbild.

das Gedicht inhaltlich erschließen

4 Welches Menschenbild wird in diesem Gedicht entworfen? Untersuche, wie der Mensch im Vergleich zu den anderen Wesen und Daseinsformen dargestellt wird.

Starthilfe

Stellung	Eigenschaften/Fähigkeiten
– höhere Wesen (Gott) – Mensch – Natur – Glück	– ist Vorbild für den Menschen, unsterblich – edel, ... – ...

Der Dichter nutzt sprachliche Mittel, um seine Aussagen zu verdeutlichen.

das Gedicht sprachlich untersuchen

zitieren ➤ S. 226–227

5 Im Tandem!
Mit welchem sprachlichen Mittel unterstreicht Goethe seine Aussage?
Tipp: Untersucht die erste und die letzte Strophe.
a. Notiert Stichworte und zitiert die jeweiligen Textstellen.
b. Erklärt die Wirkung.

Bei dem Gedicht handelt es sich um eine besondere Gedichtform, eine Ode. Der Titel dieser Ode hat eine besondere Bedeutung.

6 **a.** Erkläre, warum Goethe diese Gedichtform gewählt hat.
b. Schreibe Wörter und Wortgruppen als Zitate heraus, die einen gehobenen Sprachstil verdeutlichen.

7 Gruppenarbeit!
Tragt das Gedicht ausdrucksvoll vor. Überlegt, welche Passagen ihr einzeln und welche ihr im Chor sprechen könntet.

Info

Die **Ode** ist eine meist reimlose, aber in Strophen gegliederte, lange Gedichtform. In einem gehobenen, feierlichen Sprachstil werden wichtige Themen beschrieben.

Johann Wolfgang von Goethe (1749–1832) hat dieses Gedicht in einer bestimmten Lebensphase geschrieben.

Johann Wolfgang von Goethe

Seit 1776 war Goethe als Staatsminister am Weimarer Hof tätig. 1782 wurde er als Geheimrat geadelt. Seine Hoffnung, durch politisches Wirken die Staatsgeschäfte des Herzogtums zum Guten zu wenden, schwanden im Laufe der Jahre. Dennoch hatte sich der Bürgersohn für ein harmonisches Zusammenwirken mit dem Adel entschieden. Die kleine Stadt Weimar hatte sich unter der verwitweten Herzogin Anna Amalia und ihrem Sohn Carl August zu einem kulturellen Mittelpunkt entwickelt. Goethe konnte hier seine Möglichkeiten als Minister, Schriftsteller, Naturforscher und Theatermann nutzen. Als 1789, sechs Jahre nach Goethes Ode, die Nachrichten über die Französische Revolution Weimar erreichten, lehnte Goethe die Revolution wegen ihrer Gewalt ab. Er setzte stattdessen auf die allmähliche Erziehung zum Guten. Der Mensch sollte durch Kunst und Literatur zur Humanität erzogen werden. Die Regierungen sollten dabei ein Vorbild sein.

8 **a.** Erkläre mithilfe der Informationen, welche Vorstellungen Goethe vom menschlichen Schaffen in der Gesellschaft hatte.
b. Welche Vorstellungen Goethes findest du in dem Gedicht wieder? Zitiere die jeweiligen Verse.

weitere Informationen in die Interpretation einbeziehen

Das Gedicht „Das Göttliche" wird aufgrund des dargestellten Menschenbildes und der Entstehungszeit der Klassik zugeordnet.

Z **9** Lies die Beschreibung der Zeit der Klassik auf Seite 118. Begründe mithilfe dieser Beschreibung, warum die Ode dieser Zeit zugeordnet werden kann.

Klassik ➤ S. 118

W Wählt aus den folgenden Aufgaben aus.

weitere Aufgaben zum Gedicht

präsentieren ➤ S. 301

10 Informiere über Goethe und sein literarisches Werk. Entscheide, welche Medien du nutzt, z. B. Referat, informativen Text, Plakat.

11 Tauscht euch in der Klasse darüber aus, ob ihr einen idealen Menschen kennt und wen ihr als einen solchen bezeichnen würdet.

Zeitfenster II: Der Mensch als unterdrücktes Wesen

Der folgende Dramenauszug handelt von Nora, die verheiratet und Mutter von drei Kindern ist. Nora hat die Unterschrift für die Aufnahme eines Darlehens gefälscht, um ihrem Mann, Torvald Helmer, eine Erholungsreise nach einer schweren Krankheit zu ermöglichen. Der Gläubiger erpresst Nora mit dem Verrat des Geheimnisses.

ein Auszug aus dem 1. Akt als Hörtext
➤ Webcode: DK611833-109

Nora oder Ein Puppenheim   Henrik Ibsen

3. Akt

Helmer: Du hast mich geliebt, wie eine Frau ihren Mann lieben soll. Es fehlte dir nur an der nötigen Einsicht zur Beurteilung der Mittel. Aber glaubst du, dass du mir weniger teuer bist, weil du nicht selbstständig zu handeln verstehst? Nein, nein, stütz dich nur auf mich, ich will dir Berater, will dir Führer sein. Ich müsste kein Mann sein, wenn nicht gerade diese weibliche Hilflosigkeit dich doppelt anziehend in meinen Augen machte. Kehr dich nicht an die harten Worte, die ich im ersten Schrecken sprach, in einem Augenblicke, da ich meinte, alles müsste über mir zusammenstürzen. Ich habe dir verziehen, Nora; ich schwöre dir zu, ich habe dir verziehen.

Nora: Ich danke dir für deine Verzeihung. *(Geht rechts durch die Tür ab.)*

Helmer: So bleib doch –. *(Sieht hinein.)* Was willst du da im Alkoven[1]?

Nora *(drinnen):* Das Maskenzeug heruntertun.

Helmer *(an der offenen Tür):* Recht so, suche dich zu fassen und das Gleichgewicht deiner Seele wiederzuerlangen, du mein kleines, verschüchtertes Singvögelchen! Ruh dich getrost aus; ich werde dich mit meinen starken Flügeln decken. *(Geht in der Nähe der Tür umher.)* O wie behaglich und schön unser Haus ist, Nora. Hier bist du geborgen; ich will dich halten wie eine verfolgte Taube, die ich den mörderischen Krallen des Habichts entrissen habe; ich werde dein armes, pochendes Herz schon zur Ruhe bringen. Nach und nach, Nora, – glaub mir das. Schon morgen wirst du alles mit ganz anderen Augen ansehen; bald wird alles wieder beim Alten sein. Ich werde dir nicht mehr oft zu wiederholen brauchen, dass ich dir verziehen habe; du selbst wirst untrüglich fühlen, dass es so ist. Wie bist du auf den Gedanken gekommen, ich könnte dich verstoßen oder dir auch nur einen Vorwurf machen? O Nora, du kennst das Herz eines wirklichen Mannes nicht. Für den Mann liegt etwas unbeschreiblich Holdes und Befriedigendes in dem Bewusstsein, seiner Frau vergeben zu haben, – ihr aus vollem, aufrichtigem Herzen vergeben zu haben. Ist sie doch gewissermaßen in doppeltem Sinne dadurch sein Eigen geworden; als hätte er sie zum zweiten Male in die Welt gesetzt. Sie ist sozusagen sein Weib und sein Kind zugleich geworden. Das sollst du mir fortan sein, du ratloses, hilfloses Persönchen.

[1] der Alkoven: ein kleiner, abgetrennter Raum, manchmal mit einem Bett

Fürchte nichts, Nora; sei nur offenherzig gegen mich, dann werde ich dein Wille und auch dein Gewissen sein. – Was ist das? Du gehst nicht zu Bett? Du hast dich umgekleidet?

Nora *(in ihrem Alltagskleide):* Ja, Torvald, ich habe mich umgekleidet.

Helmer: Aber warum denn? Jetzt? So spät –?

Nora: Diese Nacht werde ich nicht schlafen.

Helmer: Aber, liebe Nora –

Nora *(sieht auf ihre Uhr):* Es ist noch nicht allzu spät. Nimm Platz, Torvald; wir zwei haben viel miteinander zu reden. *(Setzt sich an die eine Seite des Tisches.)*

Helmer: Nora, – was soll das heißen? Diese starre Miene –.

Nora: Setz dich. Es dauert lange. Ich habe mit dir über vieles zu reden.

Helmer *(setzt sich ihr gegenüber an den Tisch):* Du machst mir Angst, Nora. Und ich verstehe dich nicht.

Nora: Ja, das ist es eben. Du verstehst mich nicht. Und ich habe dich ebenfalls nicht verstanden – bis zu dieser Stunde. Bitte, unterbrich mich nicht. Du sollst mir nur zuhören. – Es ist eine Abrechnung, Torvald.

Helmer: Wie meinst du das?

Nora *(nach kurzem Schweigen):* Wie wir so dasitzen, – fällt dir gar nichts daran auf?

Helmer: Was sollte das sein?

Nora: Wir sind jetzt acht Jahre verheiratet. Fällt es dir nicht auf, dass wir – du und ich, Mann und Frau – heute zum ersten Male ein ernstes Gespräch miteinander führen?

Helmer: Ein ernstes Gespräch, – was heißt das?

Nora: Acht ganze Jahre – und länger noch, – vom ersten Tage unserer Bekanntschaft an haben wir nie ein ernstes Wort über ernste Dinge gewechselt.

Helmer: Hätte ich dich etwa beständig einweihen sollen in Widerwärtigkeiten, die du doch nicht mit mir hättest teilen können?

Nora: Ich spreche nicht von Widerwärtigkeiten. Ich sage nur, dass wir niemals ernst beieinander gesessen haben, um etwas gründlich zu überlegen.

Helmer: Aber liebste Nora, das wäre doch nichts für dich gewesen.

Nora: Da sind wir bei der Sache. Du hast mich nie verstanden. – Ihr habt viel an mir gesündigt, Torvald. Zuerst Papa, dann du.

Helmer: Was? Wir beide –? Wir beide, die wir dich über alles in der Welt geliebt haben?

Nora *(schüttelt den Kopf):* Ihr habt mich nie geliebt. Euch machte es nur Spaß, in mich verliebt zu sein.

Helmer: Aber, Nora, was sind das für Worte!

Nora: Ja, es ist so, Torvald. Als ich zu Hause war bei Papa, teilte er mir alle seine Ansichten mit, und so hatte ich dieselben Ansichten. War ich aber einmal anderer Meinung, dann verheimlichte ich das; denn es wäre ihm nicht recht gewesen. Er nannte mich sein Puppenkind und spielte mit mir, wie ich mit meinen Puppen spielte. Dann kam ich zu dir ins Haus –

Helmer: Was für einen Ausdruck gebrauchst du da von unserer Ehe?

Nora *(unbeirrt):* Ich meine, dann ging ich aus Papas Händen in deine über. Du richtetest alles nach deinem Geschmack ein und so bekam ich denselben Geschmack wie du; aber ich tat nur so: Ich weiß es nicht mehr recht – vielleicht war es auch beides: bald so und bald so. Wenn ich jetzt zurückblicke, so ist mir, als hätte ich hier wie ein Bettler gelebt, – nur von der Hand in den Mund. Ich lebte davon, dass ich dir Kunststücke vormachte, Torvald. Aber du wolltest es ja so haben. Du und Papa, ihr habt euch schwer an mir versündigt. Ihr seid schuld daran, dass nichts aus mir geworden ist.

Helmer: Wie lächerlich und wie undankbar, Nora! Bist du hier nicht glücklich gewesen?

Nora: Nein. Das bin ich nie gewesen. Ich habe es geglaubt, aber ich bin es nie gewesen.

Helmer: Nicht – nicht glücklich?

Nora: Nein, – nur lustig. Und du warst immer so lieb zu mir. Aber unser Heim ist nichts anderes als eine Spielstube gewesen. Hier bin ich deine Puppenfrau gewesen, wie ich zu Hause Papas Puppenkind war. Und die Kinder, die waren wiederum meine Puppen. Wenn du mich nahmst und mit mir spieltest, so machte mir das gerade solchen Spaß, wie es den Kindern Spaß machte, wenn ich sie nahm und mit ihnen spielte. Das ist unsere Ehe gewesen, Torvald.

1 Worum geht es in der Szene? Gib den Inhalt mit eigenen Worten wieder.
Tipp: Nutze die Handlungsbausteine dazu.

den Inhalt der Szene wiedergeben
Handlungsbausteine ➤ S. 294

2 Beschreibe, welche Haltung Helmer Nora gegenüber hat.
Beantworte folgende Fragen:
- Welches Ziel verfolgt Helmer?
- Wie sieht er seine Frau?

die Figurenkonstellation und die Situation untersuchen

3 Womit vergleicht sich Nora? Suche die entsprechende Textstelle heraus und erläutere den Vergleich.

zitieren ➤ S. 226–227

Die verschiedenen Rollenvorstellungen sind auch in Noras und Helmers Sprache wiederzufinden.

Z **4** Wie spricht Nora, wie Helmer? Welche Wörter verwenden sie? Untersuche Noras und Helmers Sprache.

die Sprache untersuchen

5 Gruppenarbeit!
Präsentiert ein Standbild, das das Verhältnis und den Status der beiden deutlich werden lässt.

ein Standbild präsentieren
Standbilder ➤ S. 303

Das Drama schrieb Ibsen 1879. Er war der erste Dramatiker, der in einem Drama die gesellschaftliche Stellung der Frau aufgriff.

Info

Die Stellung der Frau im 19. Jahrhundert
Die Frau hatte bis zum Ende des19. Jahrhunderts keinen Platz im öffentlichen Leben und besaß kein Wahlrecht. Sobald eine Frau von ihrem Vater verheiratet wurde, hatte sie keine eigene Verantwortung mehr, sie durfte auch nicht arbeiten. Bis 1896 musste der Vater die Heirat von Söhnen und Töchtern, die jünger als 25 Jahre waren, erlauben. Der Ehemann hatte das Recht, sämtlichen Umgang der Frau zu kontrollieren. Er teilte das Haushaltsgeld zu und bestimmte über Erziehung und Ausbildung. Er musste seine Frau beschützen, aber die Frau musste gehorchen. Als Folge der beginnenden Frauenbewegung wurden mehr Rechte gefordert. 1884 wurde das Recht auf Scheidung für die Frau festgelegt, allerdings musste sie auf das Sorgerecht für ihre Kinder verzichten.

6 **a.** Vergleicht die gesellschaftliche Stellung der Frau im 19. Jahrhundert mit der Stellung der Frau in der Gegenwart in Europa.
b. Diskutiert, welche Chancen die Hauptfigur Nora zu dieser Zeit hatte.

historische Informationen in die Interpretation einbeziehen

Z **7** Überlegt euch einen eigenen Schluss und schreibt das Ende des Dialogs:
- Wie wird Helmer reagieren?
- Welche Konsequenzen wird Nora ziehen?

In der Originalfassung verlässt Nora ihren Mann und ihre Kinder. Für die Aufführung an deutschen Theatern musste Ibsen den Schluss des Dramas ändern.

Nora: Dass ein Zusammenleben zwischen uns eine Ehe werden könnte. Lebe wohl! *(Will gehen.)*
Helmer: Nun denn – gehe! *(Fasst sie am Arm.)* Aber erst sollst du deine Kinder zum letzten Male sehen!
Nora: Lass mich los. Ich will sie nicht sehen! Ich kann es nicht!
Helmer *(zieht sie gegen die Türe links):* Du sollst sie sehen! *(Öffnet die Tür und sagt leise:)* Siehst du; dort schlafen sie so sorglos und ruhig. Morgen, wenn sie erwachen und rufen nach ihrer Mutter, dann sind sie – mutterlos.
Nora *(bebend):* Mutterlos – !
Helmer: Wie du es gewesen bist.
Nora *(kämpft innerlich, lässt die Reisetasche fallen und sagt):* O, ich versündige mich gegen mich selbst, aber ich kann sie nicht verlassen. *(Sinkt halb nieder vor die Türe.)*
Helmer *(freudig, aber leise):* Nora!
Der Vorhang fällt.

8 **a.** Gebt wieder, inwiefern sich der Schluss geändert hat.
b. Welcher Schluss gefällt euch besser? Begründet.

den Schluss untersuchen

Auch heute noch wird das Drama „Nora“ an vielen Bühnen inszeniert und gespielt.

Fotos von der Inszenierung von Herbert Fritsch 2010 am Theater in Oberhausen

9 **a.** Beschreibt anhand der Szenenfotos das dargestellte Frauenbild in der Inszenierung am Theater in Oberhausen.
b. Diskutiert, warum „Nora“ auch heute noch inszeniert wird.

Szenenfotos beschreiben und deuten

Das Drama „Nora“ von Henrik Ibsen wird dem Naturalismus zugeordnet.

Z **10** Lest den Infotext auf der Seite 118 und erläutert, warum Ibsens „Nora“ ein typisches Werk des Naturalismus ist.

Naturalismus ➤ S. 118

W Die folgenden Wahlaufgaben bieten Möglichkeiten, sich genauer mit dem Drama und dem Schriftsteller auseinanderzusetzen.

zum Dramenauszug und Autor arbeiten

11 Recherchiert das Leben und Schaffen des Schriftstellers Henrik Ibsen und informiert darüber in einem Referat, einer PowerPoint-Präsentation, einem Text oder auf einem Plakat.

recherchieren ➤ S. 295
mit PowerPoint präsentieren ➤ S. 228–233
Plakat ➤ S. 299

12 **a.** Lasse Nora eine Zeitreise in unsere Zeit machen und verfasse aus ihrer Sicht einen Text (Tagebucheintrag, Brief, innerer Monolog), in dem sie ihre Eindrücke über die heutigen Frauen wiedergibt.
b. Präsentiere deinen Text.

innerer Monolog ➤ S. 291

13 Versetze dich in Helmers Lage und schreibe einen Brief an einen Freund, in dem du über diesen Vorgang berichtest.

14 Im Tandem!
Gestaltet und spielt eine Szene, in der Nora und ihre alte Freundin Christine sich rückblickend über Noras Leben nach der Trennung von Helmer unterhalten.

szenisches Spiel ➤ S. 303

W Zeitfenster III: Der Mensch am Abgrund

Zu Beginn des 20. Jahrhunderts veränderte die Industrialisierung stark das Leben der Menschen: Großstädte entstanden, Autos, Eisen- und Straßenbahnen, Telefone und Flugmaschinen wurden entwickelt. Auf den folgenden Seiten lernt ihr zwei Gedichte aus dieser Zeit kennen. Das Gedicht „Weltende“ leitete eine neue Strömung in der Literatur ein.

Weltende   Jakob van Hoddis

Dem Bürger fliegt vom spitzen Kopf der Hut,
In allen Lüften hallt es wie Geschrei.
Dachdecker stürzen ab und gehn entzwei
Und an den Küsten – liest man – steigt die Flut.

Der Sturm ist da, die wilden Meere hupfen
An Land, um dicke Dämme zu zerdrücken.
Die meisten Menschen haben einen Schnupfen.
Die Eisenbahnen fallen von den Brücken.

(1911)

über den ersten Leseeindruck sprechen

1 Wie wirkt das Gedicht auf euch? Was fällt euch auf? Sammelt eure Eindrücke und sprecht darüber.

den Inhalt erschließen

2 Wovon handelt das Gedicht? Fasse den Inhalt zusammen.

Der Titel des Gedichtes verrät oft schon etwas über den Inhalt.

3 **a.** Suche die Textstellen heraus, mit denen das Weltende beschrieben wird.
b. Suche die Textstellen in dem Gedicht, die dem Titel widersprechen.

4 Untersuche, wie die Menschen und der technische Fortschritt in dem Gedicht dargestellt werden.

Mit Metaphern verdeutlicht der Dichter die Aussage.

die Sprache untersuchen

Metapher ➤ S. 290

5 Im Tandem!
Schreibt die Metaphern heraus und erklärt ihre Aussage und ihre Wirkung.

Starthilfe

Metapher/Bild	Bedeutung
„Dem Bürger fliegt vom spitzen Kopf der Hut“ (Z. 1) ...	Es ist Bewegung (Sturm) aufgekommen, die den „Bürger“ durcheinanderwirbelt und ihm den Schutz (Hut) entreißt ...

Mit dem Satzbau wird die Aussage des Gedichts unterstützt.

den Aufbau untersuchen

6 Untersucht den Satzbau der einzelnen Verse.

Reimschema ➤ S. 290

7 Wie beeinflusst der Aufbau den Inhalt des Gedichts?
  a. Untersucht den Aufbau des Gedichts.
  b. Überlegt, warum der Dichter für die inhaltlichen Aussagen das Reimschema gewählt haben könnte.

Ein konkretes Ereignis prägte van Hoddis' Weltuntergangsstimmung. Ein Jahr vorher – 1910 – kam der Halleysche Komet der Erde sehr nah. Viele Menschen hatten Angst, es könne zu einer Kollision kommen.

weitere Informationen zur Interpretation nutzen

Gedichte vortragen ➤ S. 302

8 **a.** Erläutert, wie van Hoddis diese Angst der Menschen verarbeitet.
  b. Diskutiert, ob er die Angst vor einem Weltende ernst meint oder diese karikiert.
  c. Tragt das Gedicht eurer Interpretation entsprechend vor.

Das Gedicht „Weltende" von Jakob van Hoddis gilt als eines der ersten Gedichte des Expressionismus.

Expressionismus ➤ S. 119

Z **9** Lest den Infotext auf Seite 119 und erläutert, warum Jakob van Hoddis' Gedicht ein typisches Werk des Expressionismus ist.

W Wählt aus den folgenden Aufgaben aus und präsentiert eure Ergebnisse.

10 Findet weitere Darstellungen des **Weltuntergangs** als Text oder Bild.

11 Gibt es auch heute Weltuntergangsstimmungen?
  a. Verfasst einen eigenen Text, z. B. ein Gedicht, einen Dialog von zwei fiktiven Personen, eine Rede, zu diesem Thema oder gestaltet eine Collage.
  b. Gestaltet einen Kurzfilm zum Gedicht. **Tipp:** Anregungen dazu findet ihr im Internet.
  c. Betrachtet die Karikatur von 1910. Gestaltet eine eigene Karikatur zum Thema **Weltuntergang** für eine Postkarte.

W Andere Themen, wie der Mensch in der Großstadt, wurden von Künstlern dieser Zeit aufgenommen.

Auf der Terrasse des Café Josty   Paul Boldt

Der Potsdamer Platz in ewigem Gebrüll
Vergletschert alle hallenden Lawinen
Der Straßentrakte: Trams auf Eisenschienen
Automobile und Menschenmüll.

Die Menschen rinnen über den Asphalt,
Ameisenemsig, wie Eidechsen flink.
Stirne und Hände, von Gedanken blink,
Schwimmen wie Sonnenlicht durch dunklen Wald.

Nachtregen hüllt den Platz in eine Höhle,
Wo Fledermäuse, weiß, mit Flügeln schlagen
Und lila Quallen liegen – bunte Öle;

Die mehren sich, zerschnitten von den Wagen. –
Aufspritzt Berlin, des Tages glitzernd Nest,
Vom Rausch der Nacht wie Eiter einer Pest. *(1912)*

Ludwig Meidner: Potsdamer Platz

12 Tauscht euch mithilfe der Fragen über das Gedicht aus:
- Welches Thema wird in diesem Gedicht angesprochen?
- Wie wirkt das Gedicht auf euch?
- Wer ist der lyrische Sprecher in dem Gedicht?
- Von wo aus wird die Situation beschrieben?

den Inhalt erschließen

In dem Gedicht nutzt der Dichter Metaphern zur Darstellung der Menschen.

13 Untersucht, wie die Menschen dargestellt werden.

a. Womit werden die Menschen im Gedicht verglichen? Schreibt die Textstellen heraus.

Starthilfe
„Menschen rinnen“ (Z. 5), „ameisenemsig“ (Z. 6)
...

b. Besprecht, warum der Dichter diese Metaphern verwendet haben könnte.

c. Wie wirken diese Metaphern auf euch? Tauscht euch dazu aus.

die Metaphern untersuchen

Metapher ➤ S. 290

In expressionistischen Gedichten werden häufig auch Farbwörter als Ausdrucksmittel verwendet.

den Inhalt erschließen

14 Untersucht, mit welchen Bildern und Farben die Großstadt in diesem Gedicht beschrieben wird.

15 Wie wird das Großstadtleben in diesem Gedicht dargestellt? Sprecht darüber und sucht nach Gründen.

16 Vergleicht die Darstellung der Menschen in dem Gedicht mit der Abbildung. Wo gibt es Gemeinsamkeiten, wo Unterschiede?

Das Gedicht hat einen strengen Aufbau, es ist ein Sonett.

Z **17** Untersucht den Zusammenhang zwischen Aufbau und Inhalt. Warum wird eine strenge Gedichtform für die Beschreibung einer Stadt verwendet?

18 Trage das Gedicht vor. Überlege, welche Vortragsweise sich gut eignet.

Info

Ein **Sonett**, *lat.* sonus = Klang, Schall, besteht aus zwei vierzeiligen und zwei dreizeiligen Strophen. Es wird auch als Klanggedicht bezeichnet.

Kurt Pinthus schrieb damals über diese Zeit:

Welch ein Trommelfeuer von bisher ungeahnten Ungeheuerlichkeiten prasselt seit einem Jahrzehnt auf unsere Nerven nieder! [...] Man male sich zum Vergleich nur aus, wie ein Zeitgenosse Goethes oder ein Mensch des Biedermeier seinen Tag in Stille verbrachte, und durch welche Mengen von Lärm, Erregungen, Anregungen heute jeder Durchschnittsmensch täglich sich durchzukämpfen hat, mit der Hin- und Rückfahrt zur Arbeitsstätte, mit dem gefährlichen Tumult der von Verkehrsmitteln wimmelnden Straßen, mit Telefon, Lichtreklame, tausendfachen Geräuschen und Aufmerksamkeitsablenkungen. Wer heute zwischen dreißig und vierzig Jahre alt ist, hat noch gesehen, wie die ersten elektrischen Bahnen zu fahren begannen, hat die ersten Autos erblickt, hat die jahrtausendelang für unmöglich gehaltene Eroberung der Luft in rascher Folge mitgemacht, hat die sich rapid übersteigernden Schnelligkeitsrekorde all dieser Entfernungsüberwinder, Eisenbahnen, Riesendampfer, Luftschiffe, Aeroplane miterlebt.

historische Informationen in die Interpretation einbeziehen

19 Erläutere mit eigenen Worten, wie Kurt Pinthus das Zeitgefühl zu Beginn des 20. Jahrhunderts beschreibt.

20 Erkläre mithilfe dieser Informationen das Menschenbild, das in dem Gedicht von Paul Boldt zum Ausdruck kommt.

Z **21** Diskutiert die Frage: Werden die Menschen heute von den technischen und gesellschaftlichen Entwicklungen überwältigt?

diskutieren ➤ S. 303

Z Weiterführendes: Drei Zeitabschnitte der deutschen Literaturgeschichte

Die in diesem Kapitel vorgestellten Werke stammen aus bestimmten Zeitabschnitten der Literaturgeschichte.

Die Zeit zwischen 1780 und 1805 wird als Epoche der Weimarer Klassik bezeichnet.

Info

Die Klassik wurde durch das Schaffen der beiden Dichter Johann Wolfgang von Goethe und Friedrich Schiller geprägt. Johann Wolfgang von Goethe (1749 - 1832) lebte ab 1776 am Weimarer Hof. Dort lernte er auch Friedrich Schiller (1759 - 1809) kennen, mit dem er einen intensiven künstlerischen Austausch pflegte. An der Herrschaft des Adels hatte sich noch nichts geändert; aber nach den gewalttätigen Ausschreitungen der Französischen Revolution (1789) wandte man sich der Hoffnung auf Veränderung durch Reformen zu. Schiller schrieb seine Briefe über die ästhetische Erziehung des Menschen:
Man sah den Menschen als erziehbar an; er sollte sich einem Ideal annähern, sollte tugendhaft sein und nach innerer und äußerer Harmonie streben. Dies wollte man durch die Kunst erreichen. Durch Maß, Gesetz und Formstrenge sollte das vollendet Schöne geschaffen werden.
Die Anschauung des Schönen sollte den Menschen zur Veredelung seines Denkens und seines Charakters führen. Das Ideal von Formschönheit und innerer Mäßigung hatte seine Vorbilder im griechischen Altertum.

Das Goethe-Schiller-Denkmal in Weimar

Der Naturalismus bezeichnet eine Bewegung, die etwa um 1870 in Frankreich ihren Anfang nahm und in vielen europäischen Ländern aufgenommen wurde. Henrik Ibsen war ein wichtiger Vertreter dieser literarischen Bewegung.

Info

Gegen Ende des 19. Jahrhunderts (1880 - 1900) entwickelt sich eine Richtung in der Literatur, die den neuartigen naturwissenschaftlichen Erkenntnissen verpflichtet ist. Darwin hatte die Evolutionstheorie entwickelt und Freud seine Psychoanalyse. Autoren dieser Zeit wollten die „Wahrheit" ans Licht bringen, der Mensch sollte in allen guten und schlechten Handlungsweisen, Bedürfnissen und Eigenschaften gezeigt werden. In den literarischen Werken wollten die Künstler die Wirklichkeit so zeigen, wie sie ist, damit verbunden ist eine sozialkritische Sicht auf gesellschaftliche Erscheinungen. Themen wie Alkoholismus, das Elend der Industrialisierung oder die Unterdrückung der Frauen werden behandelt. Die möglichst naturgetreue Abbildung ist auch in der Sprache auffällig. In diesen Werken sind umgangssprachliche Formen und Dialekte aufgenommen.

Henrik Ibsen (1828 - 1906) erfuhr schon früh selbst sozialen Abstieg, als sein Vater bankrottging. Berühmt wurde er 1865 mit dem dramatischen Gedicht „Brand". Danach ging er ins Exil und lebte auch in Dresden, München und Rom. In seinen Werken enthüllt er verlogene Moralvorstellungen und soziale Missstände.

Der Expressionismus (lateinisch: expressio = Ausdruck) war eine Bewegung, die zunächst in der Malerei entstand und andere Künste wie die Literatur, die Musik, das Theater und den Film in Europa erfasste.

Info

Anfang des 20. Jahrhunderts (1905 - 1925) wenden sich verschiedene Gruppen, die auf die gesellschaftlichen und wirtschaftlichen Umstände reagieren, gegen die realistischen Darstellungsformen in Kunst und Literatur. Eine dieser Gegenbewegungen ist der Expressionismus, ein anderes Wort für „Ausdruckskunst".
Es wird nicht die äußere Welt beschrieben, sondern das innere Erleben dieser Welt wird nach außen gebracht. Dabei vermischen sich die Darstellungen von Außen- und Innenwelt, von tatsächlichen Gegebenheiten und Erinnerungen, Fantasien, Gefühlen und Gedanken. Die Welt mit ihren Veränderungen durch Industrialisierung, Verstädterung und Militarisierung vor dem 1. Weltkrieg wird als Chaos wahrgenommen. Die Sprache verändert sich, sie wird plakativer, ist übersteigert, symbolhaft, bricht Normen, reiht scheinbar zusammenhanglos Bilder aneinander. Das Extreme ist gleichzeitig anziehend und abstoßend, wie z. B. die Wahrnehmung des Großstadtlebens oder die Erlebnisse des 1. Weltkrieges. Aus dem Chaos geboren erwartet man gleichzeitig einen neuen Aufbruch. Dabei ist der expressionistische Ausdruck immer auch Aufbegehren gegen das Tradierte, Kritik an sozialen Missständen. Prägend sind Gefühle der Entfremdung, der Anonymität, der Bedrohung durch apokalyptische Zustände.

„Menschheitsdämmerung" ist die bekannteste Anthologie expressionistischer Lyrik (1920).

W **Mithilfe der folgenden Aufgaben könnt ihr euch genauer mit den drei Zeitabschnitten der Literaturgeschichte auseinandersetzen. Wählt aus und präsentiert eure Ergebnisse in der Klasse.**

1 Recherchiert im Internet die Sehenswürdigkeiten Weimars, die mit der Schaffensperiode von Goethe und Schiller verbunden sind, und ladet eure Klasse zu einem virtuellen Stadtspaziergang ein.

2 Schiller gilt als zweiter klassischer Schriftsteller. Stellt ihn mithilfe von Zitaten und biografischen Informationen vor.

3 Auch in Deutschland hatte der Naturalismus Anhänger. Stellt einen weiteren naturalistischen Schriftsteller vor.

4 Sucht ein weiteres expressionistisches Gedicht oder Bild. Stellt es vor und erläutert es mithilfe der Epochenmerkmale.

5 Gruppenarbeit!
Arno Holz und Johannes Schlaf haben 1889/90 das Drama „Die Familie Selicke" geschrieben. Lest das Drama und spielt eine Szene daraus vor.
Tipp: Ihr findet Ausschnitte auch im Internet.
Für die Inszenierung eignet sich der 1. Akt, 1. Aufzug

Projekte zur Literaturgeschichte

Aufgaben gemeinsam bewältigen ➤ **S. 304**

mit PowerPoint präsentieren ➤ **S. 228–233**

zitieren ➤ **S. 226–227**

präsentieren ➤ **S. 301**

szenisches Spiel ➤ **S. 303**

Das kann ich!

Literarische Texte unter Berücksichtigung historischer und biografischer Informationen interpretieren

In diesem Kapitel hast du Texte und Kunstwerke aus verschiedenen Zeiten kennen gelernt und untersucht. Du bist dabei Menschenbildern begegnet, die vor dem Hintergrund ihrer Zeit verständlich wurden. Die beiden Gedichte stammen aus diesen Zeiten.

1

Weltende

Es ist ein Weinen in der Welt,
Als ob der liebe Gott gestorben wär,
Und der bleierne Schatten, der niederfällt,
Lastet grabesschwer.

Komm, wir wollen uns näher verbergen ...
Das Leben liegt in aller Herzen
Wie in Särgen.

Du! wir wollen uns tief küssen –
Es pocht eine Sehnsucht an die Welt,
An der wir sterben müssen.

2

Die Worte des Glaubens

Drei Worte nenn ich euch, inhaltsschwer,
Sie gehen von Munde zu Munde,
Doch stammen sie nicht von außen her,
Das Herz nur gibt davon Kunde;
Dem Menschen ist aller Wert geraubt,
Wenn er nicht mehr an die drei Worte glaubt.

Der Mensch ist frei geschaffen, ist frei,
Und würd' er in Ketten geboren,
Lasst euch nicht irren des Pöbels Geschrei,
Nicht den Missbrauch rasender Toren;
Vor dem Sklaven, wenn er die Kett bricht,
Vor dem freien Menschen erzittert nicht.

Und die Tugend, sie ist kein leerer Schall,
Der Mensch kann sie üben im Leben,
Und sollt' er auch straucheln überall,
Er kann nach der göttlichen streben;
Und was kein Verstand der Verständigen sieht,
Das übet in Einfalt ein kindlich Gemüt.

Und ein Gott ist, ein heiliger Wille lebt,
Wie auch der menschliche wanke;
Hoch über der Zeit und dem Raume webt
Lebendig der höchste Gedanke;
Und ob alles in ewigen Wechsel kreist,
Es beharret im Wechsel ein ruhiger Geist.

Die drei Worte bewahret euch, inhaltsschwer,
Sie pflanzet von Munde zu Munde,
Und stammen sie gleich nicht von außen her,
Euer Inneres gibt davon Kunde;
Dem Menschen ist nimmer sein Wert geraubt,
Solange er noch an die drei Worte glaubt.

1 Gib die Aussage der Gedichte mit eigenen Worten wieder.

2 Welches Menschenbild ist in diesen Gedichten zu erkennen?
Erläutere das Menschenbild und belege es am Text.

3 Welchen Epochen sind die Gedichte am ehesten zuzuordnen?
Begründe deine Vermutung mit Textstellen und beziehe dabei die Informationen auf den Seiten 118–119 ein.

Die Gedichte stammen von folgenden Autoren.

Friedrich Schiller (1759–1805) musste in die Kadettenschule eintreten, desertierte aus dem württembergischen Militär, um sich ganz dem Schreiben zu widmen. Schon mit 18 Jahren arbeitete er an seinem Drama „Die Räuber“. 1787 zog er nach Weimar, nahm eine Professur im benachbarten Jena an. 1794 begann die Freundschaft mit Goethe. Gemeinsame Zeitungsprojekte und die Kritik an den Werken des anderen begründeten ihre Freundschaft und einen besonderen Schaffensprozess. Gemeinsam ist beiden der Glaube an das Gute im Menschen, an die Möglichkeit der Erziehung des Menschen zum Guten, an einen Humanismus, den es nur zu entdecken und zu entwickeln gilt.

Else Lasker-Schüler (1869–1945) lebte zu Beginn des 20. Jahrhunderts als bildende Künstlerin und Schriftstellerin in Berlin.
Sie war eine für ihre Zeit sehr unangepasste, unabhängige Frau, zweimal verheiratet und wieder geschieden.
In Berlin war sie mit verschiedenen expressionistischen Künstlern und Schriftstellern befreundet. Mit dem Gedichtband „Meine Wunder“ (1911) zählte Lasker-Schüler zu den damaligen bedeutenden Schriftstellern.
In ihren Geschichten spielt die Liebe eine wichtige Rolle. 1932 erhielt sie den Kleistpreis.
1933 musste sie als Jüdin und verfolgte Künstlerin Deutschland verlassen.

4 Welches Gedicht könnte von welchem Autor stammen? Begründe deine Zuordnung.

Bezüge zwischen Biografie und Text herstellen

Auch heute sorgen bestimmte Ereignisse, vor allem, wenn sie über die Massenmedien verbreitet werden, für besondere Stimmungen und in ihnen werden Menschenbilder sichtbar.

5 Welche Menschenbilder lassen sich heute in der Öffentlichkeit wiederfinden?
- **a.** Finde ein Beispiel für ein solches Ereignis und beschreibe die Stimmung, die dieses Ereignis hervorgerufen hat.
- **b.** Überlege, welches Menschenbild in diesem Ereignis sichtbar wird.

das heutige Menschenbild beschreiben

6 Begründe, ob Ereignisse, Stimmungen oder Menschenbilder, über die die Schriftsteller in diesem Kapitel schreiben, auch für die heutigen Menschen noch aktuell sind.

Menschenbilder aus verschiedenen Zeiten vergleichen

Einen dramatischen Text interpretieren

Einen dramatischen Text untersuchen

Einen literarischen Text kannst du einfach auf dich wirken lassen. Er kann ein Thema, eine Grundstimmung, ein Menschenbild ansprechen, das dir zunächst fremd oder auch vertraut sein kann. In diesem Kapitel untersuchst du, warum ein Text eine solche Wirkung entfalten kann. Anschließend hältst du deine Ergebnisse in einer schriftlichen Interpretation fest.

Der Biberpelz Gerhart Hauptmann

1. Akt

(Kleiner, blau getünchter, flacher Küchenraum mit niedriger Decke; ein Fenster links; eine rohgezimmerte Tür ins Freie führend rechts; eine Tür mit ausgehobenem Flügel mitten in der Hinterwand. – Links in der Ecke der Herd, darüber an der Wand Küchengerät am Rahmen, rechts in der Ecke Ruder und Schiffereigerät; gespaltenes Holz, so genannte Stubben, unter dem Fenster in einem Haufen. Eine alte Küchenbank, mehrere Schemel usw. – Durch den leeren Türrahmen der Hinterwand blickt man in einen zweiten Raum. Darin steht ein hochgemachtes, sauber gedecktes Bett, darüber hängen billige Fotografien in noch billigeren Rahmen, Öldruckköpfe in Visitenkartenformat usw. Ein Stuhl aus weichem Holz ist mit der Lehne gegen das Bett gestellt. – Es ist Winter, der Mond scheint. Auf dem Herd in einem Blechleuchter steht ein brennendes Talglicht[1]. Leontine Wolff ist auf einem Schemel am Herd, Kopf und Arme auf der Herdplatte, eingeschlafen. Sie ist ein siebzehnjähriges, hübsches, blondes Mädchen in der Arbeitstracht eines Dienstmädchens. Über die blaue Kattunjacke[2] hat sie ein dickes, wollenes Brusttuch gebunden. – Einige Sekunden bleibt es still, dann hört man, wie jemand bemüht ist, von außen die Tür aufzuschließen, in der jedoch von innen der Schlüssel steckt. Nun pocht es.)

Frau Wolff *(unsichtbar von außen.)*: Adelheid! Adelheid! *(Stille; dann wird von der andern Seite ans Fenster gepocht.)* Wirschte gleich uffmachen!

Leontine *(im Schlaf)*: Nein, nein, ick lass mir nich schinden!

Frau Wolff: Mach uff, Mädel, sonste komm ich durchs Fenster. *(Sie trommelt sehr stark ans Fenster.)*

[1] das Talglicht: Kerze aus tierischem Fett
[2] die Kattunjacke: eine Jacke aus Kattun, aus dünnem Baumwollstoff

Leontine *(aufwachend):* Ach, du bist's, Mama! Ick komme ja schon! *(Sie schließt auf.)*

Frau Wolff *(ohne einen Sack, welchen sie auf der Schulter trägt, abzulegen):* Was willst'n du hier?

Leontine *(verschlafen):* 'n Abend, Mama!

Frau Wolff: Wie bist'n du reinkommen, hä?

Leontine: Na, übern Ziejenstall lag doch der Schlüssel.

(Kleine Pause.)

Frau Wolff: Was willste denn nu zu Hause, Mädel?

Leontine *(läppisch maulend):* Ich soll woll man jar nich mehr bei euch komm?

Frau Wolff: Na, sei bloß so gutt und tu dich a bissel. Das hab ich zu gerne. *(Sie lässt den Sack von der Schulter fallen.)* Du weeßt woll noch gar nich, wie spät dass's schonn is? Mach bloß, dasste fortkommst zu deiner Herrschaft.

Leontine: Wenn ick da man ooch wer mal 'n bissken zu spät komm!

Frau Wolff: Nu nimm dich in Obacht, haste verstanden! Und sieh, dasste fortkommst, sonste haste verspielt.

Leontine *(weinerlich, trotzig):* Ick jeh nicht mehr bei die Leute, Mama!

Frau Wolff *(erstaunt):* Du gehst nich ... *(Ironisch)* Ach wo, das ist ja was ganz Neues.

Leontine: Na brauch ick mir immer lassen schinden?

1 Worum geht es in dem Szenenausschnitt? Notiere Stichworte zu den Fragen:
- Wer unterhält sich miteinander?
- Worüber sprechen die beiden Figuren?
- In welcher Beziehung stehen die beiden zueinander?

einen Szenenausschnitt erschließen

2 Was erfährst du über die beiden Hauptfiguren? Stelle beide in einer Tabelle gegenüber.

die Figurenkonstellation untersuchen

3 Untersuche die Sprache von Mutter und Tochter.
- Welche Sprachvariante verwenden sie?
- Welcher Eindruck wird dadurch erzeugt?

die Sprache untersuchen

4 Notiere, welches Verhältnis zwischen Mutter und Tochter besteht.

den Szenenausschnitt interpretieren

5 Untersuche die Regieanweisungen und schreibe deine Ergebnisse in Stichworten auf:
- Welche Informationen erhältst du durch die Regieanweisungen?
- Warum werden die Regieanweisungen so detailliert ausgeführt?

die Regieanweisungen untersuchen

6 Fasse die Ergebnisse zu den Aufgaben 1 bis 5 schriftlich zusammen und belege sie mit passenden Textstellen.

zitieren ➤ S. 226–227

Biografische und epochentypische Informationen in die Interpretation einbeziehen

Informationen über den Schriftsteller und die geschichtlichen Hintergründe helfen dir, einen literarischen Text besser zu verstehen.

Gerhart Hauptmann

Gerhart Hauptmann (1862–1946) wuchs in Schlesien, heute in Polen, in einer bürgerlichen Familie auf. Ihm fiel es schwer, Schule und Universitätsstudien durchzuhalten. Sein Interesse galt schon sehr früh dem Theater. Ende des 19. Jahrhunderts gründete er in Berlin den Verein „Freie Bühne", hier konnten seine Stücke zensurfrei in nichtöffentlichen Räumen aufgeführt werden. Der Durchbruch gelang ihm 1889 mit dem Drama „Vor Sonnenaufgang". Dieses Drama und auch die anderen sorgten für Theaterskandale, da sie sozialkritisch waren. Er zeigte darin Menschen in ihren elenden Lebensverhältnissen und brachte Themen wie Alkoholismus und Sexualität auf die Bühne. Sein bekanntestes Drama „Die Weber", in dem er das schlesische Weberelend und den Weberaufstand von 1844 bearbeitete, wurde 1892 in Berlin verboten. Auch in seinen anderen Dramen wie „Der Biberpelz", „Rose Bernd" bringt er erstmals die Lebensverhältnisse der armen Menschen auf die Bühne. Insgesamt hat Hauptmann über vierzig Dramen geschrieben, außerdem Romane, Erzählungen und Novellen, Gedichte, Aufsätze und Reden. 1912 erhielt Hauptmann den Nobelpreis für Literatur.

Info

Die Zeit zur Jahrhundertwende

Unter der Herrschaft des deutschen Kaisers Wilhelm II. vollzogen sich in Deutschland um die Jahrhundertwende große Veränderungen. Immer mehr Menschen zogen auf der Suche nach Arbeit in die wachsenden Städte und waren so von Möglichkeiten der Selbstversorgung auf dem Land abgeschnitten. Um den Lebensunterhalt der Familien zu sichern, mussten zunehmend auch Frauen mitarbeiten. Auf der einen Seite wuchsen repräsentative Prunkbauten, auf der anderen dunkle Mietskasernen. Von 1870 bis zum 1. Weltkrieg 1914 florierte die Wirtschaft, Hungersnöte nahmen ab, doch die Lebenshaltungskosten stiegen. Die Chancen auf Beteiligung am Fortschritt waren ungleich verteilt. Technische Neuerungen, wie der Anschluss an die Wasser- und Stromversorgung, veränderten das Alltagsleben. Gegen die alten, immer noch dem Feudalismus verbundenen Kräfte mit ihrem Prunk und Militarismus und gegen den preußischen Untertanengeist entstand eine Arbeiterbewegung mit ihrer politischen Spitze, der Sozialdemokratie.

1 Fasse die Informationen von Seite 124 in Stichworten zusammen.

Informationen zusammenfassen

2 Stelle mithilfe folgender Fragen Zusammenhänge zwischen dem Leben Hauptmanns und dem geschichtlichen Hintergrund her.
- Welche Haltung hatte Hauptmann zu den Entwicklungen seiner Zeit?
- Warum schrieb er sozialkritische Stücke und brachte damit das Leben der armen Leute auf die Bühne?
- Welche Wirkung hatten solche Stücke vermutlich auf das damalige Publikum?

Bezüge zwischen der Biografie und dem geschichtlichen Hintergrund herstellen

3 Untersuche, inwieweit die biografischen und geschichtlichen Hintergrundinformationen sich auch in dem Szenenauszug spiegeln:
- Zu welcher Schicht gehören die Figuren?
- Wie werden ihre Lebensverhältnisse dargestellt?
- Wie empfinden sie ihre Lebensverhältnisse?

weitere Informationen für die Texterschließung nutzen

4 Ordne den Dramenauszug mithilfe der Epochenbeschreibungen auf den Seiten 118 bis 119 ein. Begründe deine Zuordnung.

den Szenenausschnitt zeitlich einordnen

5 Schreibe mithilfe der Arbeitstechnik eine Interpretation des Szenenausschnitts auf den Seiten 122 bis 123.

eine Interpretation schreiben, überprüfen und überarbeiten

6 **a.** Formuliere die Arbeitstechnik in Checkfragen um.
b. Überprüfe und überarbeite damit deine Interpretation.

Arbeitstechnik

Einen dramatischen Text unter Berücksichtigung der Zeitgeschichte und biografischer Informationen interpretieren

1. Überlege, welches **Thema** in welcher Form der Text behandelt.
2. Erarbeite den Text im Einzelnen.
   - Welche **Figuren** sprechen miteinander?
   - **Worüber** sprechen sie?
   - Welche **Absichten** stecken dahinter?
   - Wie sind die **Redeanteile** verteilt?
   - Wie lassen sich die **Figuren charakterisieren**?
   - Welche Rolle spielen die **Regieanweisungen**? Was erfährst du durch sie?

   Belege deine Antworten mit passenden Textstellen.
3. Formuliere, was die **Aussageabsicht** des Autors sein könnte.
4. Beziehe weitere **Informationen zum Autor und zum geschichtlichen Hintergrund** in deine Interpretation ein. Erläutere, in welcher Beziehung der literarische Text zu diesen Hintergrundinformationen stehen könnte.
5. Ordne den Text einer Epoche zu.
6. Gib einen abschließenden **Kommentar**: Ist der Text auch heute noch interessant? Begründe.

zitieren ➤ S. 226–227

Macht(,) Gedichte!

Die Macht der Sprache

In diesem Kapitel lernst du lyrische Texte kennen,
die gesellschaftliche Zustände beschreiben und bewerten.

Die Macht der Sprache Bas Böttcher

Und lerne ich eine Sprache neu kennen,
dann lehrt mich die Sprache, mich neu zu kennen.
Das macht die Sprache – die Macht der Sprache.
Und glaube ich, ich beherrsche meine Sprache,
beherrscht womöglich meine Sprache mich.
Das macht die Sprache – die Macht der Sprache.
Und denke ich, ich spiele mit meiner Sprache,
dann spielt noch viel mehr meine Sprache mit mir!
Das macht die Sprache – die Macht der Sprache.
Und erweitert der Mensch die sprachlichen Möglichkeiten,
dann erweitert die Sprache die menschlichen Möglichkeiten.
Das macht die Sprache – die Macht der Sprache.
Und wenn ich meine Sprache verkommen lasse,
dann lässt am Ende meine Sprache mich verkommen.
Das macht die Sprache – die Macht der Sprache.
Und liebe ich meine Sprache,
dann liebt ganz sicherlich die Sprache mich.
Das macht die Sprache – die Macht der Sprache.
Und wenn ich denke, ich spreche jetzt hier – in diesem Text – über die Spreche,
dann spricht die Sprache eigentlich viel mehr noch über mich!
Das macht die Sprache – ich kenn die doch! *(2007)*

Bas Böttcher (geb. 1974) ist Lyriker, Spoken-Word-Künstler und Mitbegründer der deutschen Poetry-Slam-Szene. Er erfand 2006 die Textbox, eine Box aus Plexiglas, hinter der der Dichter steht und vorträgt, die Zuhörenden können per Kopfhörer den Texten lauschen. Die Textbox wurde seitdem auf Buchmessen in vielen Ländern ausgestellt.

1 Lest den Text und tauscht euch über eure Leseeindrücke aus.

den Text erschließen

2 Welche sprachlichen Mittel nutzt der Autor, um seine Aussage zu verdeutlichen? Untersucht den Text genauer.

Laut Aussage von Bas Böttcher ist dieser Text für den Vortrag bestimmt.

3 **a.** Lege eine Folie über den Text und markiere, wie du ihn betonen willst.
b. Trage den Text so vor, dass die Aussage deutlich wird.

interpretierend vortragen

Gedichte sind sprachliche Kunstwerke in Vers- und Strophenform. In verdichteter Sprache werden darin Aussagen präsentiert, die viel bewegen wollen und können. Der Dichter Hans Kruppa beschreibt, was die Aufgabe eines Gedichtes sein könnte.

… Hans Kruppa

Dieses Gedicht ist ein kleines Gegengewicht
auf der Schale der Waage,
auf der immer zu wenig liegt.
Ein Gegengewicht zum Autolärm,
zu überfüllten Wartezimmern,
ein Gegengewicht zu den Nachrichten,
zu Schlagzeilen und Schlagbäumen,
Hochstraßen und Dampfwalzen,
Herzinfarkt und Krebsverdacht.
Ich lege es vorsichtig auf die Waagschale
zu all den andren leichten Dingen …
Einen Moment erschien es mir,
als hätte sich etwas verändert. R *(1983)*

Hans Kruppa (geb. 1952) gab früh den Lehrerberuf auf, um Zeit für das Schreiben zu haben. Er hat neben Gedichten auch Romane, Erzählungen, Märchen und Kurzgeschichten geschrieben, die in mehr als hundert Büchern veröffentlicht wurden.

4 Notiere, was nach Ansicht von Hans Kruppa ein Gedicht leisten kann.

das Gedicht erschließen

Der Titel eines Gedichtes fasst die Aussage zusammen oder gibt zusätzliche Hinweise zum Verstehen des Inhalts.

5 Welchen Titel könnte der Dichter dem Gedicht gegeben haben? Schreibe einen passenden Vorschlag auf.
Tipp: Den richtigen Titel findest du im Inhaltsverzeichnis.

einen Titel finden

Titel ➤ S. 5

Z **6** Vergleiche die Aussagen der Gedichte von Böttcher und Kruppa. Welche Aussage erscheint dir zutreffender? Begründe deine Einschätzung.

die Gedichte vergleichen

W Wählt aus den folgenden Aufgaben aus und präsentiert eure Ergebnisse.

7 Hans Kruppa zählt in seinem Gedicht negative Beispiele als Gegengewicht zu einem Gedicht auf. Schreibe ein Parallelgedicht, in dem du die Beispiele durch eigene Beispiele ergänzt.

ein Parallelgedicht schreiben

8 Im Tandem!
Gibt es Gedichte oder Lieder, die euch berührt und euer Denken beeinflusst haben? Stellt sie euch gegenseitig vor und erklärt das für euch Besondere daran.

Gedichte vorstellen

Fragen als Denkanstöße

In den Gedichten auf den Seiten 128 und 129 stehen Fragen im Mittelpunkt. Sie wollen zum Nachdenken anregen.

Kurt Tucholsky (1890 - 1935) war ein politisch engagierter und kritischer Dichter. Er veröffentlichte zwischen 1911 und 1932 mehr als 800 Gedichte in Zeitungen und Zeitschriften.
1930 emigrierte er wegen des in Deutschland aufziehenden Nationalsozialismus nach Schweden. Er starb 1935 in Göteborg.

Eine Frage   Kurt Tucholsky

Da stehn die Werkmeister – Mann für Mann.
Der Direktor spricht und sieht sie an:
„Was heißt hier Gewerkschaft! Was heißt hier Beschwerden!
Es muss viel mehr gearbeitet werden!
Produktionssteigerung! Dass die Räder sich drehn!"
Eine einzige kleine Frage:
Für wen?

Ihr sagt: Die Maschinen müssen laufen.
Wer soll sich eure Ware denn kaufen?
Eure Angestellten? Denen habt ihr bis jetzt
das Gehalt, wo ihr konntet, heruntergesetzt.
Und die Waren sind im Süden und Norden
deshalb auch nicht billiger geworden.
Und immer sollen die Räder sich drehn ...
Für wen?

Für wen die Plakate und die Reklamen?
Für wen die Autos und Bilderrahmen?
Für wen die Krawatten? Die gläsernen Schalen?
Eure Arbeiter können das nicht bezahlen.
Etwa die der andern? Für solche Fälle
habt ihr doch eure Trusts und Kartelle!
Ihr sagt: Die Wirtschaft müsse bestehn.
Eine schöne Wirtschaft!
Für wen? Für wen?

Das laufende Band, das sich weiterschiebt,
liefert Waren für Kunden, die es nicht gibt.
Ihr habt durch Entlassung und Lohnabzug sacht
eure eigene Kundschaft kaputt gemacht.
Denn Deutschland besteht – Millionäre sind selten –
aus Arbeitern und Angestellten!
Und eure Bilanz zeigt mit einem Male
einen Saldo mortale.

Während Millionen stempeln gehn.
Die wissen für wen. *(1931)*

1 In dem Gedicht werden viele Fragen gestellt.
a. Schreibe die Frage auf, auf die sich der Titel bezieht.
b. Erläutere, an wen sich diese Frage richtet. Begründe mithilfe von Textstellen.
c. Erkläre, welche Wirkung die Wiederholung dieser Frage hat.

das Gedicht untersuchen

Z **2** Welche gesellschaftlichen Zustände herrschten 1931? Recherchiert historische Informationen und bezieht sie in die Interpretation ein.

gesellschaftliche Hintergrundinformationen recherchieren

Z **3** Ist dieses Gedicht eurer Meinung nach immer noch aktuell? Begründet eure Meinung.

die Aktualität begründen

Auch der Dichter und Dramatiker Bertolt Brecht stellt in diesem Gedicht Fragen, die ihm wichtig sind.

mehr zu Bertolt Brecht
➤ S. 179

Fragen eines lesenden Arbeiters Bertolt Brecht

Wer baute das siebentorige Theben?
In den Büchern stehen die Namen von Königen.
Haben die Könige die Felsbrocken herbeigeschleppt?
Und das mehrmals zerstörte Babylon –
Wer baute es so viele Male auf? In welchen Häusern
Des goldstrahlenden Lima wohnten die Bauleute?
Wohin gingen an dem Abend, wo die Chinesische Mauer fertig war
Die Maurer? Das große Rom
Ist voll von Triumphbögen. Wer errichtete sie? Über wen
Triumphierten die Cäsaren? Hatte das viel besungene Byzanz
Nur Paläste für seine Bewohner? Selbst in dem sagenhaften Atlantis
Brüllten in der Nacht, wo das Meer es verschlang
Die Ersaufenden nach ihren Sklaven.
Der junge Alexander eroberte Indien.
Er allein?
Cäsar schlug die Gallier.
Hatte er nicht wenigstens einen Koch bei sich?
Philipp von Spanien weinte, als seine Flotte
Untergegangen war. Weinte sonst niemand?
Friedrich der Zweite siegte im Siebenjährigen Krieg. Wer
Siegte außer ihm?
Jede Seite ein Sieg.
Wer kochte den Siegesschmaus?
Alle zehn Jahre ein großer Mann.
Wer bezahlte die Spesen?
So viele Berichte.
So viele Fragen. R *(1935)*

Ludwig Engelhardt: Lesender Arbeiter
Skulptur vor der Sophie-Brahe-Schule
in Berlin

4 Untersuche die Fragen in dem Gedicht:
- Auf welche Themen beziehen sich die Fragen?
- Warum könnte Bertolt Brecht diese Fragen formuliert haben?

das Gedicht untersuchen

Beide Gedichte stellen Fragen, die nicht beantwortet werden.

Z **5** Vergleiche die beiden Gedichte von Tucholsky und Brecht mithilfe folgender Fragen:
- Wer wird mit den Gedichten angesprochen?
- Was sind die Aussageabsichten der Dichter?
- Welche Funktion haben die Fragen im Gedicht?

Tipp: Nutze Zitate, um deine Aussagen zu unterstützen.

Gedichte vergleichen

zitieren ➤ **S. 226–227**

Liedtexte als Protest

Der Text des deutschen Volksliedes „Die Gedanken sind frei“ wurde Ende des 18. Jahrhunderts auf Flugblättern veröffentlicht. Die Melodie zu diesem Lied entstand erst einige Jahre später, im Zeitraum zwischen 1810 und 1820.

Die Gedanken sind frei

1. Die Gedanken sind frei
wer kann sie erraten?
Sie fliehen vorbei
wie nächtliche Schatten.
Kein Mensch kann sie wissen,
kein Jäger erschießen
mit Pulver und Blei:
Die Gedanken sind frei!

2. Ich denke, was ich will
und was mich beglücket,
doch alles in der Still'
und wie es sich schicket.
Mein Wunsch und Begehren
kann niemand verwehren,
es bleibet dabei:
Die Gedanken sind frei!

3. Und sperrt man mich ein
im finsteren Kerker,
das alles sind rein
vergebliche Werke.
Denn meine Gedanken
zerreißen die Schranken
und Mauern entzwei:
Die Gedanken sind frei!

4. Drum will ich auf immer
den Sorgen entsagen
und will mich auch nimmer
mit Grillen mehr plagen.
Man kann ja im Herzen
stets lachen und scherzen
und denken dabei:
Die Gedanken sind frei. *(ca. 1790)*

1 Was bedeutet es, dass die Gedanken frei sind? Diskutiert die Kernaussage des Gedichtes. Bezieht das Bild ein.

die Aussage diskutieren

2 Im Tandem!
a. Tauscht euch darüber aus, warum dieses Gedicht zu einem Volkslied wurde.
Tipp: Berücksichtigt auch die liedhaften Elemente.
b. Tragt eure Überlegungen der Klasse vor.

die Textsorte untersuchen

In Zeiten politischer Unterdrückung war das Lied immer wieder Ausdruck für die Sehnsucht nach Freiheit und Unabhängigkeit.

3 Notiert Gründe, warum dieses Lied heute noch aktuell ist.

die Aktualität begründen

Z **4** Ist eine Vertonung des Gedichtes überzeugender als ein Gedichtvortrag?
a. Tragt das Gedicht ausdrucksvoll vor.
b. Hört euch Interpretationen im Internet an und vergleicht diese.

Gesang und Vortrag vergleichen
Gedichtvortrag ➤ **S. 302**

Das politische Kampflied „Venceremos“ stammt aus Chile. Es wurde rasch verbreitet und galt bis zum Putsch 1973 als inoffizielle Nationalhymne Chiles. Nach dem Verbot wurde es von vielen Interpreten in der ganzen Welt gesungen.

Info

In Chile wurde der demokratisch gewählte sozialistische Präsident Salvador Allende 1973 durch einen Militärputsch gestürzt. Die Militärjunta unter der Führung von Augusto Pinochet errichtete eine Diktatur, die bis 1990 dauerte.

Venceremos Claudio Iturra

Aus dem Leib der geschundenen Heimat
Sich die Klage des Volkes entrang,
Warf die Sonne sich über die Berge
Und ganz Chile brach auf im Gesang.
Mit dem Mute des kühnen Soldaten,
Der unsterblich blieb, fiel er auch früh,
Stellen wir uns dem Tod selbst entgegen,
Denn die Heimat verraten wir nie.

Venceremos, venceremos!
Schlagt das Volk aus den Ketten, schlagt los!
Venceremos, venceremos!
Aus dem Elend befreit sind wir groß.

Wir sind Arbeiter, Bauern, Soldaten,
Für das Vaterland stehn auch die Frau'n.
Wir sind Bergleute oder studieren,
Unsre Heimat kann fest auf uns baun.
Sozialistisch wird unsere Zukunft,
Die Geschichte kommt endlich voran,
Nützt die Saat der chilenischen Erde,
Jedermann, jedermann, jedermann.

Venceremos, venceremos!
Schlagt das Volk aus den Ketten, schlagt los!
Venceremos, venceremos!
Aus dem Elend befreit sind wir groß.

5 Interpretiert das Lied mithilfe der Fragen:
- Wer ist hier mit „wir“ gemeint?
- Welche Botschaft vermittelt das Lied?
- Durch welche sprachlichen Mittel wird diese verdeutlicht?

das Lied interpretieren

lyrischer Sprecher ➤ S. 290

6 In der Randspalte findet ihr einige Verse im Original. Überlegt, welche Verse es sein könnten. An welchen Wörtern habt ihr das erkannt?

Campesinos, soldados, mineros
La mujer de la patria también
Estudiantes, empleados y obreros
Cumpliremos con nuestro deber.

7 Notiert Gründe für die internationale Verbreitung dieses Liedes.

die Gründe für die Verbreitung notieren

8 Vergleicht dieses Lied mit dem Volkslied „Die Gedanken sind frei“. Welche Gemeinsamkeiten und Unterschiede findet ihr heraus?

Liedtexte vergleichen

Das Lied als Mittel des Protestes wird noch immer genutzt.

Z **9** Recherchiert nach weiteren Protestliedern im Internet und stellt sie der Klasse vor.

„We shall overcome“
„Solo le pido a Dios“

Z **Weiterführendes:**
Geschichtliche Spuren in Gedichten

Gedichte sind Ausdruck ihrer Zeit und spiegeln gesellschaftliche Hintergründe wider. In diesen drei Gedichten setzen sich die Dichterinnen und Dichter mit unterschiedlichen Zeiten auseinander.

Umsturz Ursula Krechel

Von heut an stelle ich meine alten Schuhe
nicht mehr ordentlich neben die Fußnoten
häng den Kopf beim Denken
nicht mehr an den Haken
freß keine Kreide. Hier die Fußstapfen
im Schnee von gestern, vergesst sie
ich hust nicht mehr mit Schalldämpfer
hab keinen Bock
meine Tinte mit Magermilch zu verwässern
ich hock nicht mehr im Nest, versteck
die Flatterflügel, damit ihr glauben könnt
ihr habt sie mir gestutzt. Den leeren Käfig
stellt mal ins historische Museum
Abteilung Mensch weiblich. R *(1977)*

Das Eigentum Volker Braun

Da bin ich noch: mein Land geht in den Westen.
KRIEG DEN HÜTTEN FRIEDE DEN PALÄSTEN![1]
Ich selber habe ihm den Tritt versetzt.
Es wirft sich weg und seine magre Zierde.
Dem Winter folgt der Sommer der Begierde.
Und ich kann *bleiben wo der Pfeffer wächst.*
Und unverständlich wird mein ganzer Text.
Was ich niemals besaß, wird mir entrissen.
Was ich nicht lebte, werd ich ewig missen.
Die Hoffnung lag im Weg wie eine Falle.
Mein Eigentum, jetzt habt ihrs auf der Kralle.
Wann sag ich wieder *mein* und meine alle. R *(1990)*

[1] Krieg den Hütten, Friede den Palästen: abgewandelter Spruch von Georg Büchners Flugschrift (1834) „Friede den Hütten! Krieg den Palästen!"

Lernjahre sind keine Herrenjahre Helga M. Novak

mein Vaterland hat mich gelehrt:
achtjährig
eine Panzerfaust zu handhaben
zehnjährig
alle Gewehrpatronen beim Namen zu nennen
fünfzehnjährig
im Stechschritt durch knietiefen Schnee
zu marschieren
siebzehnjährig
in eiskalter Mitternacht Ehrenwache zu Stalins[1] Tod zu stehen
zwanzigjährig
mit der Maschinenpistole gut zu treffen
dreiundzwanzigjährig
meine Mitmenschen zu denunzieren
sechsundzwanzigjährig
das Lied vom guten und schlechten
Deutschen zu singen

wer hat mich gelehrt
Nein zu sagen
und ein schlechter Deutscher zu sein? *(1962)*

[1] Stalin (1879 - 1953): der während der Revolution angenommene Name des sowjetischen Staatsmannes und Diktators Jossif Dschugaschwili

Mithilfe eines literarischen Gesprächs könnt ihr euren Blick auf die Gedichte erweitern. Arbeitet dazu in Gruppen.

Aufgaben gemeinsam bewältigen ➤ S. 304

ein Gedicht auswählen und interpretieren

1 Wählt ein Gedicht aus.

2 Bereitet das literarische Gespräch vor:
- Untersucht den Inhalt und die Sprache des Gedichtes.
- Tauscht euch über die Wirkung aus.
- Recherchiert Informationen zum Autor und zu den gesellschaftlichen Hintergründen.
  Tipp: Achtet auf die Jahreszahlen, wann die Gedichte erschienen.
- Bezieht auch das jeweilige Foto in die Interpretation mit ein.

3 Präsentiert eure Ergebnisse.

ein literarisches Gespräch führen und auswerten ➤ S. 221

4 Führt das literarische Gespräch durch.

5 Wertet das Gespräch in der Klasse aus.

Poetry Slam – Eine moderne Form des Wettstreits

Der Poetry Slam entstand in den achtziger Jahren in den USA und verbreitete sich seit den neunziger Jahren weltweit. Bei diesem literarischen Vortragswettbewerb werden selbst geschriebene Texte innerhalb einer bestimmten Zeit einem Publikum vorgetragen. Der Inhalt der Texte und die Art des Vortrags werden bewertet. 2007 siegte Mimi Meister in einem U20 (unter zwanzig) Poetry Slam.

Info
Das Wort „slam" kommt aus dem Englischen und bedeutet „zuschlagen, zuknallen".

1 Im Tandem!
Besprecht, was der Titel bedeuten könnte.

den Titel untersuchen

2 Lest den Textauszug von Mimi Meister und klärt unbekannte Wörter.

unbekannte Wörter klären

Lost Generation – reloaded   Mimi Meister

Ich bin wie ihr.
Wir sind alle gleich in unserem verzweifelten Streben nach Glückseligkeit.
Doch wir kommen nicht weit, weil uns Weltkriege, Krise, Computerspiele,
falsche Ziele und falsche Idole den Weg blockieren.
Wir klauen uns Vorbilder und Ideale aus längst vergangenen Tagen,
weil wir hier im Jetzt keine haben, denen nachzueifern sich lohnt
Wir sind es gewohnt, in einer Welt zu leben, aus der wir –
umgeben von Umweltkatastrophen und Terrorphilosophen, die Selbstmord preisen –
flüchten müssen, um den Lebenszug nicht entgleisen zu lassen.
Wir leben in einer Welt, in der Fünfjährige sich gegenseitig erschießen und erstechen,
in der Regelnbrechen Alltag ist und die Grenze zwischen „legal"
und „verboten" verwischt.
Wir sind die „Lost Generation", die verlorene Generation,
die im großen Meer der Impressionen und Expressionen untergeht. [...]   *(2007)*

Mimi Meister

3 Gruppenarbeit!
Sprecht über den Inhalt des Textes.
- Wer ist hier mit „wir" gemeint?
- Fühlt ihr selbst euch angesprochen?

den Textauszug interpretieren

Texte für einen Poetry Slam werden erst durch den Vortrag lebendig.

4 Bereitet den Textauszug für einen Poetry Slam vor. Besprecht auch, in welcher Stimmung ihr den Textauszug vortragen könntet.

den Textauszug vortragen
Vortrag ➤ S. 302

Z **5** Schreibe Mimi Meisters Text weiter.

den Text weiterschreiben

Einen Poetry Slam vorbereiten und durchführen

Organisiert einen Poetry Slam an eurer Schule.

Aufgaben gemeinsam bewältigen ➤ S. 304

Slam ist Vision. – Slam ist Party. – Slam ist Literatur. – Slam ist Wahrheit.
Wolfgang Hogekamp, deutscher Filmemacher, Slam Master und Slam Poet

Info

Die Regeln eines Poetry Slam
1. Jeder, der einen eigenen Text verfasst hat, darf an einem Poetry Slam teilnehmen.
2. Alle Künstler erhalten dasselbe Zeitlimit auf der Bühne.
3. Es dürfen keine Requisiten oder Kostüme mit auf die Bühne genommen werden.
4. Reine Gesangsstücke sind nicht erlaubt. Die Texte können jedoch im Sprechgesang vorgetragen werden.
5. Das Publikum bewertet die Beiträge der Künstler.
6. Ein/e MC (Master of Ceremony) sorgt für den geregelten Ablauf der Veranstaltung. Sie oder er animiert das Publikum und hält Juryabstimmungen schriftlich fest.
7. Am Ende der Veranstaltung erhält der Gesamtsieger einen Preis.

Schreibt eigene Texte.

einen Text schreiben und vorbereiten

Cluster ➤ S. 296

1 Sammelt Ideen mithilfe einer Mind-Map oder eines Clusters.

2 Schreibt einen eigenen Text für den Poetry Slam.

3 Bereitet eure Präsentationen mit Sprechübungen vor.
- Sprecht in der Kleingruppe einen kurzen Satz. Dabei wird der Satz in möglichst kleinen Schritten von hoch nach tief, von laut nach leise oder von langsam nach schnell gesprochen.
- Lest einen Sachtext aus einem Schulbuch vor. Lest den Text als schauerliche Geschichte, Predigt oder Liebesbrief. Achtet dabei vor allem auf Gestik und Mimik, um euren Vortrag zu unterstreichen.

die Rahmenbedingungen festlegen

4 Legt Rahmenbedingungen für die Veranstaltung fest. Klärt dazu folgende Fragen:
- Wann und wo soll die Veranstaltung stattfinden?
- Wer soll zusätzlich an der Veranstaltung teilnehmen (Eltern, Presse, Schulleitung)?
- Legt dazu fest, wie das Publikum werten soll.
- Wählt einen Master of Ceremony und die Jury.

Gedichte vergleichen

Die Gedichte untersuchen

Obwohl zwischen manchen Gedichten Jahrhunderte liegen, kann es neben den Unterschieden doch auch viele Gemeinsamkeiten geben. In dieser Trainingseinheit vergleicht ihr zwei Gedichte. Dabei ist es wichtig, zunächst die Gedichte einzeln nach dem Inhalt, der Form und der Sprache zu untersuchen.

Heutige Weltkunst Friedrich von Logau

Anders sein und anders scheinen,
Anders reden, anders meinen,
Alles loben, alles tragen,
Allen heucheln, stets behagen,
Allem Winde Segel geben,
Bös und Guten dienstbar leben;
Alles Tun und alles Dichten
Bloß auf eignen Nutzen richten:
Wer sich dessen will befleißen,
Kann politisch heuer[1] heißen. *(1654)*

[1] heuer (süddeutsch, österreichisch, schweizerisch): in diesem Jahr

Friedrich von Logau (1604–1655) war ein deutscher Dichter des Barock. Er verfasste mehr als 3000 Epigramme und Sinngedichte, in denen er schlechte Charaktereigenschaften verurteilte.

1 Was könnte der Titel bedeuten? Notiere dir Stichworte.

den Titel ergründen

2 **a.** Lies das Gedicht und schreibe in Stichworten auf, welche Gedanken und Bilder in deinem Kopf entstehen.
b. Bezeichne mit einem Wort oder einer Wortgruppe, welche Stimmung von dem Gedicht ausgeht.

Stichworte zum Inhalt notieren

3 Worum geht es in dem Gedicht? Fasse die Kernaussage in einem Satz zusammen.

den Inhalt untersuchen

4 Begründe, warum der Dichter diesen Titel gewählt haben könnte.

5 Wer wird in dem Gedicht dargestellt? Begründe deine Vermutungen.

6 Wie ist das Gedicht aufgebaut? Untersuche die Gedichtform.

7 Welche sprachlichen Mittel hat der Dichter verwendet? Schreibe diese auf und erläutere die Wirkung.

den Gedichtaufbau und die sprachlichen Mittel untersuchen

Lyrik ➤ S. 290

Robert Gernhardt beschreibt den Zeitgeist in diesem Gedicht so.

Was es alles gibt Robert Gernhardt

Da gibt es die, die schlagen
Da gibt es die, die rennen
Da gibt es die, die zündeln
Da gibt es die, die brennen

Da gibt es die, die wegsehn
Da gibt es die, die hinsehn
Da gibt es die, die mahnen:
Wer hinsieht, muss auch hingehn

Da gibt es die, die wissen
Da gibt es die, die fragen
Da gibt es die, die warnen:
Wer fragt, wird selbst geschlagen

Da gibt es die, die reden
Da gibt es die, die schweigen
Da gibt es die, die handeln:
Was wir sind, wird sich zeigen. *(1997)*

Robert Gernhardt (1937–2006) war ein deutscher Maler und Schriftsteller, der besonders die humoristische Literatur in Deutschland beeinflusste. Er war Mitbegründer von bekannten satirischen Zeitschriften, z. B. der „Titanc". Heute gilt er als einer der bedeutendsten zeitgenössischen Lyriker.

„Was es alles gibt" als Hörtext
➤ **Webcode: DK611833-137**

8 Im Tandem!
a. Schreibt eure ersten Leseeindrücke und auch Fragen auf.
b. Vergleicht eure Ergebnisse und findet gemeinsam Antworten auf eure Fragen.

den ersten Leseeindruck und Fragen formulieren

9 Gruppenarbeit!
Welche Menschen könnten gemeint sein?
a. Teilt die Verse unter euch auf.
b. Erklärt die Verse durch Beispiele.
c. Stellt eure Ergebnisse vor.

den Inhalt des Gedichts untersuchen

10 Warum könnte der Dichter diesen Titel gewählt haben? Bezieht den Titel auf den Inhalt des Gedichts und schreibt eine Erklärung auf.

11 Untersucht den letzten Vers des Gedichts (Z. 16). Besprecht, inwiefern sich dieser Vers von den anderen Versen unterscheidet. Was löst dieser Vers in euch aus?

12 Untersucht die Form des Gedichts.

13 Untersucht die sprachlichen Mittel, die im Gedicht verwendet werden. Schreibt diese heraus und erläutert ihre Wirkung.

den Gedichtaufbau und die sprachlichen Mittel untersuchen

Lyrik ➤ S. 290

Die Gedichte vergleichen

Beim Vergleichen von zwei Gedichten suchst du zunächst nach einem gemeinsamen thematischen Kern.

1 Worum geht es in den beiden Gedichten?
a. Schreibe die Antwort in einem Satz auf.
b. Vergleiche deinen Satz mit den anderen Ergebnissen in der Klasse.

das Thema aufschreiben

Starthilfe

In beiden Gedichten steht das Thema ... im Mittelpunkt ...

Bei einem Gedichtvergleich suchst du nach den Gemeinsamkeiten und Unterschieden. So kannst du dir jedes der Gedichte mit dem Blick auf das andere noch tiefer erschließen. Beginne mit den inhaltlichen Aspekten.

2 Worum geht es in den beiden Gedichten? Stelle die Gemeinsamkeiten und Unterschiede in einer Tabelle gegenüber:

Gemeinsamkeiten und Unterschiede gegenüberstellen

Starthilfe

„Heutige Weltkunst“	„Was es alles gibt“
Beschreibung der politischen Lage	...
resignierende Stimmung	
...	

Politische Gedichte wollen in der Regel etwas bewirken, sie beschreiben ungerechte Zustände, kritisieren einzelne Menschen oder Gruppen, die Verantwortung tragen, oder wollen allgemein zum Handeln auffordern.

3 Überlege, welche Absichten beide Dichter in ihren Gedichten verfolgen könnten. Notiere Stichworte.

die Absicht der Dichter notieren

Starthilfe

Friedrich von Logau kritisiert ...
Robert Gernhardt ...

Der Gedichtband, aus dem die „Heutige Weltkunst“ stammt, wurde kurz nach dem Dreißigjährigen Krieg (1618–1648) veröffentlicht.

Z **4** Informiere dich in Büchern oder im Internet über den Dreißigjährigen Krieg. Überlege, inwiefern der Krieg die Aussagen des Dichters über Politik beeinflusst haben könnte.

Hintergrundinformationen einbeziehen

5 Diskutiert, ob das Gedicht „Heutige Weltkunst“ noch aktuell ist. Begründet eure Meinung.

die Aktualität diskutieren

Der Gedichtaufbau gibt dem Inhalt eine Form.

6 Welche Gemeinsamkeiten und Unterschiede kannst du in den beiden Gedichten feststellen? Achte auf die Stropheneinteilung und das Reimschema.

den Aufbau der Gedichte untersuchen

Reimschema ➤ S. 290

Starthilfe

Merkmal	„Heutige Weltkunst“	„Was es alles gibt“
Anzahl der Strophen und Verse	...	...
Reimschema	...	...

7 Welches Metrum findest du in den beiden Gedichten?

Metrum ➤ S. 290

a. Lege eine Folie über die jeweilige Buchseite. Lies das Gedicht laut und markiere dabei die betonten (x́) und unbetonten Silben (x).

b. Welches Metrum hast du herausgefunden? Vergleiche deine Ergebnisse in der Klasse.

c. Erläutere, wie das Metrum die inhaltlichen Aussagen unterstützt.

Mit ausgewählten sprachlichen Mitteln wird der Inhalt verdeutlicht.

8 Welche sprachlichen Mittel findest du in den beiden Gedichten? Stelle sie in einer Tabelle gegenüber.

die sprachlichen Mittel gegenüberstellen

9 In beiden Gedichten findest du viele Wiederholungen bzw. Parallelismen. Welche Wirkung erzeugen sie in dem jeweiligen Gedicht? Schreibe deine Eindrücke auf.

Nach der Analyse kannst du deine Ergebnisse in einem Gedichtvergleich zusammenfassen.

10 Schreibe einen Gedichtvergleich mithilfe der Arbeitstechnik.

den Gedichtvergleich schreiben

Arbeitstechnik

Einen Gedichtvergleich schreiben

- Untersuche die beiden Gedichte jeweils einzeln nach **Inhalt, Form und sprachlichen Besonderheiten**:
  Beschreibe dabei den ersten Leseeindruck, benenne das Thema und gib den Inhalt wieder.
  Untersuche die Form des Gedichtes (Strophe, Vers, Reim, Metrum).
  Untersuche die sprachlichen Mittel im Gedicht und ihre Wirkung.
- Fasse die **Gemeinsamkeiten und Unterschiede** in einer Tabelle zusammen.
- Schreibe den Gedichtvergleich:
  In der **Einleitung** benennst du das gemeinsame Thema.
  Im **Hauptteil** stellst du deine Ergebnisse dar und belegst sie mit Zitaten.
  Zum **Schluss** fasst du die Ergebnisse zusammen und deutest die Gedichte.

zitieren ➤ S. 226–227

Begegnungen in Kurzgeschichten

Eine nachbarschaftliche Begegnung

In diesem Kapitel lest und interpretiert ihr Kurzgeschichten, die von verschiedenen zwischenmenschlichen Begegnungen handeln.

Der Titel der ersten Kurzgeschichte heißt „Der Nachbar".

1 Was verbindet ihr mit diesem Titel? Fasst eure Assoziationen in einem Cluster zusammen.

einen Cluster erstellen

Cluster ➤ **S. 296**

Der Nachbar Franz Kafka

Mein Geschäft ruht ganz auf meinen Schultern. Zwei Fräulein mit Schreibmaschinen und Geschäftsbüchern im Vorzimmer, mein Zimmer mit Schreibtisch, Kasse, Beratungstisch, Klubsessel und Telefon, das ist mein ganzer Arbeitsapparat. So einfach zu überblicken, so leicht zu führen. Ich bin ganz jung und die Geschäfte rollen vor mir her. Ich klage nicht, ich klage nicht.

Seit Neujahr hat ein junger Mann die kleine, leer stehende Nebenwohnung, die ich ungeschickterweise so lange zu mieten gezögert habe, frischweg gemietet. Auch ein Zimmer mit Vorzimmer, außerdem aber noch eine Küche. – Zimmer und Vorzimmer hätte ich wohl brauchen können – meine zwei Fräulein fühlten sich schon manchmal überlastet –, aber wozu hätte mir die Küche gedient? Dieses kleinliche Bedenken war daran schuld, dass ich mir die Wohnung habe nehmen lassen. Nun sitzt dort dieser junge Mann. Harras heißt er. Was er dort eigentlich macht, weiß ich nicht. Auf der Tür steht: „Harras, Bureau". Ich habe Erkundigungen eingezogen, man hat mir mitgeteilt, es sei ein Geschäft ähnlich dem meinigen. Vor Kreditgewährung könne man nicht geradezu warnen, denn es handle sich doch um einen jungen, aufstrebenden Mann, dessen Sache vielleicht Zukunft habe, doch könne man zum Kredit nicht geradezu raten, denn gegenwärtig sei allem Anschein nach kein Vermögen vorhanden. Die übliche Auskunft, die man gibt, wenn man nichts weiß.

Manchmal treffe ich Harras auf der Treppe, er muss es immer außerordentlich eilig haben, er huscht förmlich an mir vorüber. Genau gesehen habe ich ihn noch gar nicht, den Büroschlüssel hat er schon vorbereitet in der Hand. Im Augenblick hat er die Tür geöffnet. Wie der Schwanz einer Ratte ist er hineingeglitten und

Franz Kafka (1883–1924), geboren in Prag, wurde als deutschsprachiger Schriftsteller erst nach seinem Tod international bekannt. Er studierte Jura und arbeitete als Versicherungsangestellter. Wichtige Werke sind „Das Urteil", „Der Prozess", „Die Verwandlung". Die Kurzgeschichte „Der Nachbar" schrieb Kafka 1917.

ich stehe wieder vor der Tafel „Harras, Bureau“, die ich schon viel öfter gelesen habe, als sie es verdient.

Die elend dünnen Wände, die den ehrlich tätigen Mann verraten, den Unehrlichen aber decken. Mein Telefon ist an der Zimmerwand angebracht, die mich von meinem Nachbar trennt. Doch hebe ich das bloß als besonders ironische Tatsache hervor. Selbst wenn es an der entgegengesetzten Wand hinge, würde man in der Nebenwohnung alles hören. Ich habe mir abgewöhnt, den Namen der Kunden beim Telefon zu nennen. Aber es gehört natürlich nicht viel Schlauheit dazu, aus charakteristischen, aber unvermeidlichen Wendungen des Gesprächs die Namen zu erraten. – Manchmal umtanze ich, die Hörmuschel am Ohr, von Unruhe gestachelt, auf den Fußspitzen den Apparat und kann es doch nicht verhüten, dass Geheimnisse preisgegeben werden.

Natürlich werden dadurch meine geschäftlichen Entscheidungen unsicher, meine Stimme zittrig. Was macht Harras, während ich telefoniere? Wollte ich sehr übertreiben – aber das muss man oft, um sich Klarheit zu verschaffen –, so könnte ich sagen: Harras braucht kein Telefon, er benutzt meines, er hat sein Kanapee an die Wand gerückt und horcht, ich dagegen muss, wenn geläutet wird, zum Telefon laufen, die Wünsche des Kunden entgegennehmen, schwerwiegende Entschlüsse fassen, großangelegte Überredungen ausführen – vor allem aber während des Ganzen unwillkürlich durch die Zimmerwand Harras Bericht erstatten.

Vielleicht wartet er gar nicht das Ende des Gespräches ab, sondern erhebt sich nach der Gesprächsstelle, die ihn über den Fall genügend aufgeklärt hat, huscht nach seiner Gewohnheit durch die Stadt und, ehe ich die Hörmuschel aufgehängt habe, ist er vielleicht schon daran, mir entgegenzuarbeiten.

2 Worum geht es in der Kurzgeschichte? Schreibt Stichworte auf und vergleicht sie mit euren Aufzeichnungen zu Aufgabe 1.

den ersten Leseeindruck mit den Assoziationen vergleichen

3 Was erfahrt ihr über den Ich-Erzähler und seine Situation? Untersucht die Kurzgeschichte mithilfe der Handlungsbausteine.

die Handlungsbausteine untersuchen

Handlungsbausteine ➤ **S. 294**
Ich-Erzähler ➤ **S. 291**

4 Untersucht, wie der Ich-Erzähler dargestellt wird.
- Welche Eindrücke hat der Ich-Erzähler vom neuen Nachbarn?
- Wie drückt er sie aus?
- Welche Rückschlüsse auf die Persönlichkeit des Ich-Erzählers könnt ihr aus seiner Darstellung des Nachbarn ziehen?

W Wählt aus den folgenden Aufgaben aus und stellt die Ergebnisse vor.

zur Kurzgeschichte arbeiten

produktives Schreiben ➤ **S. 82–84**

5 Verfasst einen Dialog, in dem sich der Nachbar vorstellt.

6 Schreibt eine Parallelgeschichte aus der Sicht des neuen Nachbars.

7 Stellt die Persönlichkeit des Ich-Erzählers in Standbildern dar.

Standbilder ➤ **S. 303**

Zwei unterschiedliche Lebenseinstellungen

In der Kurzgeschichte von Heinrich Böll treffen zwei Menschen mit unterschiedlichen Lebenseinstellungen aufeinander.

1 Was versteht ihr unter Arbeitsmoral? Sammelt Ideen dazu.

Ideen sammeln

Anekdote zur Senkung der Arbeitsmoral — Heinrich Böll

Heinrich Böll (1917–1985) ist einer der bedeutendsten Schriftsteller der Nachkriegszeit. Er schrieb Romane, Kurzgeschichten, Erzählungen, Hörspiele und Satiren. Zu den bekanntesten Romanen zählen „Ansichten eines Clowns" und „Die verlorene Ehre der Katharina Blum". Er engagierte sich politisch und forderte, dass die Literatur einem breiten Publikum zugänglich sein sollte. 1972 erhielt er den Nobelpreis für Literatur.

In einem Hafen an der westlichen Küste Europas liegt ein ärmlich gekleideter Mann in seinem Fischerboot und döst. Ein schick angezogener Tourist legt eben einen neuen Farbfilm in seinen Fotoapparat, um das idyllische Bild zu fotografieren: blauer Himmel, grüne See mit friedlichen, schneeweißen Wellenkämmen, schwarzes Boot, rote Fischermütze. Klick. Noch einmal: klick, und da aller guten Dinge drei sind und sicher sicher ist, ein drittes Mal: klick. Das spröde, fast feindselige Geräusch weckt den dösenden Fischer, der sich schläfrig aufrichtet, schläfrig nach seiner Zigarettenschachtel angelt, aber bevor er das Gesuchte gefunden, hat ihm der eifrige Tourist schon eine Schachtel vor die Nase gehalten, ihm die Zigarette nicht gerade in den Mund gesteckt, aber in die Hand gelegt, und viertes Klick, das des Feuerzeuges, schließt die eilfertige Höflichkeit ab. Durch jenes kaum messbare, nie nachweisbare Zuviel an flinker Höflichkeit ist eine gereizte Verlegenheit entstanden, die der Tourist – der Landessprache mächtig – durch ein Gespräch zu überbrücken versucht.

„Sie werden heute einen guten Fang machen."

Kopfschütteln des Fischers.

„Aber man hat mir gesagt, dass das Wetter günstig ist."

Kopfnicken des Fischers.

„Sie werden also nicht ausfahren?"

Kopfschütteln des Fischers, steigende Nervosität des Touristen. Gewiss liegt ihm das Wohl des ärmlich gekleideten Menschen am Herzen, nagt an ihm die Trauer über die verpasste Gelegenheit.

„Oh, Sie fühlen sich nicht wohl?"

Endlich geht der Fischer von der Zeichensprache zum wahrhaft gesprochenen Wort über. „Ich fühle mich großartig", sagt er. „Ich habe mich nie besser gefühlt." Er steht auf, reckt sich, als wolle er demonstrieren, wie athletisch er gebaut ist. „Ich fühle mich fantastisch."

Der Gesichtsausdruck des Touristen wird immer unglücklicher, er kann die Frage nicht mehr unterdrücken, die ihm sozusagen das Herz zu sprengen droht:

„Aber warum fahren Sie dann nicht aus?"

Die Antwort kommt prompt und knapp: „Weil ich heute Morgen schon ausgefahren bin."

„War der Fang gut?"

„Er war so gut, dass ich nicht noch einmal auszufahren brauche, ich habe vier Hummer in meinen Körben gehabt, fast zwei Dutzend Makrelen gefangen ..."

Der Fischer, endlich erwacht, taut jetzt auf und klopft dem Touristen beruhigend auf die Schulter. Dessen besorgter Gesichtsausdruck erscheint ihm als ein Ausdruck zwar unangebrachter, doch rührender Kümmernis.

„Ich habe sogar für morgen und übermorgen genug", sagt er, um des Fremden Seele zu erleichtern. „Rauchen Sie eine von meinen?"

„Ja, danke."

Zigaretten werden in Münder gesteckt, ein fünftes Klick, der Fremde setzt sich kopfschüttelnd auf den Bootsrand, legt die Kamera aus der Hand, denn er braucht jetzt beide Hände, um seiner Rede Nachdruck zu verleihen.

„Ich will mich ja nicht in Ihre persönlichen Angelegenheiten mischen", sagt er, „aber stellen Sie sich mal vor, Sie führen heute ein zweites, ein drittes, vielleicht sogar ein viertes Mal aus und Sie würden drei, vier, fünf, vielleicht gar zehn Dutzend Makrelen fangen ... stellen Sie sich das mal vor."

Der Fischer nickt.

„Sie würden", fährt der Tourist fort, „nicht nur heute, sondern morgen, übermorgen, ja, an jedem günstigen Tag zwei-, dreimal, vielleicht viermal ausfahren – wissen Sie, was geschehen würde?"

Der Fischer schüttelt den Kopf.

„Sie würden sich in spätestens einem Jahr einen Motor kaufen können, in zwei Jahren ein zweites Boot, in drei oder vier Jahren könnten Sie vielleicht einen kleinen Kutter haben, mit zwei Booten oder dem Kutter würden Sie natürlich viel mehr fangen – eines Tages würden Sie zwei Kutter haben, Sie würden ...", die Begeisterung verschlägt ihm für ein paar Augenblicke die Stimme, „Sie würden ein kleines Kühlhaus bauen, vielleicht eine Räucherei, später eine Marinadenfabrik, mit einem eigenen Hubschrauber rundfliegen, die Fischschwärme ausmachen und Ihren Kutter per Funk Anweisungen geben. Sie könnten die Lachsrechte erwerben, ein Fischrestaurant eröffnen, den Hummer ohne Zwischenhändler direkt nach Paris exportieren – und dann ..." wieder verschlägt die Begeisterung dem Fremden die Sprache. Kopfschüttelnd, im tiefsten Herzen betrübt, seiner Urlaubsfreude schon fast verlustig, blickt er auf die friedlich hereinrollende Flut, in der die ungefangenen Fische munter springen.

„Und dann", sagt er, aber wieder verschlägt ihm die Erregung die Sprache.

Der Fischer klopft ihm auf den Rücken, wie einem Kind, das sich verschluckt hat.

„Was dann?", fragt er leise.

„Dann", sagt der Fremde mit stiller Begeisterung, „dann könnten Sie beruhigt hier im Hafen sitzen, in der Sonne dösen – und auf das herrliche Meer blicken."

„Aber das tu ich ja schon jetzt", sagt der Fischer, „ich sitze beruhigt am Hafen und döse, nur Ihr Klicken hat mich dabei gestört."

Tatsächlich zog der solcherlei belehrte Tourist nachdenklich von dannen, denn früher hatte er auch einmal geglaubt, er arbeite, um eines Tages einmal nicht mehr arbeiten zu müssen, und es blieb keine Spur von Mitleid mit dem ärmlich gekleideten Fischer in ihm zurück, nur ein wenig Neid.

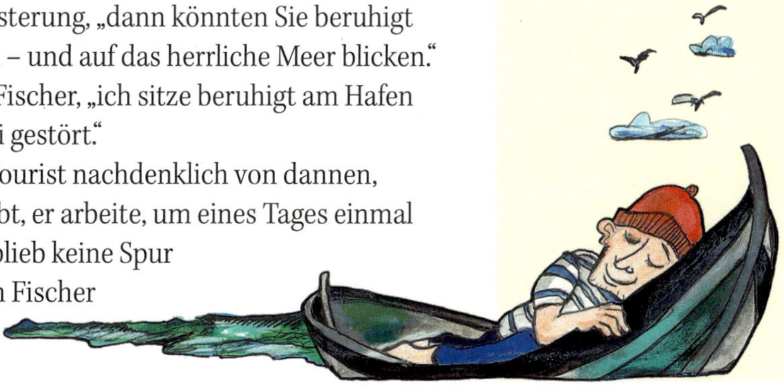

2 Im Tandem!
Tauscht euch über eure Leseeindrücke aus.

Leseeindrücke austauschen

3 Wie werden die beiden Hauptfiguren beschrieben?
a. Stellt sie in einer Tabelle gegenüber.
b. Belegt eure Aussagen mit Zitaten aus der Kurzgeschichte.

die beiden Hauptfiguren untersuchen

zitieren ➤ **S. 226–227**

4 Welche Einstellungen vertreten die beiden Hauptfiguren?
a. Erarbeitet, welche Einstellungen der Tourist vertritt. Sammelt Textstellen und schreibt Stichworte auf.
b. Notiert, warum der Fischer den Ratschlägen des Touristen nicht folgt.

5 Erläutert, warum der Tourist den Fischer am Schluss beneidet.

Die Kurzgeschichte erschien am 1. Mai 1963 zum „Tag der Arbeit".

6 Besprecht, welche Botschaft die Kurzgeschichte enthalten könnte.

die Kurzgeschichte interpretieren

7 Was bedeuten Fortschritt und Reichtum für euch?
a. Notiert eure Vorstellungen zu diesen beiden Begriffen in zwei Clustern.
b. Diskutiert eure Vorstellungen.

diskutieren

Cluster ➤ **S. 296**

Z **8** Untersuche die verwendeten sprachlichen Mittel.
a. Unterteile die Kurzgeschichte in einzelne Abschnitte.
b. Vergleiche das Sprachverhalten der beiden Hauptfiguren. Was wird darin deutlich?

die sprachlichen Mittel untersuchen

Z **9** Schreibe einen Kommentar zu dieser Kurzgeschichte, in dem du begründet Stellung zu einer möglichen Aussage der Geschichte nimmst.

einen Kommentar schreiben

W **Wähle eine der folgenden Aufgaben aus und präsentiere das Ergebnis.**

sich produktiv mit der Kurzgeschichte auseinandersetzen

10 Verfasse einen Tagebucheintrag aus der Perspektive einer der beiden Figuren, in dem du diese Begegnung reflektierst und kommentierst.

11 Erörtere die Fragestellung: Lebt der Mensch, um zu arbeiten, oder arbeitet er, um zu leben?

Argumentation ➤ **S. 298**

12 Gruppenarbeit!
Gestaltet die Kurzgeschichte als Spielszene.
Schreibt ein Drehbuch und spielt eure Szene in der Klasse vor.

szenisches Spiel ➤ **S. 303**

Eine Begegnung im Bus

Die Kurzgeschichte von Bekir Sıtkı Kunt trägt den Titel „Moderne Alte".

1 a. Erklärt, was ihr unter „modern" versteht.
b. Schreibt auf, worum es in der Kurzgeschichte gehen könnte.

den Titel untersuchen

Moderne Alte   Bekir Sıtkı Kunt

Bekir Sıtkı Kunt (1905–1959) war ein türkischer Schriftsteller. Er arbeitete als Richter und schrieb Kurzgeschichten, die türkische Alltagssituationen erzählen.

Er stand an der Haltestelle am Kızılay[1] und wartete auf den Bus. Er wollte hinunter zum Ulus fahren und im Finanzministerium eine Auskunft einholen. Die Gelegenheit wollte er gleich nutzen, um anschließend noch in ein paar Geschäften vorbeizuschauen und einige Einkäufe zu erledigen.

Doch was war das Warten für eine Quälerei! An der Haltestelle hatte sich eine schier endlose Schlange gebildet. Eine lange Schlange aus Männern und Frauen, die Mäntel, Jacken und andere Kleidungsstücke in den unterschiedlichsten Farben trugen. Er selbst stand etwa in der Mitte der Schlange. Ach, käme doch von oben einmal ein nur halb voller Bus, dann stünden die Chancen gut, dass man würde einsteigen können! Aber nein, die Busse, die kamen, waren immer brechend voll. Manche hielten erst gar nicht. Und wenn doch mal einer stoppte, konnte er höchstens noch zwei bis drei Personen aufnehmen. Jedes Mal, wenn einer einstieg, setzte sich die Schlange in Bewegung, die Wartenden machten ein, zwei Schritte vorwärts und erhöhten so ihre Chance, selbst einzusteigen, um eben diese Schritte. War ein voller Bus vorbeigefahren, drehten alle ihre Köpfe und schauten so weit wie möglich den Boulevard hinab bis an die Stelle, wo er auf die Meşrutiyet-Straße traf, um zu sehen, ob dem einen Bus nicht ein anderer folgte. War dort tatsächlich einer zu sehen, schöpften sie gleich wieder neue Hoffnung.

Doch oftmals wurden die letzten freien Plätze in diesen Bussen wenn nicht von den an der Meşrutiyet-Straße wartenden Fahrgästen, so doch spätestens von den an der Haltestelle Yüksel zugestiegenen besetzt. War dies der Fall, dann machte sich unter den Leuten in der Schlange Hoffnungslosigkeit breit.

Außer den aus Çankaya über Kavaklıdere und Bakanlıklar kommenden Bussen hielten am Kızılay auch solche aus Maltepe[2]. Die Busse aus Maltepe wurden gemeinhin als ein Geschenk des Himmels oder zumindest als eine freudige Überraschung angesehen. Meist stieg nämlich ein Teil der Fahrgäste aus Maltepe in Kızılay aus und machte so Platz für neue Passagiere.

Sobald also auf der Straße zwischen dem Emniyet- und dem Kızılay-Park ein Bus gesichtet wurde, der aus Maltepe kam, ging in der Warteschlange

[1] Kızılay: ein Platz in der Südstadt Ankaras, Hauptstadt der Türkei
[2] Çankaya, Kavaklıdere, Bakanlıklar, Maltepe: Stadtteile Ankaras

immer ein Fußgetrappel los, als habe jemand das Kommando „Rührt euch!“ gegeben.

Auch diesmal war es so. Der riesige, granatapfelblütenfarbene Schweizer Bus, der fast leer eintraf und aus dem sogar noch einige Fahrgäste ausstiegen, nahm mehr als die Hälfte der Wartenden auf und fuhr weiter in Richtung Gesundheitsministerium.

Auch er hatte es geschafft einzusteigen. Ja, er hatte sogar einen Sitzplatz ergattern können. Welch ein Glück!

Ja, es war wirklich ein Glück! Ihnen erscheint das vielleicht nicht so bedeutsam. Dennoch, es bleibt dabei: Dies war ein wirklicher Glücksfall. Stellen Sie sich einmal vor: Es ist Winter, und Sie warten, vor Kälte bibbernd, fast eine halbe Stunde lang an einer Haltestelle, an der Sie Schnee, Regen und schneidend kaltem Wind ausgesetzt sind. Und wenn Sommer ist – man kennt ja Ankaras Hitze –, werden Sie eben langsam geröstet. Wenn Sie nun also kurz davor sind, zu erfrieren oder aber einen Hitzschlag zu bekommen, kommt der lebensrettende Omnibus und bietet Ihnen in seinem Innern Schutz. Und dabei zwingt er Ihnen nicht einmal die unerquickliche Rolle eines Stehenden auf, der so eingezwängt ist, dass er nicht einmal beide Füße gleichzeitig auf den Boden bekommt, der seinen Körper krümmt wie auf einem Folterinstrument und sich mit den Händen an einem der Haltegriffe festklammert.

Nein, nichts von alledem: Sie werden dazu auserkoren, in einem bequemen, angenehm weichen Ledersessel Platz zu nehmen, wo Sie sicher davor sind, erdrückt zu werden! Also, wenn das kein Glück ist. [...]

Von seinem bequemen Sitz aus sah er sich um. Wie viele Menschen sich doch in diesem Bus befanden, und wie verschieden sie waren! Frauen in Pelzmänteln, stattliche Herren, Geschäftsmänner, die nicht wussten, wo, wie und mit welcher Hand sie ihre Aktentaschen halten sollten, Familien mit Kind und Kegel, Alte, Junge, kurz: von allem etwas.

Nach einer Weile fiel sein Blick auf zwei junge Mädchen, die direkt vor ihm saßen. Die eine mochte fünfzehn, die andere vielleicht zwei Jahre älter sein. Das Haar der Jüngeren war zum Zopf geflochten. Sie trug einen grauen Mantel mit einem braunen Kragen aus Samt. Die kastanienbraunen Haare der Älteren bedeckte ein rötlich grüner Wollschal. Und wie wunderbar sich ihr blassgrüner Mantel an ihren schlanken, wohl geformten Körper schmiegte! Sein Blick wollte sich gar nicht mehr von den beiden Mädchen lösen. Es gefiel ihm, sie eingehend zu mustern. Sicherlich waren die beiden Schwestern oder Freundinnen, denn sie tuschelten miteinander. Worüber sie sprachen, war nicht zu verstehen. Zwischendurch kicherten sie immer wieder. Wenn sie sich einander zuwandten und sich anblickten, sah man ihre Gesichter. Schöne Mädchen mit gesunden, rosigen Wangen. Da bemerkte er plötzlich neben den Mädchen eine alte Frau. Die Frau stand. Doch wie sie dastand! Sie sah aus, als würde ihr die Enge arg zu schaffen machen. An dem gequälten Ausdruck auf ihrem müden, eingefallenen, blassen Gesicht war leicht zu erkennen, dass sie Schmerzen haben musste.

Sie trug einen schwarzen Mantel und ein gemustertes Seidentuch auf dem Kopf, das unter dem Kinn verknotet war. Vor ihr stand ein dicker Mann, der jedes Mal, wenn es einen Ruck gab, an sie gedrückt wurde. Hinter ihr war eben noch der Kopf eines Mädchens mit roter Haarschleife zu sehen. Die alte Frau, die bestimmt über sechzig war, hatte nicht die Kraft, den Arm zu heben und sich oben an der Stange festzuhalten, und so klammerte sie sich an die Lehne der Sitzbank, auf der die beiden Mädchen saßen. Die Gleichgültigkeit aber, mit der die Sitzenden dem Zustand der alten Frau begegneten, sprach jeglicher Menschlichkeit Hohn.

Der Mann, der eben noch so verzückt die beiden Mädchen beobachtet hatte, verspürte nun angesichts dieses Anblicks großen Schmerz. Wie war es möglich, dass diese beiden Mädchen nicht einmal bemerkten, welche Tragödie sich da in ihrer unmittelbaren Nähe abspielte, dass sie den hilflosen, stumm um einen Sitzplatz flehenden Blick der alten Frau nicht gewahrten? Er fühlte, wie er innerlich revoltierte. Auch er selbst war nicht mehr jung zu nennen, und noch dazu verspürte er große Müdigkeit in seinem Körper und seinen Beinen. Trotz alldem ergriff der unbezwingbare Wunsch von ihm Besitz, dieser Frau unter Aufopferung seiner eigenen Bequemlichkeit zu helfen, und so sprang er auf und machte ihr ein Zeichen, sich zu setzen. Doch das Mädchen mit der roten Schleife, von dem man hinter der alten Frau nur den Kopf gesehen hatte, reagierte schneller und versuchte sofort den Platz zu besetzen. Er aber hielt es zurück und schaffte es mit viel Mühe, der Alten einen Weg zu bahnen, der durch das Gewirr aus Mänteln, Händen, Armen und Beinen hindurchführte, sodass sie sich schließlich setzen konnte.

Die alte Frau blickte ihn dankbar an. Aus ihrem Gesicht war jedes Anzeichen tiefen Schmerzes gewichen. Auch ihre Wangen wirkten nicht mehr so eingefallen wie zuvor. Mit Verwunderung bemerkte er jetzt, dass sie ein leichtes Rouge aufgelegt hatte, dass ihre Augenbrauen sorgfältig gezupft und ihre Lippen dezent geschminkt waren. Aber er machte sich weiter keine Gedanken darüber. Sollte die Alte doch ruhig eitel sein!

Jetzt, wo er stand, spürte er zwischen seinen Beinen den Kopf des Kindes mit der roten Haarschleife, während er gleichzeitig versuchte, mit der Brust die ständigen Stöße des Dicken abzuwehren, die bei jedem Ruckeln des Omnibusses stärker wurden. Doch innerlich verspürte er Genugtuung wegen seiner guten Tat. Der Gedanke, dass er durch sein Handeln den beiden jungen Mädchen eine Lektion in Moral und Menschlichkeit erteilt habe, behagte ihm.

Während sich der Bus der Ausstellungshalle näherte, bemerkte er mit Erstaunen, dass die alte Frau ihren Kopf nach vorne gestreckt und mit eben diesen Mädchen zu sprechen begonnen hatte. Die beiden Mädchen, die sich bis dahin nicht um die Alte geschert hatten, lachten und scherzten nun mit ihr, als wären sie alte Bekannte. Als er kurz darauf hörte, wie eines der Mädchen die alte Frau mit „Oma" anredete, stieg plötzlich Wut in ihm empor.

Er überlegte, was das zu bedeuten habe, und schnell hatte er durchschaut, nach welchem Plan die Gegenseite vorgegangen war. Sie hatten sich offensichtlich ausgerechnet, dass sich schon einer finden würde, der ihrer Großmutter, die ihre Rolle als müde und erschöpfte Alte so überzeugend spielen konnte, seinen Platz überließe. Als sie in den Bus gestiegen waren, hatten sich die Mädchen deshalb sofort auf zwei freie Plätze gesetzt und das Alter ihrer Großmutter als Köder benutzt, der ihnen zu einem dritten Platz verhelfen sollte.
Gut, so waren die Mädchen heutzutage eben. Aber dass die Alte bei diesem perfiden Plan mit den beiden unter einer Decke gesteckt hatte, das konnte er kaum glauben. Was war nur aus dieser Welt geworden! Als sie am Ulus hielten, sah er, wie sich die beiden Mädchen bei ihrer Großmutter unterhakten, die eine links, die andere rechts, und wie sie gut gelaunt und beschwingten Schrittes davongingen. Er sah ihnen noch eine Weile nach, bis sie im Eingang eines Kinos verschwanden, in dem ein Musicalfilm lief.

2 Im Tandem!
Wie gefällt euch diese Kurzgeschichte? Stellt euch gegenseitig eure Leseeindrücke vor und und tauscht euch darüber aus.

sich zu den Leseeindrücken austauschen

3 Wie ist die Kurzgeschichte inhaltlich aufgebaut?
a. Teilt die Kurzgeschichte in einzelne Abschnitte ein.
b. Findet Zwischenüberschriften für die Abschnitte.

den inhaltlichen Aufbau untersuchen

Die Kurzgeschichte beschreibt die chaotischen Verkehrsverhältnisse und die überfüllten Busse in der Hauptstadt Ankara Ende der 1940er Jahre.

4 „Die Geschichte könnte überall auf der Welt stattfinden."
Was denkt ihr darüber? Begründet eure Meinung und führt Beispiele dazu an.

die eigene Meinung begründen

Die Erzählperspektive beeinflusst die Wirkung dieser Kurzgeschichte.

5 Aus welcher Perspektive wird das Geschehen erzählt?
a. Was erfahrt ihr über den Erzähler? Schreibt Zitate heraus, die den Erzähler beschreiben.
b. Bestimmt die Erzählperspektive.

die Erzählperspektive untersuchen
Erzähler ➤ S. 291
zitieren ➤ S. 226–227

Z **6** Was bewirkt die Erzählperspektive?
a. Schreibe den Abschnitt in Z. 88–103 so um, dass der Erzähler das Geschehen in der Ich-Form darstellt.
b. Vergleiche beide Erzählperspektiven. Was fällt dir auf?

Die Empfindungen des Erzählers spielen in der Kurzgeschichte eine wichtige Rolle.

7 Erstellt eine Tabelle, in der ihr aufführt, welche Ereignisse seine Empfindungen jeweils auslösen.

Starthilfe

Ereignisse	Empfindungen des Erzählers
- Warten auf den Bus - Einstieg, bekommt einen Sitzplatz - ...	- Quälerei - ...

In den Zeilen 114–115 äußert der Erzähler:
„Der Gedanke, dass er durch sein Handeln den beiden jungen Mädchen eine Lektion in Moral und Menschlichkeit erteilt habe, behagte ihm."

8 Erläutert aus dem Textzusammenhang, warum der Erzähler der Meinung ist, er habe eine Lektion in Moral und Menschlichkeit erteilt.

die Kurzgeschichte interpretieren

9 Besprecht, warum der Erzähler am Ende von dem Verhalten der drei Frauen schockiert ist und wütend wird.

Z **10** Welche Vorstellung hast du von dem Erzähler? Schreibe eine Figurencharakteristik des Erzählers.

eine Figurencharakteristik schreiben

Figurencharakteristik ➤ **S. 298**

Der Titel einer Kurzgeschichte hat eine besondere Bedeutung.

11 Zieht eure ersten Aufzeichnungen zu Aufgabe 1 (Seite 145) heran und überlegt erneut, warum die Kurzgeschichte „Moderne Alte" heißt.

den Titel in die Interpretation einbeziehen

W **Wählt aus den folgenden Aufgaben aus und präsentiert eure Ergebnisse.**

sich produktiv mit der Kurzgeschichte auseinandersetzen

12 Schreibe einen anderen Schluss für die Geschichte, berücksichtige dabei, dass der Mann die drei Frauen zur Rede stellt.

13 „Jeden Tag eine gute Tat" lautet ein altes Sprichwort. Sammelt Gründe dafür, sich heute noch danach zu richten.

diskutieren ➤ **S. 300**

Starthilfe

Gründe für gute Taten
- anderen ein Vorbild sein
- ...

14 Gruppenarbeit! Setzt die Kurzgeschichte „Moderne Alte" szenisch um.

szenisches Spiel ➤ **S. 303**

Z **15** Erzähle die Kurzgeschichte aus der Sicht einer anderen Figur oder eines auktorialen Erzählers.

Erzähler ➤ **S. 291**

Eine Kurzgeschichte interpretieren

Die Kurzgeschichte untersuchen

Beim Schreiben einer Interpretation zu einer Kurzgeschichte gehst du schrittweise vor.

Die folgende Kurzgeschichte von Kurt Marti erschien 1960.

1 Lies die Kurzgeschichte mithilfe des Textknackers und schreibe Fragen dazu auf.

die Kurzgeschichte mit dem Textknacker lesen

Textknacker ➤ **S. 294**

Neapel sehen   Kurt Marti

Er hatte eine Bretterwand gebaut. Die Bretterwand entfernte die Fabrik aus seinem häuslichen Blickkreis. Er hasste die Fabrik. Er hasste die Maschine, an der er arbeitete. Er hasste das Tempo der Maschine, das er selber beschleunigte. Er hasste die Hetze nach Akkordprämien[1], durch welche er es zu einigem Wohlstand, zu Haus und Gärtchen gebracht hatte.
Er hasste seine Frau, sooft sie ihm sagte, heut Nacht hast du wieder gezuckt. Er hasste sie, bis sie es nicht mehr erwähnte. Aber die Hände zuckten weiter im Schlaf, zuckten im schnellen Stakkato[2] der Arbeit. Er hasste den Arzt, der ihm sagte, Sie müssen sich schonen, Akkord ist nichts mehr für Sie. Er hasste den Meister, der ihm sagte, ich gebe dir eine andere Arbeit, Akkord ist nichts mehr für dich. Er hasste so viele verlogene Rücksicht, er wollte kein Greis sein, er wollte keinen kleineren Zahltag, denn immer war das die Hinterseite von so viel Rücksicht, ein kleinerer Zahltag. Dann wurde er krank, nach vierzig Jahren Arbeit und Hass zum ersten Mal krank. Er lag im Bett und blickte zum Fenster hinaus. Er sah sein Gärtchen. Er sah den Abschluss des Gärtchens, die Bretterwand. Weiter sah er nicht. Die Fabrik sah er nicht, nur den Frühling im Gärtchen und eine Wand aus gebeizten Brettern. Bald kannst du wieder hinaus, sagte die Frau, es steht alles in Blust[3]. Er glaubte ihr nicht. Geduld, nur Geduld, sagte der Arzt, das kommt schon wieder. Er glaubte ihm nicht.

Kurt Marti (geb. 1921) ist ein Schweizer Schriftsteller. Er schrieb einen Roman und Gedichte. In seinen Kurzgeschichten, Erzählungen und theologischen Texten verarbeitete er seine Erfahrungen und Erkenntnisse als Pfarrer.

[1] der Akkord: Die Arbeitsleistung wird nach einer erbrachten Stückzahl pro Zeiteinheit berechnet.
[2] das Stakkato: abgehackter Takt oder Rhythmus
[3] in Blust (süddeutsch): in Blüte

Es ist ein Elend, sagte er nach drei Wochen zu seiner Frau, ich sehe immer das Gärtchen, sonst nichts, das ist mir zu langweilig, immer dasselbe Gärtchen, nehmt einmal zwei Bretter aus dieser verdammten Wand, damit ich was anderes sehe. Die Frau erschrak. Sie lief zum Nachbarn. Der Nachbar kam und löste zwei Bretter aus der Wand. Der Kranke sah durch die Lücke hindurch, sah einen Teil der Fabrik. Nach einer Woche beklagte er sich, ich sehe immer das gleiche Stück Fabrik, das lenkt mich zu wenig ab. Der Nachbar kam und legte die Bretterwand zur Hälfte nieder. Zärtlich ruhte der Blick des Kranken auf seiner Fabrik, verfolgte das Spiel des Rauches über dem Schlot, das Ein und Aus der Autos im Hof, das Ein des Menschenstromes am Morgen, das Aus am Abend. Nach vierzehn Tagen befahl er, die stehengebliebene Hälfte der Wand zu entfernen. Ich sehe unsere Büros nie und auch die Kantine nicht, beklagte er sich. Der Nachbar kam und tat, wie er wünschte. Als er die Büros sah, die Kantine und so das gesamte Fabrikareal, entspannte ein Lächeln die Züge des Kranken. Er starb nach einigen Tagen.

2 **a.** Schreibe deinen ersten Eindruck von der Kurzgeschichte auf.
b. Formuliere mögliche Antworten zu deinen Fragen aus Aufgabe 1.

den ersten Leseeindruck aufschreiben

Nach dem genauen Lesen kannst du erste Informationen notieren.

3 Fasse die Angaben zum Autor, zum Titel, zur Textsorte und zum Thema des Textes zusammen.

genau lesen

Starthilfe
Die Kurzgeschichte „Neapel sehen“ schrieb ...
Die Kurzgeschichte gibt den Lesern einen Einblick in die Gedanken und Wahrnehmungen eines ...

Das genaue Lesen der Kurzgeschichte und das Herausarbeiten der Handlungsbausteine helfen dir, den Inhalt zu verstehen.

4 Was erfährst du über die Hauptfigur?
a. Zitiere passende Textstellen.
b. Charakterisiere die Hauptfigur.

Starthilfe
„Er hasste die Fabrik. Er ...“ (Z. 2–...)

die Handlungsbausteine untersuchen

Handlungsbausteine ➤ S. 294
zitieren ➤ S. 226–227
Figurencharakteristik ➤ S. 298

Z **5** Erläutere, warum die Figuren in der Kurzgeschichte keine Namen haben.

Allmählich ändert die Hauptfigur ihre Einstellung.

6 Untersuche den Wendepunkt der Kurzgeschichte:
- An welcher Stelle nimmt die Geschichte eine unerwartete Wendung?
- Wie erklärst du dir den Sinneswandel der Hauptfigur?

den Wendepunkt untersuchen

Der Autor verwendet bestimmte sprachliche Mittel, um die inhaltliche Aussage zu unterstützen.

7 Welche sprachlichen Mittel werden verwendet?
a. Untersuche die sprachlichen Mittel im ersten Teil (Z. 1–16).
Tipp: Achte auf den Satzbau und Wiederholungen.
b. Erkläre die Wirkung der verwendeten Mittel.
c. Vergleiche die sprachlichen Mittel im ersten und im zweiten Teil. Was fällt dir auf?

die sprachlichen Mittel untersuchen

Der Titel verrät einiges über die Zeit, in der die Kurzgeschichte geschrieben wurde.

Info

Der Ausdruck „Einmal Neapel sehen und sterben" stammt aus dem Italienischen (Vedi Napoli e poi muori) und wurde in den 1960er und 1970er Jahren im deutschsprachigen Raum häufig benutzt. Für viele Menschen war es damals ein Traum, die Stadt Neapel zu sehen.
Bereits Goethe beschrieb mit dieser Redewendung die Sehnsucht nach der italienischen Küstenstadt.

8 Lies die Informationen in der Randspalte.
Erläutere, warum der Autor diesen Titel gewählt hat.

In der Kurzgeschichte von Kurt Marti sind typische Merkmale dieser Textsorte aufzufinden.

9 Welche Merkmale entdeckst du in dieser Kurzgeschichte?
Belege deine Antwort durch entsprechende Textstellen.

die Merkmale der Kurzgeschichte untersuchen

Kurzgeschichte ➤ S. 291

Eine Interpretation planen, schreiben, überarbeiten

Du hast die Kurzgeschichte untersucht. Deine Ergebnisse kannst du in einer Interpretation zusammenfassen.

1 Schreibe eine Einleitung.

die Einleitung schreiben

Im Hauptteil legst du deine Ergebnisse der Texterschließung dar. Belege deine Erkenntnisse durch Zitate.

2 Schreibe den Hauptteil. Nutze dazu die Arbeitstechnik.

den Hauptteil schreiben

Im Schlussteil fasst du die Ergebnisse deiner Textanalyse zusammen und bewertest die Kurzgeschichte.

3 Fasse die Ergebnisse deiner Untersuchung kurz zusammen.

den Schluss schreiben

4 Bewerte deine Ergebnisse und die Aussage der Kurzgeschichte. Du kannst aus den folgenden Formulierungen auswählen und sie ergänzen.

> Die Gefühle und die Handlungsweise der Hauptfigur können vom Leser nachvollzogen werden/nicht nachvollzogen werden, da ...
>
> Die Anspielung des Titels auf den Ausdruck „Neapel sehen und sterben“ verdeutlicht, dass die Hauptfigur ...
>
> Die Aussage der Kurzgeschichte ist heute noch/heute nicht mehr bedeutsam, denn ...

5 **a.** Formuliere mithilfe der Arbeitstechnik Checkfragen.
b. Überprüfe und überarbeite deine Interpretation mit den Checkfragen.

die Interpretation überprüfen und überarbeiten

Arbeitstechnik

Die Interpretation einer Kurzgeschichte schreiben

Mit einer **Interpretation** weist du nach, dass du die Kurzgeschichte verstanden hast. Wichtig ist, dass du deine **Deutung am Text belegen** kannst. Du schreibst im **Präsens** und stellst die Handlung in der richtigen **zeitlichen Reihenfolge** dar. Gib nur die **wichtigsten Informationen** wieder. Eine Interpretation besteht aus einer **Einleitung**, einem **Hauptteil** und einem **Schlussteil**.

1. In der **Einleitung** nennst du den **Titel**, **die Autorin/den Autor**, die **Textsorte** und **fasst** den **Inhalt** knapp **zusammen**.
2. Im **Hauptteil analysierst** du die Kurzgeschichte **inhaltlich** und **sprachlich**. Belege deine Ergebnisse mit Zitaten.
   - Fasse die Handlung zusammen. Die Handlungsbausteine helfen dir dabei.
   - Charakterisiere die Hauptfigur.
   - Erkläre die Merkmale einer Kurzgeschichte am Text.
   - Erkläre sprachliche Besonderheiten und ihre Bedeutung.
3. Im **Schlussteil fasst** du deine Ergebnisse **zusammen**. Du **bewertest** sie und die Aussage der Kurzgeschichte.

zitieren ➤ S. 226–227

Die Liebe in Romanen

Eine Liebe in einem E-Mail-Roman

Der Roman ist unter den literarischen Gattungen die vielseitigste und umfangreichste. Er bietet unterschiedliche Möglichkeiten und Formen, sich einem Thema zu nähern. In diesem Kapitel lernt ihr vier Romane kennen. Die Textauszüge daraus erzählen von Begegnungen zwischen zwei Menschen, die sich zueinander hingezogen fühlen.

In dem Roman „Gut gegen Nordwind“ von Daniel Glattauer haben sich zwei Menschen durch eine falsch adressierte E-Mail kennen gelernt. Seitdem schreiben sie sich regelmäßig E-Mails, ohne sich jemals wirklich begegnet zu sein.

Gut gegen Nordwind   Daniel Glattauer

Betreff: Guten Morgen
Guten Morgen, Leo.

Drei Minuten später
AW:
Guten Morgen, Emmi.

20 Minuten später
RE:
Ich fliege heute Abend für zwei Wochen nach Portugal: Badeurlaub mit den Kindern. Leo, sind Sie noch da, wenn ich zurückkomme? Ich muss das wissen. Mit „da“ meine ich ..., was meine ich eigentlich? Ich meine: einfach da. Sie verstehen schon, was ich meine. Ich habe Angst, dass Sie mir verloren gehen. Von mir aus Bremse. Von mir aus Stillstand. Von mir aus stumme, leere Worte. Aber stumme, leere Worte MIT Ihnen, nicht ohne Sie!

18 Minuten später
AW: Ja, liebe Emmi, ich werde zwar nicht auf Sie warten. Aber ich werde da sein, wenn Sie zurückkommen. Ich bin immer da für Sie, auch bei Stillstand. Wir werden sehen, wie es uns nach diesen vierzehn Tagen „Pause“ gehen wird. Vielleicht tut sie uns gut. Ich finde, wir haben uns in den letzten Tagen schon recht schön darauf eingeschrieben. Alles Liebe, Leo. [...]

Daniel Glattauer (geb. 1960) ist ein österreichischer Schriftsteller. Ihm gelang mit dem Roman „Gut gegen Nordwind“ (2006) ein Bestseller, der ihn als Schriftsteller bekannt machte. Der Roman wurde in andere Sprachen übersetzt und als Hörspiel, Hörbuch und Theaterstück produziert. 2009 erschien die Fortsetzung der Geschichte in Romanform.

Acht Tage später

Kein Betreff

Hallo Leo, ich bin in einem Internetcafé in Porto. Ich schreibe nur schnell, damit Ihr Herz nicht stehen bleibt vor lauter „Nicht-Klopfen“. Uns geht es gut: Der Kleine hat seit Urlaubsbeginn Durchfall, die Große hat sich in einen portugiesischen Surflehrer verliebt. Nur noch sechs Tage! Ich freu mich auf Sie! (PS: Nichts mit Marlene anfangen!)

Sechs Tage später

Betreff: Hallo!

Lieber Leo, da bin ich wieder. Wie war die „Pause“? Was gibt es Neues? Sie haben mir gefehlt! Sie haben mir nicht geschrieben. Warum nicht? Ich habe Angst vor Ihrer ersten E-Mail. Noch größere Angst habe ich, dass Sie mich darauf warten lassen. Frage: Wie tun wir weiter?

15 Minuten später

AW:

Emmi, Sie brauchen keine Angst vor meiner ersten E-Mail zu haben. Hier ist sie, und sie ist ganz harmlos.

1.) Neues gibt es - nichts.

2.) Die Pause war - lang.

3.) Geschrieben habe ich Ihnen nicht, weil - Pause war.

4.) Gefehlt haben Sie mir - auch! (Vermutlich mehr als ich Ihnen. Sie hatten wenigstens eine sechzehnjährige Tochter gegen einen portugiesischen Surflehrer zu verteidigen. Wie ist die Geschichte ausgegangen?)

5.) Wie wir weiter tun? - Da gibt es exakt drei Möglichkeiten: Weiter wie bisher. Aufhören. Treffen.

Zwei Minuten später

RE:

Zu 4.) Fiona wird nach Portugal auswandern und den Surflehrer heiraten. Sie ist nur noch einmal rasch mit uns heimgeflogen, um ihre Sachen zu packen. Glaubt sie.

Zu 5.) Ich bin für - treffen!

Drei Minuten später

AW:

Letzte Nacht habe ich intensiv von Ihnen geträumt, Emmi.

Zwei Minuten später

RE:

Tatsächlich? Das ist mir auch schon passiert. Ich meine, dass ich intensiv von Ihnen geträumt habe. Was verstehen Sie eigentlich unter „intensiv“? War der Traum nur irgendwie intensiv oder wenigstens auch erotisch?

35 Sekunden später

AW:

Ja, hocherotisch!

45 Sekunden
RE:
Ehrlich? Das passt ja gar nicht zu Ihnen.

Eine Minute später
AW:
Mich hat es auch gewundert.

30 Sekunden später
RE:
Und??? Details bitte! Was haben wir getan? Wie habe ich ausgesehen? Wie war mein Gesicht?

Eine Minute später
AW:
Vom Gesicht habe ich nicht viel mitbekommen. [...]

1 Notiere in Stichworten, was du über die beiden Hauptfiguren erfährst.

die Hauptfiguren untersuchen

2 Beschreibe das Verhältnis der beiden Personen zueinander und belege deine Aussagen mit passenden Textstellen.

zitieren ➤ **S. 226–227**

Die Handlung des Romans wird ausschließlich über E-Mails dargestellt.

3 Untersucht die Form dieses Romans genauer.

die Romanform untersuchen

a. Notiert typische Merkmale von E-Mails.
b. Tauscht euch darüber aus, wie diese Romanform auf euch wirkt.
- Wodurch gelingt es dem Autor, die Spannung zu erzeugen?
- Wo gibt es Leerstellen, die ihr als Leser selbst füllen müsst?
- Wie füllt ihr sie aus?
- Was bewirken die Zeitangaben? Was schließt ihr daraus?

Die weibliche Hauptfigur Emmi ist verheiratet, ihr Mann weiß nichts von dieser E-Mail-Bekanntschaft.

4 Besprecht, wie sich der Roman weiterentwickeln könnte.

den Fortgang der Handlung vermuten

W **Wählt aus den Aufgaben aus und präsentiert eure Ergebnisse.**

5 **a.** Wähle eine Textstelle aus und schreibe sie in einen erzählenden Text um. Beziehe Informationen über die jeweilige Hauptfigur ein, z. B. über den Ort, an dem sie sich befindet, ihr Verhalten, ihre Gedanken oder Gefühle.
b. Welche Möglichkeiten und Wirkungen haben unterschiedliche Textformen? Vergleiche deinen Text mit dem Romanausschnitt.

eine Textstelle umschreiben

Erzähler ➤ **S. 291**

6 Recherchiert weitere E-Mail-Romane und stellt diese vor.

weitere E-Mail-Romane vorstellen

Eine Liebe in einem Briefroman

Ein zu seiner Zeit unglaublich erfolgreicher Roman war „Die Leiden des jungen Werthers“ von Johann Wolfgang von Goethe. Die Geschichte eines jungen Mannes, der aus unglücklicher Liebe Selbstmord begeht, berührte damals die Leserinnen und Leser. Der Roman ist in Form von Briefen Werthers an seinen Freund Wilhelm verfasst und erschien 1774.

Die Leiden des jungen Werthers Johann Wolfgang von Goethe

Am 16. Junius

Warum ich dir nicht schreibe? – Fragst du das und bist doch auch der Gelehrten einer? Du solltest raten, dass ich mich wohl befinde, und zwar – Kurz und gut, ich habe eine Bekanntschaft gemacht, die mein Herz näher angeht. Ich habe – ich weiß nicht.

Dir in der Ordnung zu erzählen, wie's zugegangen ist, dass ich eins der liebenswürdigsten Geschöpfe habe kennen lernen, wird schwer halten. Ich bin vergnügt und glücklich und also kein guter Historienschreiber.

Einen Engel! – Pfui! Das sagt jeder von der Seinigen, nicht wahr? Und doch bin ich nicht imstande, dir zu sagen, wie sie vollkommen ist, warum sie vollkommen ist; genug, sie hat allen meinen Sinn gefangen genommen. So viel Einfalt bei so viel Verstand, so viel Güte bei so viel Festigkeit und die Ruhe der Seele bei dem wahren Leben und der Tätigkeit. –

Das ist alles garstiges Gewäsch, was ich da von ihr sage, leidige Abstraktionen, die nicht einen Zug ihres Selbst ausdrücken. Ein andermal – nein, nicht ein andermal, jetzt gleich will ich dir's erzählen. Tu' ich's jetzt nicht, so geschäh' es niemals. Denn, unter uns, seit ich angefangen habe zu schreiben, war ich schon dreimal im Begriffe, die Feder niederzulegen, mein Pferd satteln zu lassen und hinauszureiten. Und doch schwur ich mir heute frühe, nicht hinauszureiten, und gehe doch alle Augenblick' ans Fenster, zu sehen, wie hoch die Sonne noch steht. – Ich hab's nicht überwinden können, ich musste zu ihr hinaus. Da bin ich wieder, Wilhelm, will mein Butterbrot zu Nacht essen und dir schreiben. Welch eine Wonne das für meine Seele ist, sie im Kreise der lieben, muntern Kinder, ihrer acht Geschwister, zu sehen! –

Wenn ich so fortfahre, wirst du am Ende so klug sein wie am Anfange. Höre denn, ich will mich zwingen, ins Detail zu gehen.

Ich schrieb dir neulich, wie ich den Amtmann S. habe kennen lernen und wie er mich gebeten habe, ihn bald in seiner Einsiedelei oder vielmehr seinem kleinen Königreiche zu besuchen. [...]

Ich war ausgestiegen, und eine Magd, die ans Tor kam, bat uns, einen Augenblick zu verziehen, Mamsell Lottchen würde gleich kommen. Ich ging durch den Hof nach dem wohlgebauten Hause, und da ich die vorliegenden Treppen hinaufgestiegen war und ich in die Tür trat, fiel mir das reizendste Schauspiel in die Augen, das ich je gesehen habe. In dem Vorsaale wimmelten sechs Kinder von elf zu zwei Jahren um ein Mädchen von schöner Gestalt, mittlerer Größe,

Johann Wolfgang von Goethe (1749 – 1832) gehört zu den bekanntesten deutschen Dichtern. Er war auch als Naturwissenschaftler und politischer Staatsmann am Hof in Weimar tätig. Durch den Roman „Die Leiden des jungen Werthers“ wurde Goethe über Nacht berühmt. Dieser Roman ist bezeichnend für die Epoche des Sturm und Drang.

die ein simples weißes Kleid, mit blassroten Schleifen an Arm und Brust anhatte. Sie hielt ein schwarzes Brot und schnitt ihren Kleinen ringsherum jedem sein Stück nach Proportion ihres Alters und Appetits ab, gab's jedem mit solcher Freundlichkeit und jedes rief so ungekünstelt sein: Danke! indem es mit den kleinen Händchen so lange in die Höhe gereicht hatte, ehe es noch abgeschnitten war, und nun mit seinem Abendbrote vergnügt entweder wegsprang oder nach seinem stillern Charakter gelassen davonging nach dem Hoftore zu, um die Fremden und die Kutsche zu sehen, darin ihre Lotte wegfahren sollte. – Ich bitte um Vergebung, sagte sie, dass ich Sie hereinbemühe und die Frauenzimmer warten lasse. Über dem Anziehen und allerlei Bestellungen fürs Haus in meiner Abwesenheit habe ich vergessen, meinen Kindern ihr Vesperbrot zu geben, und sie wollen von niemandem Brot geschnitten haben als von mir. – Ich machte ihr ein unbedeutendes Kompliment, meine ganze Seele ruhte auf der Gestalt, dem Tone, dem Betragen und ich hatte eben Zeit, mich von der Überraschung zu erholen, als sie in die Stube lief, ihre Handschuhe und den Fächer zu holen. […]

1 Gib mit eigenen Worten wieder, von welchen Erlebnissen Werther seinem Freund berichtet.

den Inhalt wiedergeben

2 Notiere in Stichworten, was Werther an Lotte so fasziniert.

Lotte ist, als Werther sie kennen lernt, bereits mit einem anderen Mann verlobt. Wenig später heiratet sie ihn, was Werther einen schweren Schlag versetzt.

Am 12. Dezember

Lieber Wilhelm, ich bin in einem Zustande, in dem jene Unglücklichen gewesen sein müssen, von denen man glaubte, sie würden von einem bösen Geiste umhergetrieben. Manchmal ergreift mich's; es ist nicht Angst, nicht Begier – es ist ein inneres unbekanntes Toben, das meine Brust zu zerreißen droht, das mir die Gurgel zupresst! Wehe, wehe! Und dann schweife ich umher in den furchtbaren nächtlichen Szenen dieser menschenfeindlichen Jahreszeit. Gestern Abend musste ich hinaus. Es war plötzlich Tauwetter eingefallen; ich hatte gehört, der Fluss sei übergetreten, alle Bäche geschwollen und von Wahlheim herunter mein liebes Tal überschwemmt! Nachts nach Eilfe rannte ich hinaus. Ein fürchterliches Schauspiel, vom Fels herunter die wühlenden Fluten in dem Mondlichte wirbeln zu sehen, über Äcker und Wiesen und Hecken und alles, und das weite Tal hinauf und hinab. Eine stürmende See im Sausen des Windes! Und wenn dann der Mond wieder hervortrat und über der schwarzen Wolke ruhte und vor mir hinaus die Flut in fürchterlich herrlichem Widerschein rollte und klang: Da überfiel mich ein Schauer und wieder ein Sehnen! Ach, mit offenen Armen stand ich gegen den Abgrund und atmete hinab! hinab! und verlor mich in der Wonne, meine Qualen,

Die Leiden
des
jungen Werthers.
Erster Theil.
Leipzig,
in der Weygandschen Buchhandlung.
1774

mein Leiden da hinabzustürmen! dahinzubrausen wie die Wellen! Oh! – und den Fuß vom Boden zu heben vermochtest du nicht und alle Qual zu enden! – Meine Uhr ist noch nicht ausgelaufen, ich fühle es! O Wilhelm! wie gern hätte ich mein Menschsein drum gegeben, mit jenem Sturmwinde die Wolken zu zerreißen, die Fluten zu fassen! Ha! und wird nicht vielleicht dem Eingekerkerten einmal diese Wonne zuteil? –

3 Beschreibt und vergleicht die Gefühle Werthers in beiden Briefen und belegt eure Aussagen mithilfe von Textstellen.

die Rolle der Natur untersuchen

Z **4** Untersucht im zweiten Brief, welche Rolle die Natur spielt.
a. Beschreibt die Naturgewalten und ihre Wirkung.
b. Vergleicht die Atmosphäre in der Natur mit der Situation Werthers und seinen Gefühlen.

die Auszüge vergleichen und Textstellen zitieren

zitieren ➤ S. 226–227

Der Briefroman mit seiner starken Betonung der Gefühle ist typisch für die damalige Zeit.

5 **a.** Überlegt, warum die Leser sich so stark mit der Figur des Werther identifizierten. Achtet dabei auf den Inhalt und auf die Briefform.
b. Tauscht euch darüber aus, wie weit diese Darstellung auch heutige Leser noch anspricht.

den Inhalt und die Form untersuchen

6 Untersucht die Sprache in den Briefen daraufhin, wie sie Werthers Gefühle widerspiegelt.

die Sprache untersuchen

Z **7** Vergleicht den Auszug aus Daniel Glattauers Roman mit den Auszügen aus „Die Leiden des jungen Werthers".
Schreibt Gemeinsamkeiten und Unterschiede auf.
Tipp: Achtet dabei auf Inhalt, Form und Sprache.

Romanauszüge vergleichen

W Wählt aus den Aufgaben aus und präsentiert die Ergebnisse.

die Wirkung und biografische Hintergründe recherchieren

8 Die Hauptfigur des Romans faszinierte die damalige Generation.
a. Recherchiert die Wirkung des Romans in der damaligen Zeit.
b. Stellt eure Ergebnisse in einem Referat oder auf einem Plakat vor.

9 Der Spielfilm „Goethe" (2010) zeigt die biografischen Hintergründe.
Stellt Ausschnitte daraus vor und vergleicht diese mit den Romanauszügen.

Szenenfoto aus dem Film „Goethe" (2010)

Eine erste Begegnung

1918 erschien Heinrich Manns Roman „Der Untertan“. Der Roman erzählt die Geschichte von Diederich Heßling, von der Kindheit bis zum anerkannten Erfolg. Dabei spielt auch die Liebe eine Rolle. Im Laufe des Romans verliebt sich Agnes Göppel in Diederich Heßling. Er erwidert zunächst ihre Gefühle und verführt sie dann. Als ihr Vater dahinterkommt und auf Heirat drängt, lässt er Agnes jedoch sitzen.

Der Untertan   Heinrich Mann

Um weiteren Belästigungen durch die Familie Göppel aus dem Wege zu gehen, reiste er sogleich ab. Die Hitze machte das Coupé[1] zu einem peinlichen Aufenthalt. Diederich, der allein war, zog nacheinander den Rock[2], die Weste und die Schuhe aus. Einige Stationen vor Netzig stieg noch jemand ein: zwei fremd aussehende Damen, die durch den Anblick von Diederichs Flanellhemd beleidigt schienen. Er seinerseits fand sie widerwärtig elegant. Sie unternahmen es, in einer unverständlichen Sprache eine Beschwerde an ihn zu richten, worauf er die Achseln zuckte und die Füße in den Socken auf die Bank legte. Sie hielten sich die Nase zu und stießen Hilferufe aus. Der Schaffner erschien, der Zugführer selbst, aber Diederich hielt ihnen sein Billett zweiter Klasse hin und verteidigte sein Recht. Er gab dem Beamten sogar zu verstehen, er möge sich nur nicht die Zunge verbrennen, man könne nie wissen, mit wem man es zu tun habe. Als er dann den Sieg erstritten hatte und die Damen abgezogen waren, kam statt ihrer eine andere. Diederich sah ihr entschlossen entgegen, aber sie zog einfach aus ihrem Beutel eine Wurst und aß sie aus der Hand, wobei sie ihm zulächelte. Da rüstete er ab, erwiderte, breit glänzend, ihre Sympathie und sprach sie an. Es stellte sich heraus, dass sie aus Netzig war. Er nannte seinen Namen, worauf sie frohlockte, sie seien alte Bekannte! „Nun?“ Diederich betrachtete sie forschend: das dicke, rosige Gesicht mit dem fleischigen Mund und der kleinen, frech eingedrückten Nase; das weißliche Haar, nett glatt und ordentlich, den Hals, der jung und fett war, und in den Halbhandschuhen die Finger, die die Wurst hielten und selbst rosigen Würstchen glichen. „Nein“, entschied er, „kennen tu ich Sie nicht, aber kolossal appetitlich sind Sie. Wie ein frisch gewaschenes Schweinchen.“ Und er griff ihr um die Taille. Im selben Augenblick hatte er eine Ohrfeige. „Die sitzt“, sagte er und rieb sich. „Haben Sie mehr solche zu vergeben?“ – „Es langt für alle Frechmöpse.“ Sie lachte aus der Kehle und zwinkerte ihn mit ihren kleinen Augen unzüchtig an.

Heinrich Mann (1871–1951) war ein deutscher Schriftsteller und der Bruder von Thomas Mann. Er musste 1933 aus Deutschland emigrieren, zunächst nach Frankreich, dann in die USA. In seinen Romanen „Professor Unrat“ (1905) und „Der Untertan“ kritisierte er die damaligen Zustände.

[1] das Coupé: veraltet für Eisenbahnabteil [2] der Rock: das Jackett als Teil eines Anzugs

„Ein Stück Wurst können Sie haben, aber sonst nichts." Ohne zu wollen, verglich er ihre Art, sich zu wehren, mit Agnes' Hilflosigkeit, und er sagte sich: ‚So eine könnte man getrost heiraten.' Schließlich nannte sie selbst ihren Vornamen, und als er immer noch nicht weiterfand, fragte sie nach seinen Schwestern. Plötzlich rief er: „Guste Daimchen!" Und beide schüttelten sich vor Freude. „Sie haben mir doch immer Knöpfe geschenkt von den Lumpen in ihrer Papierfabrik! Das vergess ich Ihnen nie, Herr Doktor! Wissen Sie, was ich mit den Knöpfen gemacht hab? Die hab ich gesammelt, und wenn meine Mutter mir mal Geld für Knöpfe gab, hab ich mir Bonbons gekauft."

„Praktisch sind Sie auch!" Diederich war entzückt. „Und dann sind Sie immer zu uns über die Gartenmauer geklettert, Sie kleine Göre, Hosen hatten Sie meistenteils keine an, und wenn der Rock raufrutschte, kriegte man hinten was zu sehen."

Sie kreischte; ein feiner Mann habe für so was kein Gedächtnis. „Jetzt muss es aber noch schöner geworden sein", setzte Diederich noch hinzu. Sie ward plötzlich ernst.

„Jetzt bin ich verlobt."

Mit dem Wolfgang Buck war sie verlobt! Diederich verstummte, mit enttäuschter Miene. Dann erklärte er zurückhaltend, er kenne Buck. Sie sagte vorsichtig: „Sie meinen wohl, er ist ein bisschen überspannt? Aber die Bucks sind auch eine sehr feine Familie. Na ja, in anderen Familien ist wieder mehr Geld", setzte sie hinzu. Hierdurch betroffen, sah Diederich sie an. Sie zwinkerte. Er wollte eine Frage stellen; aber er hatte den Mut dazu verloren.

Kurz vor Netzig fragte Fräulein Daimchen: „Und Ihr Herz, Herr Doktor, ist noch frei?"

„Um die Verlobung bin ich noch herumgekommen." Er nickte gewichtig.

„Ach! Das müssen Sie mir erzählen", rief sie. Aber sie fuhren schon ein.

„Wir sehen uns hoffentlich bald wieder", schloss Diederich. „Ich kann Ihnen nur sagen, ein junger Mann kommt manchmal im Leben in verdammt brenzliche Sachen hinein. Für ein Ja oder Nein ist das Leben verpfuscht."

1 Charakterisiere die Hauptfigur Diederich Heßling. Nutze Zitate, um deine Aussagen zu belegen.

die Hauptfigur charakterisieren

Figurencharakteristik ➤ S. 298

2 Welchen Eindruck habt ihr von Diederich und Guste? Vergleicht dazu:
- wie Diederich und Guste selbst einander wahrnehmen,
- welchen Eindruck die beiden auf die Leser machen.

Schreibt auf, durch welche Textstellen euer Eindruck hervorgerufen wird.

3 Wie gelingt es dem Erzähler, diesen Eindruck von Diederich und Guste zu erwecken? Untersucht die Erzählperspektive.

die Erzählperspektive untersuchen

Erzähler ➤ S. 291

Z Weiterführendes: Eine besondere Hauptfigur

Der Romantitel „Der Untertan“ verrät viel über den Inhalt.

1 Tauscht euch darüber aus, was ihr mit dem Begriff „Untertan“ verbindet und was diese Bezeichnung über die Titelfigur des Romans aussagt.

den Titel untersuchen

Der Untertan Heinrich Mann

Diederich Heßling war ein weiches Kind, das am liebsten träumte, sich vor allem fürchtete und viel an den Ohren litt. Ungern verließ er im Winter die warme Stube, im Sommer den engen Garten, der nach den Lumpen der Papierfabrik roch und über dessen Goldregen- und Fliederbäumen das hölzerne Fachwerk der alten Häuser stand. Wenn Diederich vom Märchenbuch, dem geliebten Märchenbuch, aufsah, erschrak er manchmal sehr. Neben ihm auf der Bank hatte ganz deutlich eine Kröte gesessen, halb so groß wie er selbst! Oder an der Mauer dort drüben stak bis zum Bauch in der Erde ein Gnom und schielte her! Fürchterlicher als Gnom und Kröte war der Vater, und obendrein sollte man ihn lieben. Diederich liebte ihn. Wenn er genascht oder gelogen hatte, drückte er sich so lange schmatzend und scheu wedelnd am Schreibtischpult umher, bis Herr Heßling etwas merkte und den Stock von der Wand nahm. Jede nicht herausgekommene Untat mischte in Diederichs Ergebenheit und Vertrauen einen Zweifel. Als der Vater einmal mit seinem invaliden Bein die Treppe herunterfiel, klatschte der Sohn wie toll in die Hände – worauf er weglief.

Kam er nach einer Abstrafung mit gedunsenem Gesicht und unter Geheul an der Werkstätte vorbei, dann lachten die Arbeiter. Sofort aber streckte Diederich nach ihnen die Zunge aus und stampfte. Er war sich bewusst: ‚Ich habe Prügel bekommen, aber von meinem Papa. Ihr wäret froh, wenn ihr auch Prügel von ihm bekommen könntet. Aber dafür seid ihr viel zu wenig.‘

Er bewegte sich zwischen ihnen wie ein launenhafter Pascha; drohte ihnen bald, es dem Vater zu melden, dass sie sich Bier holten, und bald ließ er sich kokett aus sich die Stunde herausschmeicheln, zu der Herr Heßling zurückkehren sollte. […]

Nach so vielen furchtbaren Gewalten, denen man unterworfen war, nach den Märchenkröten, dem Vater, dem lieben Gott, dem Burggespenst und der Polizei, nach dem Schornsteinfeger, der einen durch den ganzen Schlot schleifen konnte, bis man auch ein schwarzer Mann war, und dem Doktor, der einen im Hals pinseln durfte und schütteln, wenn man schrie – nach allen diesen Gewalten geriet nun Diederich unter eine noch furchtbarere, den Menschen auf einmal ganz verschlingende: die Schule. Diederich betrat sie heulend, und auch die Antworten, die er wusste, konnte er nicht geben, weil er heulen musste. Allmählich lernte er den Drang zum Weinen gerade dann auszunützen, wenn er nicht gelernt hatte – denn alle Angst machte ihn nicht fleißiger oder weniger träumerisch –, und vermied so, bis die Lehrer sein System durchschaut hatten, manche üblen Folgen. Dem Ersten, der es durchschaut hatte, schenkte er seine ganze Achtung; er war plötzlich still und sah ihn, über den gekrümmten und vors Gesicht gehaltenen Arm hinweg, mit scheuer Hingabe an. Immer blieb er den scharfen Lehrern ergeben und willfährig. Den gutmütigen spielte er kleine, schwer nachweisbare Streiche, deren er sich rühmte.

Diederichs Verhalten wirkt widersprüchlich.

2 **a.** Vergleicht, wie der Erzähler die Hauptfigur in den verschiedenen Situationen beschreibt.
b. Besprecht, wie Diederich dadurch auf euch als Leser wirkt.

die Hauptfigur untersuchen

3 Notiert, welche Personen in Diederichs Leben eine Rolle spielen.
a. Vergleicht sein Verhalten zu den unterschiedlichen Personen.
b. Sucht nach Begründungen, warum sich die Hauptfigur so unterschiedlich verhält.

4 Warum trägt dieser Roman den Titel „Der Untertan"?
a. Schlagt Begriffe wie „Untertan", „Mitläufer", „Opportunist" und „Konformist" nach.
b. Besprecht, inwiefern diese Bezeichnung auf Diederich zutrifft. Zitiert entsprechende Textstellen.

die Funktion des Titels untersuchen

zitieren ➤ **S. 226–227**

Der Roman wurde 1951 verfilmt. In der Kritik heißt es dazu:

Nach der Vorlage des Romans von Heinrich Mann entstand eine geniale, beißende Satire auf die Gesellschaft und die Moral im Kaiserreich. Werner Peters verkörpert die Titelfigur mit beeindruckender und beängstigender Authentizität. Der Film endet zwar vorher, doch er zeigt, wie eine solche Gesellschaft fast zwangsläufig auf die Nazi-Diktatur hinsteuert. Ein Meisterwerk, das zugleich historisch informiert wie auch amüsant unterhält.

5 Lest die Romanauszüge auf den Seiten 160 bis 163 noch einmal und besprecht folgende Fragen:
- Woran erkennt ihr, dass es sich um eine Satire handelt?
- Wie kritisiert Heinrich Mann die verlogene Moral?
- Inwiefern hat eine Figur wie Diederich Heßling etwas Beängstigendes?

Satire ➤ **S. 291**

Z **6** Schaut euch den Film „Der Untertan" (1951) an und vergleicht die Romanauszüge mit den entsprechenden Filmszenen.
Tipp: Ihr könnt den Film in Bibliotheken oder Videotheken ausleihen.

Film und Romanauszüge vergleichen

Das Ende einer Liebe

Die glückliche Zeit des Paares in dem Roman von Anne Tyler liegt lange zurück. Dieser Roman beginnt mit dem Ende einer Beziehung.

Die Reisen des Mr. Leary   Anne Tyler

Eigentlich hatten sie vorgehabt, eine Woche am Strand zu bleiben, aber sie hielten es beide nicht aus und fuhren nun kurz entschlossen früher heim. Macon lenkte. Sarah saß neben ihm, den Kopf ans Seitenfenster gelehnt. Zwischen ihren zerzausten braunen Locken zeigten sich Sprenkel des wolkenverhangenen Himmels.

Macon trug einen korrekten Sommeranzug, seinen Reiseanzug – viel vernünftiger für Reisezwecke als Jeans, behauptete er immer; Jeans hätten lauter harte, steife Nähte und dann diese Nieten. Sarah trug ein trägerloses Strandkleid aus Frottee. Man hätte meinen können, die beiden kehrten von zwei grundverschiedenen Reisen zurück. Sarah war braun gebrannt, Macon nicht. Er war ein hochgewachsener, blasser, grauäugiger Mann mit glattem, kurz geschnittenem Blondhaar und jenem Typ von empfindlicher Haut, die leicht Sonnenbrand bekommt. Er hatte sich während der mittleren Tageszeit immer der Sonne ferngehalten.

Kaum waren sie auf der Schnellstraße, wurde der Himmel fast schwarz, und einige dicke Tropfen klatschten auf die Windschutzscheibe. Sarah richtete sich auf. „Hoffentlich regnet es nicht", sagte sie.

„Mir macht ein bisschen Regen nichts aus", sagte Macon.

Sarah lehnte sich wieder zurück, behielt jedoch die Straße im Auge.

Es war ein Donnerstagmorgen. Es gab kaum Verkehr. Sie überholten einen Lieferwagen, dann einen Kleinbus, der über und über mit Aufklebern von Attraktionen aus aller Welt bepflastert war. Die Tropfen auf der Windschutzscheibe wurden immer dichter. Macon schaltete die Scheibenwischer ein. *Wisch-wasch* machten sie – ein einlullendes Geräusch; und aufs Dach begann es sacht zu plätschern. Ab und zu fauchte ein Windstoß. Regen drückte das hohe, fahle Gras am Straßenrand flach, fiel in schrägen Schnüren über Bootsliegeplätze, Holzlager und Möbel-Discount-Märkte, die bereits nachgedunkelt aussahen, als hätte es hier schon längere Zeit geregnet.

„Siehst du denn überhaupt etwas?", fragte Sarah.

„Klar", sagte Macon. „Das ist doch gar nichts."

Sie schlossen zu einem Lastzug auf, dessen Hinterräder sprühende Gischt aufwirbelten. Macon scherte links aus und überholte ihn. Sekundenlang, bevor der Lastzug zurückblieb, war vor lauter Wasser die Sicht gleich null. Sarah griff mit einer Hand nach dem Armaturenbrett und hielt sich daran fest.

„Ich versteh' nicht, wie du genug zum Fahren siehst", sagte sie.

„Vielleicht solltest du deine Brille aufsetzen."

„Wenn ich meine Brille aufsetze, siehst *du* dann beser?"

„Ich nicht; du", gab Macon zurück. „Du konzentrierst dich auf die Windschutzscheibe statt auf die Fahrbahn."

Anne Tyler
(geb. 1941) ist eine US-amerikanische Schriftstellerin. In ihren Romanen erzählt sie aus unterschiedlichen Perspektiven von amerikanischen Durchschnittsmenschen. 1989 erhielt sie den Pulitzer-Preis, den am höchsten angesehenen US-amerikanischen Literaturpreis.

Sarah hielt sich noch immer am Armaturenbrett fest. Sie hatte ein breites, glattes Gesicht, das ruhig wirkte, doch bei näherem Hinsehen wäre einem die nervöse Spannung um ihre Augenwinkel nicht entgangen.

Der Wagen wurde ihnen ungemütlich eng. Ihr Atem trübte die Fenster. Zuvor war die Klimaanlage gelaufen, und schon bald wurde der verbliebene Rest künstlicher Kühle klamm und roch nach Moder. Sie zischten in eine Unterführung hinein. Der Regen hörte schlagartig auf. Sarah stieß erleichtert einen kleinen Seufzer aus, aber noch bevor er ganz heraus war, begann es wieder auf das Dach zu prasseln. Sie drehte sich um und schaute verlangend der Unterführung nach.

Macon raste weiter, die Hände locker und ruhig auf dem Steuer. [...]

Sie fuhren an einem Feld vorbei, wo der Regen wasserfallgleich herabströmte, Guss um Guss die Getreidehalme niedermähte und das rissige Erdreich überschwemmte. Gewaltige Sturzfluten schlugen gegen die Windschutzscheibe. Macon schaltete die Wischer auf höchste Geschwindigkeit.

„Ich weiß nicht, ob es dir im Grunde nicht ziemlich egal ist", sagte Sarah. „Oder?"

Macon wiederholte: „Egal?"

„Neulich habe ich doch zu dir gesagt: ‚Macon, seit Ethan tot ist, frage ich mich manchmal, ob das Leben noch einen Sinn hat.' Weißt du noch, was du geantwortet hast?"

„Im Moment nicht."

„Du hast gesagt: ‚Schatz, ehrlich gestanden hatte ich nie den Eindruck, dass es überhaupt je viel Sinn gehabt hätte.' Wörtlich."

„Hm ..."

„Und du merkst nicht einmal, was da nicht stimmt."

„Durchaus möglich", erwiderte Macon.

1 Beschreibt die Situation, in der sich das Paar befindet.

2 Wie wird die Beziehung der Hauptfiguren dargestellt?
  a. Untersucht die Erzählperspektive und zitiert passende Textstellen.
  b. Untersucht den Dialog der beiden. Was fällt euch auf?

3 Welche Äußerung könnte in den nächsten Zeilen fallen?
- „Sarah, wenn es dich beruhigt, halten wir am nächsten Rastplatz."
- „Macon, ich will die Scheidung."
- „Macon, glaubst du, wir können noch mal von vorne anfangen?"

Begründet eure Entscheidung.

die Hauptfigur und die Situation beschreiben

die Erzählperspektive untersuchen

den Dialog untersuchen

Ihr habt in diesem Kapitel unterschiedliche Romanauszüge aus unterschiedlichen Zeiten kennen gelernt.

4 **a.** Tauscht euch darüber aus, welchen Roman ihr gern lesen würdet.
Z **b.** Schreibt jeder eine Buchempfehlung für eine Freundin oder einen Freund. Begründet darin eure Entscheidung.

Theater, Theater

Gut oder böse?

In diesem Kapitel lernt ihr das Theaterstück „Der gute Mensch von Sezuan" von Bertolt Brecht kennen.

einen Cluster erstellen

1 Was kennzeichnet eurer Meinung nach jemanden als einen guten Menschen?
Schreibt Stichworte auf und tragt sie in einem Cluster zusammen.

Cluster ➤ S. 296

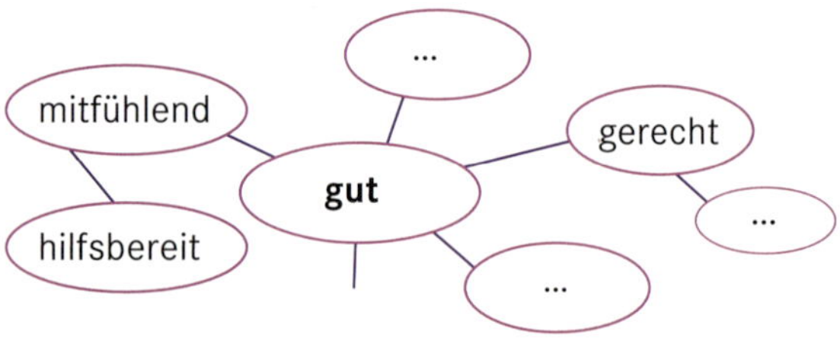

Wertvorstellungen ausdrücken und interpretieren

2 Welche Gegenbegriffe findet ihr zu den Stichworten im Cluster?
a. Schreibt sie auf.
b. Stellt eure Gegenbegriffe vor und begründet eure Wortwahl.

Starthilfe
mitfühlend – hartherzig oder gleichgültig

W **Mit den folgenden Wahlaufgaben könnt ihr euer Verständnis der Begriffspaare aus Aufgabe 2 verdeutlichen.**

3 Im Tandem!
a. Gestaltet eine Collage zu einem der Begriffspaare aus Aufgabe 2.
b. Stellt die Collagen aus und betrachtet sie still in einem „Galeriegang".
c. Tauscht euch anschließend über eure Eindrücke aus.

4 Entwickelt aus Standbildern eine kurze Spielszene.
a. Baut Standbilder zu einem der Begriffspaare aus Aufgabe 2.
b. Stellt euch eure Standbilder gegenseitig vor und lasst die „Standbilder" jeweils einen Satz aus ihrer Haltung heraus sagen.
c. Schreibt eine kurze Spielszene, in der das eine Standbild den Anfang markiert und das andere das Schlussbild.
d. Spielt eure Szenen vor und besprecht die Eindrücke eurer Zuschauer.

5 Tauscht euch über die folgenden Fragen aus.
- Wonach beurteilt ihr einen Menschen?
- Nach welchen Wertvorstellungen richtet sich euer eigenes Verhalten?

Die Figur Shen Te

Der Autor Bertolt Brecht setzt sich in seinem Stück „Der gute Mensch von Sezuan“ mit dem Wesen des Menschen auseinander: Zu Beginn treten Götter auf, sie sind auf der Suche nach einem guten Menschen. In einer Gesellschaft, die von Egoismus geprägt ist, finden sie die junge Frau Shen Te und schenken ihr 1000 Silberdollar. Mit dem Vorsatz, nur noch Gutes zu tun, eröffnet sie einen kleinen Tabakladen.

Info

Sichuan (auch Sechuan oder **Sezuan**) bedeutet auf chinesisch „Vier Flüsse“ und ist eine südwestchinesische Provinz mit Chengdu als Hauptstadt.

1 Lest den Textauszug mit verteilten Rollen. Ihr braucht sechs Sprecher.

szenisch lesen ➤ S. 303

Der gute Mensch von Sezuan Bertolt Brecht

Bild 1: Ein kleiner Tabakladen

Die Schin: Guten Tag, Fräulein Shen Te. Wie gefällt es Ihnen in Ihrem neuen Heim?

Shen Te: Gut. Wie haben Ihre Kinder die Nacht zugebracht?

Die Schin: Ach, in einem fremdem Haus, wenn man diese Baracke ein Haus nennen darf. Das Kleinste hustet schon.

Shen Te: Das ist schlimm.

Die Schin: Sie wissen ja gar nicht, was schlimm ist, Ihnen geht es gut. Aber Sie werden noch allerhand Erfahrungen machen in dieser Bude. Dies ist ein Elendsviertel.

Shen Te: Mittags kommen doch, wie Sie mir sagten, die Arbeiter aus der Zementfabrik?

Die Schin: Aber sonst kauft kein Mensch, nicht einmal die Nachbarschaft.

Shen Te: Davon sagten Sie mir nichts, als Sie mir den Laden verkauften.

Die Schin: Machen Sie mir nur nicht jetzt auch noch Vorwürfe! Zuerst rauben Sie mir und meinen Kindern das Heim und dann heißt es eine Bude und Elendsviertel. Das ist der Gipfel. *(Sie weint.)*

Shen Te *(schnell):* Ich hole Ihnen gleich den Reis.

Die Schin: Ich wollte Sie auch bitten, mir etwas Geld zu leihen.

Shen Te *(während sie ihr den Reis in den Topf schüttet):* Das kann ich nicht. Ich habe doch noch nichts verkauft.

Die Schin: Ich brauche es aber. Von was soll ich leben? Sie haben mir alles weggenommen. Jetzt drehen Sie mir die Gurgel zu. Ich werde Ihnen meine Kinder vor die Schwelle setzen, Sie Halsabschneiderin! *(Sie reißt ihr den Topf aus den Händen.)*

Shen Te: Seien Sie nicht so zornig! Sie schütten noch den Reis aus!

(Herein ein ältliches Paar und ein schäbig gekleideter Mensch.)

Die Frau: Ach, meine liebe Shen Te, wir haben gehört, daß es dir jetzt so gut geht. Du bist ja eine Geschäftsfrau geworden! Denk dir, wir sind eben ohne Bleibe. Unser Tabakladen ist eingegangen. Wir haben uns gefragt, ob wir nicht bei dir für eine Nacht unterkommen können. Du kennst meinen Neffen? Er ist mitgekommen, er trennt sich nie von uns.

Der Neffe *(sich umschauend):* Hübscher Laden!

Die Schin: Was sind denn das für welche?

Shen Te: Als ich vom Land in die Stadt kam, waren sie meine ersten Wirtsleute. *(Zum Publikum):* Als mein bißchen Geld ausging, hatten sie mich auf die Straße gesetzt.
Sie fürchten vielleicht, daß ich jetzt nein sage. Sie sind arm.
Sie sind ohne Obdach.
Sie sind ohne Freunde.
Sie brauchen jemand.
Wie könnte man da nein sagen?
(Freundlich zu den Ankömmlingen): Seid willkommen! Ich will euch gern Obdach geben. Allerdings habe ich nur ein kleines Kämmerchen hinter dem Laden.

Der Mann: Das genügt uns. Mach dir keine Sorge.

Die Frau *(während Shen Te Tee bringt):* Wir lassen uns am besten hier hinten nieder, damit wir dir nicht im Weg sind. Du hast wohl einen Tabakladen in Erinnerung an dein erstes Heim gewählt? Wir werden dir einige Winke geben können. Das ist auch der Grund, warum wir zu dir kommen.

Die Shin *(höhnisch):* Hoffentlich kommen auch Kunden?

Die Frau: Das geht wohl auf uns?

Der Mann: Psst! Da ist schon ein Kunde!

(Ein abgerissener Mann tritt ein.)

Der abgerissene Mann: Entschuldigen Sie. Ich bin arbeitslos.

(Die Shin lacht.)

Shen Te: Womit kann ich Ihnen dienen?

Der Arbeitslose: Ich höre, Sie eröffnen morgen. Da dachte ich, beim Auspacken wird manchmal etwas beschädigt. Haben Sie eine Zigarette übrig?

Die Frau: Das ist stark, Tabak zu betteln! Wenn es noch Brot wäre!

Der Arbeitslose: Brot ist teuer. Ein paar Züge aus einer Zigarette, und ich bin ein neuer Mensch. Ich bin so kaputt.

Shen Te *(gibt ihm Zigaretten):* Das ist wichtig, ein neuer Mensch zu sein. Ich will meinen Laden mit Ihnen eröffnen, Sie werden mir Glück bringen.

(Arbeitsloser zündet sich schnell eine Zigarette an, inhaliert und geht hustend ab.)

Die Frau: War das richtig, liebe Shen Te?

Die Schin: Wenn Sie den Laden so eröffnen, werden Sie ihn keine drei Tage haben.

Der Mann: Ich wette, er hatte noch Geld in der Tasche.

Shen Te: Er sagte doch, daß er nichts hat.

Der Neffe: Woher wissen Sie, daß er Sie nicht angelogen hat?

Shen Te *(aufgebracht):* Woher weiß ich, daß er mich angelogen hat!

Die Frau *(kopfschüttelnd):* Sie kann nicht nein sagen! Du bist zu gut, Shen Te. Wenn du deinen Laden behalten willst, musst du die eine oder andere Bitte abschlagen können. [R]

2 Beschreibe, wie Shen Te im ersten Bild handelt.

Shen Te wird durch die Aussagen und Reaktionen der anderen Figuren vorgestellt.

3 Stelle Shen Te aus der Sicht einer der Figuren im Tabakladen vor. Berücksichtige dabei die entsprechenden Textstellen aus dem ersten Bild.

Starthilfe
Die Schin: Shen Te ist zu beneiden: Sie ...

Info
Das Stück „Der gute Mensch von Sezuan" ist in zehn **Bilder** gegliedert. Sie folgen wie Szenen aufeinander und werden an verschiedenen Stellen durch Zwischenspiele unterbrochen.

„Du bist zu gut, Shen Te", sagt die Frau (Zeile 74).

Handlungsmotive verstehen und beurteilen

4 Wird die Frau recht behalten mit ihrer Einschätzung?
a. Lies die Textstelle in den Zeilen 74–76 noch einmal.
b. Nimm Stellung zur Aussage der Frau.
c. Schreibe deine Vermutungen dazu auf, wie sich die Handlung weiterentwickeln könnte.

Z **5** Wie beurteilt ihr das Verhalten und den Charakter der einzelnen Figuren? Diskutiert darüber.

Die Figur Shen Te wurde in Inszenierungen verschieden dargestellt.

Inszenierung im Staatstheater Schwerin, 2006

Inszenierung der Schaubühne Berlin, 2010

Vorstellungen von einer Figur entwickeln

6 Welches Foto entspricht eher deiner Vorstellung von Shen Te? Begründe deine Antwort.

W Wie ist deine Vorstellung von Shen Te? Hier erhältst du Wahlaufgaben.

7 Schreibe für Shen Te eine Rollenbiografie.

8 Skizziere, wie Shen Te in deiner Vorstellung aussieht, und stelle die Skizze in der Klasse vor.

Die Figur Shui Ta

Im zweiten Bild taucht eines Morgens unverhofft ein Vetter Shen Tes mit dem Namen Shui Ta im Tabakladen auf. Shen Te ist nicht da, aber all die Menschen, denen sie geholfen hat und die im Tabakladen leben. Der Vetter kündigt an, dass er nun die Geschäfte weiterführen wird.

1 Lest den Textauszug mit verteilten Rollen. Ihr braucht vier Sprecher.

szenisch lesen ➤ **S. 303**

Bild 2: Der Tabakladen

Shui Ta: [...] Meine Kusine bedauert natürlich, das Gebot der Gastfreundschaft nicht auf unbegrenzte Zeit befolgen zu können. Aber Sie sind leider zu viele! Dies hier ist ein Tabakladen, und Fräulein Shen Te lebt davon.

Der Mann: Unsere Shen Te würde so etwas überhaupt nicht über die Lippen bringen.

Shui Ta: Sie haben vielleicht recht. *(Zum Schreiner):* Das Unglück besteht darin, daß die Not in dieser Stadt zu groß ist, als daß ein einzelner Mensch ihr steuern könnte. Darin hat sich betrüblicherweise nichts geändert in den elfhundert Jahren, seit jemand den Vierzeiler verfaßte:

Der Gouvernör[1], befragt, was nötig wäre
Den Frierenden der Stadt zu helfen, antwortete:
Eine zehntausend Fuß lange Decke
Welche die ganzen Vorstädte einfach zudeckt.

(Er macht sich daran, den Laden aufzuräumen.)

Der Schreiner: Ich sehe, daß Sie sich bemühen, die Angelegenheiten Ihrer Kusine zu ordnen. Da ist eine kleine Schuld für die Stellagen[2] zu begleichen, anerkannt vor Zeugen. 100 Silberdollar.

Shui Ta *(die Rechnung aus der Tasche ziehend, nicht unfreundlich):* Glauben Sie nicht, daß 100 Silberdollar etwas zu viel sind?

Der Schreiner: Nein. Ich kann auch nichts ablassen. Ich habe Frau und Kinder zu ernähren.

Shui Ta *(hart):* Wie viele Kinder?

Der Schreiner: Vier.

Shui Ta: Dann biete ich Ihnen 20 Silberdollar.

(Der Mann lacht.)

Der Schreiner: Sind Sie verrückt? Diese Stellagen sind aus Nußbaum!

Shui Ta: Dann nehmen Sie sie weg.

Der Schreiner: Was heißt das?

Shui Ta: Sie sind zu teuer für mich. Ich ersuche Sie, die Nußbaumstellagen wegzunehmen.

Die Frau: Das ist gut gegeben! *(Sie lacht ebenfalls.)*

[1] der Gouvernör: ein Leiter oder oberster Beamter [2] die Stellagen: Gestelle oder Regale

Der Schreiner *(unsicher):* Ich verlange, daß Fräulein Shen Te geholt wird. Sie ist anscheinend ein besserer Mensch als Sie.

Shui Ta: Gewiss. Sie ist ruiniert.

Der Schreiner *(nimmt resolut eine Stellage und trägt sie zur Tür):* Da können Sie Ihre Rauchwaren ja auf dem Boden aufstapeln! Mir kann es recht sein.

Shui Ta *(zu dem Mann):* Helfen Sie ihm!

Der Mann *(packt ebenfalls eine Stellage und trägt sie grinsend zur Tür):* Also hinaus mit den Stellagen!

Der Schreiner: Du Hund! Soll meine Familie verhungern?

Shui Ta: Ich biete Ihnen noch einmal 20 Silberdollar, da ich meine Rauchwaren nicht auf dem Boden aufstapeln will.

Der Schreiner: 100!

(Shui Ta schaut gleichmütig zum Fenster hinaus. Der Mann schickt sich an, die Stellage hinauszutragen.)

Zerbrich sie wenigstens nicht am Türbalken, Idiot!

(Verzweifelt): Aber sie sind doch nach Maß gearbeitet! Sie passen in dieses Loch und sonst nirgends hin. Die Bretter sind verschnitten, Herr!

Shui Ta: Eben. Darum biete ich Ihnen auch nur 20 Silberdollar. Weil die Bretter verschnitten sind.

(Die Frau quietscht vor Vergnügen.)

Der Schreiner *(plötzlich müde):* Da kann ich nicht mehr mit. Behalten Sie die Stellagen und bezahlen Sie, was Sie wollen.

Shui Ta: 20 Silberdollar.

(Er legt zwei große Münzen auf den Tisch. Der Schreiner nimmt sie.)

Der Mann *(die Stellagen zurücktragend):* Genug für einen Haufen verschnittener Bretter.

Der Schreiner: Ja, genug vielleicht, mich zu betrinken! *(Ab)* [R]

Handlungsmotive verstehen und beurteilen

2 Beschreibe, was sich durch Shui Ta im Tabakladen verändert.

Untersuche die Figur Shui Ta genauer.

3 Beschreibe und beurteile sein Verhalten aus der Sicht der anderen Figuren und aus deiner Sicht.

Handlungsmotive vergleichen

[Z] **4** Vergleicht das Verhalten von Shen Te und Shui Ta.
- **a.** Schreibt auf, unter welchen Gesichtspunkten ihr vergleichen wollt.
- **b.** Stellt eure Ergebniss in der Klasse vor.

Welche Vorstellung hast du von Shui Ta?

5 Veranschauliche deine Vorstellung von Shui Ta. Du kannst so vorgehen wie bei der Figur Shen Te (Aufgaben 7 oder 8 auf Seite 169).

Ein Zwischenspiel szenisch umsetzen

In einem Zwischenspiel zwischen dem vierten und fünften Bild wird die Handlung unterbrochen und Shen Te singt „Das Lied von der Wehrlosigkeit der Götter und Guten".

Das Lied von der Wehrlosigkeit der Götter und Guten

In unserem Lande
Braucht der Nützliche Glück. Nur
Wenn er starke Helfer findet
Kann er sich nützlich erweisen.
Die Guten
Können sich nicht helfen, und die Götter sind
machtlos.
Warum haben die Götter nicht Tanks und Kanonen
Schlachtschiffe und Bombenflugzeuge und Minen
Die Bösen zu fällen, die Guten zu schonen?
Es stünde wohl besser mit uns und mit ihnen.

(Sie legt den Anzug des Shui Ta an und macht einige Schritte in seiner Gangart.)
Die Guten
Können in unserem Lande nicht lang gut bleiben.
Wo die Teller leer sind, raufen sich die Esser.
Ach, die Gebote der Götter
Helfen nicht gegen den Mangel.
Warum erscheinen die Götter nicht auf unsern
Märkten
Und verteilen lächelnd die Fülle der Waren?
Und gestatten den vom Brot und vom Weine
Gestärkten
Miteinander nun freundlich und gut zu verfahren?

(Sie setzt die Maske des Shui Ta auf und fährt mit seiner Stimme zu singen fort.)
Um zu einem Mittagessen zu kommen
Braucht es der Härte, mit der sonst Reiche gegründet
werden.
Ohne zwölf zu zertreten
Hilft keiner einem Elenden.
Warum sagen die Götter nicht laut in den obern
Regionen
Daß sie den Guten nun einmal die gute Welt schulden?
Warum stehn sie den Guten nicht bei mit Tanks
und Kanonen
Und befehlen: Gebt Feuer! Und dulden kein Dulden? R

Im „Lied von der Wehrlosigkeit der Götter und Guten“ erfahrt ihr Wesentliches über die Hauptfiguren.

die Figurenkonstellation verstehen

1 Was erfährst du über Shen Te und Shui Ta?
  a. Erkläre, worauf die Regieanweisungen zwischen den Strophen hinweisen.
  b. Gib die Aussage des Liedes in eigenen Worten wieder.

W Diese Übungen helfen euch, die Figuren szenisch darzustellen.

Übungen zum szenischen Spiel durchführen

2 Spiegelpantomime
- Stellt euch zu zweit einander gegenüber auf.
- Einer führt langsam und deutlich Bewegungen aus, die sein Gegenüber als „Spiegel“ nachahmt.
- Bemüht euch, die Bewegungen fast zeitgleich auszuführen.
- Wechselt euch mit der Führung ab.

3 Typische Gangarten
- Geht kreuz und quer durch einen möglichst leeren Raum.
- Geht jeweils auf einen Punkt zu, den ihr vorher mit den Augen fixiert. Wenn ihr ihn erreicht habt, sucht einen neuen, bewegt euch dorthin.
- Geht erst wie eine freundliche Frau, dann wie ein herrischer Mann.
- Probiert Übergänge von einer Gangart zur nächsten und zurück.

Nun könnt ihr das Zwischenspiel szenisch umsetzen.

Aufgaben gemeinsam bewältigen ➤ S. 304

Figuren darstellen

4 Wie wollt ihr Shen Te bzw. Shui Ta darstellen?
  a. Wählt eine geeignete Spielform aus.
  b. Wählt passende Kostüme oder Requisiten.

W Die folgenden Wahlaufgaben geben euch Anregungen zur musikalischen Gestaltung des Zwischenspiels.

musikalisch gestalten

5 Besorgt eine Instrumentalmusik, die ihr dem Liedtext unterlegen könnt, oder die Originalvertonung von Paul Dessau.

6 Gestaltet das Lied als Sprechgesang ohne Begleitung.

7 Komponiert eine Melodie zum Liedtext und übt sie auf dem Instrument eurer Wahl.

Wie wirken alle erarbeiteten Elemente zusammen?

Arbeitsergebnisse präsentieren

8 Führt eure Arbeitsergebnisse zum Zwischenspiel in einer Szene zusammen und präsentiert sie in der Klasse.

Das Schlussbild und den Epilog interpretieren

Im Laufe der Handlung tritt Shui Ta immer häufiger auf, um Shen Tes Angelegenheiten zu regeln. Da sie in seiner Anwesenheit immer verschwunden ist, wird vermutet, dass Shui Ta seine Kusine umgebracht hat. Schließlich wird er vor ein Gericht gestellt. Die Götter treten als Richter auf.

1 Lest den Textauszug mit verteilten Rollen. Ihr braucht drei Sprecher.

szenisch lesen ➤ **S. 303**

Bild 10: Gerichtslokal

Der zweite Gott: Was hast du mit unserm guten Menschen von Sezuan gemacht?

Shui Ta: Dann laßt mich euch die furchtbare Wahrheit gestehen, ich bin euer guter Mensch!

(Er nimmt die Maske ab und reißt sich die Kleider weg, Shen Te steht da.)

Der zweite Gott: Shen Te!

Shen Te: Ja, ich bin es. Shui Ta und Shen Te, ich bin beides.
Euer einstiger Befehl
Gut zu sein und doch zu leben
Zerriß mich wie ein Blitz in zwei Hälften. Ich
Weiß nicht, wie es kam: gut sein an andern
Und zu mir konnte ich nicht zugleich
Andern und mir zu helfen, war mir zu schwer.
Ach, eure Welt ist schwierig! Zu viel Not, zu viel Verzweiflung!
Die Hand, die dem Elenden gereicht wird
Reißt er einem gleich aus! Wer den Verlorenen hilft
Ist selbst verloren! Denn wer könnte
Lang sich weigern, böse zu sein, wenn da stirbt,
wer kein Fleisch ißt?
Aus was sollte ich nehmen, was alles gebraucht wurde?
Nur
Aus mir! Aber dann kam ich um! Die Last der guten Vorsätze
Drückte mich in die Erde. Doch wenn ich Unrecht tat
Ging ich mächtig herum und aß vom guten Fleisch!
Etwas muß falsch sein an eurer Welt. Warum
Ist auf die Bosheit ein Preis gesetzt und warum
Erwarten den Guten
so harte Strafen? Ach, in mir war
Solch eine Gier, mich zu verwöhnen! Und da war auch
In mir ein heimliches Wissen, denn meine Ziehmutter
Wusch mich mit Gossenwasser! Davon kriegte ich
Ein scharfes Aug. Jedoch Mitleid
Schmerzte mich so, daß ich gleich in wolfischen Zorn
Verfiel

Angesichts des Elends. Dann
Fühlte ich, wie ich mich verwandelte und
Mir die Lippe zur Lefze wurd. Wie Asche im Mund
Schmeckte das gütige Wort. Und doch
wollte ich gern ein Engel sein den Vorstädten.
Zu schenken
War mir eine Wollust. Ein glückliches Gesicht
Und ich ging wie auf Wolken.
Verdammt mich: alles, was ich verbrach
Tat ich, meinen Nachbarn zu helfen
Meinen Geliebten zu lieben und
Meinen kleinen Sohn vor dem Mangel zu retten.
Für eure großen Pläne, ihr Götter
War ich armer Mensch zu klein.

Der erste Gott *(mit allen Zeichen des Entsetzens):* Sprich nicht weiter, Unglückliche! Was sollen wir denken, die so froh sind, dich wiedergefunden zu haben!

Shen Te: Aber ich muß euch doch sagen, daß ich der böse Mensch bin, von dem alle hier diese Untaten berichtet haben.

Der erste Gott: Der gute Mensch, von dem alle nur Gutes berichtet haben!

Shen Te: Nein, auch der böse!

Der erste Gott: Ein Mißverständnis! Einige unglückliche Vorkommnisse! Ein paar Nachbarn ohne Herz! Etwas Übereifer!

Der zweite Gott: Aber wie soll sie weiterleben?

Der erste Gott: Sie kann es! Sie ist eine kräftige Person und wohlgestaltet und kann viel aushalten.

Der zweite Gott: Aber hast du nicht gehört, was sie sagt?

Der erste Gott *(heftig):* Verwirrtes, sehr Verwirrtes! Unglaubliches, sehr Unglaubliches! Sollen wir eingestehen, daß unsere Gebote tödlich sind? Sollen wir verzichten auf unsere Gebote? *(Verbissen):* Niemals! Soll die Welt geändert werden? Wie? Von wem? Nein, es ist alles in Ordnung.
(Er schlägt schnell mit dem Hammer auf den Tisch.)
Und nun –
(Auf ein Zeichen von ihm ertönt Musik. Eine rosige Helle entsteht.)

Laßt uns zurückkehren. Diese kleine Welt
Hat uns sehr gefesselt. Ihr Freud und Leid
Hat uns erquickt und uns geschmerzt. Jedoch
Gedenken wir dort über den Gestirnen
Deiner, Shen Te, des Menschen, gern
Die du von unserm Geist hier unten zeugst
In kalter Finsternis die kleine Lampe trägst.
Leb wohl, mach's gut!

(Auf ein Zeichen von ihm öffnet sich die Decke. Eine rosa Wolke lässt sich hernieder. Auf ihr fahren die Götter sehr langsam nach oben.)

Shen Te: Oh, nicht doch, Erleuchtete! Fahrt nicht weg! Verlaßt mich nicht! Wie soll ich den beiden guten Alten in die Augen schauen, die ihren Laden verloren haben, und dem Wasserverkäufer mit der steifen Hand? Und wie soll ich mich des Barbiers erwehren, den ich nicht liebe, und wie Suns, den ich liebe? Und mein Leib ist gesegnet, bald ist mein kleiner Sohn da und will essen? Ich kann nicht hier bleiben!

2 Fasse zusammen, was in der Gerichtsverhandlung geschieht.

a. Gib wieder, welche „furchtbare Wahrheit" (Zeilen 7 – 48) Shui Ta gesteht.

b. Erkläre, für wen und warum diese Wahrheit furchtbar ist.

c. Beschreibe die Reaktion der Götter auf das Geständnis.

den Inhalt verstehen

3 Was bedeutet die Reaktion der Götter für Shen Te? Diskutiert darüber.

Die Gerichtsverhandlung ist das letzte Bild des Stückes.

4 Vergleiche das Geschehen mit deinen Vermutungen zum Handlungsverlauf (Seite 169, Aufgabe 4c).

Leseerwartungen überprüfen

Dem letzten Bild folgt ein Epilog, ein Nachspiel, in dem ein Spieler vor dem Vorhang das Publikum anspricht.

Epilog

[...] Was könnt die Lösung sein?
Wir konnten keine finden, nicht einmal für Geld.
Soll es ein andrer Mensch sein? Oder eine andre Welt?
Vielleicht nur andere Götter? Oder keine?
Wir sind zerschmettert und nicht nur zum Schein!
Der einzige Ausweg wär aus diesem Ungemach:
Sie selber dächten auf der Stelle nach
Auf welche Weis dem guten Menschen man
Zu einem guten Ende helfen kann.
Verehrtes Publikum, los, such dir selbst den Schluß!
Es muss ein guter da sein, muß, muß, muß!

Inszenierung im Staatstheater Schwerin, 2006

5 In welcher Absicht wendet sich der Spieler an das Publikum?

a. Fasst den Inhalt des Epilogs zusammen.

b. Tauscht euch darüber aus, wie dieses Ende auf euch wirkt.

über Wirkung und Wirkungsabsicht reflektieren

Z **6** Welche Funktion hat das Schlussbild (Bild 10), welche der Epilog? Schreibe deine Deutung auf.

Bild 10 ➤ S. 174 – 176

Wie kann man „dem guten Menschen ... zu einem guten Ende helfen" (Epilog, Seite 176 Zeilen 8–9)?
Führt das Stück nun selbst zu einem guten Schluss.

Aufgaben gemeinsam bewältigen ➤ S. 304

7 Entwickelt eigene Spielideen.

Spielideen entwickeln

a. Lest den Epilog noch einmal.
b. Besprecht, wie ihr die Fragen aus dem Epilog beantworten wollt.
c. Leitet daraus euer Schlussbild ab.

Starthilfe

Schlussbild:
- auftretende Figuren: ...
- Spielort/Spielzeit: ...
- Handlung: ...

8 Was benötigt ihr für die Umsetzung eurer Spielidee?
Skizziert euren Bühnenraum und schreibt auf, was ihr besorgen müsst.

Spielideen umsetzen

Starthilfe

Bühnenraum:
- Kostüme: ...
- Requisiten: ...
- Musik: ...

9 Schreibt und spielt euer Schlussbild mithilfe der Arbeitstechnik.

szenisch spielen und interpretieren

Arbeitstechnik

Szenisches Spiel, szenisch interpretieren

Im szenischen Spiel könnt ihr zeigen, wie ihr die Handlung, die Figuren und die Aussagen einer Geschichte oder eines Theaterstücks versteht.
- Schreibt auf, was die **Figuren sagen**, **denken** und **fühlen**.
- Formuliert den Text und die **Regieanweisungen** für jede Figur. Entscheidet, ob die Gedanken und Gefühle der Figuren ausgesprochen oder beim Spielen verdeutlicht werden sollen.
- Verteilt die Rollen und lernt euren Text auswendig.
- Übt das gemeinsame Spiel: Drückt dabei unausgesprochene Gedanken und Gefühle durch **Betonung**, **Mimik** und **Gestik** aus.
- Spielt die gesamte Szene einmal vor Zuschauern durch.

mehr zu den Figuren Shen Te und Shui Ta ➤ S. 169, 171, 173

10 Wertet eure Schlussbilder aus.

das szenische Spiel auswerten

a. Beurteilt als Zuschauer, ob euch die Lösung im Schlussbild überzeugt. Begründet eure Antwort.
b. Beschreibt als Spieler, wie ihr euch in euren Rollen gefühlt habt.

Z Weiterführendes: Brecht und das epische Theater

Für sein Stück „Der gute Mensch von Sezuan" hat Bertolt Brecht eine Theaterform gefunden, die in der ersten Hälfte des 20. Jahrhunderts als neu galt. Brecht erklärte die zugrunde liegende Idee so:

Schriften zum Theater   Bertolt Brecht

[…] Es ist verhältnismäßig einfach, ein Grundmodell für episches Theater aufzustellen. Bei praktischen Versuchen wählte ich für gewöhnlich als Beispiel allereinfachsten, sozusagen „natürlichen" epischen Theaters einen Vorgang, der sich an irgendeiner Straßenecke abspielen kann: Der Augenzeuge eines Verkehrsunfalls demonstriert einer Menschenansammlung, wie das Unglück passierte. Die Umstehenden können den Vorgang nicht gesehen haben oder nur nicht seiner Meinung sein, ihn „anders sehen" – die Hauptsache ist, daß der Demonstrierende das Verhalten des Fahrers oder des Überfahrenen oder beider in einer solchen Weise vormacht, daß die Umstehenden sich über den Unfall ein Urteil bilden können. […] R

1 Erkläre mithilfe der folgenden Fragen das von Brecht angeführte Beispiel für episches Theater.
- Welcher Unterschied besteht zwischen dem Sehen eines Verkehrsunfalls und seiner Vermittlung durch einen Augenzeugen?
- Welche Möglichkeiten haben die Umstehenden, auf die Darstellung zu reagieren?

Brecht leitete ein Mittel ab, mit dem seine Vorstellungen vom epischen Theater auf der Bühne praktisch umgesetzt werden können.

[…] Die Voraussetzung für die Hervorbringung des V-Effekts[1] ist, daß der Schauspieler das, was er zu zeigen hat, mit dem deutlichen Gestus[2] des Zeigens versieht. […] Prinzipiell ist es für den Schauspieler unter diesen Umständen möglich, sich direkt ans Publikum zu wenden. […] Er nutzt dieses Mittel […], um eine andere Person darzustellen, das heißt ihr Verhalten zu zeigen. Dieses Zeigen des Verhaltens anderer Personen geschieht tagtäglich bei unzähligen Gelegenheiten (Zeugen eines Unfalles machen das Verhalten des Verunglückten vor, Spaßmacher imitieren den komischen Gang eines Freundes und so weiter), ohne daß die betreffenden Leute versuchen, ihre Zuschauer in irgendeine Illusion[3] zu versetzen. Jedoch fühlen sie sich immerhin in die Personen ein, um ihre Eigenheiten sich anzueignen […] R

[1] der V-Effekt: der Verfremdungseffekt [2] der Gestus: ein Ausdruck
[3] die Illusion: *hier:* Vorspiegelung der Wirklichkeit

Info

Brecht entwickelte für das **epische Theater** neue Techniken der **Verfremdung (V-Effekte)**. Die eigentlich selbstverständlichen Vorgänge sollen dem Publikum als fremd erscheinen und es dadurch zum Staunen und zum Nachdenken bringen.

2 Was versteht man unter V-Effekt bzw. Verfremdungseffekt? Erkläre ihn mit eigenen Worten.

Brecht hat verschiedene Techniken der Verfremdung angewandt.

Mittel und Techniken der Verfremdung untersuchen

3 Untersuche die Szenenbilder auf den Seiten 167 – 168 und 174 – 176. Belege ein Mittel der Verfremdung am Text.

4 Gruppenarbeit!
a. Untersucht arbeitsteilig alle Textauszüge aus diesem Kapitel.
b. Ergänzt die Tabelle.

Starthilfe

Technik der Verfremdung	Funktion/Wirkung
Wahl eines entlegenen Spielortes: Sezuan	Der Ort des Geschehens scheint weit weg, ermöglicht Distanz der Zuschauer.
Spaltung der Hauptfigur	...

Unter welchen Lebensumständen Brecht an seinen Theaterstücken gearbeitet hat, erfahrt ihr aus seiner Biografie.

Bertolt Brecht (1898 – 1956) wurde in den 20er Jahren der Weimarer Republik zu einem bekannten Schriftsteller, der in seinen Werken gesellschaftliche Verhältnisse kritisierte. 1928 wurde seine „Dreigroschenoper" zu einem der größten Theatererfolge. Das Lehrstück „Der gute Mensch von Sezuan" verfasste er in der Zeit von 1938 – 1940. Zu der Zeit lebte er nicht mehr in Deutschland, sondern in Dänemark, Schweden und Finnland. Als 1933 die Nationalsozialisten in Deutschland an die Macht kamen, gehörte Brecht zu den Ersten, die verfolgt wurden. Bereits 1933 wurde er wegen Hochverrats angeklagt, seine Bücher wurden verbrannt und verboten, 1935 wurde ihm die deutsche Staatsbürgerschaft entzogen. Brecht verließ 1933 Deutschland. Die Zeit des unfreiwilligen Exils wurde für Brecht zu einer Odyssee. Er zog von einem europäischen Land zum anderen, bis er 1941 schließlich in die USA übersiedelte. Da er gegenüber den USA immer Vorbehalte hatte, fiel es ihm aber schwer, dort seine Schriftstellerkarriere fortzusetzen. Nach dem Ende des 2. Weltkrieges und der Hitlerdiktatur zog er 1948 wieder nach Deutschland, wo er in Berlin die Möglichkeit bekam, seine Theaterstücke zu inszenieren.

Zusammenhänge zwischen Text und Biografie des Autors herstellen

5 Welche Zusammenhänge zwischen dem Stück „Der gute Mensch von Sezuan" und Brechts biografischen Erfahrungen könnt ihr herstellen? Bezieht Informationen zur Biografie Brechts in eure Überlegungen ein.

Joyce Carol Oates: Eine Stimme Nordamerikas

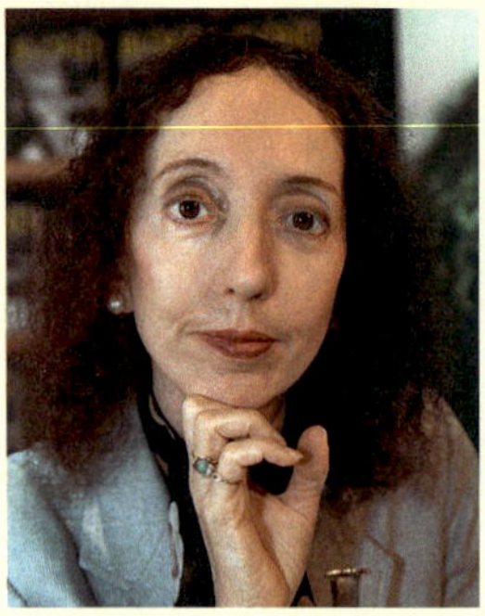

Eine vielseitige Autorin

Joyce Carol Oates gehört zu den bedeutendsten Autorinnen der amerikanischen Gegenwartsliteratur. Für ihre Romane, Erzählungen, Gedichte und Theaterstücke erhielt sie bereits zahlreiche Preise. Wie Joyce Carol Oates selbst Zugang zur Literatur gefunden hat, ist in ihrem Buch „Beim Schreiben allein" nachzulesen.

Beim Schreiben allein Joyce Carol Oates

1946 schenkte mir meine Großmutter zu meinem achten Geburtstag eine wunderschön illustrierte Ausgabe von Lewis Carrolls „Alice im Wunderland" und „Alice hinter den Spiegeln". Wie aus dem Nichts kam dieses Wunder zu mir, dem Bauernkind in einem Haushalt, in dem sich alles um Arbeit drehte und es kaum Bücher und Zeit zum Lesen gab. Das Geschenk meiner Großmutter mit dem hübschen Leineneinband, auf dem die ewig staunende Alice inmitten bizarrer Wesen zu sehen war, sollte der große Schatz meiner Kindheit und der grundlegende literarische Einfluss meines ganzen Lebens werden. Es war Liebe auf den ersten Blick. (Sehr wahrscheinlich verliebte ich mich gleichzeitig in das Phänomen Buch!) [...] Wie Alice, mit der ich mich ohne Frage identifizierte, tauchte ich kopfüber in den Kaninchenbau oder stieg mutig durch den Spiegel in die Welt dahinter, und ich kehrte, sozusagen, niemals wirklich in die reale Welt zurück. [...] Die Gedichte, die ich in der Highschool, im College und mit Anfang zwanzig immer wieder las, hatten natürlich einen weitaus deutlicheren Einfluss auf meinen Schreibstil. Und in dieser Phase war Robert Frost fraglos und vermutlich unausweichlich mein wichtigster Dichter [...] Frost erlaubte jungen Autoren wie mir zu erkennen, dass die Erfahrungen unseres alltäglichen, scheinbar gewöhnlichen Lebens durchaus in würdige Kunst verwandelt werden konnten. Seine Poesie bestand nicht aus komplizierten und ausgefeilten Reimen, wie Shakespeare sie seinen Königen, Königinnen und Adeligen in den Mund legte, sondern in einer vollkommen anderen Sprache, die Männer, Frauen und Kinder wie wir gebrauchten.

über die Faszination von Büchern sprechen

1 Was hat die Schriftstellerin an den erwähnten Bücher fasziniert?
  a. Sucht entsprechende Textstellen heraus.
  b. Besprecht, was sie für sich als Schriftstellerin daraus gelernt hat.

2 Erstellt eine Bestsellerliste von euren Lieblingsbüchern.

Das literarische Schaffen von Joyce Carol Oates ist sehr vielfältig.

Blond

In dem Buch beschreibt die Autorin das Leben von Norma Jean Baker, die als die Schauspielerin Marilyn Monroe berühmt wurde. Joyce Carol Oates begründet ihre Buchidee: „Vor ein paar Jahren sah ich eine Fotografie der siebzehnjährigen Norma Jean Baker, auf der sie ganz anders wirkt als die Marilyn Monroe, die zur Ikone wurde. Ich sah in ihr eines der Mädchen aus meiner Nachbarschaft, und ich hatte das Gefühl, dass sie keine Ahnung davon hatte, was das Leben für sie bereithalten sollte. Das stellte ich mir unter einem amerikanischen Epos vor. Ich wollte nicht unbedingt über den Mythos Marilyn Monroe schreiben, aber zeigen, wie sie innen war."

Jene

Im Jahre 1937 steht die 16-jährige Loretta Botsford vor dem Spiegel und denkt über die Zukunft nach. Sie ist hübsch, lebenslustig und voller Zuversicht, dass ihr Leben glücklich und erfolgreich sein wird. Aber sie hat keine Chance: In derselben Nacht erschießt ihr Bruder ihren Liebhaber. Angst und Verzweiflung treiben sie in eine übereilte Ehe, und sie gerät immer tiefer in die dumpfe Welt der Armen und Verlassenen. Joyce Carol Oates erzählt die Geschichte einer Familie, die auch die Geschichte Amerikas von den dreißiger Jahren bis zu den blutigen Rassenunruhen in Detroit 1968 ist.

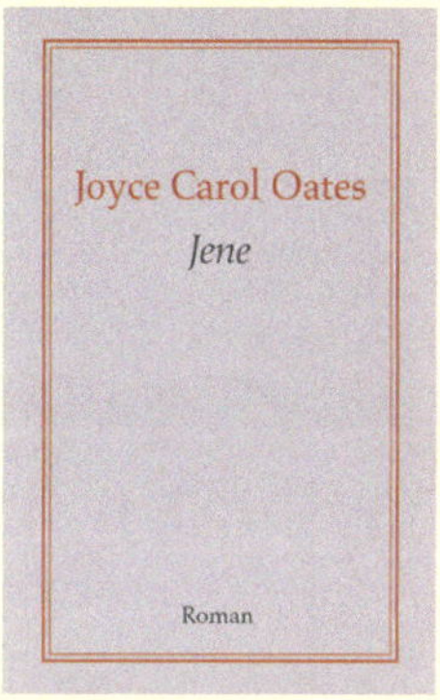

Du fehlst

Als Nikki Eaton, Anfang dreißig, unabhängig und eigenwillig, endlich ihr schlechtes Verhältnis zu ihrer Mutter klären will, wird diese Opfer eines Raubüberfalls. Wäre Nikki zehn Minuten eher bei ihrer Mutter eingetroffen, hätte sie deren Tod vielleicht noch verhindern können. Jetzt muss sie sich mit dem plötzlichen Tod ihrer Mutter Gwen auseinandersetzen. Engagiert und spannend beschreibt Joyce Carol Oates das Spektrum der Veränderungen und verwirrenden Gefühle in Nikkis Trauerjahr: Lähmung, Wut, Sorge und auch Erkenntnis.

Über Boxen

In dem Essay[1] schreibt Joyce Carol Oates über die Welt des Boxsports, über bedeutende Boxkämpfe und berühmte Boxer, die auch selbst zu Wort kommen.

[1] der Essay: ein Text, in dem ein Autor/eine Autorin zu einem bestimmten Thema Stellung nimmt und persönliche Eindrücke und Beobachtungen darstellt

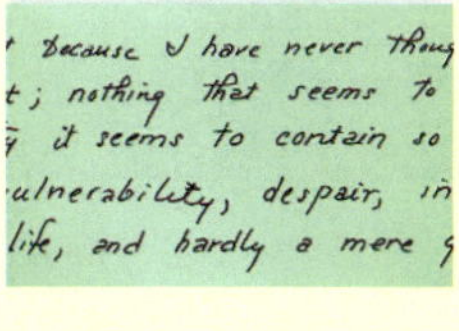

3 **a.** Recherchiere Informationen über die Autorin und ihr Schaffen.
b. Stelle ein Buch der Autorin vor, das dich vom Thema her interessiert.

Z **4** Bereitet eine Ausstellung über die Autorin und ihre Bücher vor.
a. Schreibt jeder eine Kritik zum Buch seiner Wahl.
b. Stellt eure Kritiken in einem Ausstellungskatalog zusammen.

die Autorin und ein Buch vorstellen

Zwei unterschiedliche Erzählperspektiven in einem Roman

In vielen Romanen übt Joyce Carol Oates Kritik an der heutigen Gesellschaft. Dabei taucht sie ganz in die Welt ihrer Figuren ein und gibt ihnen eine Stimme, so wie in dem Buch „Unter Verdacht".

1 Sprecht über das amerikanische und das deutsche Cover.

über die Cover sprechen

a. Welches Cover findet ihr ansprechender? Begründet eure Meinungen.
b. Tauscht euch darüber aus, worum es in diesem Buch gehen könnte.
c. Überlegt, warum die Cover und Titel unterschiedlich ausfallen.

Der 16-jährige Matt – „Big Mouth" – und die gleichaltrige Außenseiterin Ursula, die sich selbst „Ugly Girl" nennt, sind die beiden Hauptfiguren in dem Jugendroman von Joyce Carol Oates. Eines Tages passiert etwas, das ihre bisher heile Welt zerstört, denn Matt gerät „unter Verdacht".

Unter Verdacht Joyce Carol Oates

Auf der Polizeiwache verstand Matt, wieso jemand, der unschuldig in Polizeigewahrsam gerät, auf einmal „gesteht".

Er verstand, wieso ein Mensch plötzlich durchdreht und auf Polizisten losgeht, von denen er weiß, dass sie bewaffnet sind.

Oder vor ihnen davonrennt. Wie ein Tier, das in Panik gerät und verzweifelt versucht zu entkommen.

Obwohl er seine Mutter dabeihatte, seinen Anwalt und die wohlmeinende Frau vom Familiengericht, war Matt nahe daran gewesen, im Untersuchungszimmer zusammenzubrechen. […]

Anfangs, als sie noch in der Schule waren, hatte er sogar noch kurz gedacht, das Ganze sei ein ziemlich wildes Abenteuer, nicht unkomisch, über das er für die Zeitung schreiben und mit dem er seine Freunde unterhalten konnte. Die Mädchen würden beeindruckt sein, ihm mit großen Augen zuhören. Jetzt wusste er: Sie würden es nie verstehen.

Nie würde er in der Lage sein, einem anderen Menschen zu erklären, wie schwach er sich fühlte. Und welche Wut in ihm kochte. Als er zu Hause war, hatte er gleich E-Mails an Russ, Skeet, Call und Neil geschickt. Nicht einer von ihnen hatte geantwortet. Er hatte eine zweite Mail an Russ und Skeet geschickt.

He, Jungs, wo habt ihr euch versteckt? Ihr könnt rauskommen. Die Luft ist rein.

Dann noch eine dritte an Russ.

Russ, es ist alles okay. Ich glaub's jedenfalls. Rufst du mich an? Danke!

Aber Russ hatte sich nicht gemeldet. (Zumindest bis jetzt noch nicht.) Und nun flimmerte auf seinem Bildschirm diese Nachricht von URSULA RIGGS. […] Ursula Riggs. Es wäre schon eine seltsame Ironie des Schicksals, wenn von der ganzen Schule, von Matts zahlreichen Freunden, Bekannten und Mitschülern, ausgerechnet Ursula, die er kaum kannte, sich als Einzige bei ihm melden würde. […] Als Nächstes musste Matt mit seinem Vater telefonieren; es führte kein Weg daran vorbei. Dad war in Atlanta in einem Hotel. Eigentlich hätte er an diesem Abend heimkommen sollen, aber der Flug war wegen schlechten Wetters gestrichen worden. Dad mühte sich Ruhe zu bewahren, doch Matt spürte, dass er aufgeregt war, aufgewühlt. Matt fiel auf, dass der Vater, genau wie vorher die Mutter, als Allererstes mit einer Stimme wie straff gespannter Draht gefragt hatte: „Ist da – ist da irgendetwas dran an diesen Vorwürfen, Matt?" „Nein", antwortete Matt mit müder Stimme. Klar, sie mussten das fragen. Das war ein Instinkt. Matt saß zusammengesunken auf seinem Bett. Horchte auf seine Stimme, versuchte auf seine Schnellfeuergewehrfragen zu antworten. Gott sei Dank war Pumkin da, so konnte er sein erhitztes Gesicht in ihr Fell graben. Die ganze Zeit wollte Dad wissen, ob sein Name – „unser Name" – bereits durch die Nachrichten gegangen sei, und Matt antwortete, nein, er glaube es nicht. „Du bist noch minderjährig. Da gibt es ein Gesetz, meine ich jedenfalls. Sie dürfen deinen Namen nicht veröffentlichen. Glaube ich." Dad hörte sich so an, als dächte er laut. „Ausgerechnet jetzt muss so etwas passieren! Ich hab's dir und Alex noch nicht gesagt, aber … in meiner Firma steht eine Umstrukturierung an. Sie wollen meine Abteilung verkleinern und …" Matt hätte am liebsten den Hörer in die Ecke geknallt. Bitte nicht! Er konnte es nicht ertragen, was Dad da sagte. Er hörte nur halb, was Dad weiter sagte, es schien mehr oder weniger zusammenhangloses Zeug zu sein. (Ob er getrunken hatte? Vielleicht.) In seinem fernen Four Seasons Hotel in Atlanta wirkte er abwechselnd benommen, ärgerlich, ungläubig oder optimistisch.

„Mach dir keine Sorgen, Matt. Du bist derjenige, dem hier Unrecht geschieht. Wir werden dafür sorgen, dass das Recht wieder hergestellt wird."

Klar, Dad. […]

Bitte ruf mich an. Es ist dringend.

Es konnte sich nur um den Schlamassel handeln, in dem er steckte. Vielleicht gehörte Ursula Riggs ja zu den anonymen Zeugen, die ihn bei Mr. Parrish angeschwärzt hatten? Nein: nicht Ursula. Dieses großknochige, draufgängerische Mädchen mit der wilden, dunkelblonden Mähne, den Ohrsteckern, die wie Glasscherben aussahen, der schmuddeligen Baseballkappe mit dem Schriftzug der Mets, dieses Mädchen mit dem direkten, unerschrockenen Blick aus den blauen Augen. Wenn man *Big Ursula* ansah, schaute sie einem gerade ins Gesicht. Sie konnte einen Jungen in Grund und Boden starren. Jeden. Matt bewunderte Ursula, auch wenn er sich neben ihr unsicher fühlte, verlegen. Nein, Ursula würde niemanden bei irgendwelchen Autoritäten anschwärzen; sie war von Natur aus Anarchistin. Matt wusste das – er wäre selbst gern einer gewesen.

Stattdessen war er immer ein braver Junge gewesen. Pflichtbewusst, höflich, immer nur scheinbar rebellisch, dann, wenn er Witze riss. Instinktiv neigte er dazu, vor allen Autoritäten zu kuschen. Und was hatte es ihm gebracht? Vom Unterricht hatten sie ihn ausgeschlossen, für drei Tage. Mindestens.

Zweimal wählte Matt die Nummer, die Ursula ihm gegeben hatte, zweimal legte er schnell wieder auf, bevor es läutete. Diese verfluchte Schüchternheit! Als er zum dritten Mal gewählt hatte, ließ er es läuten. Sofort ging jemand ran.

„Hallo?" Die Stimme des Mädchens klang heiser, reserviert.

„Hi, hier ist … Matt. Sprech ich mit Ursula?"

„Ja."

„Ich hab deine Nachricht bekommen."

Matt sprach mit leiser, zittriger Stimme. […]

Jetzt begann Ursula zu sprechen, sehr schnell, als hätte sie sich ihre Worte vorher überlegt. „Hör zu, Matt. Ich hab gehört, was du heute in der Cafeteria gesagt hast. Ich ging gerade an eurem Tisch vorbei und hab dich gehört. Ich weiß, dass du bloß einen Witz gemacht hast; kein intelligenter Mensch könnte deine Worte oder Gesten missverstehen. Wenn man sie aus dem Zusammenhang reißt, vielleicht, aber es gab ja einen Zusammenhang.

Ich kann mich als Zeugin melden. Gleich morgen früh gehe ich zu Mr. Parrish und sprech mit ihm. Meinetwegen auch mit der Polizei, wenn es nötig ist."

Die letzten Sätze hatte Ursula sehr lebhaft gesprochen. Matt war sich nicht sicher, ob er richtig gehört hatte. Als Zeugin? Er fühlte sich wie ein Ertrinkender, der auf einmal spürt, wie sein ermüdender Arm von jemandem ergriffen wird, von einem Fremden, dessen Gesicht er nicht sehen kann.

„Du … hast mich gehört?", stammelte er. „Du weißt, dass ich nicht …?"

„Eine Freundin von mir, Eveann McDowd, war bei mir. Sie hat dich auch gehört. Ich werde mit ihr sprechen."

„Du würdest also für mich aussagen, Ursula, als Zeugin? Wahnsinn."

„Das würde ich für jeden tun, der zu Unrecht beschuldigt wird", sagte Ursula rasch. „Ich meine – selbst für Leute, die ich nicht mag."
Matt war zu konfus, um richtig zu begreifen, was Ursula Riggs damit sagen wollte. Dass sie ihn mochte? Er konnte bloß wiederholen: „Danke, Ursula, ich – bin dir wirklich dankbar."
„Du bist die Einzige, die sich bei mir gemeldet hat", fügte er dann noch impulsiv hinzu. „Ich komme mir vor wie ein Paria – so heißt doch das Wort, oder? Ein Aussätziger. Ein Ausgestoßener." Als Ursula nicht antwortete, sagte er: „Sie haben mich vom Unterricht ausgeschlossen, für mindestens drei Tage, haben sie gesagt. Bis die Ermittlungen über mich abgeschlossen sind."

2 **a.** Was erfährst du über Matt und seine Situation? Suche Textstellen heraus und gib sie mit eigenen Worten wieder.
b. Was erfährst du über Ursula? Beschreibe sie näher.

die Hauptfiguren untersuchen

3 Beschreibe, aus welcher Perspektive das Geschehen erzählt wird.

die Erzählperspektive untersuchen

Erzähler ➤ **S. 291**

Der folgende Romanauszug erzählt aus Ursulas Perspektive.

Schon merkwürdig, wie Dinge, die mir in der Mittelschule unheimlich viel ausgemacht haben, die so schlimm für mich waren, dass ich mich in ein Versteck verzogen und geheult habe, mir von einem Tag auf den anderen nichts mehr ausmachten. Genau genommen seit dem Tag, als ich aufwachte und wusste, ich war nicht einfach *ein* hässliches Mädchen – ich war *das* hässliche Mädchen. Ugly Girl. Ich musste lachen, und es war nicht mehr dieses mädchenhafte Lachen, das meine Mom so nett fand. Es war ein richtiges Lachen, das von ganz unten aus dem Bauch kommt.
Nie mehr würde ich mich für meinen Körper schämen. Ich würde stolz auf ihn sein. [...]
Meine Lehrer wussten nicht, wie sie mich einschätzen sollten, das war mir schon klar. Da war zum einen Ursula Riggs, eine ausgezeichnete Schülerin, ein ernsthaftes Mädchen mit Interesse für Biologie und Kunst. Zum anderen aber war da Ugly Girl, die sich im Sport wie ein Komantsche[1] aufführte und eine unfreundliche, sarkastische Art hatte. Ugly Girl hatte ihre Launen, die von Tintenschwarz bis Feuerrot reichten. Wenn ich in der entsprechenden Stimmung war, dann konnte es passieren, dass ich gähnend den Unterricht verließ oder mir mitten in einer Klassenarbeit meinen Rucksack schnappte und rausging. Meine Noten schwankten zwischen A+ und F[2]. Wenn ich bei klarem Verstand war, wusste ich sehr wohl, dass ich befürchten musste, mir meine Eignungstests zu versauen und es nicht auf eines der erträglicheren Colleges zu schaffen. Doch im nächsten Moment konnte ich einfach mit den Schultern zucken und lachen. *Wen kümmert das schon? Ugly Girl jedenfalls nicht.*

[1] der Komantsche: Angehöriger der amerikanischen Ureinwohner
[2] A+ bis F: Zensuren an der amerikanischen Highschool

Ursula Riggs war ein Feigling, sie hatte Angst vor dem, was die Leute dachten, Angst vor der Zukunft. Ugly Girl war kein Feigling und scherte sich einen Dreck um die Zukunft. *Ugly Girl, die Kriegerin.*

Klar wusste ich, dass die Leute hinter meinem Rücken über mich redeten. Meine Eltern. Meine Klassenkameraden. Selbst sogenannte Freunde. Wenn ich mich in der Schule durch den Korridor schob, wenn ich die Cafeteria betrat – immer sah ich die Blicke, hörte ich das Geflüster, das unterdrückte Lachen. *Ursula, die Hässliche.* Ich wusste es und es war mir egal. […]

Freitagmorgen wollte ich unbedingt so früh wie möglich zur Schule, bevor Mom einen ihrer *ernst gemeinten Appelle* an mich richten konnte. Aber da stand sie schon und versperrte mir den Weg.

Und gleich ging's los:

„Ursula! Du wirst dich doch nicht in diese … diese Sache an deiner Schule hineinziehen lassen! Bloß weil du zufällig ein paar Worte mitgehört hast, die du genauso gut falsch verstanden haben kannst. Dein Vater und ich sind beide der Meinung –"

Das war typisch Mom – etwas in Frage zu stellen, wovon ich ganz genau wusste, dass es stimmte.

„– dass es ein schrecklicher Fehler wäre."

Höflich erkundigte sich Ugly Girl: „Von wem, Mom? Von mir oder von euch?"

„Ursula, das hier ist nicht komisch."

Ugly Girl schaute ernst und aufmerksam. „Es sieht dir ähnlich, dich mit einem Jungen einzulassen, der öffentlich beschuldigt wird, eure Schule in die Luft jagen zu wollen. Wir kennen den Jungen ja nicht einmal."

Ugly Girl ließ ihr das durchgehen. Nicht einmal kennen?

„Das wird ein schlechtes Licht auf dich werfen."

(Und auf *euch?)*

„Sag mal, hörst du mir überhaupt zu? Ich hab die ganze Nacht wach gelegen und mir Sorgen gemacht – was, wenn sie dich auch verhören? Als – als Mitverschwörerin? Ein Albtraum! Womöglich käme es in den Nachrichten. Und wenn es in deiner Schülerakte landet –" […]

Okay, Ugly Girl hat einen Fehler gemacht. Ich habe Mom erzählt, was ich in der Cafeteria gehört habe, und sie hat es Dad weitergesagt. Logo. Und ich war mir so sicher, dass sie es richtig finden, wenn ich für die Wahrheit einstehe.

den Perspektivwechsel untersuchen

zitieren ➤ S. 226–227

4 Erkläre, wer Ursula und wer Ugly Girl ist.

5 Stelle Ursula und Ugly Girl gegenüber.

a. Schreibe Zitate heraus, die das Widersprüchliche der beiden Seiten des Mädchens beschreiben.

b. Leite daraus Eigenschaften ab und notiere sie.

6 Diskutiert, warum die Autorin einen Perspektivwechsel verwendet.

W **Wählt eine der folgenden Aufgaben aus und präsentiert anschließend eure Ergebnisse.**

zum Romanauszug schreiben und spielen

7 Im Tandem!
Schreibt den Dialog zwischen Ursula und ihrer Mutter in eine Spielszene um und führt sie auf. Dabei könnte einmal die schüchterne Ursula sprechen und einmal das „Ugly Girl" in ihr.

szenisches Spiel ➤ S. 303

8 Schreibe eine kurze Rede für Ursula, in der sie erklärt, warum es ihr wichtig ist, Matt zu helfen.

appellativ schreiben ➤ S. 94

9 Schreibt einen Dialog zwischen Ursulas Eltern, in dem sie sich über Ursula und ihren Plan unterhalten.

10 Stell dir vor, das Buch soll verfilmt werden.
Entwirf eine Rollenbiografie von Matt und Ursula für die Verfilmung.

Joyce Carol Oates lässt die Leser an der Erlebniswelt von Matt und Ursula teilhaben, indem sie das beschreibt, was die Figuren denken, fühlen, hoffen oder fürchten.

Info

Das Denken und Fühlen der Hauptfiguren wird als **innere Handlung** bezeichnet.
Die **äußere Handlung** beschreibt dagegen, was die Figuren gerade tun oder sehen.

11 Gruppenarbeit!
Was erfahrt ihr über die innere Handlung von Matt und Ursula?
Ordnet den folgenden Situationen Zitate aus dem Text zu.
- Matt auf der Polizeiwache
- Matt während des Gesprächs mit seinem Vater
- Matt während des Gesprächs mit Ursula
- Ursula während des Gesprächs mit Matt
- Ursula während des Gesprächs mit ihrer Mutter

Starthilfe

Auf der Polizeiwache verstand Matt, wieso jemand, der unschuldig in Polizeigewahrsam gerät, ... (Zeile 1 –...)

12 Wie könnte die Geschichte weitergehen?
- Meldet sich Ursula als Zeugin?
- Wie entwickelt sich die Beziehung zwischen Matt und Ursula?

Diskutiert mehrere Möglichkeiten.

den Fortgang der Geschichte diskutieren

Wenn ihr wissen wollt, wie es wirklich weitergeht, dann lest das Buch.

Die poetische Sprache in einem Roman untersuchen

In dem Roman gibt Joyce Carol Oates der 15-jährigen Jenna eine Stimme. Das Mädchen hat einen schweren Verkehrsunfall knapp überlebt, bei dem seine Mutter ums Leben kam.

Info

Der **Prolog** in einem Buch oder Theaterstück ist eine Einleitung, in dem die Vorgeschichte erzählt wird.

Nach dem Unglück schwang ich mich auf, breitete meine Flügel aus und flog davon Joyce Carol Oates

Prolog

Eine Weile war ich weg, und als ich zurückkam, war Mom nicht mehr da.
Meine Schuld war's nicht. *Mir* dürft ihr keine Vorwürfe machen.
Wir fuhren auf der Tappan-Zee-Brücke nach Westen, gegen die Sonne.
Die Sonne war dieses irre rote Auge in einer kränklich aussehenden Wolkenbank. Die Sonne blendete, grell wurde ihr Licht von der Motorhaube zurückgeworfen. Moms Wagen auf der Tappan-Zee-Brücke, hoch über dem Hudson River, wo man selbst an sonst eher stillen Tagen spürt, wie der Wind am Auto rüttelt, und ich schiebe eine CD ein, aber der Apparat wirft sie wieder raus, das passiert manchmal und ist verdammt nervig, also drücke ich noch mal die CD-Taste und dieses Mal bleibt die Scheibe tatsächlich drin, und ich lege die Hand über die Augen zum Schutz vor der Sonne, und plötzlich sehe ich ein Rehkitz direkt vor uns auf der Fahrbahn! – oder vielleicht einen Hund! – diesen Schatten, den Mom nicht zu sehen scheint, und ich kriege die Panik und schreie *Mom! Pass auf!*, und ich greife (vielleicht) ins Steuer oder versuche (vielleicht) ins Steuer zu greifen, oder Mom reißt (vielleicht) das Steuer herum, weil ich (vielleicht) schreie, oder hat Mom (vielleicht) das Rehkitz oder den Hund jetzt selbst gesehen oder (vielleicht) auch einen großen Vogel, einen Falken, oder eine Gans …
Und der Wagen bekommt Flügel und *fliegt*.
Doch! Im Ernst!

1 Was erfährst du aus dem Prolog? Schreibe die Fakten heraus.

den Prolog untersuchen

2 Verfasse eine Schlagzeile, einen Bericht und ein kurzes Interview mit Jenna für eine Zeitung.

zum Prolog schreiben

Den Tod der Mutter erträgt Jenna nur mit Schmerzmitteln.

1 Im Blauen

Im Blauen waren wir fliegende Schneegänse.
Schöne große, weiß gefiederte Schneegänse inmitten einer Schar anderer Gänse. Wir flogen in Keilformation, die langen Hälse gereckt und die Augen schmale Schlitze in unseren wilden, weißen, gefiederten Gesichtern. Und dann unsere Flügel!

Ihr hättet uns sehen sollen, wie wir mit den Flügeln schlugen
und vom Wind getragen wurden.
Dreihundert Meter über dem Fluss schlugen wir heftig
mit den Flügeln, um unser Leben zu retten.
Zeilen aus einem Lied gingen mir durch den Kopf.
Sah die Schneegänse fliegen, sah sie tapfer mit den Flügeln schlagen,
und ich wusste, es würde schwer werden in dieser alten Welt,
sehr schwer.

2 Es war eine Zeit des Vergessens.
Eine lange Zeit *im Blauen*, du wünschst, wünschst, wünschst,
sie würde niemals enden.
Du schläfst viel. Du träumst, musst dich aber an nichts erinnern.
Als würdest du dich ohne Ton durch 101 Fernsehkanäle zappen.
Bis du alles durchhast und wieder bei 1 bist, erinnerst du dich an gar nichts mehr
und fängst wieder von vorne an.
Oder auch nicht. Kickst die Fernbedienung von der Bettkante.

Viele Lieder flogen mich damals an. Aus heiterem Himmel flogen die Lieder
in meinen Kopf. Anschließend vergaß ich sie alle wieder. Bis auf eines:

In the Country of the Blue
There is no you.

Info

Als **poetisch** wird eine Sprache bezeichnet, die bilderreich, ausdrucksvoll und stimmungsvoll ist.

Für den Titel des Buches hat Joyce Carol Oates eine poetische Sprache verwendet. Diese Sprache gibt sie Jenna auch, indem sie ihre Zeit „im Blauen" beschreiben lässt.

die Sprache im Romanauszug untersuchen

3 Was ist mit der Bezeichnung „im Blauen" gemeint?
   a. Beschreibt mit eigenen Worten, in welchem Zustand sich Jenna befindet, wenn sie „im Blauen" ist.
   b. Vergleicht eure Beschreibung von Jennas Zustand mit der Sprache im Romanauszug.

4 Schreibt die Zitate auf, in denen die poetische Sprache verwendet wird.

zitieren ➤ **S. 226–227**

5 Diskutiert, warum die Autorin eine poetische Sprache verwendet haben könnte.

einen Liedtext übersetzen und vergleichen

6 Was verbirgt sich hinter dem Liedtext?
   a. Übersetzt den Liedtext und vergleicht eure Versionen.
   b. Tauscht euch darüber aus, wie dieser Liedtext zu verstehen ist.

Jenna muss vom „Blauen" wieder zurück ins normale Leben. Wie dieses Leben aussieht, welche neue Erfahrungen und Begegnungen sie macht, könnt ihr erfahren, wenn ihr das Buch weiterlest.

Z Weiterführendes: Sich die Seele aus dem Leib schreiben

In ihrem Buch „Beim Schreiben allein“ gibt die Autorin jungen Autorinnen und Autoren Ratschläge und beschreibt in vierzehn Kapitel, wie Geschichten lebendig werden können.

Beim Schreiben allein — Joyce Carol Oates

An einen jungen Schriftsteller

Schreib dir die Seele aus dem Leib. Schäme dich nie deines Themas noch deiner Leidenschaft für dieses Thema. Diese „verbotenen“ Leidenschaften sind wahrscheinlich der Antrieb für deine Arbeit. [...] Der Kampf mit der verschütteten Seite oder den Seiten deiner Persönlichkeit bringt deine Kunst hervor; diese Gefühle sind der Antrieb für dein Schreiben, der es möglich macht, dass du Tage, Wochen, Monate und Jahre bei etwas bleibst, das anderen aus der Distanz als „Arbeit“ erscheint. [...]

Lies viel und ohne dich dafür zu entschuldigen. Lies, was du lesen willst, und nicht, was du lesen sollst. [...]

Schreibe für die Zeit, in der du lebst, wenn nicht sogar ausschließlich für deine Generation. Du kannst nicht für die „Nachwelt“ schreiben – sie existiert nicht –, und du kannst nicht für eine vergangene Welt schreiben. Du könntest dich, unbewusst, an ein Publikum wenden, das nicht existiert; du könntest versuchen, jemandem zu gefallen, der keinen Gefallen finden will und der es darüber hinaus nicht wert ist. (Aber wenn du merkst, dass du dir nicht „die Seele aus dem Leib schreiben“ kannst – du bist gehemmt, peinlich berührt, ängstlich, dass du die Gefühle der anderen verletzen könntest –, dann liegt die Lösung vielleicht in einem Pseudonym. Es hat etwas wunderbar Befreiendes, sogar Kindliches, einen anderen Namen zu verwenden – einen erfundenen Namen, der nicht unmittelbar mit *dir* zusammenhängt. Wenn sich deine Lage ändert, kannst du immer noch dein wahres Ich preisgeben. [...]

Schäm dich nicht, idealistisch zu sein, romantisch und voller Sehnsucht. Wenn du dich nach Menschen sehnst, die dein Interesse an ihnen nicht erwidern, dann mache dir bewusst, dass deine Sehnsucht nach ihnen vielleicht das Wertvollste an ihnen ist. Solange sie nicht erwidert wird. Urteile nicht zu rasch über Klassiker. Oder zeitgenössische Werke. Suche dir dann und wann ein Buch zu lesen, das nicht unbedingt deinem Geschmack entspricht – oder dem, was du für deinen Geschmack hältst. [...]

Sprache ist, geschrieben, ein eiskaltes Medium. Anders als Schauspieler und Sportler können wir verbessern, überarbeiten oder komplett neu schreiben, wenn wir wollen. Bis unsere Arbeit *in Druck gegeben – wie in Stein gemeißelt* – wird, haben wir die Macht darüber. Der erste Entwurf ist vielleicht holprig und anstrengend, aber der nächste oder der übernächste berauschend und erhebend. Hab Vertrauen: Der erste Satz ist nicht geschrieben, bis nicht der letzte geschrieben ist. Erst dann weißt du, wohin du gewollt hast und wo du gewesen bist. Der Roman ist das Leiden, für das nur der Roman das Heilmittel ist. Ein letztes Mal: Schreib dir die Seele aus dem Leib.

1 **a.** Tauscht euch darüber aus, was die Autorin mit „sich die Seele aus dem Leib schreiben" meint.
b. Findet eine eigene Formulierung dafür.

die Hinweise der Autorin ergründen und anwenden

2 Warum kann ein Pseudonym beim Schreiben helfen?
a. Besprecht, was die Vorteile eines Pseudonyms sind.
b. Wählt euch ein Pseudonym aus.

W **In den folgenden Aufgaben findest du Anregungen, dir selbst deine Seele aus dem Leib zu schreiben. Wähle und probiere es aus.**

einen Text schreiben

3 Schreibe einen Tagebucheintrag über einen Vorfall in der Schule.

Erzählplan ➤ **S. 296**

4 Schreibe einen Brief an eine der Hauptfiguren aus den beiden Jugendbüchern von Joyce Carol Oates.

produktives Schreiben ➤ **S. 82–84**

5 Schreibe einen kurzen Zeitungsbericht in einen Text um, der poetisch klingt.

6 Schreibe einfach drauflos, was dir in den Kopf kommt. Konzentriere dich dabei auf das, was du wahrnimmst: Geräusche, Gefühle, Gedanken.

Die schwierigste Arbeit beim Schreiben von Texten ist das Überarbeiten.

7 **a.** Lies deinen Text laut vor oder lasse dir den Text vorlesen.
b. Mache dir Notizen für deine Überarbeitung.
c. Überarbeite deinen Text.
d. Lies deinen Text jemandem vor und bitte um ein Feedback.
e. Überarbeite den Text wenn nötig noch einmal.

den Text überprüfen und überarbeiten

ein Feedback empfangen und geben ➤ **S. 301**

Mit spitzer Feder gezeichnet und geschrieben

Die Karikatur als Form der Satire

Zeitungen und Magazine veröffentlichen regelmäßig satirische Texte und Karikaturen. In diesem Kapitel untersucht ihr die Mittel und die Ziele der Karikaturisten und Autoren.

1

Kamensky: Eisbären

2

Klaus Stuttmann: Marodes Bildungssystem

3

Horst Haitzinger: 1986: Tschernobyl, 2011: Fukushima, 2036: ???

1 Schaut euch die drei Karikaturen an und tauscht euch dazu aus:
- Welche Thematik wird jeweils dargestellt?
- Warum wird für diese Thematik eine Karikatur gewählt?
- Was findet ihr lustig? / Warum findet ihr das lustig?
- Welche weiteren Informationen erfahrt ihr über die Bildunterschrift?

erste Eindrücke austauschen

2 Was ist eine Karikatur?
a. Schreibt eine Definition. Nutzt die Informationen in der Randspalte.
b. Vergleicht eure Definitionen in der Klasse.

> **Info**
> Der Begriff **Karikatur** stammt vom lateinischen Wort „carrus“ („Überladung“) und von dem italienischen Wort „caricare“ „überladen, übertreiben“ ab.

Karikaturen sind nicht auf den ersten Blick zu entschlüsseln und zu bewerten.

3 Gruppenarbeit!
Wählt eine Karikatur von Seite 192 aus, die ihr genauer untersucht.
a. Beschreibt, was darauf zu sehen ist.
b. Erklärt, was euch zum Lachen und zum Nachdenken bringt.
c. Besprecht, mit welchem Ziel die Karikatur gezeichnet wurde.
d. Stellt eure Ergebnisse in der Klasse vor.

eine Karikatur untersuchen und interpretieren

4 Interpretiert die Karikatur mithilfe der Arbeitstechnik auf dieser Seite.

Karikaturen gehören zum Alltag.

5 **a.** Rechechiert und stellt aktuelle Beispiele vor.
Z **b.** Interpretiert eine Karikatur mithilfe der Arbeitstechnik.

Karikaturen vorstellen

recherchieren ➤ S. 295

Arbeitstechnik

Eine Karikatur interpretieren

- **Betrachte** zunächst die Karikatur und finde heraus, welches **Thema** darin dargestellt wird.
- Beschreibe dann die Karikatur mithilfe von folgenden Fragen:
  - Welche **Situation** oder welches **Problem** wird darin dargestellt?
  - Welche **Figuren** werden dargestellt?
  - Welche **Symbolik** haben die einzelnen zeichnerischen Elemente?
  - Welche **Informationen** bietet die **Überschrift**? Welche Bedeutung hat sie?
  - Wie ist der **Bildaufbau** gestaltet (Vordergrund, Hintergrund, Perspektive)?
  - Welche anderen **Gestaltungsmittel** fallen auf?
- **Erkläre** die Karikatur.
  Recherchiere zu den politischen, wirtschaftlichen oder kulturellen Zusammenhängen, die wichtig sind, um die Karikatur zu verstehen.
  Untersuche, mit welchem **Ziel** der Karikaturist die Karikatur erstellt hat.
- **Bewerte** die Karikatur mithilfe folgender Fragen:
  Wird die **Aussage** der Karikatur präzise dargestellt?
  Sind die **zeichnerischen Mittel** geeignet, um das Ziel zu erreichen?
  Ist die Karikatur **überzeugend**?

Durch Widersprüche schockieren

Satiriker machen in Bild und Wort auf Missstände aufmerksam und weisen oft auch auf die – ihrer Meinung nach – Verantwortlichen hin. Dafür nutzen sie bestimmete Stilmittel. Um ihre Anspielungen zu verstehen, ist es wichtig, über politische Hintergründe informiert zu sein.

1

NEL/Ioan Cozacu: Wer Waffen säet ...

2

Klaus Staeck: Der Frieden gefährdet Arbeitsplätze

die Abbildungen untersuchen

1 Betrachte die beiden Abbildungen.
Notiere, welches Thema darin aufgegriffen wird.

2 **a.** Beschreibe die Abbildungen und ihre Wirkung auf dich.
b. Welche Abbildung spricht dich stärker an? Begründe deine Antwort.

3 Im Tandem!
a. Ergänzt die Bildunterschrift von Abbildung 1.
b. Besprecht, warum nur der Satzanfang verwendet wurde.
c. Tragt eure Ergebnisse vor.

4 Stellt Fragen zu den Abbildungen.
a. Klärt Details, die euch unverständlich sind.
b. Recherchiert Hintergrundinformationen.

recherchieren ➤ S. 295

Satirische Texte und Abbildungen erzielen ihre Wirkung häufig durch Widersprüche.

5 Erläutere, welche Widersprüche die Künstler in den Abbildungen aufzeigen.

Rüdiger Hoffmann hat das Thema in einem Songtext verarbeitet.

Waffenschieber Rüdiger Hoffmann

Jeden Morgen geh ich aus dem Haus,
Meine Frau, die winkt zum Fenster raus.
Der Kleine bringt nen 2er in Latein,
Die Große, die macht gerade den Führerschein.
Unser Bungalow, der steht in der Natur,
Den Abend jogg ich gern durch Wald und Flur.
Wir essen gut, doch halten auch Diät,
Denn Gesundheit hat für uns Priorität.

Doch Dienst ist Dienst und Schnaps ist Schnaps
Und meiner Frau, der schenke ich Straps.

Bin ein Waffenschieber,
Großkaliber,
Ich bin kein Kapuziner,
Ich bin Großverdiener.
Und wenn's wo auf der Welt so richtig kracht,
Wird bei mir Kasse gemacht.

In der Kirch bin ich ein gern gesehner Mann,
Der Pfarrer ruft mich auch privat mal an.
Denn er weiß, ich habe etwas Geld
Und spende gern bei Brot für die Welt.
Der neue Mann im Auswärtigen Amt,
Der ist ja auch schon lang mit mir bekannt.
Alleine steht man heut sehr schnell im Regen,
Drum muss man seine Freundschaften gut pflegen.

Doch Dienst ist Dienst und Schnaps ist Schnaps
Und meiner Frau, der schenke ich Straps.

Bin ein Waffenschieber,
Großkaliber,
Ich bin kein Kapuziner,
Ich bin Großverdiener.
Und wenn's wo auf der Welt so richtig kracht,
Wird bei mir Kasse gemacht.

6 Welcher Eindruck entsteht nach der ersten Strophe?
a. Fasst eure Eindrücke zusammen.
b. Besprecht, welche Überschrift ihr der ersten Strophe geben würdet.

die erste Strophe besprechen

Rüdiger Hoffmann zeigt in seinem Song einen Widerspruch auf zwischen dem, was seine Zuhörer aufnehmen, und dem, was sie selbst ergänzen.

7 Untersuche den Widerspruch. Vervollständige dazu die Tabelle.

den Text untersuchen

Starthilfe

Der Waffenschieber privat	...
– hat Frau und Kinder – liebt die Natur	trägt dazu bei, dass anderswo Familien zerstört werden ...

8 Fasse mit eigenen Worten zusammen, wie und wodurch Rüdiger Hoffmann den Waffenschieber kritisiert.

Stilmittel der Satire zusammenfassen

W Wählt eine Aufgabe aus und präsentiert die Ergebnisse.

9 Bereitet den Songtext als Vortrag vor. Überlegt, welche Stellen besonders betont werden müssen, damit sie satirisch klingen.

den Text vortragen
vortragen ➤ S. 302

10 Schreibe eine weitere Strophe, in der der Charakter des Waffenschiebers deutlich wird.

eine weitere Strophe schreiben

Satire durch Übertreibung

Liesl Karlstadt und Karl Valentin traten mit satirischen Dialogen auf der Bühne auf und wurden damit berühmt. Bis heute gelten sie als Vorbilder im Bereich Comedy und Satire.

Info

Karl Valentin (1882–1948) hieß mit bürgerlichem Namen Valentin Ludwig Fey. Als bayerischer Komiker, Volkssänger, Autor und Filmproduzent beeinflusste er mit seiner humoristischen Art viele nachfolgende Künstler, darunter Bertolt Brecht, Loriot und Helge Schneider.
Seine wichtigste Bühnenpartnerin war **Liesl Karlstadt** (Elisabeth Wellano, 1892–1960), mit der ihm 1911 der Durchbruch in München gelang. Sie arbeiteten 25 Jahre lang zusammen und präsentierten ca. 400 Sketche und Komödien.

Der folgende Dialog entstand kurz nach dem Zweiten Weltkrieg. In Europa gab es wenig zu essen, die Amerikaner unterstützten die europäische Bevölkerung, indem sie Lebensmittel mit Schiffen über den Atlantik schickten.

Dialog zwischen Karl Valentin und Liesl Karlstadt über Hunger, Waffen und Atombomben

[...]

Valentin: Ja dann kommt noch dazu, dass im Meer noch Millionen von Minen umanand liegn, da müassn die amerikanischen Schiffe jeder Mine ausweichen, also drum rum fahrn; was glaubn Sie, was die oft für an Umweg macha müassn, bis die in Europa landen können.

Karlstadt: Aha! So ist dös – von so was hat natürlich unsereiner keine Ahnung. Aba wenn dös so is, wie Sie sagen, dann wär es doch das Einfachste, wenn man diese schwimmenden Minen aus dem ganzen Meer rausfischen tät, damit die großen Transportdampfer nicht mehr gehindert wären.

Valentin: Ja, dös wird ja schon seit Kriegsende getan.

Karlstadt: Sooo – aa ja, dann wern ma ja bald was kriang – dauert dös lang, bis diese Minen alle rausgfischt san?

Valentin: Ja, dös kann viele, viele Jahrzehnte dauern, weil doch diese Minen unter Wasser schwimmen – die sieht ma ja gar net, das ist möglich, dass solche Minen in 100 Jahr no im Meer herum schwimmen.

Karlstadt: Und so lang müassn mir noch hungern? Ja! – Warum ham s' denn die Minen ins Meer neigschmissn?

Info

In einer **Satire** werden häufig Übertreibungen verwendet.
Sachverhalte werden verzerrt dargestellt und verspottet.
In humorvoller Weise können satirische Texte die Leser oder Hörer unterhalten, etwas kritisieren, belehren oder überzeugen.

Valentin: Sehr einfach! Damit die Schiffe an die Minen hinstoßen solln und in die Luft fliegen.

Karlstadt: Was? – Die Schiffe fliegen dann in die Luft? Wie der Zeppelin?[1]

Valentin: Der Zeppelin kann weiterfliagn, aber die Schiffe fallen wieder ins Meer und versinken.

Karlstadt: Mit den ganzen Nahrungsmitteln, die für Europa bestimmt sind?

Valentin: Natürlich!

Karlstadt: Ja, wer hat denn dann die gefährlichen Minen erfunden?

Valentin: Dös könnt ich Ihnen momentan nicht sagen, aber des können S' in Meyers Konversationslexikon Band „M" schon herausfinden.

Karlstadt: Mir ham sogar Meyers Konflimationslexikon dahoam, da schau i heut glei nei, wia dieser edle Erfinder hoaßt. Dem schreib i aba! So an Briaf hat der no net glesn.

Valentin: Regn S' Ihna doch net auf, Frau Meier, schreiben S' dem nicht, der diese Wasserbomben erfunden hat, erstens lebt dieser Mann wahrscheinlich nicht mehr und zweitens hats der ja nur gut gemeint.

Karlstadt: Was, gut gemeint? Wenn einer so eine grausame Waffe erfindet? Bravo, Sie ham saubere Ansichten.

Valentin: Des verstehn Sie auch wieder nicht, Frau Meier, das ist aber so, das sehn Sie jetzt wieder an der Erfindung der Atombombe, das ist doch eine wunderbare Sach. Diese Erfindung könnt uns den ewigen Frieden bringen.

Karlstadt: Ja, san denn Sie übergschnappt, Herr Huber. Ham denn Sie in der Zeitung net glesn von der furchtbaren Wirkung, die nur eine Atombombe verursacht? Wenn 1000 Atombomben zur gleichen Zeit losgehn, da wird ja die ganze Welt in Trümmer gelegt und alles Leben von Mensch und Tier erlöschen.

Valentin: Na also, Frau Meier, dann stimmt es doch – da hat uns der Erfinder der schrecklichen Waffe den ewigen Frieden gebracht.

[1] der Zeppelin: Luftschiff mit einem Gerüst aus Leichtmetall und einer Außenhülle aus Stoff, nach dem Konstrukteur F. Graf von Zeppelin benannt

1 Gebt den Inhalt des Dialogs mit eigenen Worten wieder.

den Inhalt wiedergeben

2 Untersucht nun genauer den Verlauf des Dialogs:
- Wer stellt die Fragen?
- Wer gibt die Antworten?
- Welche Fragen werden zu dem Problem gestellt?
- Welche Lösungen werden genannt?

den Dialog untersuchen

3 Welche sprachlichen Mittel wirken in diesem Dialog satirisch?

a. Findet Textbelege für die sprachlichen Mittel am Rand und erklärt ihre Wirkung auf die Leser.

b. Überlegt, warum Valentin und Karlstadt die bayrische Mundart wählen. Was wird inhaltlich und sprachlich damit erreicht?

Doppeldeutigkeit
Übertreibung
Paradoxon (scheinbarer Widerspruch)
Ironie

Satire durch Untertreibung

Erich Kästner ist bekannt für seine satirischen Gedichte, bei denen einem manchmal das Lachen im Halse stecken bleibt.

Die Ballade vom Nachahmungstrieb Erich Kästner

Es ist schon wahr: Nichts wirkt so rasch wie Gift!
Der Mensch, und sei er noch so minderjährig,
ist, was die Laster dieser Welt betrifft,
früh bei der Hand und unerhört gelehrig.

Im Februar, ich weiß nicht am wievielten,
geschah's auf irgendeines Jungen Drängen,
dass Kinder, die im Hinterhofe spielten,
beschlossen, Naumanns Fritzchen aufzuhängen.

Sie kannten aus der Zeitung die Geschichten,
in denen Mord vorkommt und Polizei.
Und sie beschlossen, Naumann hinzurichten,
weil er, so sagten sie, ein Räuber sei.

Sie steckten seinen Kopf in eine Schlinge.
Karl war der Pastor, lamentierte viel
und sagte ihm, wenn er zu schrein anfinge,
verdürbe er den andern das Spiel.

Fritz Naumann äußerte, ihm sei nicht bange.
Die andern waren ernst und führten ihn.
Man warf den Strick über die Teppichstange.
Und dann begann man, Fritzchen hochzuziehn.

Er sträubte sich. Es war zu spät. Er schwebte.
Dann klemmten sie den Strick am Haken ein.
Fritz zuckte, weil er noch ein bisschen lebte.
Ein kleines Mädchen zwickte ihm ins Bein.

Er zappelte ganz stumm, und etwas später
verkehrte sich das Kinderspiel in Mord.
Als das die sieben kleinen Übeltäter
erkannten, liefen sie erschrocken fort.

Noch wusste niemand von dem armen Kinde.
Der Hof lag still. Der Himmel war blutrot.
Der kleine Naumann schaukelte im Winde.
Er merkte nichts davon. Denn er war tot.

Frau Witwe Zickler, die vorüberschlurfte,
lief auf die Straße und erhob Geschrei,
obwohl sie doch dort gar nicht schreien durfte.
Und gegen sechs erschien die Polizei.

Die Mutter fiel in Ohnmacht vor dem Knaben.
Und beide wurden rasch ins Haus gebracht.
Karl, den man festnahm, sagte kalt: „Wir haben
es nur wie die Erwachsenen gemacht."

Erich Kästner (1899 – 1974) war ein deutscher Schriftsteller, der besonders durch seine Kinderbücher und humoristischen Gedichte bekannt wurde. Er verfasste Drehbücher, außerdem Texte für das Kabarett und schrieb Reportagen, Rezensionen und Glossen für verschiedene Berliner Tageszeitungen und Zeitschriften.

1 Im Tandem!

a. Notiert, welche Bilder in eurem Kopf entstehen:
- Was kommt euch bekannt vor?
- Was versteht ihr nicht?

b. Tauscht euch zu den Bildern aus und vergleicht sie:
- Wie stellt ihr euch die Situation vor, wie den Ort der Handlung?
- Welche Stimmung wird vermittelt?

Bilder zu dem Gedicht austauschen

2 Erkläre, wie es zu dem Tod des Jungen gekommen ist.

den Inhalt erklären

Der Titel der Ballade und die erste Strophe haben in dieser Ballade eine besondere Funktion.

3 Welche Hinweise gibt der Titel der Ballade? Begründet eure Antwort.

den Titel und die erste Strophe untersuchen

4 Die erste Strophe unterscheidet sich vom Rest der Ballade. Erklärt die Funktion der ersten Strophe.

Erich Kästner bezeichnet „Satiriker als Idealisten", die die Hoffnung haben, „dass die Menschen vielleicht doch ein wenig, ein ganz klein wenig besser werden könnten, wenn man sie oft genug beschimpft, beleidigt und auslacht".

5 Welche sprachlichen Mittel nutzt der Autor? Belege deine Ergebnisse mit passenden Textstellen.

sprachliche Mittel untersuchen

6 Formuliere mit eigenen Worten, was der Autor in seiner Ballade kritisiert und an wen sich die Ballade richten könnte.

die Kernaussage formulieren

W **Wählt aus den Aufgaben aus und stellt die Ergebnisse in der Klasse vor.**

7 Die Ballade ist aufgrund einer Zeitungsmeldung aus dem Jahr 1930 entstanden. Schreibe einen sachlichen Polizeibericht zu diesem Vorfall.

einen Bericht schreiben

8 Schreibe die Ballade in eine Geschichte um.

die Ballade in eine Geschichte umschreiben

9 Wie aktuell ist diese Ballade? Wäre dieses Geschehen auch noch heute möglich? Diskutiert die Fragen und begründet eure Meinungen.

diskutieren ➤ **S. 300**

10 Stellt ein weiteres satirisches Gedicht von Erich Kästner vor.

ein weiteres Gedicht vorstellen

Z Weiterführendes: Die Zeit schreit nach Satire

Einer der bedeutendsten deutschen Satiriker und Gesellschaftskritiker war Kurt Tucholsky. Im Jahr 1929 formuliert er: „Die Zeit schreit nach Satire."

mehr über Kurt Tucholsky ➤ S. 128

Statistik Kurt Tucholsky

Wir sind ein armes Land. Ich, der gelernte Arbeiter mit Frau und drei Kindern, arbeite 50 Tage im Jahr nicht für mich – über zwei Tage arbeite ich für die Reichswehr, und zwei weitere Tage im Jahr arbeite ich, damit wir eine schöne Polizei haben. Einen halben Tag muss ich für die Kirche arbeiten, der ich gar nicht mehr angehöre, und eine Woche für die Beamten, für alle die vielen überflüssigen Beamten.

Dafür habe ich es dann mit der Kunst und Wissenschaft leichter; das ist in 3 Stunden gemacht.

Wir sind ein armes Land!

Wir haben 28 807 988 Mark allein in Preußen für die Pferdezucht übrig und wenig zu essen, aber 230 990 Mark für die Seelsorge in der Reichswehr und 2 164 000 Mark für die Umzüge unserer Botschafter und Gesandten, denn wenn die nicht umzögen, was hätten sie sonst zu tun? Und ich, der Buchhalter, beziehe ein Jahresgehalt von 3600 Mark, und meine Frau gibt wöchentlich 40 Mark aus. Und 433 Wochen müsste ich arbeiten, um so viel zu erarbeiten, wie der Herr Tirpitz, der die deutsche Flotte danebenorganisiert hat, als Pension bekommt. Herr Schlachtenverlierer Ludendorff bekommt 17 000 Mark, denn wir zahlen an Pensionen für die alten Monarchisten 206 931 960 Mark, denn wir habns ja – das heißt: Eigentlich haben wirs nicht, aber was ist da zu tun, wenn wir doch einen neuen Panzerkreuzer haben müssen, der 80 Millionen kostet! Und wenn die Offiziere morgens spazieren reiten müssen, dann kann man keine schöne Augenkliniken haben; wir brauchen unser Geld anderswo.

Wo steckt Deutschlands Geld? [...]

1 Welche Zeit wird beschrieben?
- **a.** Begründet eure Vermutung mit Zitaten aus dem Text.
- **b.** Gebt mit eigenen Worten wieder, worum es in Tucholskys Satire geht.

den zeitlichen Hintergrund ergründen

2
- **a.** Schreibt zu folgenden Stichworten die Zahlen heraus, die Tucholsky nennt: Arbeitstage des Buchhalters, Staatsausgaben in Preußen, Jahresgehalt des Buchhalters im Vergleich zu den Staatsausgaben.
- **b.** Besprecht, was Tucholsky mit diesen Zahlen ausdrücken wollte.

den Text erschließen

3 Der Textauszug endet mit einer Frage. Besprecht Vorschläge, wie Tucholsky die Frage beantwortet haben könnte.

4 Erläutert, warum Tucholsky formuliert: „Die Zeit schreit nach Satire." Bezieht dabei die Texte von Karl Valentin und Erich Kästner ein.

Karl Valentin ➤ S. 196–197
Erich Kästner ➤ S. 198

W **Wählt aus den Aufgaben aus.**

5 Rechne aus, wie viel Mark der Buchhalter für sich behält.

6 Sucht euch einen Namen oder Begriff aus dem Text, zu dem man Hintergrundinformationen benötigt, und recherchiert dazu. Stellt diese Informationen eurer Klasse zur Verfügung.

Hintergrundinformationen recherchieren

recherchieren ➤ S. 295

7 **a.** Diskutiert, ob Tucholskys Satire auf heutige Verhältnisse zutrifft.
b. Fertigt gegebenenfalls eine moderne Version des Textes an und sucht passende Bilder dazu.

die Aktualität des Textes diskutieren

Satirische Texte und Karikaturen rufen oft Empörung hervor. Kurt Tucholsky antwortete 1919 auf die Frage „Was darf Satire?" – „Alles."

8 Darf Satire wirklich alles? Nimm Stellung zu Tucholskys Ausspruch. Beziehe dabei auch aktuelle Beispiele, z. B. Texte, Karikaturen und Fernsehauftritte, ein.

Stellung nehmen

Statement ➤ S. 300

Der Autor und Regisseur Jesko Friedrich beantwortet die Frage in einem Zeitungsartikel. In dem Auszug stellt er die Aufgabe von Satire so dar.

Was darf Satire? Jesko Friedrich

Satire [...] will – nach Möglichkeit unterhaltsam – informieren, aber vor allem eine klare und kritische Meinung äußern und deutlich Stellung zu aktuellen Ereignissen beziehen. Darüber hinaus will sie ihrem Publikum ein Bewusstsein all dessen vermitteln, was im Lande nicht funktioniert oder falsch läuft. Im besten Falle lacht der Zuschauer, lernt etwas dabei und setzt diese Erkenntnis dazu ein, aktiv an der Beseitigung von Missständen mitzuwirken. [...]
Satire ist in erster Linie gegen etwas gerichtet, und zwar gegen eine als fehlerhaft und schlecht empfundene Wirklichkeit in Form von Personen, Institutionen und Geisteshaltungen. Diese werden kritisch mit einem Ideal verglichen, dem sie nicht entsprechen. Der ironische Humor, mit dem dies geschieht, ist dabei nur ein Vehikel, das ohne den kritischen Anspruch der Satire zu reiner Komik bzw. Comedy wird.

9 Was darf Satire?
a. Lies den Textauszug und schreibe heraus, wie der Autor Satire definiert (Aufgabe der Satire, Fragestellung, Grenzen).
b. Vergleiche diese Definition mit den Texten in diesem Kapitel. Inwiefern werden die Texte dieser Anforderung gerecht?

den Begriff definieren

Z **10** Wodurch unterscheidet sich Satire von reiner Komik oder Comedy? Erkläre den Unterschied anhand von aktuellen Beispielen von Satire.

aktuelle Beispiele präsentieren

Auftritt im Netz

Medien nutzen

Medien verändern sich selbst und das Verhalten ihrer Nutzer schnell.

1 Tauscht euch über die Abbildung aus.
- Welche Medien, Programme oder Plattformen werden dargestellt?
- Wozu können sie genutzt werden?

sich über Medien austauschen

2 Welche Begriffe rund um das moderne Internet (Web 2.0) kennt ihr?
a. Schreibt sie auf und informiert euch darüber.
b. Stellt eure Ergebnisse in der Klasse vor.

- Wikis
- Podcasts
- virtuelle Welten
- Media-Sharing
- ...

3 Erklärt, warum das Web 2.0 auch als „Mitmach-Web“ bezeichnet wird.

Welche Aktivitäten Jugendliche im Internet bevorzugen, wird jedes Jahr von Medienwissenschaftlern untersucht.

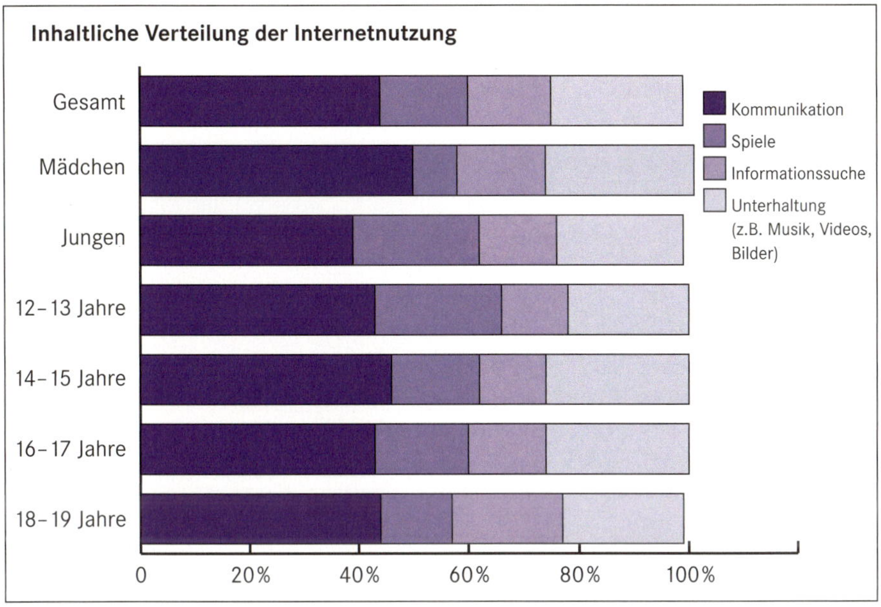

4 Welche Informationen könnt ihr dem Diagramm entnehmen? Fasst wesentliche Aussagen in eigenen Worten zusammen.

ein Diagramm auswerten

Grafiken erschließen
➤ S. 295

W **Mit den folgenden Wahlaufgaben könnt ihr untersuchen, wie ihr das Internet nutzt.**

soziale Netzwerke, Video-/Musikportale, über das Internet telefonieren/skypen, Suchmaschinen, Online-Lexika, Chatrooms, Radio/TV-Sendungen zeitversetzt hören/sehen, E-Mail, ...

5 Im Tandem!
Welche Internetdienste nehmt ihr in Anspruch, um mit anderen zu kommunizieren? Welche, um euch zu informieren? Welche dienen euch zur Unterhaltung? Tauscht euch darüber aus.

das eigene Nutzerverhalten untersuchen

6 Führt eine Umfrage zum Nutzerverhalten in eurer Klasse oder in eurem Jahrgang durch.
a. Entscheidet, welche Frage(n) beantwortet werden soll(en).
b. Entwerft einen Fragebogen und teilt ihn an die Teilnehmer aus.
c. Veranschaulicht die Ergebnisse der Umfrage in einem Diagramm.
d. Besprecht die Ergebnisse in der Klasse.

Starthilfe
- Welche Dienste ...?
- Wie häufig ...?
- Zu welchem Zweck ...?

Blogs untersuchen

Durch einen Blog kann man als Einzelperson eine Vielzahl von Menschen erreichen. Blogs können ganz unterschiedliche Inhalte haben.

1 Seht euch den Screenshot an und lest den Text darunter.

Unsere Umwelt
Umweltblog der Niederrheinischen Tageszeitung

Startseite | Kommentarrichtlinien | Über diesen Blog | Suchbegriff

26.4.2013 von Axel

Was wir alles mitschleppen!

Das Handy, die Kinokarten, die Fleece Jacke ... und was tragt ihr so mit euch herum?
Leichte Dinge aus unserem Alltag werden der Umwelt zur Last. Jedes Endprodukt wiegt nur einen Bruchteil der natürlichen Ressourcen, die bei seiner Herstellung verwendet werden.

Zur Fotostrecke:

▶▶Konsumgüter im Supermarkt

Das meint eine Umweltschützerin aus Oberkassel:

Kommentare zu diesem Post:

Ayse, 28.4.13
Wie kann man denn Energie, Wasser, Luft in ein Gewicht umrechnen?

Marcel, 27.4.13
In einem anderen Post habe ich aber gelesen...

Interessante Webseiten und Blogs:
www.swr.de/blog/umweltblog
www.nabu.de

Ältere Beiträge:
April 2013
März 2013
Februar 2013
Januar 2013

Was ist ein Blog?

Der Begriff Blog oder Weblog setzt sich aus der Abkürzung „Web" für „World Wide Web" und „Log" für Logbuch zusammen. Oft werden damit Internet-Tagebücher bezeichnet, in denen mindestens eine Person Ereignisse wie zum Beispiel Entwicklungen in der Umwelt, aber auch Kommentare und Meinungen aufzeichnet. Außerdem führt der Autor häufig persönliche Linklisten und postet Fotos, Audio- und Videobeiträge. Die Informationen werden in regelmäßigen Abständen aktualisiert. Erste Blogs entstanden Mitte der 1990er. Weltweit wuchs die Zahl der Blogs bis 2010 auf 200 Millionen an. In Deutschland betreiben inzwischen 8,4 % der Internetnutzer einen privaten Blog. Auch geschäftlich werden Blogs genutzt, z. B. werden sie von Medien wie Tageszeitungen betrieben, die auf diese Weise ihren Leserkreis erweitern und Rückmeldungen von ihren Lesern erhalten.

2 Im Text sind einige Merkmale von Blogs markiert.
Beschreibt, wo ihr die Merkmale im Screenshot wiederfindet.

3 Tragt weitere Informationen über Blogs zusammen und stellt sie in der Klasse vor.

sich über Blogs informieren

Blogs setzen sich aus vielen Elementen zusammen.

Jennys Fashionzone

Archiv
Jan. 13 (2)
Dez. 12 (14)
Nov. 12 (12)
Okt. 12 (4)
Sept. 12 (13)
Aug. 12 (10)
Juli 12 (8)

RSS

Sonntag, 20. Februar 2013
Die BREAD & BUTTER – Modemesse in Berlin

Hi Leute!
Dieses Paar Schuhe habe ich auf der Modemesse gesehen und ich glaube, sie werden der neue Trend in diesem Frühling. Andere Schuhtrends findet ihr auf Melindas Blog:
http://melindasschuhe.blog.com/frühling13

Kommentar: 21.02.2013 von Jan
Hey Jenny, die Schuhe sind schon witzig, aber ob's zum neuen Trend reicht....
Warte auf neuen Post ☺

Über mich
Jenny 17, Schülerin
▶ Mein Profil vollständig anzeigen

Meine Blogroll:
fashion4me
Schuheshoe
Kleiderkiste

Schlagwort
Schuhe Klamotten Mode for him Muster **for her** **Messen** Accessoires Socken

Posts und Kommentare
Die Artikel des Blog-Autors nennt man Posts. Sie sind nach Datum geordnet, der neueste Post steht an oberster Stelle. Nutzer können die Posts kommentieren, sodass eine Diskussion entsteht.

Permalink
Jeder Eintrag, bei manchen Blogs auch jeder Kommentar, besitzt eine eindeutige und sich nicht verändernde, permanente Webadresse (URL). So können Nutzer z. B. einzelne Einträge auf andere Blogs verlinken.

Blogroll
Eine Blogroll ist eine öffentliche Linksammlung zu anderen Blogs. Sie ist meist gut sichtbar auf der Startseite und allen Unterseiten platziert.

RSS-Feed
Mithilfe eines RSS-Feeds erhält man einen kurzen Überblick über aktuelle Veränderungen einer Webseite oder eines Blogs, ohne die Seite besuchen zu müssen.

4 Wie sind die Elemente angeordnet?
a. Untersuche den oben gezeigten Blog. Finde die Elemente, die in den Kästen erklärt werden.
b. Recherchiere die Bedeutung der Elemente vom Rand, die nicht erklärt werden.

den Aufbau untersuchen

Schlagwortwolke
Blog-Aktionen

Blogs können sehr unterschiedliche Inhalte haben.

5 Was bedeuten die Bezeichnungen in der Randspalte?
a. Recherchiere im Internet nach den möglichen Inhalten der Blogs.
b. Ordne sie übergeordneten Themen zu. Begründe deine Zuordnung.

Blogromane,
Sportblog,
Artblog, Edublog,
Placeblog

Ein Blog verrät einiges über seinen Verfasser

6 Welche Rückschlüsse lassen die Inhalte und Elemente eines Blogs über den Autor (Blogger) zu? Erläutere anhand von Beispielen.

den Inhalt von Blogs untersuchen

Legal und fair im Netz

Wer im Netz einen eigenen Blog betreibt oder auf anderen Blogs postet, bewegt sich nicht in einem rechtsfreien Raum. Gerade weil einmal ins Netz gestellte Daten kaum wieder vollständig gelöscht werden können, ist es wichtig, sich darüber zu informieren, was erlaubt und was strafbar ist.

Fall 1: Du hast während des letzten Schulfestes Videoaufnahmen von dir und deinen Mitschülern beim Poetry Slam gemacht. Jetzt möchtest du sie in deinem Blog veröffentlichen.

Fall 2: Deine Klasse bereitet sich auf einen Debattierwettbewerb vor. Du findest nützliche Links, die du in deiner Blogroll aufnehmen willst.

Fall 3: Du bist als Musikkenner/-in im Freundeskreis bekannt. Einige der Titel, die du gekauft hast, bearbeitest du und würdest sie als Remix gern auch deinen Freunden posten.

1 Im Tandem!

Handlungen bewerten

a. Entscheidet für die einzelnen Fälle darüber, was eurer Meinung nach erlaubt und was strafbar ist.
b. Schreibt in Stichworten eine Begründung für eure Entscheidung auf.

Im Wesentlichen wird die Veröffentlichung im Internet durch das Urheber- und das Persönlichkeitsrecht geregelt.

Urheberrecht

Urheber eines Werkes ist sein Schöpfer. Das kann ein Autor, Fotograf, Musiker etc. sein. Im Urheberrecht ist festgelegt, dass der Urheber über die Nutzung seiner Werke entscheiden darf. Inhalte (z. B. Texte, Fotos, Videos, Songs, Dateien usw.), die von anderen erstellt wurden, darf man nur verbreiten, wenn man vorher die Erlaubnis des Urhebers eingeholt hat. Das gilt auch dann, wenn diese Inhalte von einem selbst verändert oder bearbeitet worden sind. Der Verweis auf Werke anderer (z. B. durch Zitate oder Links) ist erlaubt.

Persönlichkeitsrecht

Das Persönlichkeitsrecht ist ein Grundrecht, das dem Schutz der Persönlichkeit einer Person vor Eingriffen in ihren Lebens- und Freiheitsbereich dient. Unter anderem bedeutet das auch, dass jeder Mensch selbst darüber entscheiden kann, welche Abbildungen, Videos und Tonaufnahmen von ihm veröffentlicht werden.

2 Überprüft eure Entscheidungen aus Aufgabe 1 mithilfe der Informationen zum Urheber- und Persönlichkeitsrecht.

Gesetze kennen und anwenden

Z **3** Informiert euch über Ausnahmen im Persönlichkeitsrecht.

Bestimmte Inhalte dürfen weder veröffentlicht noch verbreitet werden (z. B. durch Verlinken auf andere Seiten, Einbetten von Videos).

- Extremismus
- Gewaltverherrlichung
- Beleidigungen, Verleumdungen
- ...

4 Was versteht man unter illegalen Inhalten?
a. Informiert euch darüber.
b. Tragt die Informationen in der Klasse zusammen.

Menschen können durch Veröffentlichungen belästigt, verletzt oder bedroht werden. Es ist wichtig, sich und andere davor zu schützen.

5 Tauscht euch darüber aus, welche Fälle von Cyber-Mobbing euch bekannt sind und wie ihr darauf reagiert habt oder reagieren würdet.

Info

Unter **Cyber-Mobbing** versteht man das absichtliche und zielgerichtete Beleidigen, Bloßstellen oder Bedrohen von Personen im Internet. Cyber-Mobbing ist in Deutschland kein genereller Straftatbestand. Allerdings sind einzelne Formen von Cyber-Mobbing strafbar.

6 Informiert euch über die seelischen Folgen für Betroffene und stellt eure Ergebnisse in der Klasse vor.

7 Manche Menschen, die sich belästigt fühlen, behalten ihre Erfahrungen mit Cyber-Mobbing für sich. Schreibt auf, welche Gründe es dafür geben könnte.

W **Mithilfe dieser Wahlaufgaben könnt ihr Strategien gegen Formen von Cyber-Mobbing entwickeln.**

8 Gruppenarbeit!
Wie könnt ihr euch vor Cyber-Mobbing schützen und euch dagegen wehren?
a. Sammelt sinnvolle Vorschläge.
b. Gestaltet ein Plakat für euren Klassenraum.

ein Plakat gestalten ➤ S. 299

- über die Belästigungen sprechen,
- Beweise sammeln,
- ...

9 Von aktuellen Bildschirminhalten, die Formen des Cyber-Mobbings enthalten (z. B. auf Webseiten oder Weblogs), kannst du Screenshots machen und diese als Beweise gegen die Verfasser verwenden. Mache mithilfe der Arbeitstechnik einen Screenshot und drucke ihn aus.

Arbeitstechnik

Einen Screenshot als Beweismittel erstellen

Ein Screenshot ist eine **Kopie eines aktuellen Bildschirminhalts**, die mithilfe des Computers gespeichert und ausgedruckt werden kann.
So kannst du vorgehen:
- Drücke auf der Tastatur die **Druck-Taste**. Damit kopierst du, was auf dem Bildschirm gerade zu sehen ist, in eine Zwischenablage.
- Öffne nun ein **Text- oder Bildbearbeitungsprogramm**.
- Klicke mit der linken Maustaste **Bearbeiten** in der oberen Menüleiste an und wähle im sich öffnenden Feld den Befehl **Einfügen**.
- Speichere das Dokument ab oder drucke es aus.

Einen Blog erstellen

Miriam, Ching, Alex und Sophie möchten ein Blog über ihre Stadt erstellen. Sie verwenden die Placemat-Methode, um Themen zu finden.

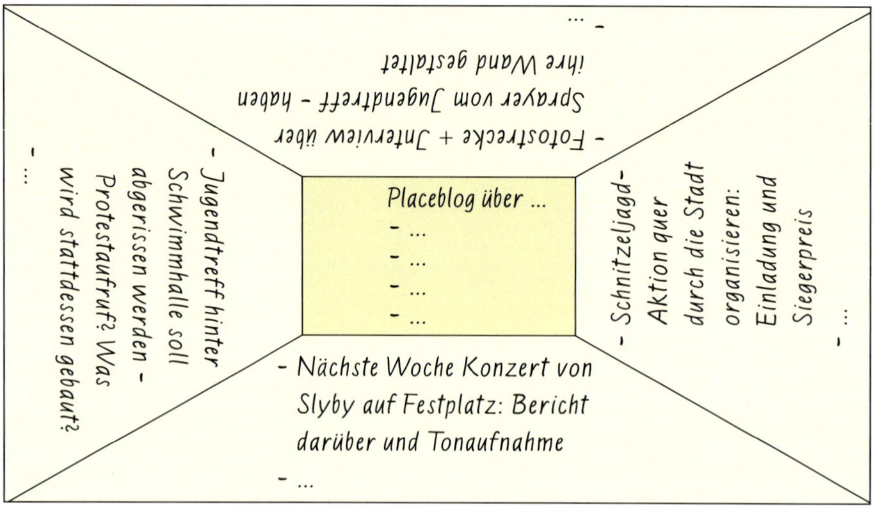

Schreibstile: informierend, unterhaltend, appellativ, ...
Textsorte: Interview, Bericht, Fotostory, ...

1 Welche Vorbereitungen müssen die vier für ihren Blog treffen?
- Schreibe auf, wie und wo sie sich die nötigen Informationen beschaffen könnten.
- Lege in einem Planungspapier fest, wer zu welchem Thema einen Post verfasst, in welchem Stil der Post verfasst werden soll und welche Hilfsmittel er oder sie dazu benötigt.

Starthilfe

Verfasser:	Thema:	Textsorte/Schreibstil:	Hilfsmittel:
Alex	Protest gegen Pläne der Stadtverwaltung	Aufruf/appellativ	Fotoapparat, Diktiergerät

Ihr wisst jetzt, was ein Blog ist und wie man ihn vorbereitet. Erstellt nun euren eigenen Blog. Arbeitet dazu in Gruppen.

Aufgaben gemeinsam bewältigen ➤ S. 304

Placemat-Methode ➤ S. 299

2 Bereitet mithilfe einer Placemat euren eigenen Blog vor.
a. Einigt euch zuerst auf das Thema eures Blogs, zum Beispiel eure Stadt, eine Musikrichtung, Aktivitäten an eurer Schule ...
b. Führt die Placemat-Methode durch. So entscheidet ihr, über welche Ereignisse und Inhalte ihr auf eurem Blog posten wollt.
c. Wenn die Ergebnisfindung im mittleren Feld abgeschlossen ist, plant das weitere Vorgehen wie in Aufgabe 1.

einen Post verfassen

3 Schreibe deinen Post (Blogeintrag) auf dem Computer in einem normalen Textverarbeitungsprogramm vor. Speichere ihn so, dass du ihn später wiederfindest und in das Blog kopieren kannst.

Euer Blog ist inhaltlich gut vorbereitet – jetzt fehlt nur noch die Technik.

4 Bei welchem Anbieter kann man kostenlos Blogs erstellen? Recherchiert im Internet und entscheidet euch gemeinsam.

Info

Vorsicht: Bei der Wahl des Anbieters sollte darauf geachtet werden, dass keine störende Werbung am Rand des Blogs eingeblendet wird.

5 Entscheidet, wie die Elemente des Blogs angeordnet werden sollen.

a. Besprecht, welche Elemente ihr in eurem Blog verwenden wollt.

b. Schneidet farbige beschriftete Papierschnipsel aus und schiebt die Elemente auf einem Blatt hin und her, bis euch die Anordnung gefällt.

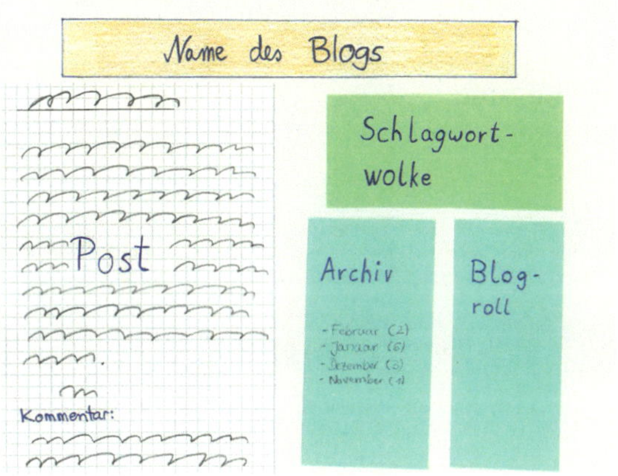

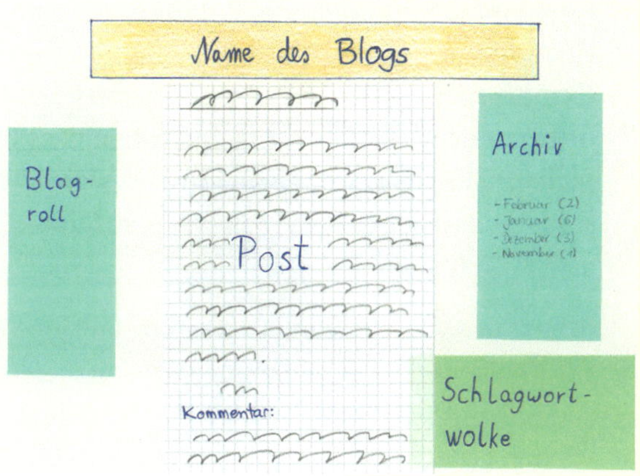

6 Legt gemeinsam einen Account bei einem Anbieter an und gestaltet euren Blog. Die Arbeitstechnik hilft euch dabei.

ein Blog erstellen

Arbeitstechnik

Einen Blog einrichten

Blogs kann man kostenlos bei verschiedenen Anbietern einrichten. Dazu muss man mit einer E-Mail-Adresse einen **Account anlegen**. Bei der Gestaltung des Blog achtet ihr auf Folgendes:

- Einigt euch auf einen passenden **Namen für den Blog**.
- Einigt euch auf sinnvolle **Gestaltungselemente** wie zum Beispiel Haupt- und Seitenspalten und die Blogroll.
- Gestaltet ein ansprechendes und dem Inhalt entsprechendes **Layout** mit Hintergrundbild, Blogname und Schriftart der Posts.
- Legt fest, **wer** auf eurem Blog Posts **veröffentlichen darf**, **wer** sie **lesen darf** und wie ihr die **Kommentarfunktion** verwaltet.

Euer Blog ist nun fertig eingerichtet. Jetzt könnt ihr ihn mit Inhalten füllen.

7 Postet einen Beitrag auf eurem Blog.

a. Kopiert die Texte von Aufgabe 3 in die Eingabemaske eures Blogs.

b. Gestaltet die Texte, zum Beispiel mit einem Foto.

c. Ladet anschließend den Eintrag als Post auf euren Blog hoch, sodass die Besucher des Blogs ihn lesen können.

einen Blogeintrag posten

Weiterführendes: Politische Blogs

Politblogs sind Blogs mit politischen Inhalten.
Der folgende Online-Artikel informiert über einen Politblog aus Kenia.

1 Lies den Text mit dem Textknacker.

Textknacker ➤ S. 294

Afrika zeigt Kreativität und große Sprünge im ICT-Sektor[1] *Wolfgang Drechsler*

Kenia im Januar 2008: Die Wut über die gefälschte Präsidentenwahl eskaliert, Unruhen breiten sich aus. Es gibt widersprüchliche Angaben darüber, wer die Kämpfe begonnen hat und wo sie genau toben. Das Regime gibt sich gleichgültig: Präsident Mwai Kibaki wünscht seinen Landsleuten ein frohes neues Jahr – ganz so, als sei nichts geschehen.

die Lage Kenias

In der Stunde der Not kommt Ory Okolloh eine rettende Idee. Die Kenianerin arbeitet damals als Rechtsberaterin im südafrikanischen Johannesburg und betreibt dort einen in Kenia weithin gelesenen Blog. Unaufhörlich berichtet sie über die gefährliche Lage in ihrer alten Heimat – und ist überwältigt von all den Informationen, die ihr die Leser daraufhin schicken. Schnell wird deutlich, dass viele Gewalttaten in Kenia von den Medien gar nicht erwähnt werden. „Ich dachte, dass es helfen könne, das Informationsdefizit[2] mit einem Medium zu füllen, bei dem einfache Bürger über das berichten, was sie sehen", sagt sie. Technofreaks bauen ihr eine Plattform, die Leserberichte systematisch bündelt und die Brennpunkte der Unruhen kartiert. „Ushahidi" nennt Okolloh die neue Form der digitalen Kriseninformation, was auf Swahili „Zeuge" heißt.
Eine ähnliche Technik, die mithilfe von SMS oder Google Earth arbeitet, hatten Hilfsorganisationen bereits zuvor in Noteinsätzen verwendet. Das Besondere an Ushahidi ist jedoch, dass es den Informationsfluss umkehrt: Die Webseite wird nicht von Helfern oder Reportern bestückt, sondern von den unmittelbar Betroffenen vor Ort.

Eine Software übersetzt die vielen (und oft anonym gesendeten) SMS oder E-Mails automatisch und überträgt sie auf einen zentralen Server. Aus den später verifizierten[3] Berichten entsteht schließlich eine laufend aktualisierte Landkarte voller Nachrichten, die als rote Punkte markiert sind und einen Gesamtüberblick über die Unruhen geben.

[1] ICT-Sektor: Wirtschaftsgebiet der Informations- und Kommunikationstechnologie
[2] das Defizit: ein Mangel
[3] verifizierte Berichte: Berichte, die überprüft wurden und deren Richtigkeit bestätigt wurde

Im Fachjargon wird dieses Sammeln von Kriseninformationen auch „Crowdsourcing“ genannt. Wie in Kenia werden einfache Menschen dazu angehalten, Informationen aus Gebieten zu schicken, die entweder zu abgelegen oder zu unsicher sind – und deshalb von den Medien und Politikern gemieden werden. Für viele Kenianer ist Ushahidi.com von unschätzbarem Wert. Wer sich registrieren lässt, erhält von der Seite per SMS eine Warnung über lokale Gewaltausbrüche.

Für Afrika ist die Website eine ideale Nachrichtenquelle. Denn neben dem Radio ist das Mobiltelefon zum am weitesten verbreiteten Kommunikationsmittel aufgestiegen. Nirgendwo in Afrika hat der Mobilfunk in den letzten Jahren ähnlich hohe Wachstumsraten verzeichnet wie in Kenia. Seit 2009 ist die Internetnutzung im Land um mehr als 5000 Prozent gestiegen. Gleichzeitig sind die Kosten um bis zu 90 Prozent gesunken. [...]

Bei allen Erfolgen bleibt die Anbindung an das Internet in Afrika jedoch noch immer weit hinter anderen Weltregionen zurück. Während in den Industriestaaten rund 70 Prozent der Menschen das Medium nutzen, sind es in Afrika südlich der Sahara noch immer weniger als zehn Prozent. Allerdings liegt die Benutzungsrate pro Anschluss mit 20:1 viel höher als in jedem anderen Weltteil. Auch hat die Vernetzung mit immer neuen Überseekabeln und dem damit verbundenen besseren Mobilfunkempfang dem Handy in Afrika zu immer größerer Beliebtheit verholfen. Inzwischen gibt es auf dem Kontinent fast 100 Millionen solcher Geräte mit oft rudimentärer Internet-Verbindung.

2 Worum geht es in dem Online-Artikel?
Gib wichtige Informationen in eigenen Worten wieder.

Textinhalte erschließen

Politblogs werden aus verschiedenen Gründen betrieben.

3 Erkläre am Beispiel von Ushahidi.com, welche Ziele die Nutzer und Verfasser eines Politblogs haben können.

Schreibziele verstehen

W **Wählt aus den folgenden Aufgaben eine aus.**

Politblogs werden häufig von mehreren Personen fortgeschrieben.

4 Diskutiert über den Nutzen und die Probleme, wenn sich mehrere Blogger beteiligen.

diskutieren ➤ **S. 300**

Menschenrechtler veröffentlichen häufig Informationen in Politblogs.

5 Recherchiert Beispiele aus verschiedenen Ländern und stellt sie vor.

recherchieren ➤ **S. 295**

Lesen und Verstehen erforschen

Gedichte öffnen eigene Welten

Manche Texte sind sehr dicht. Das kann heißen, ihre Botschaften sind verschlüsselt. Du musst sie also entschlüsseln, um sie zu verstehen. Solche Texte bieten viel Raum für eigene Deutungen von Leerstellen, von Nichtgesagtem. In diesem Kapitel lernst du, Deutungen zu finden, und du erforschst, wovon sie beeinflusst werden können. Der Textknacker hilft.

Textknacker ➤ S. 294

Bearbeitet die folgenden Aufgaben in kleinen Gruppen.

Aufgaben gemeinsam bewältigen ➤ S. 304

Textknackerschritt: 1
Vor dem Lesen

Vorwissen aktivieren

1 Lesen beginnt vor dem Lesen: Setzt euch zunächst mit der Überschrift des folgenden Gedichts (auf S. 213) auseinander.
- **a.** Schreibt jeder für sich in Stichworten auf, was ihr unter den Wörtern „sachlich“ und „Romanze“ versteht.
- **b.** Kombiniert diese Wörter mit Wörtern, die ihr eher mit „sachlich“ oder mit „Romanze“ in Zusammenhang bringt.

Starthilfe
sachliche Klärung, sachliche ...
liebliche Romanze, ... Romanze, ...

2 Sprecht über folgende Fragen und formuliert Antworten:
- Passen die beiden Wörter zusammen?
- Worum könnte es in dem Gedicht gehen?

3 Tragt eure Vermutungen zum Thema des Gedichtes in der Klasse zusammen. Schreibt Stichwörter an die Tafel.

Beim ersten Lesen erhältst du einen ersten Eindruck von einem Text, erste Bilder entstehen in deinem Kopf. Lautes Denken hilft dabei.

Textknackerschritt: 2
Das erste Lesen

laut denken

4 Im Tandem!
Lest das Gedicht ein erstes Mal und notiert, welche Bilder in eurem Kopf entstehen: Was kommt euch bekannt vor, was versteht ihr nicht?
Geht so vor:
- Ein Schüler/eine Schülerin liest das Gedicht der Partnerin oder dem Partner halblaut vor und äußert dabei spontan Gedanken, Fragen, erste Eindrücke und Kommentare zu dem Gedicht.
- Die Partnerin/der Partner hört zu und schreibt mit.
- Dann werden die Rollen getauscht.

Tipp: Neben dem Gedicht findet ihr einige Anregungen in Sprechblasen.

Sachliche Romanze — Erich Kästner

Als sie einander acht Jahre kannten
(und man darf sagen: sie kannten sich gut),
kam ihre Liebe plötzlich abhanden.
Wie andern Leuten ein Stock oder Hut.

Sie waren traurig, betrugen sich heiter,
versuchten Küsse, als ob nichts sei,
und sahen sich an und wussten nicht weiter.
Da weinte sie schließlich. Und er stand dabei. –

Vom Fenster aus konnte man Schiffen winken.
Er sagte, es wäre schon Viertel nach vier
und Zeit, irgendwo Kaffee zu trinken.
Nebenan übte ein Mensch Klavier.

Sie gingen ins kleinste Café am Ort
und rührten in ihren Tassen.
Am Abend saßen sie immer noch dort.
Sie saßen allein, und sie sprachen kein Wort
und konnten es einfach nicht fassen.

Wie kann man seine Liebe verlieren?

Das kenne ich!

Warum Schiffe? Wofür stehen die?

Ich sehe sie, ...

5 Tauscht euch über eure ersten Bilder im Kopf aus und vergleicht sie:
- Wie stellt ihr euch die Situation vor, wie den Ort der Handlung?
- Welche Grundstimmung wird wodurch vermittelt?
- Um wen geht es, wie sehen die Figuren in eurer Vorstellung aus?
- Welche Arten des Schweigens kennt ihr? Sammelt verschiedene Bedeutungen, bezieht das Wortmaterial mit ein.

schweigen
sprachlos sein
das Nichtreden
sich nichts zu sagen haben
der Mantel des Schweigens

Um deine Bilder im Kopf genauer zu erschließen, musst du dich ganz auf den Text einlassen.

6 Arbeitet in der Gruppe. Erstellt eine Tabelle.

Starthilfe

Was habe ich gelesen?	Was könnte das bedeuten?
... kam ihre Liebe plötzlich abhanden. Sie waren traurig, betrugen sich heiter.	Sie lieben sich nicht mehr. ...

Textknackerschritt: 3
Beim genauen Lesen

Bilder im Kopf erschließen, den Text verstehen

Erst die Leserin/der Leser macht ein Gedicht für sich bedeutsam.

7 **a.** Schreibt jeder für sich auf, wie ihr das Gedicht versteht, was euch berührt hat, was ihr nicht versteht, was es mit euch zu tun hat.
b. Stellt in der Klasse eure Aussagen zum Gedicht vor.

Starthilfe

In dem Gedicht wird ein Paar gezeigt, das sich nichts mehr zu sagen hat.

Textknackerschritt: 4
Nach dem Lesen

den Text deuten

Vertiefendes Verstehen – Gedichte vergleichen

Jedes Gedicht verbirgt und öffnet eigene Welten, du kannst jede für sich erschließen. Ein Vergleich mit einem anderen Gedicht kann dazu führen, dass neue Bilder entstehen, vertiefende Einsichten.
Die folgenden Gedichte von Wilhelm von Eichendorff und Rose Ausländer berühren ein vergleichbares Thema.

1 **a.** Lest die Überschriften der beiden Gedichte.
b. Formuliert jeder für sich eine Frage, auf die ihr beim Lesen eine Antwort finden wollt.

Textknackerschritt: 1
Vor dem Lesen

2 Lest beide Gedichte leise, jeder für sich.

Textknacker ➤ S. 294

Nicht mit dem Ohr Rose Ausländer

Mit vielen inneren Uhren
bist du begabt
Nicht mit den Uhren der Zeit

Die Werke in dir
sind voll geheimer Gesetze

Ich höre den Herzschlag
deiner großen Räder
der mittelgroßen und kleinen
und der allerkleinsten Rädchen
Ich höre sie nicht mit dem Ohr

Sie liegen an meinen Pulsen
und legen verschwiegene Sekunden
in ihre Läden

Ich hör die verborgne Botschaft
höre sie Tag und Nacht
Ich höre sie nicht mit dem Ohr
Mit dem Herzen

Der Blick Wilhelm von Eichendorff[1]

Schaust du mich aus deinen Augen
Lächelnd wie aus Himmeln an,
Fühl' ich wohl, dass keine Lippe
Solche Sprache führen kann.

Könnte sie's auch wörtlich sagen,
Was dem Herzen tief entquillt,
Still den Augen aufgetragen,
Wird es süßer nur erfüllt.

Und ich seh' des Himmels Quelle
Die mir lang verschlossen war,
Wie sie bricht in reinster Helle
Aus dem reinsten Augenpaar.

Und ich öffne still im Herzen
Alles, alles diesem Blick.
Und den Abgrund meiner Schmerzen
Füllt er strömend aus mit Glück.

[1] Bruder von Joseph von Eichendorff

3 **a.** Schreibe in Stichworten auf, welche Bilder beim Lesen der Gedichte in deinem Kopf entstehen.
b. Bezeichne mit einem Wort oder einer Wortgruppe die Stimmung, die für dich von jedem der Gedichte ausgeht.
c. Schreibe auf, welche Antworten du auf deine Fragen (Aufgabe 1 b) in den beiden Gedichten gefunden hast.

Beim ersten Lesen von zwei zu vergleichenden Gedichten suchst du zunächst nach einem thematischen Kern, in dem sich beide berühren.

4 Im Tandem!
Worum geht es im Kern der beiden Gedichte?
a. Tauscht euch dazu aus und schreibt eine Antwort in einem Satz auf.
b. Notiert zur Begründung aus jedem Gedicht eine Textstelle.

Textknackerschritt: 2
Das erste Lesen

das Thema benennen

Bei einem Gedichtvergleich geht es darum, Gemeinsamkeiten und Unterschiede herauszufinden. So kannst du jedes der Gedichte mit dem Blick auf das andere noch tiefer erschließen.

Bearbeitet die folgenden Aufgaben zuerst in Gruppen zu viert. Achtet darauf, dass einige Gruppen das Gedicht „Der Blick" und andere das Gedicht „Nicht mit dem Ohr" untersuchen.

Textknackerschritt: 3
Beim genauen Lesen

5 **a.** Tauscht euch darüber aus, wie das ausgewählte Gedicht auf euch wirkt. Notiert eure Vorstellungen, Gedanken und Gefühle auf einem Placemat.
b. Notiert, was ihr über Sprache und Form des Gedichts sagen könnt.

Placemat-Methode
➤ **S. 208, 299**
Sprache und Aufbau beschreiben ➤ **S. 114–115**

6 Sammelt in der Klasse zuerst die Gemeinsamkeiten der beiden Gedichte und dann die Unterschiede. Notiert sie in einer Tabelle an der Tafel.

7 Ein Gedicht wurde zu Anfang des 19. Jahrhunderts geschrieben, das andere etwa in der Mitte des 20. Jahrhunderts. Welcher Zeit ordnet ihr das Gedicht „Der Blick" und welcher Zeit das Gedicht „Nicht mit dem Ohr" zu? Begründet eure Zuordnungen mit entsprechenden Textbelegen.

8 Arbeitet nun wieder in der Gruppe. Sprecht darüber, wie sich eure Sicht auf das ausgewählte Gedicht durch den Gedichtvergleich verändert hat. Ergänzt entsprechend eure Notizen auf dem Placemat.

Textknackerschritt: 4
Nach dem Lesen

9 Arbeitet nun jeder für sich allein. Schreibt einen Gedichtvergleich. Erläutert, inwiefern das Entdecken der Gemeinsamkeiten und Unterschiede ein tieferes Erschließen beider Gedichte bewirkt. Ihr könnt dazu die folgenden Satzteile verwenden.

> Beiden Gedichten ist gemeinsam, dass ... Die Unterschiede in Sprache und Aufbau zeigen einerseits, ... andererseits entdecke ich ...

10 **a.** Vergleicht die Gedichte von Eichendorff und Ausländer nun mit dem Gedicht von Kästner (S. 213). Welche Bedeutung hat das Schweigen in jedem dieser Gedichte?
b. Schreibt eure Meinung dazu auf, zitiert passende Textstellen.

Bild und Wort durchdringen einander

Bild und Wort sind oft eng miteinander verknüpft. Du betrachtest ein Bild und hast eine Vorstellung, was es darstellen könnte. Dann liest du die Bildunterschrift und siehst etwas anderes in dem Bild. Oder du liest ein Gedicht, siehst ein Bild dazu und hast plötzlich eine neue Sicht auf das Gedicht. Im Folgenden probierst du aus, wie Verknüpfungen von Bild und Wort auf dich wirken und wie sie einander durchdringen.

Text und Bild getrennt betrachten

1 Lege ein Blatt Papier so auf die Seite, dass du die Bilder nicht sehen kannst. Lies das Gedicht von Mascha Kaléko.

Mein schönstes Gedicht Mascha Kaléko

Mein schönstes Gedicht?
Ich schrieb es nicht.
Aus tiefsten Tiefen stieg es.
Ich schwieg es.

René Magritte: Rena am Fenster (1937)

2 Schreibe in einem Satz auf, welche Stimmung dir „Mein schönstes Gedicht" vermittelt. Wirkt es eher traurig, eher heiter, ...?

Text und Bild zusammen betrachten

3 Betrachte nun die Bilder und setze sie in Beziehung zu dem Gedicht.
- **a.** Überlege, in welcher Weise jedes der Bilder die Wirkung des Gedichts auf dich verändert.
- **b.** Wähle das Bild aus, das für dich am besten zu dem Gedicht passt. Begründe deine Auswahl schriftlich.

4
- **a.** Stellt eure Ergebnisse der Klasse vor.
- **b.** Diskutiert, ob ihr euch auf eine Meinung zu der Frage, ob Gedicht und Bild zusammenpassen, einigen könnt oder müsst.

5
- **a.** Gestaltet in der Klasse mit Bildern eurer Wahl eine Galerie.
- **b.** Tauscht euch darüber aus, wie Gedicht und Bild sich jeweils gegenseitig ergänzen oder durchdringen.

Tipp: Ihr könnt auch andere Gedichte aus diesem Kapitel auswählen und sie mit Bildern zusammenstellen.

Annette Bartusch-Goger: Gedanken – Träume (1991)

Verschiedene Meinungen erweitern den Blick

Ein Gespräch über literarische Texte hilft, andere Meinungen kennen zu lernen und gelten zu lassen. In jedem Fall erweitert es den Blick auf einen Text. Die Gesprächsform des literarischen Quartetts ist dafür eine gute Methode. Arbeitet in Gruppen zu viert.

Aufgaben gemeinsam bewältigen ➤ S. 304

1 Lest zunächst in eurer Gruppe jeder für sich das Gedicht.

das Gedicht lesen

Sommer Georg Trakl

Am Abend schweigt die Klage
Des Kuckucks im Wald.
Tiefer neigt sich das Korn,
Der rote Mohn.

Schwarzes Gewitter droht
Über dem Hügel.
Das alte Lied der Grille
Erstirbt im Feld.

Nimmer regt sich das Laub
Der Kastanie.
Auf der Wendeltreppe
Rauscht dein Kleid.

Stille leuchtet die Kerze
Im dunklen Zimmer;
Eine silberne Hand
Löschte sie aus;

Windstille, sternlose Nacht.

2 Je ein Gruppenmitglied ist für eine der folgenden Vorbereitungen eures literarischen Quartetts verantwortlich:
- Informationen zum Autor und zur Entstehungszeit recherchieren,
- Inhalt und Sprache des Gedichts untersuchen,
- das Gedicht mit einem anderen Gedicht aus diesem Kapitel vergleichen,
- ein passendes Bild zum Gedicht finden und die Auswahl begründen.

Tipp: Einige Materialien für eure Vorbereitung findet ihr auf S. 221.

Info

Ein literarisches Quartett ist ein Gespräch zwischen vier Teilnehmern, die sich über Literatur unterhalten und zum Teil gegensätzliche Meinungen vertreten. Zwischen 1988 und 2001 war das Literarische Quartett eine Sendung im Fernsehen.

3 Das Spiel beginnt: Eine Gruppe setzt sich vor der Klasse zusammen und führt ein Gespräch:
- Zunächst hält jeder Gesprächsteilnehmer ein Statement zu der Frage: Welche Bedeutung hat das Gedicht für mich?
- Danach stellt jeder seine Informationen (siehe Aufgabe 2) oder weitere Materialien vor und erläutert der Gesprächsrunde, wie die zusätzlichen Materialien seine Sicht auf das Gedicht verändert haben.
- Die Gesprächsrunde stellt Fragen und ergänzt Informationen.

ein Gespräch über Literatur führen

ein Statement halten ➤ S. 14

4 **a.** Wertet das Gespräch in der Klasse aus: Welche Informationen, welche Aussagen haben zu einem tieferen oder neuen Verständnis des Textes geführt?
b. Setzt das Spiel mit weiteren literarischen Quartetten fort.

Auf der Suche nach dem verborgenen Text – Parabel

Erzählungen, die gleichnishaft auf ein allgemeines Problem hinweisen, nennt man auch Parabel. Ähnlich wie ein Gedicht erfordern sie, dass du dich ganz auf den Text einlässt, um die tiefere Bedeutung zu erfassen. Auch hier hilft wieder der Textknacker.
Du lernst einen Autor kennen, der für seine verschlüsselten Texte bekannt ist: Franz Kafka. Noch heute sagt man, wenn eine Situation geheimnisvoll, rätselhaft und düster ist, dass sie kafkaesk sei.

Textknacker ➤ S. 294

1 Lest die Überschrift der Erzählung. Stellt Vermutungen zum Inhalt an.

Parabel ➤ S. 291

2 Lest jeder für sich leise die Erzählung „Eine kaiserliche Botschaft". Betrachtet auch das Foto.

Textknackerschritt: 1
Vor dem Lesen

Informationen zum Autor ➤ S. 140

Eine kaiserliche Botschaft Franz Kafka

Der Kaiser – so heißt es – hat dir, dem Einzelnen, dem jämmerlichen Untertanen, dem winzig vor der kaiserlichen Sonne in die fernste Ferne geflüchteten Schatten, gerade dir hat der Kaiser von seinem Sterbebett aus eine Botschaft gesendet.
Den Boten hat er beim Bett niederknien lassen und ihm die Botschaft ins Ohr geflüstert; so sehr war ihm an ihr gelegen, dass er sich sie noch ins Ohr wiedersagen ließ. Durch Kopfnicken hat er die Richtigkeit des Gesagten bestätigt. Und vor der ganzen Zuschauerschaft seines Todes – alle hindernden Wände werden niedergebrochen und auf den weit und hoch sich schwingenden Freitreppen stehen im Ring die Großen des Reichs – vor allen diesen hat er den Boten abgefertigt. Der Bote hat sich gleich auf den Weg gemacht; ein kräftiger, ein unermüdlicher Mann; einmal diesen, einmal den andern Arm vorstreckend schafft er sich Bahn durch die Menge; findet er Widerstand, zeigt er auf die Brust, wo das Zeichen der Sonne ist; er kommt auch leicht vorwärts, wie kein anderer. Aber die Menge ist so groß; ihre Wohnstätten nehmen kein Ende. Öffnete sich freies Feld, wie würde er fliegen und bald wohl hörtest du das herrliche Schlagen seiner Fäuste an deiner Tür. Aber stattdessen, wie nutzlos müht er sich ab; immer noch zwängt er sich durch die Gemächer des innersten Palastes; niemals wird er sie überwinden; und gelänge ihm dies, nichts wäre gewonnen; die Treppen hinab müsste er sich kämpfen; und gelänge ihm dies, nichts wäre gewonnen; die Höfe wären zu durchmessen; und nach den Höfen der zweite umschließende Palast; und wieder Treppen und Höfe; und wieder ein Palast; und so weiter durch Jahrtausende; und stürzte er endlich aus dem äußersten Tor – aber niemals, niemals kann es geschehen –, liegt erst die Residenzstadt vor ihm, die Mitte der Welt, hochgeschüttet voll ihres Bodensatzes. Niemand dringt hier durch und gar mit der Botschaft eines Toten. – Du aber sitzt an deinem Fenster und erträumst sie dir, wenn der Abend kommt.

3 Setze dich nun schreibend mit der Parabel von Franz Kafka auseinander. Lege ein Blatt Papier neben den Text und schreibe während des Lesens alles auf, was dir durch den Kopf geht. Das können z. B. sein:
- erste Eindrücke, Gedanken, die dir spontan einfallen,
- Fragen zum Text, erste Antworten,
- Vermutungen zur Aussage einzelner Sätze oder Teile des Textes.

Textknackerschritt: 2
Das erste Lesen

schreibend erste Eindrücke festhalten

4 **a.** Lest in der Klasse einige eurer ersten Eindrücke vor.
b. Formuliert gemeinsam eine Liste offener Fragen, die ihr beim genaueren Lesen klären wollt.

5 **a.** Lest jeder für sich die Geschichte noch einmal langsam und genau.
b. Teilt den Text in mögliche Sinnabschnitte ein und schreibt zu jedem Abschnitt einen wichtigen Satz heraus.

Textknackerschritt: 3
Beim genauen Lesen

Sinnabschnitte finden, zusammenfassen

Starthilfe

1. Abschnitt: [...,] gerade dir hat der Kaiser von seinem Sterbebett aus eine Botschaft gesendet.
2. Abschnitt: ...

6 Arbeitet in kleinen Gruppen.
a. Vergleicht eure Sätze aus Aufgabe 5 b und einigt euch auf einen Satz pro Abschnitt.
b. Formuliert zu jedem Abschnitt eine kurze Zusammenfassung.

7 Bearbeitet nun die in Aufgabe 4 b formulierten offenen Fragen.
- Um welche Botschaft könnte es sich handeln?
- Was könnte es bedeuten, dass der Bote sein Ziel nie erreichen wird?
- Welche Botschaft erträumt sich das vom Erzähler angesprochene „Du"?
- Wofür könnte die Parabel gleichnishaft stehen?

Tipp: Recherchiert die Lebensumstände des Autors, S. 140.

Ein schriftliches „Gespräch" zu verschiedenen Leseerfahrungen hilft, sich über das eigene Lesen und Deuten eines Textes klarer zu werden.

Textknackerschritt: 4
Nach dem Lesen

Leseerfahrungen reflektieren

8 Arbeitet mit eurer Lesemappe. Formuliert ein persönliches Fazit:
- Was ist für mich das Gleichnishafte an Kafkas Parabel?
- Welche Frage lässt sie für mich offen?

9 Lasst diese Seite eurer Lesemappe offen auf eurem Platz liegen. Geht durch die Klasse, setzt euch an einen anderen Tisch. Lest den Eintrag eines Mitschülers und schreibt eure Meinung dazu. Achtung! Jeder Kommentar muss unterschrieben werden!

10 **a.** Stellt in der Klasse einige der Eintragungen aus der Lesemappe vor.
b. Diskutiert, ob sich alle Fragen eindeutig beantworten lassen müssen.

Das kann ich! Das eigene Lesen einschätzen

Mithilfe der folgenden Checkliste kannst du selbst einschätzen, was du gut kannst, was dir manchmal gelingt und was du noch üben willst. Arbeite allein und mach dir Notizen.

Checkliste: Literarische Texte lesen und erschließen	*Ja*	*Nein*
Arbeitsformen		
– Kann ich gut alleine, im Tandem, in einer kleinen Gruppe und in der Klasse arbeiten?	▢	▢
– Bringe ich mich in die Gruppenarbeit ein?	▢	▢
– Kann ich dabei Zeitvorgaben einhalten?	▢	▢

1 Trage in deine Lesemappe ein, was deine Stärken sind und wo du noch Herausforderungen siehst.

a. Lege in deiner Lesemappe eine Checkliste an. Orientiere dich am Beispiel oben und beantworte dir die Fragen zu den Arbeitsformen.

b. Ergänze deine Checkliste. Formuliere Fragen zu den folgenden Stichpunkten und beantworte sie dir.

c. Was ist dir beim Erforschen deines Lesens selbst aufgefallen? Schreibe eigene Fragen dazu auf und beantworte sie.

das Lesen mit dem Textknacker einschätzen

Textknacker ➤ S. 294

Vor dem Lesen:
– aufgrund der Überschrift Erwartungen an den Text formulieren

Beim ersten Lesen:
– Gedanken aufschreiben oder spontan äußern (lautes Denken)
– an mein Vorwissen anknüpfen
– einen Text zielgerichtet überfliegen
– nach dem ersten Lesen einen ersten Eindruck äußern

Beim genauen Lesen:
– Verständnisprobleme selbstständig klären
– zu einer Fragestellung ein bedeutsames Zitat finden
– zusammenfassende Zwischenüberschriften
– Vermutungen aufstellen und überprüfen?

Nach dem Lesen:
– einen persönlichen Bezug zum Text herstellen
– zwei Texte sprachlich und inhaltlich miteinander vergleichen
– meine eigene Meinung bilden und vorstellen
– einen schriftlichen Kommentar zur Leseerfahrung eines anderen geben

2 Tauscht euch in der Klasse über die Erfahrungen aus, die ihr beim Lesen gemacht habt, was ihr gut beherrscht und was ihr noch üben wollt.

über das Lesen sprechen

Materialien für das literarische Quartett

Auf dieser Seite erhaltet ihr einige Materialien, die ihr zur Vorbereitung des literarischen Quartetts nutzen könnt. Es sind Informationen zum Autor und zur Entstehungszeit des Gedichts „Sommer“. Ein weiteres Gedicht zum Thema Schweigen/Stille könnt ihr zum Vergleich heranziehen, auch das Bild kann zum vertiefenden Verstehen beitragen.

literarisches Quartett
➤ S. 217

Georg Trakl (1887–1914) verbrachte als Sohn eines Eisenhändlers seine Kindheit und Jugend in Salzburg, wo er das Gymnasium besuchte, dieses aber 1905 ohne Abschluss verließ. Danach wurde er Apotheker (wohl auch wegen seiner frühen Neigung zu Drogen). Freunde, die ihn finanziell unterstützten und ihm halfen, seine Gedichte zu veröffentlichen, beschrieben ihn als ruhelos und mit Hang zur Selbstzerstörung. Zu Beginn des Ersten Weltkrieges 1914 wurde er in die Schlacht bei Grodek geschickt, während und nach der er ca. neunzig Schwerverwundete allein zu betreuen hatte, wonach er einen Nervenzusammenbruch erlitt. Wenige Wochen später starb er, 27 Jahre alt, in der psychiatrischen Abteilung des Garnisonsspitals in Krakau, vermutlich an einer Überdosis von Drogen. Erste Gedichte erschienen 1913 in einer Zeitschrift.

Entstehungszeit des Gedichts „Sommer“ von Georg Trakl:
Das Gedicht entstand 1914 vor Beginn des Ersten Weltkrieges (August 1914). Es herrschte einerseits eine Zeit des Aufbruchs, außergewöhnlicher Entwicklungen in Wirtschaft, Gesellschaft, Kunst und Literatur. Andererseits wurden die zunehmende Militarisierung und Kriegsgefahr immer spürbarer. Ein großer Teil der Gesellschaft, auch der Künstler bejubelte zunächst patriotisch den Kriegsbeginn. Unter dem Eindruck der Grausamkeit des Krieges (1914–1918) machte sich aber schnell Verzweiflung breit.

Rainer Maria Rilke (1875–1926)

Wenn es nur einmal so ganz stille wäre.
Wenn das Zufällige und Ungefähre
verstummte und das nachbarliche Lachen,
wenn das Geräusch, das meine Sinne machen,
mich nicht so sehr verhinderte am Wachen -:

Dann könnte ich in einem tausendfachen
Gedanken bis an deinen Rand dich denken
und dich besitzen (nur ein Lächeln lang),
um dich an alles Leben zu verschenken
wie einen Dank.

(erschienen um 1900)

Caspar David Friedrich (1774–1840):
Waldlandschaft bei tiefstehender Sonne

Texte in der Schreibkonferenz überarbeiten

Eine Argumentation überarbeiten

Katja schreibt an einer Argumentation zum Thema „Entwicklung und Anwendung von Nanotechnologie – Ja oder Nein?“. Die Einleitung ist ihr schon gut gelungen. Nun arbeitet sie am Hauptteil.
In einer Schreibkonferenz möchte sie ihren ersten Entwurf überarbeiten.

Der Einsatz von Nanotechnologie wirft viele Fragen auf.
Es gibt viele Argumente für, aber auch gegen den Einsatz.
Oft kommt es nach dem Sport zur Schweißbildung und man riecht unangenehm. Nanoteilchen aus Silber, die in Textilien verarbeitet werden, können das verhindern. Die Teilchen können aber auch Bakterien töten, die das Wasser säubern.
Die Nanoteilchen werden auch in Autoreifen verwendet, was viel Kraftstoff spart. Die Technologie schafft viele neue Arbeitsplätze. Auch in der Medizin kann sie sinnvoll gegen Krebs eingesetzt werden. Auch bei Übergewicht und Fehlernährung kann Menschen geholfen werden.
Aber es gibt auch Meinungen, die dagegen sprechen. So besteht die Gefahr, dass sich die Nanoteilchen unkontrolliert ausbreiten. Auch bleibt es offen, wie die Nanoteilchen, die ins Abwasser gelangen, überhaupt entsorgt werden. Manche Wissenschaftler behaupten auch, dass die Nanotechnologie der Asbest des 21. Jahrhunderts sei. Dazu ist bisher viel zu wenig geforscht worden. Vielleicht kann man ja die Technologie auf wenige Bereiche, wie z. B. bei der Verwendung von Baustoffen, beschränken.

1 Gruppenarbeit!
a. Bildet zu dritt oder zu viert Arbeitsgruppen.
b. Kopiert Katjas Text oder schreibt ihn ab.
Achtet darauf, genügend Platz für Anmerkungen zu lassen.

sich in Arbeitsgruppen verständigen

2 Wie ist euer erster Eindruck vom Text?
a. Einigt euch auf jemanden, der Katjas Hauptteil vorliest.
b. Tauscht euch darüber aus, was euch positiv aufgefallen ist und was noch überarbeitet werden sollte.

Klärt zunächst, worauf es in einem Hauptteil einer Argumentation ankommt.

3 **a.** Schreibt arbeitsteilig Stichworte zu den folgenden Fragen auf:
- Wie wird ein Hauptteil nach dem Sanduhr-Prinzip gegliedert?
- Wie werden Argumentationsstränge aufgebaut?
- Wie werden Argumente verknüpft?

b. Besprecht eure Stichworte in der Gruppe.

sich über Textsortenmerkmale informieren

Gliederungsformen
➤ S. 36–37

Argumentationsstränge
➤ S. 35

Argumente verknüpfen
➤ S. 38

Eine Checkliste hilft euch, Katjas Entwurf zu überprüfen.

Checkliste: Den Hauptteil einer Argumentation überprüfen	*Ja*	*Nein*
– Sind Pro- und Kontra-Argumente enthalten?		
– Beginnt der Hauptteil mit dem stärksten Argument der Gegenposition?		
– Folgt darauf …?		
– Endet der Hauptteil mit …?		
– Sind die Argumentationsstränge …?		
– Werden die Argumente sinnvoll miteinander verknüpft?		
– …		

4 Schreibt die Checkliste ab und ergänzt sie mithilfe eurer Stichworte zu Aufgabe 3 a.

einen Textentwurf mit einer Checkliste überprüfen

5 Überprüft Katjas Entwurf mit euren Checkfragen.

a. Schreibt eure Anmerkungen an den Rand des Entwurfes, wenn ihr Checkfragen mit „Nein" beantwortet habt.

b. Gebt den Entwurf mit den Anmerkungen reihum weiter.

c. Besprecht anschließend in der Gruppe alle Anmerkungen und formuliert Verbesserungsvorschläge.

Nun könnt ihr den Entwurf überarbeiten.

6 Schreibt mithilfe eurer Verbesserungsvorschläge eine Überarbeitung des Entwurfs. Überprüft zum Schluss die Rechtschreibung.

einen Textentwurf überarbeiten

Z **7** Diskutiert eure Überarbeitung in der Klasse.

a. Kopiert euren Entwurf für eure Mitschüler und teilt ihn aus.

b. Lest ihn in der Klasse vor und erläutert anschließend die Änderungen.

c. Bittet eure Mitschüler um ein Feedback zu eurer Überarbeitung.

Eigene Texte überarbeiten

Es ist nicht immer einfach, im eigenen Text Schwächen oder Fehler zu finden. Die Zusammenarbeit in einer Schreibkonferenz hilft euch dabei, eure Texte zu überarbeiten.
Geht dabei schrittweise vor.

Aufgaben gemeinsam bewältigen ➤ S. 304

Schritt 1: Lesen und besprechen der Texte

Leseeindrücke in der Gruppe besprechen

1 Bildet Dreier- oder Vierergruppen, in denen ihr eure Texte überarbeiten wollt.

2 Gebt eure Texte reihum weiter, bis jeder alle Texte still für sich gelesen hat.

3 Lest nacheinander eure Texte vor und tauscht euch über euren ersten Eindruck aus. Geht dabei so vor:
- Die Autorin oder der Autor liest seinen eigenen Text vor.
- Die anderen äußern anschließend ihren Eindruck oder stellen Fragen zum Textverständnis.
- Die Autorin oder der Autor markiert Textstellen, die besprochen wurden.

Tipp: Nutzt dabei die Arbeitstechnik.

Arbeitstechnik

Kritik üben und annehmen

So kritisierst du richtig:
- Beginne mit dem **Positiven**.
- Bleibe **höflich** und **sachlich**.
- Formuliere **Ich-Botschaften**.
- Mache möglichst zu jedem Kritikpunkt **Verbesserungsvorschläge**.

So kannst du Kritik annehmen:
- **Höre** ruhig **zu** und unterbrich die Sprecher nicht.
- **Rechtfertige dich nicht**.
- **Frage nach**, wenn du etwas nicht verstehst.
- Nimm die **Kritik als Hilfe** an.

Schritt 2: Kommentieren der fremden Texte

Texte überprüfen und kommentieren

4 **a.** Kopiert die Texte und klebt sie auf einen großen DIN-A3-Bogen und nummeriert die Zeilen am Rand.
b. Informiert euch darüber, welche Merkmale die Textsorte kennzeichnen, und erstellt dazu eine Checkliste.
c. Überprüft alle Texte mithilfe der Checkliste.
Schreibt dazu eure Anmerkungen an den Rand und markiert die Textstellen, auf die sich die Anmerkungen beziehen.

5 Notiert eure Verbesserungsvorschläge zu jedem Text auf Karteikarten.

Verbesserungsvorschläge formulieren

Für den Autor/die Autorin:
Schreibkonferenzgruppe:
Thema der Schreibaufgabe:

Kriterien	Verbesserungsvorschläge	Fragen und Hinweise des Autors/der Autorin
Aufbau logisch	…	…
Inhalt verständlich	…	…
Formulierungen Textstellen:		
Zeile	…	…
Zeile	…	…

Schritt 3: Lesen und besprechen der Kommentare

Kommentare und Verbesserungsvorschläge besprechen

6 **a.** Lest die Kommentare und Verbesserungsvorschläge zu euren Texten.
b. Notiert euch Fragen und Hinweise zu den einzelnen Verbesserungsvorschlägen auf die Karteikarte.
c. Tauscht euch mithilfe der Notizen auf den Karteikarten aus.

Schritt 4: Überarbeiten der eigenen Texte

den eigenen Text überarbeiten

7 **a.** Überarbeitet mithilfe der Verbesserungsvorschläge eure Texte.
Tipp: Entscheidet, was hilfreich ist und was ihr berücksichtigen wollt.
b. Überprüft zum Schluss die Rechtschreibung.

Schritt 5: Vorlesen der überarbeiteten Texte

die Schreibkonferenz auswerten

8 **a.** Lest nacheinander eure Überarbeitungen vor.
b. Besprecht anschließend, welche Kommentare und Vorschläge euch besonders geholfen haben und welche weniger.

Arbeitstechnik

Texte in der Schreibkonferenz überarbeiten

- Gebt die Texte reihum: **Lest** sie erst still und anschließend laut vor.
- Formuliert einen **ersten Leseeindruck**.
- **Kopiert** die Texte und klebt sie einzeln auf DIN-A3-Bögen.
- Gebt sie reihum weiter und schreibt eure **Kommentare** an den Rand.
- Schreibt **Verbesserungsvorschläge** für jeden Text jeweils auf eine Karteikarte.
- Lest Kommentare und Verbesserungsvorschläge zu euren Texten und besprecht sie anschließend.
- **Überarbeitet** eure Texte.

Richtig zitieren

Aussagen mit Textstellen belegen

Wenn du dich mit Texten auseinandersetzt, solltest du dein Textverständnis mit ausgewählten Zitaten belegen. Anhand der folgenden Erzählung von Franz Kafka kannst du üben, Textstellen richtig zu zitieren.

Heimkehr Franz Kafka

Ich bin zurückgekehrt, ich habe den Flur durchschritten und blicke mich um. Es ist meines Vaters alter Hof. Die Pfütze in der Mitte. Altes, unbrauchbares Gerät, ineinander verfahren, verstellt den Weg zur Bodentreppe. Die Katze lauert auf dem Geländer. Ein zerrissenes Tuch, einmal im Spiel um eine Stange gewunden, hebt sich im Wind. Ich bin angekommen. Wer wird mich empfangen? Wer wartet hinter der Tür der Küche? Rauch kommt aus dem Schornstein, der Kaffee zum Abendessen wird gekocht. Ist dir heimlich, fühlst du dich zu Hause? Ich weiß es nicht, ich bin sehr unsicher. Meines Vaters Haus ist es, aber kalt steht Stück neben Stück, als wäre jedes mit seinen eigenen Angelegenheiten beschäftigt, die ich teils vergessen habe, teils niemals kannte. Was kann ich ihnen nützen, was bin ich ihnen, und sei ich auch des Vaters, des alten Landwirts Sohn. Und ich wage nicht, an der Küchentür zu klopfen, nur von der Ferne horche ich, nur von der Ferne horche ich stehend, nicht so, dass ich als Horcher überrascht werden könnte. Und weil ich von der Ferne horche, erhorche ich nichts, nur einen leichten Uhrenschlag höre ich oder glaube ihn vielleicht nur zu hören, herüber aus den Kindertagen. Was sonst in der Küche geschieht, ist das Geheimnis der dort Sitzenden, das sie vor mir wahren. Je länger man vor der Tür zögert, desto fremder wird man. Wie wäre es, wenn jetzt jemand die Tür öffnete und mich etwas fragte. Wäre ich dann nicht selbst wie einer, der sein Geheimnis wahren will.

1 Worum geht es in Kafkas Erzählung? Fasse den Inhalt in eigenen Worten zusammen.

den Inhalt zusammenfassen

2 Welche Textstellen enthalten Antworten auf die folgenden Fragen? Schreibe sie als wörtliche Zitate in Anführungszeichen auf.
- In welcher Ausgangssituation befindet sich der Ich-Erzähler?
- Wie nimmt der Ich-Erzähler seine Umgebung wahr?
- Welche Gefühle und Gedanken beschäftigen den Ich-Erzähler?

Textbelege für eigene Deutungsansätze finden

Starthilfe

Ausgangssituation: „Ich bin zurückgekehrt …“ Zeile 1

Diese Zitate können dir Hinweise für deine Deutung der Erzählung geben.

1 „Wer wird mich empfangen? Wer wartet hinter der Tür der Küche? [...] Ist dir heimlich, fühlst du dich zu Hause?“

2 „[...] nur von der Ferne horche ich, nur von der Ferne horche ich stehend, nicht so, dass ich als Horcher überrascht werden könnte. Und weil ich von der Ferne horche, erhorche ich nichts [...]“

3 „Was sonst in der Küche geschieht, ist das Geheimnis der dort Sitzenden, das sie vor mir wahren. [...] Wie wäre es, wenn jetzt jemand die Tür öffnete und mich etwas fragte. Wäre ich dann nicht selbst wie einer, der sein Geheimnis wahren will.“

3 Was kommt nach deinem Verständnis in den Zitaten zum Ausdruck?
a. Suche die Textstellen in der Erzählung und schreibe die Zeilenangaben auf.
b. Schreibe deine Deutung der Textstellen dazu.

Textstellen angeben und deuten

Starthilfe

Zitat 1: Zeile ... – Die Fragen drücken Zweifel des Ich-Erzählers ...

4 Welche weiteren Textstellen unterstützen dein Textverständnis?
a. Schreibe sie als Zitate mit Zeilenangabe auf.
b. Schreibe in Stichworten auf, wie du sie interpretierst.

5 Schreibe mithilfe deiner Ergebnisse zu den Aufgaben 1 bis 4 eine Interpretation zur Erzählung „Heimkehr“ von Franz Kafka.

eine Interpretation schreiben
➤ S. 153

Arbeitstechnik

Richtig zitieren

- Wähle Zitate, die in deiner Interpretation **wesentliche Aussagen unterstützen**. Sie sollen nicht für sich allein sprechen, sondern du musst ihre **Aussagen mit eigenen Worten erläutern**. Das Verhältnis von Zitaten und eigenem Text sollte sinnvoll sein, d. h. nicht Zitate aneinanderreihen.
- Kennzeichne Sätze, Wörtergruppen oder Wörter, die du wörtlich übernimmst durch **Anführungszeichen**.
- Zitierte Wörtergruppen oder Wörter werden dem Satzbau deines eigenen Satzes angepasst. Müssen dazu **grammatische Änderungen** vorgenommen werden, werden diese in **Klammern** gesetzt, z. B.: Der Ich-Erzähler will nicht, „dass (er) als Horcher überrascht“ wird. (Z. 14)
- Verwende den Konjunktiv I, wenn du Textstellen in indirekter Rede wiedergibst, z. B.: Der Ich-Erzähler fragt sich, wer ihn empfangen werde. (Z. 6)
- **Ausgelassene Textstellen** werden durch [...] kenntlich gemacht.
- Nach dem Zitat folgt in Klammern die **Seiten- und Zeilenangabe**.
- Auch wenn du einen Inhalt in eigenen Worten wiedergibst, verweist du auf die Textstelle, auf die du dich beziehst: z. B.: (vgl. S. 4, Z. 226). Die Abkürzung vgl. steht für „vergleiche“.

Präsentieren mit PowerPoint

Eine Präsentation vorbereiten

Die Schülerinnen und Schüler der 10 b führen eine Projektwoche zum „Präsentieren“ durch. Sie suchen sich selbst ein Thema aus und stellen es der Klasse vor. Das Medium des Vortrags dürfen sie frei wählen.

1 Ich möchte ein Referat über die Autorin Joyce Carol Oates halten. Ich plane, meiner Klasse einen kurzen Ausschnitt aus einem ihrer Bücher vorzulesen und währenddessen ein großes Foto von ihr zu zeigen. Alle weiteren Informationen meines Referats teile ich meinen Mitschülerinnen und Mitschülern auf einem Handout aus.

2 Ich habe mich für das Thema „Debattieren“ entschieden. Der formale Ablauf der Debatte soll gezeigt werden, während ich im Vortrag auf die einzelnen Phasen eingehe. Außerdem sollen diese Informationen der Klasse länger zur Verfügung stehen und immer im Klassenraum zu sehen sein, weil es unser nächstes Thema im Deutschunterricht sein wird.

3 Uns fasziniert das Thema „Nanotechnologie“. In unserem Referat möchten wir die Klasse darüber informieren, indem wir verschiedene Bilder und Grafiken zeigen und die Entwicklung der Nanotechnologie darstellen.

1 Zu welchem Medium rätst du den Schülerinnen und Schülern? Gehe dabei auf die Vor- und Nachteile einzelner Medien ein.

Christina und Aysu haben sich für eine PowerPoint-Präsentation entschieden. Sie sammeln Themenschwerpunkte und ordnen diese mithilfe einer Mind-Map.

Nanotechnologie
➤ S. 27–46

2 Ergänze die Mind-Map um weitere Themenschwerpunkte.

3 Im Tandem!
Erstellt eine Gliederung.
a. Diskutiert, in welcher Reihenfolge die Themenschwerpunkte sinnvoll stehen.
b. Schreibt die Ergebnisse auf.

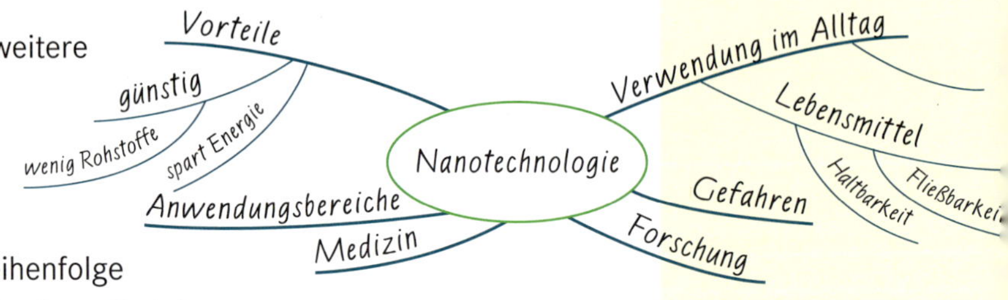

Christina und Aysu recherchieren zu den einzelnen Themenschwerpunkten. Folgende Stichworte haben sie notiert:

Doppel-Klick, Seite 30–32
- *Wir benutzen Produkte mit Nanotechnologie seit Jahren, ohne es zu wissen.*
- *viele Anwendungsbereiche: Energietechnik, Informationstechnik, Medizin, Lebensmittelindustrie*
- *Nanoteilchen können gesundheitsgefährdend sein.*

www.biomet-dresden.de
- *nanos (griech.) = Zwerg*
- *Richard Feynman hat 1959 die Forschungsgrundlagen für Nanotechnologie gelegt.*
- *Vorkommen im Alltag: als Zusatzstoffe in Farben und Lacken, in der Bekleidungsindustrie, Füllmaterial beim Zahnarzt, Beschichtungen*

www.greenpeace-magazin.de
- *Die Öffentlichkeit weiß kaum über Nanotechnologie Bescheid.*
- *Nanopartikel können im menschlichen Körper Entzündungen auslösen.*
- *Es gibt immer noch zu wenige aussagekräftige Studien.*

4 Gliedere die Informationen. — **Informationen zuordnen**

a. Ordne die Notizen von Aysu und Christina den Themenschwerpunkten aus der Mind-Map zu.

Starthilfe
1. Forschung:
- Richard Feynman (1959) ...
2. Verwendung im Alltag:
- ...

b. Recherchiere weitere Informationen zu den Themenschwerpunkten.

5 Bereite den Vortrag mithilfe der Aufgaben 3 und 4 vor. — **den Vortrag vorbereiten**
Tipp: Schreibe jeweils einen Themenschwerpunkt mit zwei bis fünf Stichworten auf eine Karteikarte.

3. Gefahren der Nanotechnologie
- *Nanopartikel können die Gesundheit schädigen.*
- *Es gibt zu wenige aussagekräftige Studien.*

Z **6** Statt einer Präsentation zum Thema Nanotechnologie kannst du auch ein anderes Thema wählen, zum Beispiel einen Beruf, einen Autor/eine Autorin oder ein gemeinnütziges Projekt.

Joyce Carol Oates ➤ S. 180–191
Empört euch! ➤ S. 85–102

a. Fasse mögliche Themenschwerpunkte des Referats in einer Mind-Map zusammen.
b. Schreibe die Themenschwerpunkte in einer sinnvollen Reihenfolge auf.
c. Recherchiere Informationen zu den Themenschwerpunkten.
d. Gehe anschließend vor wie in Aufgabe 4 und 5.

Das Programm PowerPoint anwenden

Christina und Aysu haben als Präsentationsmedium für ihr Referat über Nanotechnologie die PowerPoint-Präsentation gewählt. Jetzt machen sie sich mit dem Programm vertraut.

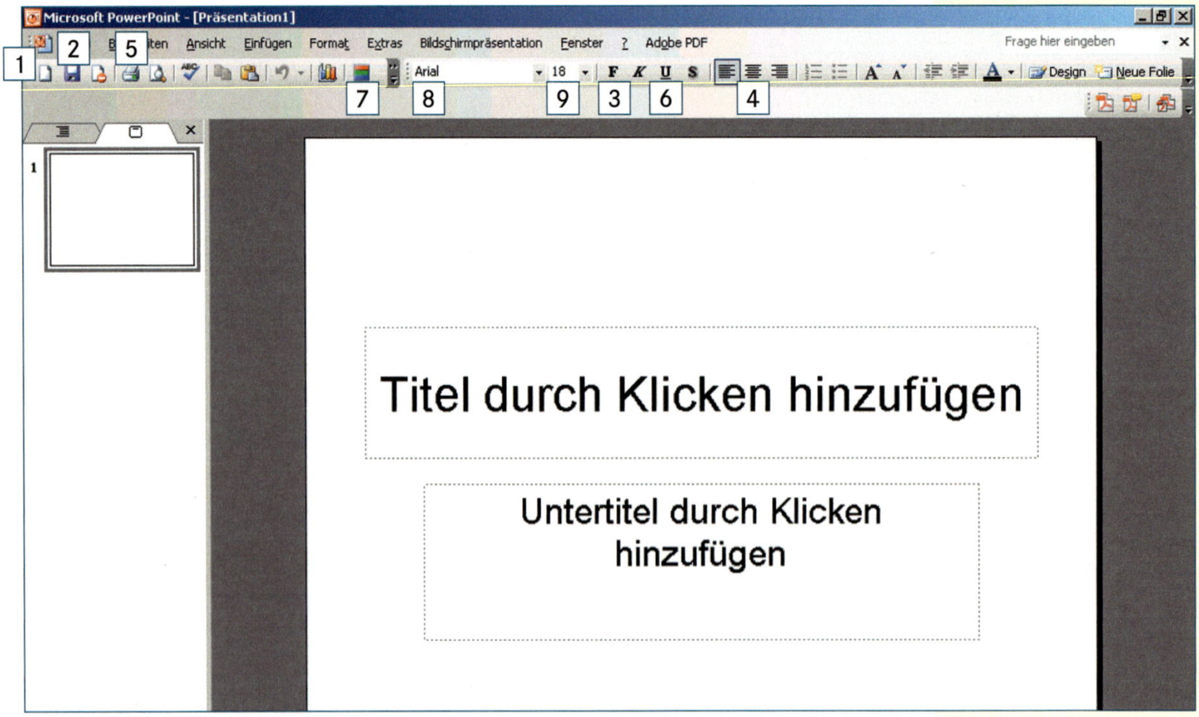

1 Findest du dich im Programm PowerPoint zurecht?
   a. Ordne den Funktionen vom Rand die passenden Ziffern im Bild zu.
   b. Schreibe eine Erklärung oder Vermutung dahinter, welche Funktion diese und andere Symbole haben könnten.
   c. Vergleicht eure Vermutungen in der Klasse.

Menüleiste
Datei speichern
Schrift fetten
Text in die Mitte der Zeile rücken
Präsentation drucken
Text unterstreichen
Schriftfarbe ändern
Schriftart ändern
Schriftgröße ändern

Z **2** Kennst du noch weitere Symbole und Funktionen in PowerPoint? Schreibe sie mit einer Erklärung auf und stelle sie in der Klasse vor.

W **Wählt eine der folgenden Aufgaben aus:**

3 Welche Piktogramme im Programm PowerPoint kennst du von anderen Programmen auf dem Computer, zum Beispiel Word? Tauscht euch darüber aus.

4 Gruppenarbeit!
Gestaltet mithilfe von Aufgabe 1 ein Plakat für euren Klassenraum oder den Medienraum in eurer Schule. Zeichnet die Piktogramme und schreibt die entsprechende Funktion dazu.

Christina und Aysu haben verschiedene Bilder aus dem Internet abgespeichert und in ihre Folien eingefügt.

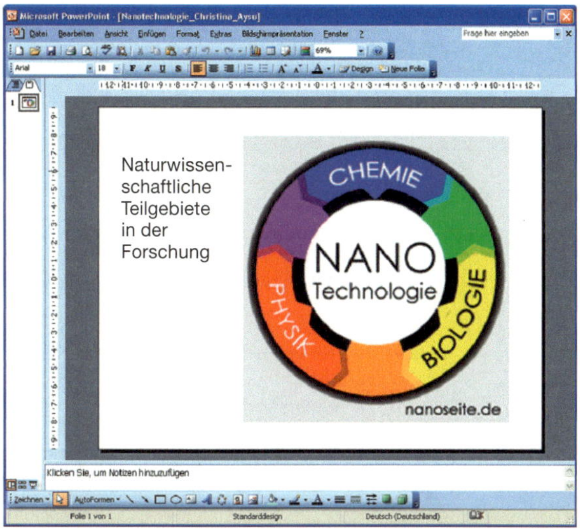

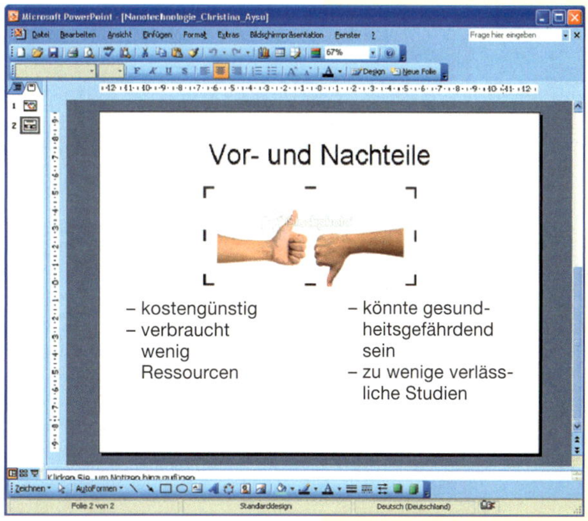

5 Zu welchem Zweck werden Grafiken und Schaubilder in einer PowerPoint-Präsentation gezeigt? Beantworte die folgenden Fragen:
- Welche Informationen enthält die Grafik in der linken Folie?
- Welche Funktion hat das Bild auf der rechten Folie?
- Welche unterschiedlichen Nutzen können eine Tabelle, ein Foto und eine Animation in einer Präsentation haben?

die Funktion von Grafiken und Abbildungen untersuchen

Das folgende Bildschirmfoto hilft dir, ein Bild in eine PowerPoint-Folie einzufügen.

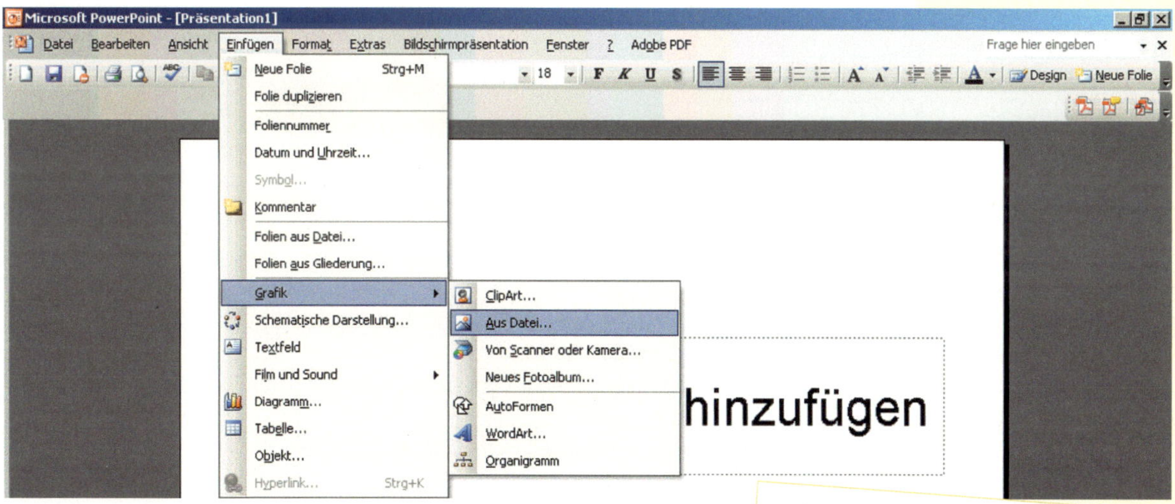

Z **6** **a.** Probiere es am Computer aus.
b. Schreibe eine Anleitung für das Einfügen von Bildern in eine PowerPoint-Folie.

- in der Menüleiste ...
- Registerkarte „Einfügen“ ...
- im Menüpunkt „Grafik“ ...
- im neuen Fenster ...

Eine PowerPoint-Präsentation erstellen und bewerten

Das Aussehen der Folien und die Übergänge von einer Folie zur anderen kannst du selbst gestalten.

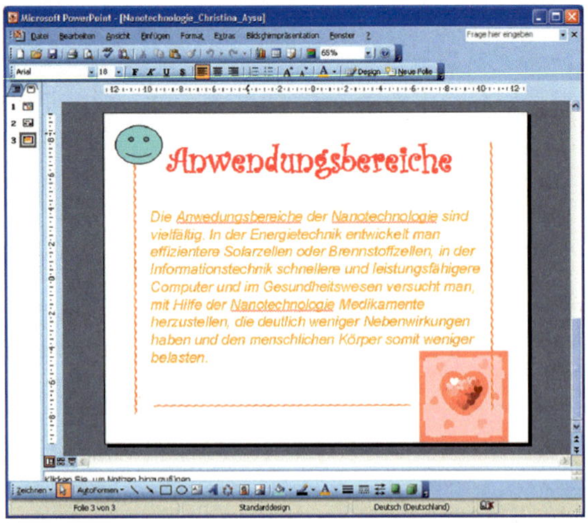

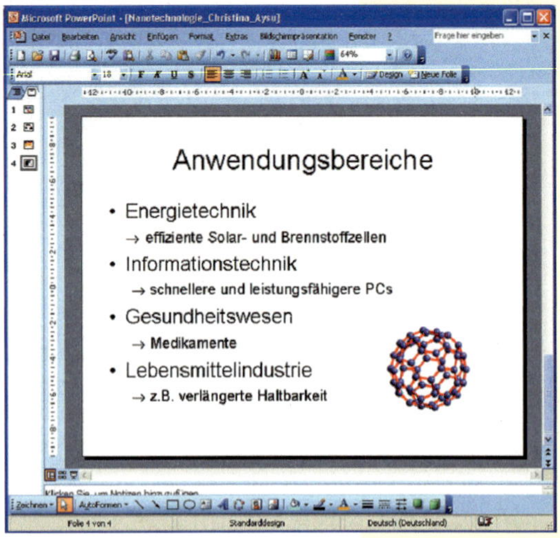

Folien bewerten

1 Versetze dich in die Lage des Zuhörers beim Vortrag.
- **a.** Schreibe auf, wie die beiden Folien auf dich wirken.
- **b.** Beurteile, was gut gelungen ist und was nicht so gut gelungen ist.
- **c.** Formuliere Verbesserungsvorschläge.

eine PowerPoint-Präsentation erstellen

Aufgaben gemeinsam bewältigen ➤ **S. 304**

2 Im Tandem!
Erstellt mithilfe der Arbeitstechnik eine PowerPoint-Präsentation zum Thema „Nanotechnologie" oder zu einem anderen Thema.

Arbeitstechnik

Eine PowerPoint-Präsentation erstellen

- Entscheide dich für ein **Layout**, das auf allen Folien der Präsentation gleich ist. Ein scharfer Kontrast zwischen Schrift und Hintergrund sorgt für eine **gute Lesbarkeit**. Die sparsame Verwendung von Farben und beweglichen Animationen fördert die **Konzentration** der Zuhörer **auf den Inhalt** des Referats.
- Gestalte eine **Titelfolie** mit Angaben zum Unterrichtsfach, dem Titel der Präsentation und den Namen der Präsentierenden.
- Erstelle ein **Inhaltsverzeichnis (Agenda)** mit den wichtigsten Themenschwerpunkten deiner Präsentation als Überblick.
- Notiere jeweils einen Themenschwerpunkt und **zwei bis fünf Unterpunkte auf einer Folie**.
  Formuliere keine ganzen Sätze, sondern **Stichworte**.
- Füge passende **Bilder und Grafiken** ein.
- Achte darauf, den mündlichen Vortrag in den Mittelpunkt deiner Präsentation zu stellen, nicht die Folien.

Mithilfe von PowerPoint präsentieren

Auch die beste PowerPoint-Präsentation ist ein Medium zur Unterstützung deines Vortrages.

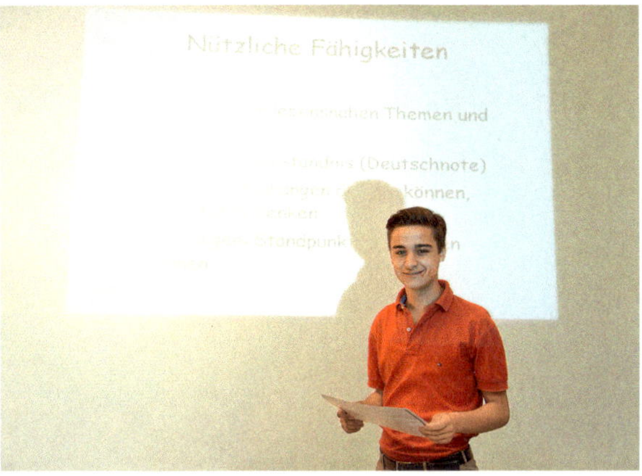

vorausschauend vorbereiten

1 Welche Situationen sind auf den Fotos dargestellt?
Erkläre, was das Problem ist und wie man es lösen könnte.

2 Im Tandem!
Schreibt auf, was ihr von einer guten PowerPoint-Präsentation erwartet.

eine Checkliste erstellen

3 Gruppenarbeit!
Fertigt eine Checkliste zur Vorbereitung und zur Präsentation eines Referats mit PowerPoint an.
Verwendet dazu eure Ergebnisse aus Aufgabe 1 und 2 und die Arbeitstechnik auf Seite 232.

Checkliste: Mit PowerPoint präsentieren	*Ja*	*Nein*
– Kann ich den Raum, in dem ich präsentiere, abdunkeln?	☐	☐
– Habe ich auf den Folien wenige Stichworte …?	☐	☐

die Präsentation vorstellen und auswerten

4 Stellt eure PowerPoint-Präsentation in der Klasse vor.

5 Wertet eure Präsentation des Referats mit PowerPoint mithilfe der Checkliste aus.
a. Überprüft die Präsentation mit der Checkliste.
b. Was war gut? Was kann verbessert werden? Sprecht darüber.

Z **6** Erstelle eine Präsentation zu folgendem Thema: „Wie erstelle ich eine gute PowerPoint-Präsentation?“

Rechtschreiben: Die Trainingseinheiten

1. Trainingseinheit: Andersschreibung, Fremdwörter

Kurz und bündig

„Kurz und bündig", das ist der Rat/Rad ihres Lehrers. „Du schreibst oft endlos lange Sätze, statt dich auf das Wesentliche zu beschränken. Du hast die Neigung, Sachverhalte kompliziert auszudrücken. Man muss einen Satz oft mehrmals lesen, bis man ihn versteht", weist Herr Müller Pia auf die Schwachstellen ihrer Interpretation der Kurzgeschichte hin. „Immer wieder das alte Lied/Lid", denkt Pia. Es ist war/wahr. Sie hat keine andere Wahl. Sie muss an ihrem Stiel/Stil arbeiten, um bessere Zensuren zu bekommen. War das schön in der Grundschule! Da durften sie schreiben, was ihre Fantasie ihnen eingab, seitenlang.
Pia seufzte. Damals war sie neun. Aber jetzt mit 16 ist das nicht mehr gefragt.

1 Beantworte die Fragen schriftlich.
- Welche Kritik äußert der Lehrer Pia gegenüber?
- Woran erinnert sich Pia?

Manche Wörter klingen ähnlich oder gleich, werden aber unterschiedlich geschrieben. Es kommt auf die Bedeutung im Satz an.

Andersschreibungen

2 Im Text stehen Andersschreibungen nebeneinander. Entscheide dich mithilfe folgender Worterklärungen für die richtige Schreibweise und schreibe die Sätze ab.

der Rat: eine Empfehlung / das Rad: ein Fahrrad
das alte Lied: (immer) dasselbe / das Lid: ein Teil des Auges
er, sie, es, war: Vergangenheitsform vom „sein" / wahr: richtig
der Stiel: ein Griff / der Stil: die Form, in der man sich ausdrückt

3 Schreibe die Sätze ab und setze die passenden Wörter ein.

1. Er liebte Hunde, ______ ein wütender Hund ihn ______.
2. Sie ______ schlank, obwohl sie gerne Süßigkeiten ______.
3. Du ______ mir endlich gesagt, dass du mich nicht mehr ______.
4. Er ______ darauf hin, dass sie die richtige Lösung bestimmt ______.
5. ______ langem weiß ich, dass ihr meine besten Freunde ______.

bis – biss (beißen)
seit – ihr seid (sein)
weist – weiß
hast (haben) – hasst (hassen)
ist – isst

Auch diese Wörter klingen gleich, werden aber unterschiedlich geschrieben.

Seite – Saite	viel – sie fiel (fallen)	lehren – leeren (leer)
Uhr – ur- (Urwald)	Meer – mehr	fast – er fasst (fassen)
Wal – Wahl	man – Mann	wider – wieder

Z **4** Bilde Sätze mit diesen Wörtern, in denen die unterschiedliche Bedeutung deutlich wird, und schreibe sie auf.
Tipp: Du kannst ein Wörterbuch zur Hilfe nehmen.

Fremdwörter

Bei einigen Fremdwörtern gibt es oft zwei Schreibweisen, doch die Bedeutung ist dieselbe, z. B. die Phantasie – die Fantasie.

Ein volles Portemonnaie und dann ...

Wenn das Portmonee gefüllt ist, macht ein Einkauf im Supermarkt besonders viel Spaß. Dann ist es nicht unbedingt nötig, ständig Preisvergleiche durchzuführen. Ob man nun Joghurt für 40 Cent nimmt oder den Jogurt für 80 Cent, ist dann nebensächlich. Für ein Lieblingsgericht – z. B. Spagetti mit Ketschup – sollte man dann schon italienische Spaghetti nehmen und Ketchup nach amerikanischer Art. Selbstverständlich muss noch die Mayonnaise in den Einkaufswagen, denn Spagetti mit Majonäse wäre ja auch eine Möglichkeit.

5 **a.** Übertrage die Tabelle in dein Heft.
b. Ordne die Fremdwörter in die Tabelle ein.

Starthilfe

Fremdwortschreibung	eingedeutschte Schreibung
Portemonnaie	...

Cousine Nougat chic Delphin Paragraph Yacht passé Geographie

6 **a.** Schreibe die Fremdwörter untereinander in dein Heft.
b. Überprüfe mit dem Wörterbuch, welche eingedeutschte Schreibung ebenfalls erlaubt ist, und schreibe sie dazu.
Z **c.** Finde weitere eingedeutschte Fremdwörter. Überprüfe die Schreibung mit dem Wörterbuch.

7 Im Tandem!
Fremdwörter oder eingedeutschte Fremdwörter?
Welche Schreibweise bevorzugt ihr? Tauscht euch dazu aus.

8 **a.** Schreibe den Text „Kurz und bündig“ ab.
b. Hast du ähnliche Probleme wie Pia? Schreibe Möglichkeiten auf, wie du diese Probleme beheben kannst.

Abschreiben von Texten
➤ S. 258

2. Trainingseinheit: Nominalisierungen

Die Kunst des Weglassens

mehr zum Thema Nanotechnologie ➤ S. 27–43

„Das Reduzieren auf das Nötigste ist eine wunderbare Möglichkeit zum Vereinfachen des Alltags. Wer das geschrieben hat, hat noch nie selbst einen Koffer gepackt", stöhnte Kathrins Mutter. „Das war bestimmt ein Mann. Beim Kofferpacken klappt das nie bei mir. Wie soll ich mich da im Einzelnen entscheiden? Durch Weglassen kann einem anschließend der Urlaub ziemlich verdorben werden. Nehme ich wenig Dünnes mit, ist es am Urlaubsort bestimmt nur ständig heiß. Das Einfache ist oft gar nicht so einfach." Kathrins Vater amüsierte sich im Stillen über seine Frau. Sein Denken, beruflich wie auch privat, orientierte sich am Grundsatz: Je kleiner, umso besser. Schließlich arbeitete er in der Nanoforschung. Darum war in seinem kleinen, selbst gepackten Koffer nichts Überflüssiges, glaubte er zumindest.

1 Beantworte die Fragen schriftlich:
- Mit welcher Alltagssituation beschäftigt sich der Text?
- Warum amüsierte sich der Vater im Stillen über seine Frau?

Im Text findest du Wörter anderer Wortarten, die als Nomen gebraucht und großgeschrieben werden. Das sind Nominalisierungen.

Nominalisierungen

2 Ordne die Großschreibungsfälle in die Tabelle ein.

Starthilfe

Großschreibung durch:			
Artikel (bestimmt/unbestimmt)	Präpositionen	unbestimmte Zahlwörter	Possessivpronomen
das Weglassen	...	...	...

etwas Interessantes   mit Üben   im Gehen   alles Gute
im Wesentlichen   ein Flüstern   das Richtige   euer Reden
viel Neues   mein Lernen   ihr schnelles Fahren   ein lautes Lachen

3 Ordne diese Nominalisierungen in die Tabelle von Aufgabe 2 ein.

4 Schreibe die Sätze ab und unterstreiche die Nominalisierungen.

1. Das Lesen des Zeitungsartikels erforderte meine ganze Konzentration.
2. Durch intensives Arbeiten erreichte ich schließlich den Abschluss.
3. Die ärztliche Untersuchung ergab nichts Neues.
4. Dein Lachen ist wirklich ansteckend.
5. Beim Laufen komme ich schnell aus der Puste.
6. Im Übrigen steht fest, dass ich dich heute nicht besuchen kann.
7. Ein leichtes Nicken mit dem Kopf signalisierte sein Einverstandensein mit der Entscheidung.

viel Angenehmes   ein lautes Schreien
beim Essen   euer Reden   etwas Kostbares
das Erreichen   im Folgenden   zum Weinen

5 Im Tandem!

a. Schreibt mit den Wortgruppen Sätze auf.
b. Diktiert euch die Sätze.
c. Unterstreicht in jedem Satz die Nominalisierung.

6 Schreibe die Texte ab. Korrigiere die fünf Fehler.

Polizeialltag – Kommissar Beck in Aktion

Achtung: Fehler!

A Die Festnahme

In der Nähe einer Baumgruppe stand der gesuchte Mann. Kommissar Beck verharrte hinter Büschen, die ihm Deckung gaben. Auf einmal vernahm er ein leises rascheln. Er war irritiert; dennoch machte er die ersten vorsichtigen Schritte in Richtung des Mannes. Er musste ihn überraschen. Das anschleichen erforderte seine ganze Konzentration.
Dann ging alles sehr schnell.

B Eine Frage von Sekunden

Der Polizeihund umkreiste die verdächtige Frau. Sein knurren wurde immer bedrohlicher. Die Frau bekam Angst und schrie. Ihr Schreien führte Kommissar Beck zu ihrem Versteck im Keller des Hauses.
Er rannte die Treppe hinunter. Sofort erkannte er die Situation und rief durch sein Pfeifen den Hund zurück. Die Festnahme war nun reine Routine.

C Geduld

Beck und seinen Kollegen saßen im Polizeiauto. Ihre Blicke waren fest auf den Nebeneingang einer Bankfiliale gerichtet. Im wesentlichen war nun Geduld gefragt, denn irgendwann müsste sich die Tür öffnen.
Dann würde der Zugriff erfolgen. Plötzlich geschah etwas unvorhersehbares. Ein Sportwagen raste auf sie zu, bremste scharf und drei bewaffnete Männer liefen auf das Polizeiauto zu. Sie saßen in der Falle. In dem Moment sah Beck, dass jemand aus dem Nebeneingang floh. Blitzschnell verschwanden die Männer. Mit quietschenden Reifen entfernte sich das Auto.

Z **7** Wähle einen der drei Kurztexte aus und erweitere ihn zu einer ausführlichen und spannenden Geschichte. Achte dabei besonders auf die Großschreibung.

produktives Schreiben ➤ S. 82–84

8 Im Tandem!

a. Diktiert euch den Text „Die Kunst des Weglassens“ gegenseitig.
b. Markiert fehlerhafte Stellen und korrigiert sie.

Partnerdiktat ➤ S. 258

3. Trainingseinheit: Großschreibung von Eigennamen

Infotainment

Du kennst den Begriff? Er ist eine Zusammensetzung der englischen Wörter information und entertainment (deutsch: Unterhaltung). Laut Wikipedia prägte der Medienkritiker Neil Postman diesen Begriff, als er in einem Buch das Fernsehen kritisch hinterfragte. Er kritisierte, dass jedes Thema als Unterhaltung präsentiert wird. So zeigt ein Entertainer die verschiedenen Epochen der Weltgeschichte in Form von Filmsequenzen, in denen er selbst als eine historische Persönlichkeit auftritt, z. B. als Ludwig der Vierzehnte oder als Katharina die Große.

1 Der Text enthält zwei Eigennamen, die aus mehreren Teilen bestehen. Schreibe diese auf.

mehrteilige Eigennamen

In mehrteiligen Eigennamen werden alle Wörter – außer Artikel und Präposition – großgeschrieben.

Johann Wolfgang von Goethe das Rote Kreuz Ludwig van Beethoven die Kieler Woche Neuer Markt der Zweite Weltkrieg der Deutsche Bundestag die Sozialdemokratische Partei Deutschlands (SPD) der Indische Ozean das Weiße Haus die Vereinten Nationen die Erste Bundesliga das Tote Meer die Christlich-Demokratische Union (CDU) das Kap der Guten Hoffnung der Teutoburger Wald der Pazifische Ozean die Vereinigten Arabischen Emirate die Lüneburger Heide der Potsdamer Platz

2 Ordne die Eigennamen in die Tabelle ein.

Starthilfe

Personen	Straßen/Plätze/Bauwerke	Landschaften/Staaten/Meere	Feste/Organisationen/Parteien/Ereignisse
Johann Wolfgang von Goethe	...	...	...

Auch in diesen Wortgruppen gilt die Großschreibung.

DER REGIERENDE BÜRGERMEISTER DER HEILIGE ABEND DER ERSTE MAI DIE GOLDENEN ZWANZIGER DIE JÜNGERE STEINZEIT DER INTERNATIONALE FRAUENTAG DER TECHNISCHE DIREKTOR DER WESTFÄLISCHE FRIEDE DER DEUTSCH-FRANZÖSISCHE KRIEG 1870/1871

3 Schreibe die Wortgruppen in der richtigen Groß- und Kleinschreibung auf.
Tipp: Titel und Amtsbezeichnungen werden großgeschrieben.

4 Im Tandem!
Kennt ihr alle Begriffe? Schreibt Definitionen zu den Wortgruppen und fragt euch gegenseitig danach.

5 Ordne die Eigennamen den Definitionen zu.

1. ___ – Abkürzung DGB, Gesamtorganisation der Einzelgewerkschaften der Arbeiter, Angestellten und Beamten in Deutschland, gegründet 1944, Sitz: Düsseldorf
2. ___ begann 1939 mit dem Angriff Deutschlands auf Polen. Nach sechs Jahren und 50 Millionen Toten endete er mit der Niederlage Deutschlands.
3. ___ – größte Wasserfläche der Erde zwischen Amerika im Osten und Asien und Australien im Westen, 181,34 Mio. km^2. Die größte Tiefe beträgt 11 034 m (Marianengraben).
4. ___ – Abkürzung CDU, 1945 gegründete Partei, Vorsitzender von 1950–1966 Konrad Adenauer
5. ___ – deutscher Komponist, * 1770 in Bonn, † 1827 in Wien
6. ___ – die Südspitze Afrikas
7. ___ – Volksvertretung der Bundesrepublik Deutschland, gewählt für jeweils vier Jahre, beschließt die Bundesgesetze, wählt den Bundeskanzler
8. ___ – Abkürzung UN, englisch: United Nations, Staatenverbindung, gegründet in San Francisco am 26. 6. 1945, Hauptsitz New York. Ziel der UN ist die Wahrung des Weltfriedens.
9. ___ – Amts- und Wohnsitz des Präsidenten der USA, seit 1800 in Washington

der Zweite Weltkrieg
der Pazifische Ozean
der Deutsche Gewerkschaftsbund
Ludwig van Beethoven
das Weiße Haus
die Christlich-Demokratische Union
der Deutsche Bundestag
das Kap der Guten Hoffnung
die Vereinten Nationen

6 Schreibe die Sätze ab und ergänze die passenden Eigennamen aus Aufgabe 2 und 4.

1. Der Präsident der Vereinigten Staaten von Amerika wohnt traditionell im ___.
2. Die fünfte Symphonie von ___ beginnt mit einem viertönigen Auftaktmotiv, das fast jeder kennt.
3. Im Reichstag in Berlin tagt der ___, die Volksvertretung der Bundesrepublik Deutschland.
4. Jedes Jahr ruft der ___ am 1. Mai (dem Tag der Arbeit) zu einer Kundgebung auf.
5. Die ___ stellte 1948 den ersten Bundeskanzler in Deutschland. Er hieß Konrad Adenauer.
6. Der ___ ist das größte und tiefste Gewässer der Erde.
7. Bevor es den Suezkanal – eine Schifffahrtsverbindung zwischen dem Mittelmeer und dem Roten Meer – gab, mussten alle Schiffe auf dem Weg nach Indien den weiten Weg um das ___ fahren.
8. Die ___ wurden 1945 mit dem Auftrag gegründet, den Weltfrieden sicherer zu machen.
9. Der ___ begann am 1. September 1939 und endete mit der Kapitulation Deutschlands am 8. Mai 1945.

4. Trainingseinheit: Kleinschreibung

Zukunftswünsche

Was denken junge Menschen in Deutschland? Welche Lebensziele, Zukunftswünsche, Berufsvorstellungen, Einstellungen zur Familie und über das Zusammenleben haben sie?
Zu diesem Thema liegt unter anderem eine neue Studie vor, die das Ergebnis einer repräsentativen Bevölkerungsumfrage von Personen im Alter zwischen 16 und 35 Jahren auflistet. Am interessantesten sind vielleicht die folgenden Ergebnisse der Befragung:
Die einen betonen, dass sie vor allem unabhängig sein wollen. Sie möchten viel lernen und über kurz oder lang einen interessanten Beruf ergreifen und nach Möglichkeit gut verdienen. Für die meisten steht die Gesundheit an erster Stelle. Junge Menschen haben heute in der Regel ein besonders langes Leben vor sich, aber oft auch ein besonders ereignisreiches. Alte Lebensentscheidungen müssen häufiger durch neue ersetzt werden, als das bei früheren Generationen der Fall war. Das Zusammenleben in einer Partnerschaft ist weiterhin ein Lebensziel, ein zentrales sogar, wenn auch nicht zwingend in Form einer Ehe. „Wir zwei gehören zusammen, durch dick und dünn", ist ein von vielen gehegter Wunsch.

mehr zum Thema Berufe
➤ S. 47–59

1 Beantworte die Fragen schriftlich.
- Was war das Thema der Bevölkerungsumfrage?
- Nenne zwei Ergebnisse dieser Umfrage.

Im Text sind Kleinschreibungen hervorgehoben.

Kleinschreibungen

2 **a.** Übertrage die Tabelle in dein Heft.
b. Ordne die blauen Kleinschreibungen in die richtige Spalte ein.

Starthilfe

Kleinschreibung bei:			
besonderen Wortgruppen	der Superlativform des Adjektivs	unbestimmten Zahlwörtern	Wörtern mit angst, leid, schuld, spitze mit einer Verbform von sein
von klein auf	am steilsten am schönsten am kürzesten	die vielen die anderen die wenigen	leid sein schuld sein klasse sein

das andere   am wenigsten   von nah und fern   bange sein
am höchsten   der andere   gegen bar   pleite sein   seit längerem

3 **a.** Ordne auch diese Kleinschreibungen in die Tabelle aus Aufgabe 2 ein.
Z **b.** Findest du weitere Kleinschreibungen? Ergänze diese in der Tabelle.

4 Schreibe die Sätze ab und ergänze passende Wortgruppen aus der ersten und zweiten Spalte der Tabelle auf Seite 240.

1. Sie versprachen, gemeinsam ______ zu gehen.
2. Sie kamen ______ , um das große Feuerwerk mitzuerleben.
3. Mit dem Gitarrespielen habe ich mich schon ______ beschäftigt.
4. Die Wege zum Berggipfel waren alle steil, wir nahmen den Weg, der ______ und ______ war.
5. Die Ware wird nur ______ ausgeliefert.
6. Es wird sich sicher ______ herausstellen, ob du auch wirklich die Wahrheit gesagt hast.
7. In den Alpen gibt es hohe Berge, aber ______ sind sie im Himalaya.
8. Ich möchte ______ sagen, dass ich das gegebene Versprechen einhalten werde.

5 Schreibe die Sätze ab und ergänze passende Wortgruppen aus der dritten und vierten Spalte der Tabelle auf Seite 240.

1. Als meine Mannschaft 0 : 4 im Rückstand war, verließen ______ bereits das Stadion.
2. Ich bin es ______ , in deinen Augen immer die Schuldige zu sein.
3. Dies ist mein letzter Euro, nun bin ich ______ .
4. Zum Gelingen des Festes trugen auch ______ bei, die freiwillig bei der Vorbereitung und Durchführung mitgearbeitet haben.
5. Als ich sie zum ersten Male sah, wusste ich sofort: „Die ist ______ !"
6. Du bist ______ daran, dass ich den letzten Bus nicht mehr erreicht habe.
7. ______ sind der Meinung, dass es auf den Autobahnen eine generelle Geschwindigkeitsbegrenzung geben sollte, ______ dagegen meinen, dass dies nur auf wenigen Autobahnabschnitten notwendig sei.

Im Text sind Sätze unterstrichen. In diesen Sätzen werden die Adjektive **ereignisreich**, **neu** und **zentral** kleingeschrieben. Die Kleinschreibung ist richtig, weil die Adjektive zu einem vorhergehenden Nomen gehören, das nicht noch einmal wiederholt wird.

6 **a.** Schreibe die Sätze ab.
b. Unterstreiche das Bezugsnomen, zu dem das Adjektiv gehört.

7 **a.** Schreibe den Text „Zukunftswünsche" ab.
b. Unterstreiche die Kleinschreibungen.

Abschreiben von Texten
➤ S. 258

Z **8** Welche Zukunftswünsche hast du?
a. Schreibe deine Antworten auf.
b. Stellt fest, welche Antworten in der Klasse am häufigsten gegeben wurden.

5. Trainingseinheit: Zusammen- und Getrenntschreibung

Weihnachten schon im September!

„Lebkuchen und Dominosteine füllen die Regale der Geschäfte. Da muss man doch Angst haben, dass demnächst das ganze Jahr über Weihnachten ist." Das sollte man nach Meinung von Rabea doch klarsehen und auch nicht schönreden.
Ihre Freundin Johanna war ganz ihrer Meinung. „Ich könnte mich schwarzärgern über diese Art der Geschäftemacherei mit Weihnachten", empörte sie sich. „Es kann doch niemanden kaltlassen, dass traditionelle Feiertage so missbraucht werden und ihre Bedeutung allmählich ganz verloren geht. Das Festhalten am eigentlichen Sinn z. B. religiöser Feiertage in einer Gesellschaft darf nicht leichtsinnig einem sogenannten Zeitgeist geopfert werden." Diesem Argument musste auch Rabea zustimmen.
„Aber, gibt es nicht einen Mittelweg?!"

1 Welche Sätze stehen so nicht im Text? Schreibe sie auf.
- Das Festhalten am eigentlichen Sinn religiöser Feiertage hat sich eben in unserer Gesellschaft grundlegend geändert.
- Ihre Freundin Johanna hatte eine ganz andere Meinung: „Ich begrüße es, dass die Geschäfte schon so früh Weihnachtsartikel anbieten."
- Lebkuchen und Dominosteine füllen die Regale der Geschäfte.

Merkwissen

Wortgruppen aus Adjektiv und Verb werden zusammengeschrieben, wenn sich eine neue (übertragene) Bedeutung ergibt.

Getrenntschreibung	**Aber: Zusammenschreibung**
Unser Klassensprecher hat auf der Abschlussfeier wirklich schön geredet.	**Unsere Klassenfahrt nach Berlin war schrecklich, da kannst du gar nichts schönreden.**
→ direkte Bedeutung: gut und interessant reden	→ übertragene Bedeutung: etwas besser darstellen, als es ist

Zusammenschreibung von Adjektiv und Verb

Im Text sind vier Zusammenschreibungen von Adjektiv und Verb enthalten.

2 **a.** Schreibe die Sätze mit den Zusammenschreibungen aus dem Text heraus.
b. Unterstreiche die Zusammenschreibungen.

3 Im Tandem!
Welche übertragenen Bedeutungen haben die Zusammenschreibungen? Sprecht darüber und schreibt weitere Beispielsätze auf.

4 Getrennt oder zusammen? Schreibe die folgenden Sätze richtig auf.
Tipp: Es gibt sechs Zusammenschreibungen und vier Getrenntschreibungen.

1. Ich habe es satt, dass du mich immer klein/machen willst. Wir müssen für den Kamin noch Holz klein/machen.
2. Diese Fragen werden wohl offen/bleiben, wir müssen ein weiteres Gespräch führen. Die Fenster müssen offen/bleiben, wir brauchen frische Luft.
3. Ich habe meine Brille geputzt und kann wieder klar/sehen. Deine Informationen waren sehr wichtig, jetzt kann ich wieder klar/sehen.
4. Mit der neuen Mitschülerin in unserer Klasse kann ich einfach nicht warm/werden. Heute ist es kühl und regnerisch, aber morgen soll es wieder warm/werden.
5. Weil ich mich gut auf die Prüfung vorbereitet hatte, war ich sicher, dass alles glatt/gehen würde.
6. Mein kleiner Bruder ist noch sehr verspielt, es wird ihm schwer/fallen, längere Zeit aufmerksam zu sein.

Zusammen- und Getrenntschreibung

Verbindungen aus Nomen und Verb werden in der Regel getrennt geschrieben, z. B. Angst haben.

Nomen:
Feuer Folge Kaffee Fußball
Not Rad Schlange Gitarre
Gefahr Alarm Diät Angst

\+

Verb:
leiden laufen spielen stehen
trinken spielen halten fangen
fahren haben leisten schlagen

5 Bilde passende Wortgruppen und schreibe sie auf.

6 Schreibe die Sätze ab. Setze passende Wortgruppen aus Aufgabe 5 ein.

1. „Es ist sehr wichtig, dass ihr meinen Anweisungen ______", meinte unsere Klassenlehrerin bestimmt.
2. „Du musst keine ______, ich kenne diese Gegend genau", beruhigte mich mein Bruder.
3. „Ab morgen werde ich eine strenge ______", kündigte meine Freundin entschlossen an.
4. „Ich werde sofort ______, wenn ich etwas Verdächtiges bemerke", versicherte Peter am Abend im Zeltlager.

7 Schreibe die Sätze von Aufgabe 6 so um, dass die Verbindung aus Nomen und Verb zusammen- und großgeschrieben werden muss.

8 Schreibe den Text „Weihnachten schon im September!" ab.

Abschreiben von Texten
➤ S. 258

Z **9** Nimm Stellung zur Thematik des Textes.

6. Trainingseinheit: Infinitiv- und Relativsätze

Es war einmal ... der Rechenschieber

So lautete die Überschrift eines Textes, der von den Schülern der 10. Klasse im Informatikkurs gelesen werden sollte.
„Ganze Schülergenerationen quälten sich mit dem aus Körper, Zunge und Läufer bestehenden Gerät, das auf logarithmischen Funktionen basiert", hieß es dort. Der Rechenschieber wurde im 17. Jahrhundert entwickelt, um die vier Grundrechenarten und zusätzliche komplizierte Umrechnungen leichter durchführen zu können.
„Könnt ihr noch mit einem Rechenschieber umgehen?", fragte die Informatiklehrerin. Einige Schülerinnen und Schüler nickten, andere schüttelten den Kopf.
„Ich ziehe es vor, bei komplizierten Rechnungen den Taschenrechner zu benutzen", gab Tom zu.
„Es müsste noch mehr solcher Erfindungen geben, die einem das Leben erleichtern", meinte Anne.
„Welche zum Beispiel?", hakte die Lehrerin nach. „Schreibt doch alle mal eure Wünsche auf."
Da sprudelten die Ideen. „Ich wünsche mir einen Beamer, der mich jederzeit schnell in den Urlaub beamt, ohne lange auf Bahnhöfen oder Flughäfen warten zu müssen." „Ich hätte gern eine Zimmer-Aufräummaschine, die selbstständig arbeitet. Ich schaue gemütlich zu, anstatt selbst aufräumen zu müssen."
Und ...? Hast du auch eine Idee?

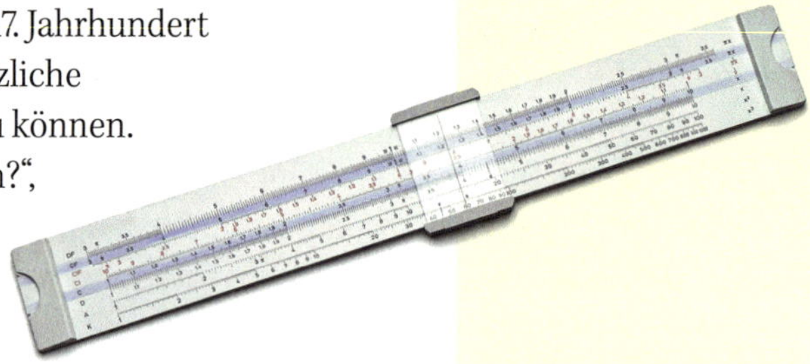

1 Beantworte die Fragen schriftlich.
- Wann wurde der Rechenschieber entwickelt?
- Welche Rechenarten wurden durch den Rechenschieber leichter durchführbar?

Merkwissen

Relativsätze beginnen mit einem **Relativpronomen** (der, die, das) und enden mit einer konjugierten Verbform.
Sie werden durch Komma abgetrennt.

Im Text sind fünf Relativsätze hervorgehoben.

Relativsätze

2 **a.** Schreibe die fünf Relativsätze mit den dazugehörigen Hauptsätzen ab.
b. Kreise das Relativpronomen ein.
c. Unterstreiche die konjugierte Verbform am Ende des Relativsatzes.

Abschreiben von Texten
➤ S. 258

3 **a.** Schreibe den Text auf Seite 245 ab.
b. Setze die fehlenden Kommas zwischen Relativsatz und Hauptsatz.
c. Unterstreiche die Relativsätze.

Eine fantastische Reise

Achtung: Fehler!

Am letzten Schultag vor den Sommerferien diskutierten wir die Frage: Warum sind Reisen ins Ausland so beliebt? Unterschiedliche Meinungen wurden geäußert die zu einer interessanten Diskussion führten. Ich jedoch schaute träumend aus dem Fenster in unseren Schulgarten. Meine Fantasie bekam Flügel. Die Obstbäume verwandelten sich in Palmen. Am Gartenteich entstand ein langer Sandstrand. Plötzlich tauchte am Horizont ein weißes Segelschiff auf das immer näher kam. Ich lag an Deck und schaute in den blauen Himmel der unendlich schien. Meine einzigen Begleiter waren Möwen die das Schiff umkreisten. Auf einmal ertönte eine Schiffssirene die große Ähnlichkeit mit unserer Schulglocke hatte. Widerwillig verließ ich das Schiff. Ich kehrte in die Schulwirklichkeit zurück.

Merkwissen

Infinitivsätze beginnen häufig mit den Signalwörtern **um**, **ohne**, **anstatt**, **außer** und **statt** und enden immer mit einem **Infinitiv mit zu**. Sie werden durch Komma vom Hauptsatz abgetrennt.

Im Text „Es war einmal ...“ auf (S. 244) beginnen drei Infinitivsätze mit Signalwörtern.

Infinitivsätze

4 **a.** Schreibe die Satzgefüge mit den Infinitivsätzen ab.
b. Kreise das Signalwort ein und unterstreiche den Infinitiv mit zu.

5 Bilde eigene Sätze mit den Infinitvsätzen aus der Randspalte.

... um frische Luft zu bekommen
... ohne auf die Fußgänger zu achten
... um das Klassenfest gut vorzubereiten
... außer den Wecker zu stellen
... ohne an der Tür anzuklopfen
... anstatt dem Vortrag zuzuhören

Merkwissen

Einige **Infinitivsätze** werden **mit einem hinweisenden Wort** (es, daran, damit) angekündigt. Sie werden ebenfalls mit Komma vom Hauptsatz abgetrennt.

Im Text „Es war einmal ...“ auf Seite 244 findest du ein Beispiel dafür.

6 **a.** Schreibe diesen Satz auf.
b. Kreise das hinweisende Wort ein. Unterstreiche den Infinitiv mit zu.

7 Schreibe die Sätze ab und setze die fehlenden Kommas.

Achtung: Fehler!

1. Ich liebe es lange zu schlafen.
2. Er denkt nicht daran mit dem Rauchen aufzuhören.
3. Sie hatte nicht mehr damit gerechnet doch noch zu gewinnen.
4. Es fällt ihm sehr schwer sich auf seine Aufgaben zu konzentrieren.

8 **a.** Schreibe den Text „Es war einmal ... der Rechenschieber“ ab.
b. Unterstreiche alle Relativ- und Infinitivsätze.

Abschreiben von Texten
➤ S. 258

7. Trainingseinheit: Fremdwörter, Fachwörter

Verstanden?

Jan wirft einen Blick auf die Kulturseite der Zeitung.
Er zitiert: „Die Initiatoren betonen, dass der Akzent des Theaterprojekts auf Integration, Innovation und Imagination liegt. In der gelungenen Inszenierung wird die integrative und strukturierende Bedeutung des gemeinsamen Tuns deutlich." „Verstanden?", fragt er seinen Vater. Der muss, wenn auch ungern, zugeben: „Nicht so ganz. Aber wozu haben wir ein Wörterbuch?"
Auf derselben Seite heißt es in einer Einladung zur Vernissage, dass die Malerin sich aktuell mit surrealen und fotorealistischen Motiven auseinandersetzt.
„Und musikalisch haben wir an diesem Wochenende die Auswahl zwischen ‚The Spirit of Jazz', ‚Chansons d'amour' und einer Music Night unter dem Motto ‚Punk the Planet'. Wenn wir so weiterlesen, werden wir noch ‚Virtuosen des Wortes'," meint Jan.
„Für heute reicht es mit der Virtuosität", antwortet sein Vater. „Aber frag mich auch in Zukunft immer, wenn du etwas nicht verstehst. Nur so lernst du."
Und beide brechen in Lachen aus. Jans Vater hat Humor.

Fremdwörter, Fachwörter

**Jan und sein Vater stolpern über die Zitate aus der Zeitung.
Im ersten Zitat ist von einer besonderen Theateraufführung die Rede.**

- der Initiator
- der Akzent des Projekts
- die Integration
- die Innovation
- die Imagination
- strukturieren

- Einbildungskraft
- mit einem gegliederten Aufbau versehen
- Erneuerung
- Eingliederung, z. B. von ausländischen Mitbürgern
- Betonung/Schwerpunkt des Vorhabens/der Unternehmung
- jemand, der etwas veranlasst und dafür verantwortlich ist

1 Ordne die Fremdwörter der jeweiligen Bedeutung zu.

Z **2** Schreibe zu den Fremdwörtern Definitionen auf.

Im zweiten Zitat geht es um Kunst.

- die Vernissage
- der Surrealismus, surreal
- der Fotorealismus, fotorealistisch
- das Motiv

- Gegenstand/Thema einer künstlerischen Darstellung
- Umsetzung von Fotografie in die Malerei
- traumhafte, fantastische Malerei
- Ausstellungseröffnung

3 Ordne die Fremdwörter aus dem zweiten Zitat der jeweiligen Bedeutung zu.

Im dritten Zitat spielen Musikrichtungen eine Rolle.

4 Im Tandem!
Sprecht über diese musikalischen Angebote zum Wochenende.
Tauscht euch darüber aus: Welche Begriffe kennt ihr, welche nicht?
Welche Musik verbindet ihr damit?

5 Schreibe das erste Zitat aus der Zeitung (Z. 2–5) so um, dass es verständlicher wird. Überlege dabei, welche Fremdwörter und Fachausdrücke du beibehalten willst.

Auch in der Politik werden häufig Fremdwörter verwendet. Eine Tageszeitung zitiert die folgende Aussage eines Politikers.

> „Ein bilaterales Forschungsprojekt zu der sozialen Schichtung von Menschen mit Migrationshintergrund bestätigt die These von der Wichtigkeit des Erlernens der deutschen Sprache."

6 **a.** Erkläre die Fremdwörter.
b. Schreibe das Zitat um, sodass der Inhalt besser verständlich ist.
Tipp: Verwende den Verbalstil, indem du statt der vielen Nomen Verben verwendest.

Mit diesen Präfixen und Suffixen beginnen und enden häufige Fremdwörter.

Präfixe:		Suffixe:	
in-	Inklusion, Inflation, interessieren	-(a)tion	Information, Indikation, Reaktion
inter-	international, Interview, Intervention	-ieren	reduzieren, agieren, informieren
kon-	Konkurrenz, Konzentrat, Konzession	-ismus	Sozialismus, Tourismus, Journalismus
re-	Reaktion, Revision, Revolution	-iv	positiv, alternativ, aktiv

7 Im Tandem!
a. Schreibt die Fremdwörterreihen ab und ergänzt die Artikel bei den Nomen.
b. Erklärt euch gegenseitig die Bedeutungen.
Tipp: Nutzt ein Fremdwörterlexikon.
c. Ergänzt die Reihen um jeweils zwei weitere Fremdwörter.
Z **d.** Findet weitere Präfixe und Suffixe, mit denen Fremdwörter beginnen bzw. enden. Fügt jeweils drei Beispielwörter hinzu.

Z **8** Bilde Sätze mit ausgewählten Fremdwörtern aus Aufgabe 7.

9 Schreibe den Text „Verstanden?" ab.
Unterstreiche alle Fremdwörter und Fachwörter.

Abschreiben von Texten
➤ S. 258

8. Trainingseinheit: Zeichensetzung

Kommasetzung

1. Grundregel: Aufzählungen

Merkwissen

Aufzählungen werden durch Komma voneinander abgetrennt.
Das gilt für einzelne Wörter, Satzteile und Sätze.
Kein Komma steht, wenn die Aufzählungen durch **und** verbunden sind.

1 Schreibe den Text ab und setze die fehlenden Kommas in den Aufzählungen.

Abschreiben von Texten ➤ **S. 258**

Achtung: Fehler!

Zeit zu schlafen! Bitte nicht wecken!

mehr zum Thema Zeit ➤ **S. 65–81**

Wer hat sich das nicht auch schon mal gewünscht: schlafen schlafen schlafen? Und das monatelang? Die Tage werden kürzer die Temperaturen sinken und die Sonne lässt sich tagelang nicht sehen. In einer Informationsschrift des Naturschutzbundes Deutschland (NABU) wird zwischen Winterschlaf Winterruhe und Winterstarre unterschieden. Igel Siebenschläfer Fledermäuse und Bären zählen zu den Winterschläfern. Sie haben eine durchgängige Tiefschlafphase. Sie wachen zwischendurch kurz auf geben Kot und Urin ab und wechseln die Schlafposition. Maulwürfe Eichhörnchen und Dachse halten Winterruhe. Sie legen im Herbst Nahrungsdepots an und suchen diese in der Ruhezeit wiederholt auf. Von Winterstarre sprechen Zoologen bei Amphibien Fröschen und einigen Fischarten. Diese können ihren Körper bei Kälte nicht selbst ernähren fallen bei niedrigen Außentemperaturen in eine Starre und wachen erst mit der Frühlingssonne wieder auf. Aber möchte man das als Mensch?

2. Grundregel: Nebensätze

Merkwissen

Nebensätze werden durch Komma von Hauptsatz abgetrennt.
Dies gilt für konjunktionale Nebensätze, Relativsätze und Infinitivsätze, die mit den Signalwörtern **um**, **anstatt**, **ohne**, **statt**, **außer** beginnen.

3. Grundregel: Zusätze und Nachträge

Merkwissen

Zusätze und **Nachträge** werden durch Komma vom Satz abgetrennt.
Das gilt für nachgestellte Erläuterungen, die häufig mit **das heißt (d. h.)**, **und zwar**, **zum Beispiel (z. B.)** beginnen, sowie für Anrede, Ausruf und Appositionen.

2 Schreibe den Text ab und setze die fehlenden Kommas.

Abschreiben von Texten
➤ S. 258

Achtung: Fehler!

Grandma Au-pair

Ein mehrmonatiger Auslandsaufenthalt „Work and Travel" oder „Au-pair" gehört für viele junge Menschen schon zur Lebensplanung dazu. Neu ist dass auch ältere Menschen als Au-pair in eine ausländische Familie gehen. „Ich liebe kleine Kinder. Ich habe selbst aber keine Enkel", erklärt eine 62-Jährige in einer Zeitschrift. „Ich bin gesund und mein Mann ist es auch. Er kocht gern und kann eine Zeitlang gut für sich allein sorgen. Ich konnte mir in der Vergangenheit Reisen finanziell nicht so oft erlauben besonders keine in andere Länder. Um diesen Wunsch im Alter doch noch zu verwirklichen habe ich mich an eine Agentur gewandt die weltweit Au-pair-Großeltern vermittelt. Und morgen geht es als German grandma nach England. Bye-bye."

Der folgende Text enthält konjunktionale Nebensätze, Relativsätze, einen Infinitivsatz und Nachträge.

3 Schreibe den Text ab und setze die fehlenden Kommas.

Abschreiben von Texten
➤ S. 258

Achtung: Fehler!

Oma kommt mit!

Niemand wird bestreiten dass der Familienurlaub in vielen Familien ein Streitthema ist. Die Normalität ist nicht mehr die traditionelle Kleinfamilie die aus Eltern und zwei Kindern besteht. Daraus folgt dass sich neue Formen des Familienurlaubs entwickeln. Vielfältig und bunt sind die neuen Angebote die von dem Tourismusunternehmen „Ab in die Sonne" gemacht werden. Anstatt mit den Eltern allein zu verreisen werden die Kinder zusätzlich von den Großeltern oder einem Großelternteil begleitet. Wenn Großeltern selbst noch mobil sind ist ihre Begleitung oft ein Vorteil für alle zum Beispiel durch zusätzliche gemeinsame Aktivitäten oder durch Entlastung der Eltern. Und gar nicht selten kommt noch ein weiterer positiver Aspekt hinzu und zwar die ganze oder teilweise Übernahme der Reisekosten durch die Großeltern.

4 Im Tandem!

a. Jeder schreibt einen Text, in dem möglichst viele Kommas gemäß den drei Grundregeln vorkommen.
b. Tauscht eure Texte aus und setzt die fehlenden Kommas.
c. Ordnet die Kommas den Grundregeln zu.
d. Kontrolliert sorgfältig.

9. Trainingseinheit: Das kann ich!

Am Ende dieser Trainingseinheit steht ein Text mit Fehlern. Bearbeite alle Aufgaben und du bist fit für die Fehlersuche.

Andersschreibung

Merkwissen

Andersschreibung:
Manche Wörter klingen gleich, werden aber unterschiedlich geschrieben. Es kommt auf die Bedeutung im Satz an.
Ich war pünktlich im Klassenraum, das ist wirklich wahr.

Mann/man Meer/mehr seit/seid

1 Schreibe mit den drei Wortpaaren Sätze, sodass die unterschiedlichen Bedeutungen klar werden.

Großschreibung

Merkwissen

Großschreibung von Verben und Präpositionen:
mit Schreiben, durch Schreiben, zum Schreiben, beim Schreiben

2 Schreibe mit den Verben **üben**, **lachen** und **tanzen** drei weitere Reihen zur Großschreibung von Verben nach einer Präposition.

Kleinschreibung

Merkwissen

Kleinschreibung des Superlativs bei der Steigerung von Adjektiven:

Positiv	Komparativ	Superlativ
schön	schöner	am schönsten

3 **a.** Steigere die Adjektive **freundlich**, **sparsam** und **schwierig**.
b. Unterstreiche die Kleinschreibung im Superlativ.

Zusammenschreibung

Merkwissen

Wortgruppen aus Adjektiv und Verb werden zusammengeschrieben, wenn sich eine neue (übertragene) Bedeutung ergibt.

kaltlassen
offenbleiben
schiefgehen
schwerfallen

eine Aufgabe/Tätigkeit macht Mühe
Fragen/Probleme können nicht gelöst werden
keine Gefühle hervorrufen
misslingen/danebengehen

4 **a.** Schreibe die Zusammenschreibungen aus Adjektiv und Verb ab.
b. Ordne den Zusammenschreibungen die richtige Bedeutung zu.

Kommasetzung bei Infinitivsätzen

Merkwissen

Infinitivsätze, die mit den Signalwörtern **um, ohne, außer, anstatt** beginnen, werden durch Komma vom Hauptsatz abgetrennt.
Er öffnete das Fenster, ohne die anderen zu fragen.

5 Schreibe die Sätze ab und setze die fehlenden Kommas.

1. Der Autofahrer öffnete die Tür ohne den Radfahrer zu beachten.
2. Um den Abschluss zu bekommen muss ich unbedingt fleißiger werden.
3. Immer wieder rief er sie an ohne sie jedoch zu erreichen.
4. Anstatt den Bus zu nehmen ging ich heute zu Fuß zur Schule.

Kommasetzung bei Relativsätzen

Merkwissen

Relativsätze, die mit **der, die, das** beginnen, werden durch Komma vom Hauptsatz abgetrennt.
Ich halte mein Versprechen, das ich dir gegeben habe.

6 Schreibe die Sätze ab und setze die fehlenden Kommas.

1. Ich bestand eine schwere Prüfung die drei Stunden dauerte.
2. Der Schiedsrichter pfiff ein Foul das vor der Strafraumgrenze passierte.
3. Der folgende Freistoß führte zum Siegtor das als Tor des Monats galt.
4. Mit großem Aufgebot sucht die Polizei den Terroristen der geflüchtet war.

Der folgende Text enthält vier Rechtschreibfehler und zwei Zeichensetzungsfehler.

7 **a.** Lies den Text genau.
b. Schreibe die Fehlerwörter richtig auf. Markiere die Fehlerstelle.
c. Schreibe den Text fehlerfrei auf. Setze die fehlenden Kommas.

Achtung: Fehler!

Unser Gehirn – Eine Festplatte?

„Hast du Probleme mit deiner Festplatte?" Arno nahm Pits provokative Frage nicht so ernst. Es war mehr ein Scherz unter Freunden. Dass Pit mit Festplatte Arnos Gehirn meinte, war ihm klar. Die Freunde hatten nach einer Sendung über Gehirnforschung Feuer gefangen. Sie interessierten sich zur Zeit besonders für Fragen die das Gehirn und das Lernen betrafen. Ist das Sehen mit den Augen das Wichtigste? Nein, behaupten Gehirnforscher. Mann erinnert sich an alles Gespeicherte und Gelernte ohne es bewusst wahrzunehmen. Durch verknüpfen neuer Sehimpulse mit dem Gespeicherten findet neues Lernen statt. Unentbehrlich und am Effizientesten sind nach Meinung des Neurobiologen Gerald Hüther eigene, unvermittelbare Erfahrungen, vor allem auch in der Natur. Eltern sollten ihre Kinder inspirieren, Probleme von mehreren Seiten zu betrachten. Es sollten Lösungen offen bleiben, sodass Kinder und Jugendliche „sich als Entdecker und Gestalter ihrer eigenen Lebenswelt erfahren".

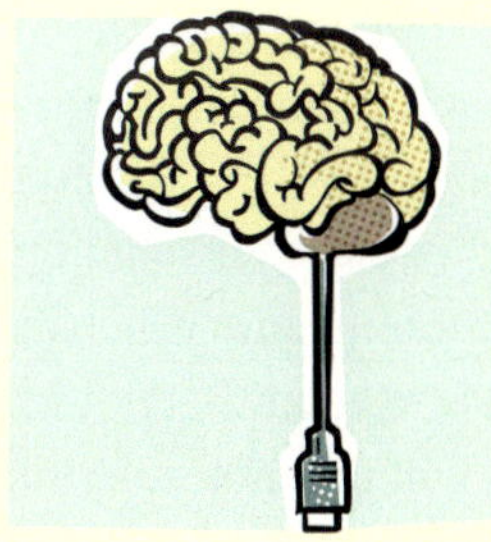

Die Rechtschreibhilfen

Wortbildung

zusammengesetzte Nomen schreiben und bilden

Fast jedes Nomen kann man mit einem oder mehreren Nomen zusammensetzen.
der Film + die Musik = die Filmmusik
der Fuß + der Ball + das Spiel = das Fußballspiel
Und sogar: Rindfleischetikettierungsüberwachungsgesetz

Info
Die deutsche Sprache ist lebendig. Wörter kommen – Wörter vergehen. Durchschnittlich entstehen pro Jahr circa 1000 neue Wörter.

1 Schreibe die zusammengesetzten Nomen aus dem Text heraus und ergänze den bestimmten Artikel.

Fremde Gesichter?

„Ich glaube, das nennt man Lampenfieber", stellte Jan fest. Lisa und Jan hatten vor Kurzem ihren Radioführerschein gemacht und heute Abend wurde ihre erste Sendung über den Bürgerfunk ausgestrahlt. Sie berichteten darin über Menschen, die an einer seltenen Wahrnehmungsstörung leiden, der Prosopagnosie[1]. Jan war durch seinen Bruder, einen Medizinstudenten in einer benachbarten Universitätsstadt, auf dieses Phänomen aufmerksam geworden. Die dortigen Forschungen hatten ergeben, dass 2,5 % der Menschen unter dieser Störung der visuellen Gesichtserkennung leiden, auf Deutschland umgerechnet etwa zwei Millionen. „Man hielt mich immer schon für unhöflich oder sogar arrogant", berichtete ein Betroffener. „Weil ich als Schüler am Nachmittag die Lehrpersonen nicht grüßte, bei denen ich am Vormittag Unterricht hatte! Aber ich konnte sie wirklich nicht sofort wiedererkennen." Gesichtsblindheit, so die deutsche Bezeichnung, ist eine Teilleistungsschwäche des Gehirns, die sich ausschließlich auf Gesichter bezieht. Erst weitere Informationen, wie Stimme, Kleidungsgewohnheiten, Gang und Gestik eines Menschen, ermöglichen ein Erkennen. Während es sich bei den Befragten um eine Form von Gendefekt handelt, der zu 50 % an die Kinder weitergegeben wird, tritt Prosopagnosie auch nach Schlaganfällen oder Hirnschädigungen durch schwere Kopfverletzungen auf. Das vorhandene Wahrnehmungsdefizit kann zum Glück für die Betroffenen durch Lernleistungen teilweise kompensiert werden. „Vergleichbar mit einer LRS (Lese-Rechtschreib-Schwäche), von denen auch Mitschülerinnen und Mitschüler betroffen sind", folgerten Lisa und Jan in ihrer Sendung, die gut bei ihren nicht nur jugendlichen Zuhörern ankam.

[1] Prosopagnosie (griech.): setzt sich aus den Wörtern própōson = Gesicht und agnōsia = Unfähigkeit zusammen

2 Füge zu jedem Nomen zwei weitere Beispiele hinzu.

3 **a.** Lies den Text.
b. Schreibe alle zusammengesetzten Nomen untereinander auf, die mehr als fünf Silben haben.

Immer länger

Beim Lesen einer Seite des Fernsehwochenmagazins fielen Sarah die vielen Endloswörter auf: Kreuzfahrttourismus auf Zweirumpfbooten mit Hubschrauberlandeplatz. Kernkompetenzen im Gesundheitstourismusmanagement werden gefordert. Gesundheitsschäden durch ein verdecktes Zuckerüberangebot in Form von Süßungsersatzmitteln. Der Fettleibigkeitsproblematik muss durch Gewichtsreduzierung begegnet werden. Das Bevölkerungsstatistikbüro einer Entwicklungshilfeorganisation stellte eine Weltbevölkerungsuhr ins Internet. Die Zehnmilliardengrenze soll im Jahr 2100 erreicht sein. Und wie lang werden dann die Wörter sein? Oder wird es dann eine Grenze für die Buchstabenzahl einzelner Wörter geben?

c. Schreibe Möglichkeiten auf, wie diese Zusammensetzungen umgangen werden können.

Starthilfe
Fernsehwochenmagazin = ein Magazin für ...

Z **4** Im Tandem!
Sucht nach weiteren zusammengesetzten Wörtern.
Wer findet das längste Wort?

Starthilfe
Donaudampfschifffahrtskapitänsmütze

Z **5** Vergleicht zusammengesetzte Nomen in den verschiedenen Sprachen. Wie werden zusammengesetzte Nomen dort geschrieben?

Vor allem in der Werbung werden neue Nomen und Adjektive erfunden.

Projektionsfunkuhr Wannenfüllarmatur Filzgleiterset
spritzwassergeschützt Packbandabroller
antihaftbeschichtet Möbelreinigungstücher

6 Im Tandem!
a. Sammelt neue Wortschöpfungen aus der Werbung.
b. Analysiert den Aufbau dieser Wörter.
c. Begründet, warum solche neuen Wörter erfunden werden.

7 Im Tandem!
a. Diktiert euch die Texte „Fremde Gesichter?“ und „Immer länger“.
b. Markiert fehlerhafte Stellen und korrigiert sie.

Partnerdiktat ➤ **S. 258**

Verben mithilfe von Präfixen bilden

Bei vielen Verben kannst du durch Präfixe neue Verben bilden, z. B. fahren: verfahren, befahren, entfahren, erfahren usw.

8 **a.** Lies den Text. Darin sind alle Verben, die mit einem Präfix beginnen, hervorgehoben.
b. Schreibe die finiten Verbformen heraus. Ergänze den Infinitiv.
c. Zerlege die Wörter in die einzelnen Bestandteile. Markiere das Präfix.

„Empört euch!"

mehr zu Stéphane Hessel ➤ S. 85–99

„Also **bestell** deinem Deutschlehrer von mir, dass du Widerstand bestimmt nicht noch im Unterricht lernen musst! Empörung auch nicht! Du **widersprichst** deinem Vater und mir, **missachtest** unsere Essenszeiten, lässt dich gern **bedienen** und findest dein unaufgeräumtes Zimmer urgemütlich." Peters Mutter **reagierte** mit diesen Worten auf seinen begeisterten Bericht über das aktuelle Thema im Deutschunterricht, Stéphane Hessels Bestseller „Empört euch!".
Lachend umarmte Peter seine Mutter: „Ach Mutter, Hauptsache ist doch, dass wir uns mögen." Dem musste Frau Richter, wenn auch ein wenig widerstrebend, **zustimmen**.

miss-		stechen
zer-		senden
ver-		wandeln
ent-	+	dienen
be-		achten
er-		raten
wider-		sprechen
re-		konstruieren

9 **a.** Bilde Verben mithilfe der Präfixe und schreibe die Verben in der Infinitivform auf.
b. Zerlege die Verben.

Starthilfe
bestechen = be – stechen

Z **10** Bilde neue Verben mithilfe der Präfixe.

11 Im Tandem!
a. Bildet Sätze mit Verben aus Aufgabe 9.
b. Sprecht über die Bedeutungsveränderungen, die sich durch die Präfixe ergeben.
c. Welches Präfix kann am häufigsten verwendet werden? Entscheidet mithilfe eines Wörterbuches.

12 **a.** Schreibe den Text „Empört euch!" ab.
b. Unterstreiche alle Verben, die mit einem Präfix beginnen.

Abschreiben von Texten ➤ S. 258

mithilfe von Suffixen neue Wörter bilden

Bei Verben, Nomen und Adjektiven kannst du durch Suffixe neue Wörter bilden.
achten + -ung = die Achtung
schön + -heit = die Schönheit
fahren + -bar = fahrbar
Pflicht + -gemäß = pflichtgemäß

13 **a.** Lies den Text. Darin sind die Wörter, die mit einem Suffix enden, hervorgehoben.
b. Schreibe die Wörter heraus. Ergänze die Wortarten.
c. Zerlege die Wörter in die einzelnen Bestandteile. Markiere das Suffix.

Starthilfe
sparsam = sparen + sam (Adjektiv)

Anzeige

„Das sparsame und sichere Haus – eine futuristische Innovation für Sie: Sinnvolle Haussteuerungen, die für Sie beispielsweise Licht, Heizung und Verdunkelung automatisch regeln."
„Wenn ich das lese, frage ich mich, ob es wirklich in erster Linie um Energieeffizienz geht oder vielmehr nur um Bequemlichkeit und Luxus. Gefühlsmäßig drängt sich mir der Vergleich mit einem fahrerlosen Auto auf. Und für wen sind solche ‚futuristischen Innovationen' überhaupt bezahlbar? Ob das wirklich eine Errungenschaft ist? Das käme mir vor wie ein Geisterhaus", meint mein Opa. „Na ja, ihr werdet es vielleicht noch erleben."

Beispiel Gefühl
schwimmen Pflicht
zahlen Fahrer sparen

+

weise mäßig
fähig gemäß
bar los sam

14 Bilde neue Adjektive aus den Bestandteilen.

Die Suffixe -ung und -heit/-keit sind die zentralen Wortbildungssuffixe im Deutschen mit der häufigsten Verwendung.
Viele Verben können durch das Suffix -ung zu einem Nomen werden.
Auch viele Adjektive können durch das Suffix -heit/-keit zu einem Nomen werden.

15 Im Tandem!
Führt den Beweis für diese Feststellungen durch.
Spielidee:
- Legt eine Zeit fest.
- Schreibt Nomen mit den Suffixen **-ung**, **-heit** und **-keit** auf.
- Wertet aus: Welches Tandem hat die meisten Nomen mit dem Suffix **-ung** bzw. **-heit/-keit** aufgeschrieben?
- Ermittelt die Gesamtsumme in der Klasse.

5-Minuten-Übungen

Das Geheimnis des Erfolgs ist die Wiederholung. Die folgenden Übungen eignen sich für das tägliche Trainieren in fünf Minuten.

Zusammenschreibung von Adjektiv und Verb

Diese Verbindungen aus Adjektiv und Verb werden immer zusammengeschrieben.

hochrechnen schwarzärgern totlachen wohltun wichtigmachen
krankfeiern leichtnehmen blaumachen schwarzsehen lahmlegen

wohlgetan
schwarzgeärgert
totgelacht
wichtiggemacht
leichtgenommen
wichtigzumachen
totzulachen
schwarzärgern
wohlzutun

1 **a.** Schreibe die Zusammenschreibungen in die erste Spalte der Tabelle.
b. Ordne die Verbformen aus der Randspalte in die zweite und dritte Spalte ein.
c. Vervollständige die Tabelle selbstständig.

Starthilfe

Verbindungen aus Adjektiv und Verb	Infinitiv + zu	Partizip II
hochrechnen	hochzurechnen	hochgerechnet

Nomen werden zu Präpositionen

Nomen können zu Präpositionen werden. Sie werden dann kleingeschrieben.

angesichts dank kraft laut willen zeit

2 Schreibe die Sätze ab und setze passende Präpositionen ein.

1. Um der Gerechtigkeit ______ sollten reiche Länder armen Ländern helfen.
2. Ich werde dir ______ meines Lebens für deine Hilfe dankbar sein.
3. Ich bin froh, dass ich ______ deiner Hilfe die Prüfung geschafft habe.
4. Das neue Gesetz wird ______ Aussage der Regierung die Arbeitslosigkeit deutlich verringern.

Andersschreibung

Bei Wörtern, die gleich klingen, kommt es auf die Bedeutung im Satz an, z. B. das Lid (Augenlid) – das Lied (Musikstück).

wieder sprechen – widersprechen seit – seid
lehren – leeren viel – fiel

3 Bilde jeweils zwei Sätze, in denen die unterschiedliche Bedeutung deutlich wird.

In den folgenden Sätzen fehlen die Kommas.

Kommasetzung

4 **a.** Schreibe die Sätze ab und setze die fehlenden Kommas.
b. Kreise Konjunktionen und Relativpronomen ein.

1. Obwohl ich gerne zum Training gehe freue ich mich dass es heute Abend nicht stattfindet.
2. Ich hoffe dass du mich heute Nachmittag besuchst weil ich große Sehnsucht nach dir habe.
3. Er spielte am Computer obwohl er Einkäufe erledigen sollte die dringend notwendig waren.

Tageszeiten und Wochentage mit s am Ende sind Adverbien. Sie werden immer kleingeschrieben.

Adverbien

sonntags abends montags nachts dienstags morgens mittwochs vormittags donnerstags mittags freitags nachmittags samstags

5 **a.** Ordne die Adverbien nach Tageszeiten und Wochentagen in einer Tabelle.
b. Markiere das **s**.

Starthilfe

Tageszeiten	Wochenzeiten
abend**s**	sonntag**s**

Werden Getrenntschreibungen zu zusammengesetzten Nomen, schreibt man sie groß und zusammen, z. B. auswendig lernen – das Auswendiglernen

Zusammenschreibungen

Auto fahren gesund werden Rad fahren krank sein einkaufen gehen geheim halten kennen lernen spazieren gehen Kaffee trinken Schlange stehen

6 **a.** Bilde aus den Wortgruppen zusammengesetzte Nomen. Verwende die starken Wörter **das**, **zum**, **beim**, **durch**.
b. Schreibe Sätze damit auf.

Es gibt nur wenige Wörter, die in allen Formen immer mit ß geschrieben werden.

Wörter mit ß

groß weiß draußen außen heißen stoßen Straße Fuß Soße Grüße süß Spaß bloß Strauß heiß schließlich

7 **a.** Ordne die Wörter nach dem Alphabet.
b. Markiere das **ß**.

Die Arbeitstechniken

Das Abschreiben – Das Partnerdiktat

Arbeitstechnik

Das Abschreiben

Die sieben Schritte zum Abschreiben von Texten:
1. Lies den Abschreibtext langsam und sorgfältig.
2. Gliedere den Text in Sinnabschnitte.
3. Präge dir die Wörter einer Sinneinheit genau ein.
4. Schreibe die Wörter auswendig auf.
5. Kontrolliere Wort für Wort.
6. Streiche Fehlerwörter durch und korrigiere sie.
7. Ordne die Fehlerwörter in die Rechtschreibkartei ein.

Die fünf Schritte zum Abschreiben von Wörterlisten:
1. Lies Wort für Wort sorgfältig.
2. Decke die Wörterliste zu – nur das erste Wort bleibt sichtbar.
3. Präge dir das Wort ein und schreibe es auswendig auf.
4. Kontrolliere die Schreibung.
5. Decke das nächste Wort auf usw.

Die fünf Schritte zum Abschreiben von Wörterreihen:
1. Lies die Wörterreihen sorgfältig.
2. Präge dir die erste Wörterreihe ein.
3. Decke die Wörterreihe zu und schreibe sie auf.
4. Kontrolliere die Wörterreihe Wort für Wort.
5. Decke die nächste Wörterreihe auf usw.

Aufgaben gemeinsam bewältigen ➤ **S. 304**

Arbeitstechnik

Partnerdiktat

Ein Partner diktiert.	**Der andere Partner schreibt.**
– Lies bei **Texten** den ganzen Satz vor. Diktiere dann die Sinnabschnitte.	– Höre dir den ganzen **Satz** in Ruhe an. Schreibe die einzelnen Sinnabschnitte auf.
– Lies bei **Wörterlisten** die ganze Liste vor. Diktiere dann Wort für Wort.	– Höre dir die **Wörter** in Ruhe an. Schreibe Wort für Wort.
– Lies bei **Wörterreihen** die ganze Reihe vor. Diktiere die einzelnen Teile der Reihe.	– Höre dir die ganze **Wörterreihe** in Ruhe an. Schreibe nacheinander die einzelnen Teile der Wörterreihe auf.
– Bei einem Fehler sage sofort „Stopp!“. Lass dem Partner Zeit, den Fehler zu finden.	– Kontrolliere das zuletzt Geschriebene ruhig und konzentriert mithilfe der Rechtschreibhilfen (S. 252–255), um den Fehler zu finden.
– Gib Hilfen oder zeige den Text, die Liste oder die Reihe.	– Streiche das Fehlerwort durch. Schreibe das Wort richtig darüber.

Fehler finden

Wenn du deine Texte kontrollierst, solltest du dich gut konzentrieren. Schau genau auf den Wortanfang, das Wortinnere und das Wortende.

Zweifel zulassen

Achtung: Fehler!

Dieser Text enthält sieben Fehler. Du findest sie nur, wenn du ser konzentriert bist und jeden Zweifel, den du beim lesen eines Wortes hast, sofort ausreumst. Du darfst dabei nicht oberflächlich vorgehen, sondern du solltest richtig pingelich dabei sein. Es kommt eben nicht auf schnelligkeit an. Schau genau auf den Wortanfang, das Wortinnere und das Wortende. Die Regeln und Tipps helfen dir bestimt, die Fehler entgültig zu finden.

Fehler korrigieren

1 **a.** Finde die Fehler im Text „Zweifel zulassen“ mithilfe der Arbeitstechnik.
b. Schreibe die fehlerhaften Wörter und Wortgruppen richtig auf.
c. Schreibe den Text ab. Korrigiere dabei die Fehler.

Arbeitstechnik

Rechtschreibfehler finden

Beachte den Wortanfang (groß oder klein?):
- Die Wörter **das**, **zum**, **beim** machen Verben und Adjektive zu Nomen.
- Wörter mit den Endungen **-ung**, **-keit**, **-heit** und **-nis** sind Nomen. Schreibe Nomen immer groß.

Achte auf die Wortmitte:
- **h:** Nur in wenigen Wörtern folgt nach einem langen Vokal ein h. In den meisten Wörtern mit langem Vokal folgt kein h.
- **ie/i/ih/ieh:** Nur in wenigen Wörtern folgt nach dem langen i kein e. In vielen Wörtern steht ie. Nur in den Wörtern ihr, ihm, ihn folgt nach dem langen i ein h.
- Wörter mit **zwei aufeinanderfolgenden Konsonanten** kannst du in Silben trennen, z. B. ren nen → also: **nn**.
- **ent-** oder **end-**? Wörter mit end- kommen von Ende. Die meisten Wörter beginnen mit ent-/Ent-.
- **ä/äu:** Leite ab: z. B. Geräusch kommt von rauschen.

Beachte das Wortende:
- **d** oder **t**? Verlängere die Wörter, dann hörst du den Unterschied. z. B. Fahrrad → Fahrräder
- **-ig** oder **-lich**? Verlängere die Adjektive, dann hörst du den Unterschied. z. B. neblig → das neblige Feld

... Und wenn der Zweifel bleibt?
Schreibe die beiden Schreibweisen nebeneinander **auf** und **entscheide**. Nutze ein Wörterbuch zur Beseitigung der letzten Zweifel.

Übungen zu den Arbeitstechniken

Die folgenden Texte, Wörterlisten und Wörterreihen kannst du durch Abschreiben oder als Partnerdiktat üben.

Abschreiben von Texten ➤ S. 258

Partnerdiktat ➤ S. 258

Abschreibtexte

Fangfragen

Als ob es nicht reichen würde, dass man extrem nervös ist, dies aber versuchen muss zu verbergen! Trotz Nervösität eine gute Figur zu machen, sei ein Muss, heißt es bei „wirtschaft.online". Man warnt vor Stolpersteinen, Fettnäpfchen und, wie zum Thema Vorstellungsgespräch weiter ausgeführt wird, vor fiesen Fangfragen. Als Beispiele werden genannt:
„Welchen Nutzen haben wir davon, Sie einzustellen?"
„Wären Sie bereit, Ihr Hobby für Ihren Beruf aufzugeben, wenn sich beides nicht vereinbaren ließe?"
Ziel von Fragen dieser Art ist es, herauszufinden, wie der Bewerber mit einer Stresssituation umgeht. Außerdem glauben Unternehmen auf diese Weise feststellen zu können, wie gut sich der Bewerber auf das Gespräch vorbereitet hat und ob seine Bewerbung eventuell Unwahrheiten enthält. Auch auf der Online-Plattform einer überregionalen Zeitung werden beliebte Fangfragen in Jobinterviews wiedergegeben, und zwar unter anderem provokative[1] Fragen, hypothetische[2] Fragen und Suggestivfragen[3].
Ein Rat taucht aber immer wieder auf: Nie auswendig gelernte Standardantworten aus diversen Ratgebern geben, sondern möglichst offen und ehrlich bleiben. Nur Mut!

[1] provokativ: herausfordend [2] hypothetisch: annehmend, vermutend [3] suggestiv: beeinflussend

Neid? Missgunst?

Marvins sehnlichster Wunsch war ein Motorrad. Er blätterte, wie so oft, in der Motorradzeitschrift. Die neuesten Modelle! „Da kann man schon neidisch werden", dachte Marvin. Ihm fiel bei diesem Gedanken die Religionsstunde am Vormittag ein. Sie beschäftigte ihn immer noch. „Es gibt auch eine nicht negativ besetzte Bedeutung des Wortes Neid", hatte sein Religionslehrer gesagt, „Neid kann anspornen, sich anzustrengen, damit man das bekommt, worum man andere beneidet. Das ausschließlich negative Gefühl ist die Missgunst."
Der Religionslehrer fügte noch hinzu: „Ich missgönne einem Mitmenschen seinen Besitz, seinen Erfolg, seine Fähigkeiten, sein Glück. Dieses Gefühl der Missgunst kann das menschliche Zusammenleben erheblich belasten."
Marvin fand den Vergleich sehr interessant. Er war ein ernsthafter, junger Mensch, der sich häufiger Gedanken über seine Gefühle und das Leben machte. „Wenn er nur nicht die Motorradverrücktheit hätte", sorgten sich seinen Eltern.

Wörterlisten

Abschreiben von Wörterlisten
➤ S. 258

häufige Fehlerwörter	Wörter mit V	Großschreibung von Verben
zu Hause	der Vulkan	schnelles Sprechen
endgültig	der Ventilator	das Fahren
vielleicht	die Variante	zum Üben
ein bisschen	das Vitamin	freundliches Winken
das Versehen	das Volumen	das laute Schreien
schwierig	die Visite	euer Reden
die beiden	das Ventil	leises Flüstern
abends	die Vignette	beim Fliegen
auf einmal	das Veilchen	dein Schreiben
gar nicht	die Vitalität	ein schrilles Pfeifen

Merkwörter mit end-	Merkwörter mit langem i	Merkwörter mit ä/äu ohne Ableitung
endlich	die Kritik	ächzen
endlos	die Krise	fähig
endgültig	der Satellit	gähnen
das Endspiel	das Klima	die Säule
der Endeffekt	die Maschine	schräg
die Endphase	die Disziplin	das Knäuel
die Endstation	die Lawine	grätschen
das Endlager	es gibt	die Gräte
die Endfassung	erwidern	sich sträuben

Wörterreihen

Abschreiben von Wörterreihen
➤ S. 258

Verbreihe	Präsens	Präteritum	Perfekt	Plusquamperfekt	Futur
wissen:	ich weiß	ich wusste	ich habe gewusst	ich hatte gewusst	ich werde wissen
essen:	ich esse	ich aß	ich habe gegessen	ich hatte gegessen	ich werde essen
lassen:	ich lasse	ich ließ	ich habe gelassen	ich hatte gelassen	ich werde lassen
sehen:	du siehst	du sahst	du hast gesehen	du hattest gesehen	du wirst sehen
geben:	du gibst	du gabst	du hast gegeben	du hattest gegeben	du wirst geben
lesen:	du liest	du lasest	du hast gelesen	du hattest gelesen	du wirst lesen
frieren:	ich friere	ich fror	ich habe gefroren	ich hatte gefroren	ich werde frieren
ziehen:	er zieht	er zog	er hat gezogen	er hatte gezogen	er wird ziehen
verlieren:	sie verliert	sie verlor	sie hat verloren	sie hatte verloren	sie wird verlieren

Fremdwörterreihen

Kompromiss – Konkurrenz – Kongress
offiziell – finanziell – funktionell
Synthese – Symmetrie – Symbol
Luxus – Globus – Rhythmus
primär – sekundär – tertiär
Protest – Projekt – Programm

Sprache und Sprachgebrauch

Bedeutungen im Wandel

Viele Berufe gibt es schon sehr lange. Mit den Veränderungen in der Berufswelt ändern sich auch bestimmte Wortbedeutungen.

um 1050

heute

1 Wie hat sich die Bedeutung von **albern** verändert?

a. Erklärt, wie die Äußerung des Lehrlings um 1050 auf den Meister gewirkt haben könnte und wie sie heute wirken würde.

Z **b.** Recherchiert, wie es zum Bedeutungswandel kam. Stellt zunächst Vermutungen an und überprüft sie anschließend.

Info

Das Wort **albern** entwickelte sich aus dem althochdeutschen **álawæri**. Es konnte um 1050 noch wahr, wahrhaftig, ganz, gütig oder freundlich bedeuten.
Im mittelhochdeutschen **alwære** änderte sich die Bedeutung um 1350 zu einfältig, schlicht, einfach.

Anhand dieser Tabelle könnt ihr erkennen, wie sich weitere Wortbedeutungen verändert haben.

	Mittelhochdeutsch um 1350	Althochdeutsch um 1050
Arbeit	ar(e)beit: berufliche Tätigkeit	ar(a)beit: Mühsal, Plage, schwere Anstrengung
Beruf	beruof: Ruf, Ansehen, Berufung	ruof: Ruf, Ansehen
Meister	meister: Lehrer, Gelehrter, Meistersänger, Handwerksmeister	meistar: Baumeister, Künstler, Lehrer
Frau	vrouwe: verheiratete Frau, Vorsteherin eines Haushalts	frouwe: adelige, vornehme Frau

Wortbedeutungen vergleichen

2 Welche Wortbedeutungen haben sich stark verändert, welche weniger?

a. Schreibe die Wörter aus der linken Spalte mit ihrer heutigen Bedeutung zusammen auf.

b. Vergleiche die heutige Bedeutung mit der Bedeutung um 1050.

3 Beschreibe die Entwicklung der Bedeutung von **Arbeit**, **Beruf**, **Meister** und **Frau** mithilfe der folgenden Fragen genauer.
- Hat sich die Bedeutung verbessert oder verschlechtert?
- Hat sie sich verengt oder erweitert?

Starthilfe

fruowe – vrouwe – Frau: Bedeutungserweiterung
Früher wurden nur adelige, vornehme Frauen ...

den Bedeutungswandel beschreiben

4 Im Tandem!
Welche Veränderungen der Berufswelt spiegeln sich in der Sprache wider?

a. Stellt Vermutungen an und tauscht euch darüber aus.

Starthilfe

ar(a)beit: Das Leben der einfachen Menschen um 1050 war beschwerlich ...

Z **b.** Recherchiert die Antworten in einem Herkunftswörterbuch oder im Internet und stellt eure Ergebnisse in der Klasse vor.

Rückschlüsse in Bezug auf historische Entwicklungen ziehen

Auch im Bereich der Schule haben sich Bedeutungen verändert.

Schule: Das Nomen *mittelhochdeutsch* schuol[l], *althochdeutsch* scuola (vgl. entsprechend *niederländisch* school und *englisch* school) wurde im Bereich des Klosterwesens aus *lateinisch* schola „Muße, Ruhe; wissenschaftliche Beschäftigung während der Mußestunden; Unterrichtsstätte, Unterricht" entlehnt. [...]

lesen: Das *gemeingermanische* Verb *mittelhochdeutsch* lesen, *althochdeutsch* lesan, *gotisch* lisan, *altenglisch* lesan, *schwedisch* läsa geht mit verwandten Wörtern auf eine Wurzel *les- „verstreut Umherliegendes aufnehmen und zusammentragen, sammeln" zurück. [...] Die alte Bedeutung „[auf-, ein]sammeln, aussuchen" hat sich im Deutschen neben der jüngeren Bedeutung „Geschriebenes lesen" bis zum heutigen Tag gehalten [...]

lernen: Das *westgermanische* Verb *mittelhochdeutsch* lernen, *althochdeutsch* lernēn [...], *englisch* to learn [...] gehört zu der Wortgruppe von *leisten* (ursprünglich „einer Spur nachgehen, nachspüren, vgl. *gotisch* lais „ich weiß", eigentlich „ich habe nachgespürt") [...]

5 **a.** Trage die Änderung der Bedeutung und Schreibweisen der Wörter **Schule**, **lesen** und **lernen** in eine Tabelle wie auf Seite 262 ein.
b. Notiere auch, wenn ein Wort aus einer anderen Sprache kommt.

Informationen aus Wörterbucheinträgen entnehmen

6 Welche Entwicklung von der früheren zur heutigen Bedeutung erkennt ihr? Tauscht euch darüber aus.

Zusammenhänge erschließen

Bezeichnungen im Wandel

Nicht nur Bedeutungen, auch Bezeichnungen für den gleichen Inhalt ändern sich im Laufe der Sprachgeschichte. In der Sprache der 1950er Jahre nannte man Jugendliche z. B. auch Backfische und Halbstarke.

„Halbstarker" und „Backfisch"

1 Was bedeuten die Bezeichnungen wörtlich?
Schreibe eine mögliche Erklärung auf.

> **Starthilfe**
> Backfische: junge Fische, die beim Braten zerfallen würden und deshalb gebacken werden

2 Enthalten die Bezeichnungen versteckte Wertungen?
Schreibe auf, ob sie neutral, aufwertend oder abwertend wirken.

3 Wurden die Bezeichnungen von Jugendlichen oder von Erwachsenen erfunden? Tauscht eure Vermutungen aus und begründet sie.

Auch heute nutzt man verschiedene Bezeichnungen für Jugendliche.

Halbwüchsige   Teenager   Heranwachsende   Teens
Teenies   junge Leute   Youngster

4 Untersuche die Bezeichnungen. — **Bewertungen erkennen**
a. Schreibe die wörtliche Bedeutung auf.
b. Ergänze, welche Bewertungen darin zum Ausdruck kommen.

> **Starthilfe**
> Teenager: Jugendliche im Alter von ...
> Die Bezeichnung wird neutral verwendet.

5 Vergleiche die Bezeichnungen mit denen der 1950er Jahre. — **Bezeichnungen vergleichen**
Beschreibe die Gemeinsamkeiten und Unterschiede.

W **Wählt aus den folgenden beiden Aufgaben eine aus.**

6 Wie sollten Jugendliche deiner Meinung nach bezeichnet werden? — **die eigene Wortwahl begründen**
a. Sammelt verschiedene Wörter für Jugendliche.
b. Begründet, warum ihr diese für geeignet haltet.
c. Erstellt eine Rangliste.

7 Welche Wörter für Jugendliche gibt es in anderen Sprachen? — **Wörter aus anderen Sprachen recherchieren**
a. Sammelt Beispiele aus verschiedenen Sprachen, die ihr kennt, oder recherchiert in Wörterbüchern oder im Internet.
b. Schreibt alle Wörter mit möglichst genauen Übersetzungen auf.

Sprachtrends von heute und morgen

Bei der Verwendung von Sprache bilden sich oft Sprachtrends.

1 Du schaffst unser Date nicht? – Shit. – Hmm ..., na dann viel Fun auf deinem After-Work-Event. ... Wie wär's stattdessen mit Late-Night-Skypen heute?

2 Ey, Digga, hassu Zeit. Isch geh gleisch Kino.

3 CU – asap – Hdgdl + Dd

Sprachtrends verstehen

1 Im Tandem!
a. Ordne die Sätze in der Randspalte, wenn möglich, einer passenden Abbildung zu.
b. Begründe deine Zuordnung.

2 Zu welchem Satz gibt es keine Abbildung?
Beschreibe eine Situation, in der dieser Satz gefallen sein könnte.

3 Was bedeuten die Sätze? Übersetze sie in die Standardsprache.

Starthilfe
1 Du schaffst es nicht zu unserer Verabredung? ...

Info
CU: See you
Asap: As soon as possible
Hdgdl: Hab dich ganz doll lieb
Dd: Drück dich

Sprachtrends und ihre Verwendung reflektieren

4 Untersuche die Sätze nun genauer.
- Welche Merkmale kennzeichnen die jeweiligen Sprachtrends?
- In welchen Situationen werden sie verwendet?
- Wozu werden sie von Sprechern oder Schreibern verwendet?
- Wodurch sind sie möglicherweise entstanden?

W Wählt eine der folgenden Aufgaben aus.

5 Welche weiteren Sprachtrends kennt ihr? Welche verwendet ihr?
a. Nennt Beispiele und beschreibt sie mithilfe der Fragen aus Aufgabe 3.
b. Sprecht darüber, aus welchen Gründen ihr bestimmte Sprachtrends verwendet oder ablehnt.

6 Welche Sprachtrends werden nur kurze Zeit bestehen?
Welche könnten bleiben? Begründet eure Vermutungen schriftlich.

Regionalsprachen, Dialekte und Standardsprache

In Deutschland werden verschiedene Regionalsprachen und Dialekte gesprochen. Dieser Comic ist in verschiedenen Sprachvarianten erschienen.

1 Untersucht die Cover der Comics mithilfe der folgenden Fragen:
- Wie könnte der Titel der Comics in der Standardsprache lauten?
- Was heißt **spricht** in verschiedenen Regionalsprachen?

Merkmale untersuchen

2 Welche grammatischen Eigenheiten haben die Regionalsprachen und Dialekte auf den Covern?
a. Vergleiche die Titel miteinander.
b. Recherchiere den Titel in der Standardsprache und vergleiche ihn mit den Titeln auf den Covern.

Info
In einer Sprachgemeinschaft werden neben der Standardsprache unterschiedliche **Sprachvarianten** verwendet. Unter **Regionalsprache** oder **Dialekt** versteht man eine Sprachvariante, die an eine bestimmte Region gebunden ist.

3 Welche Regionalsprache(n) und Dialekt(e) kennt ihr? Tragt Informationen zusammen.

4 In welchen Situationen sprecht ihr lieber Regionalsprache/Dialekt? In welchen die Standardsprache? Tauscht euch darüber aus.

die eigene Sprachwahl reflektieren

W Regionalsprachen und Dialekte bekommen heute in vielen Bereichen eine neue Bedeutung. Mit diesen Wahlaufgaben könnt ihr eine Regionalsprache/einen Dialekt besser kennen lernen.

5 Schreibt einen Steckbrief für die Regionalsprache oder den Dialekt eurer Wahl.

Regionalsprachen und Dialekte vorstellen

6 Stellt eine Regionalsprache/einen Dialekt mit Beispielen aus verschiedenen Bereichen (z. B. Fernsehen, Theater, Popmusik) vor.

7 Findet Übersetzungen standardsprachlicher Wörter oder Redensarten in verschiedenen Regionalsprachen oder Dialekten und vergleicht sie.

Jonas und Alicia sprechen Plattdeutsch.

Porträt I: Jonas Trautvetter, 16 Jahre alt, wohnt in Salzhausen, südlich von Hamburg und geht dort in die 10. Klasse: „Ik heff twee Moderspraken. Hochdüütsch vun mien Vadder un vun mien Moder Plattdüütsch. Platt snack ik wo jümmers[1], dat geiht. Worüm? Platt is meist en beten fründlicher, witziger as dat Hochdüütsche. Un den ganzen Klöterkraam[2] mit dat ‚Sie', dat bruuk ik nich op Platt: Een seggt ‚Du' ok to uns Bundespräsident. Op Platt kann ik de mehrsten Saken fixer seggen und ik weet meist glieks[3] worüm dat geiht. Allens en beten kloorer as op Hochdüütsch, finn ik. Ok de Grammatik is eenfacher: Blots twee Artikel (de un dat). Un so veel schööne Wöör, de dat op Hochdüütsch gor nich gifft ‚bregenklöterig'[4], ‚viggeliensch'[5], ‚Klookschieter' … As ik anfungen bün ok Englisch to lehrn, dor kem mi Plattdüütsch goot to Pass. Miene Hobbys? Ik speel de Posaune, ik hööör geern Hip-Hop, Metal, Soul vun ‚Jan Delay'. Un eenmal in Maand, dor arbeit ik för en plattdüütsch Radiosendung. Denn bün ik Redakteur un Spreker, maak Interviews un vertell[6] Narichten. Maakt Spaaß. Dat Plattdüütsch Rechtschrieven: Ik frei mi, dat een op Platt jüst so schrieven kann, as een snacken deit …"

[1] jümmers: immer [2] Klöterkraam: hier: Umstände [3] glieks: gleich
[4] bregenklöterig: wörtlich: klapprig im Hirn = verrückt [5] viggeliensch: kompliziert
[6] vertell: spreche

8 Was erfährst du über die beiden Muttersprachen von Jonas? Schreibe Stichworte auf.

Porträt II: Alicia Susanne Rani, 15 Jahre, war 2012 Schulsiegerin beim Wettbewerb „Schölers leest Platt" und 3. Siegerin im Landeswettbewerb. Ihr Plattdeutsch ist besonders: Sie spricht Altengammer Platt. Da sagt man z. B. statt Käse „Keus", in der Nachbarstadt Lauenburg sagt man „Kääs". Die Unterschiede von Ort zu Ort sind manchmal erstaunlich. „Plattdüütsch" hat sie von ihrer Großmutter in Hamburg-Altengamme gelernt. Ihre Mutter hatte das verlernt, denn an der Schule war das damals streng verboten. Die Schule sah Platt als „minderwertig" an. – Heute wird Platt als Schulfach an Hamburger Schulen eingeführt. Alicias Hobbys: Sie tanzt, am liebsten Breakdance. Sie singt in einer Rockband Songs von Nirvana, Green Day oder Billy Talent. Auf Plattdeutsch singt sie auch, aber das mehr zu Ehren ihrer Großmutter.

9 Was erfährst du über Alicias Spracherwerb? Schreibe Stichworte auf.

10 **a.** Informiere dich darüber, wie man in deiner Region vor 30 Jahren über Regionalsprachen und Dialekte dachte.
b. Führe eine Umfrage dazu durch, wie man heute über das Sprechen der Regionalsprache/des Dialekts in deiner Region denkt.
c. Informiere deine Klasse über deine Ergebnisse.

Nicht alle Sprachvarianten wurden gleichermaßen gepflegt. Einige sind über die Zeit in Vergessenheit geraten, andere werden nicht mehr gesprochen. Im 1885 erschienenen Roman „Dree Wiehnachten" belehrt der Kaufmann Carl Neumann seinen Lehrling zur Sprache im Beruf.

Dree Wiehnachten Fritz Lening

Paß uf, ick will't Dir noch mal sagen! Die deutsche Sprache zerfällt in drei Theile; da is zuerst un oben an die Hochdeutsche mit mich un dich, die is aber blos vor'n Adel, vor die Offziere, vor die Pasters un die feine Sorten, die nich rin gehören in den Bürgerstand. Denn kommt die zweete, det is det Sprichen mit mir und dir, die is richtig und paßt vor'n Bürger, die gilt och bei't Militair bis an'n Leutnant ran un damit kommst Du überall durch, die verlang ick von Dir. Die dritte is nu die schönste, deß meine Frau ihre, da heißt et: mi un di, wer die orndlich im Leibe hat, der wird se gewiß nich widder los, die is schwerer raus zu kriegen, wie Theerflecke aus'n Cilinderhut. Aber raus soll se aus Dir un wenn Du'n halb Jahr länger lernen mußt; wer seine Lehrzeit bei Carl Neumann'n durchgemacht hat, der derf von andern nich über die Schulter angesehn weren; […] richtig Deutsch kann man von jeden gebildeten Menschen verlangen und dafor wird ick scharf ufpassen, wo Deine Lehrzeit nu zu Ende geht. R

einen Romanauszug erschließen

11 Welche Anweisungen gibt der Kaufmann seinem Lehrling und wie begründet er sie?
Fasse den Romanausschnitt in eigenen Worten zusammen.

12 Was könnte der Romanausschnitt mit der Benachteiligung von Regionalsprachen und Dialekten in vielen Gegenden zu tun haben?
Stelle dazu Vermutungen an.

Dieser Text informiert über Entwicklung der deutschen Sprache.

Um 1200 entstanden an den Fürstenhöfen Lieder und Dichtungen. Die sollten auch in anderen Gegenden verstanden werden. Das war nicht einfach, denn es gab sehr viele Regionalsprachen, von Gegend zu Gegend waren sie verschieden. Die fahrenden Sänger und Dichter vereinheitlichten das ein wenig. Kaufleute handelten in verschiedenen Regionen. Auch sie vereinheitlichten die Sprache. In den Amtsstuben der Fürsten und der Städte in deutschen Landen brauchte man für Verträge eine gemeinsame Sprache: Noch mehr Einheit entstand. Luthers Bibelübersetzung erreichte ab ca. 1600 in den Kirchen alle Menschen. 1880 erschien das erste Wörterbuch für den gesamten deutschen Sprachraum.

Sprachgeschichte verstehen

Z **13** Was ist woraus entstanden? Stelle die Entwicklung in einem Schaubild dar und präsentiere es in der Klasse.

In dem 1893 entstandenen Theaterstück „Der Biberpelz“ von Gerhart Hauptmann wird nicht nur Standardsprache verwendet. Dies ist ein Ausschnitt aus dem 1. Akt.

einen dramatischen Text interpretieren: Der Biberpelz ➤ S. 122–125

(... Leontine Wolff ist auf einem Schemel am Herd, Kopf und Arme auf der Herdplatte, eingeschlafen. Sie ist ein siebzehnjähriges, hübsches, blondes Mädchen in der Arbeitstracht eines Dienstmädchens. Über die blaue Kattunjacke hat sie ein dickes, wollenes Brusttuch gebunden.– Einige Sekunden bleibt es still, dann hört man, wie jemand bemüht ist, von außen die Tür aufzuschließen, in der jedoch von innen der Schlüssel steckt. Nun pocht es.)

Frau Wolff *(unsichtbar von außen)*: Adelheid! Adelheid! *(Stille; dann wird von der andern Seite ans Fenster gepocht.)* Wirschte gleich uffmachen!
Leontine *(im Schlaf)*: Nein, nein ick lass mir nich schinden!
Frau Wolff: Mach uff, Mädel, Mädel, sonste komm ich durchs Fenster. *(Sie trommelt sehr stark ans Fenster.)*
Leontine *(aufwachend)*: Ach, du bist's, Mama! Ick komme ja schon! Sie schließt auf.
Frau Wolff *(ohne einen Sack, welchen sie auf der Schulter trägt, abzulegen)*: Was willst'n du hier?
Leontine *(verschlafen)*: 'n Abend, Mama!
Frau Wolff: Wie bist'n du reinkommen, hä?
Leontine: Na, übern Ziejenstall lag doch der Schlüssel.
Kleine Pause.
Frau Wolff: Was willste denn nu zu Hause, Mädel?
Leontine *(läppisch maulend)*: Ich soll woll man jar nich mehr bei euch komm?

14 Im Tandem!
a. Übt das Lesen des Textausschnittes.
b. Lest ihn in der Klasse vor.

einen Dramenauszug lesen

szenisch lesen ➤ S. 303

15 An welchen Textstellen wird Standardsprache verwendet? An welchen Textstellen wird sie nicht verwendet?
a. Vergleiche die Regieanweisungen mit der Figurenrede.
b. Beschreibe, welcher Eindruck durch die Verwendung von Umgangssprache und Dialekt entsteht.

die Sprache untersuchen

16 Welche Merkmale der Figurenrede fallen euch auf?
a. Schreibt entsprechende Textstellen ab.
b. Übertragt die Textstellen in die Standardsprache.
c. Leitet die Merkmale aus den Beispielen ab.

Merkmale aus Beispielen ableiten

Starthilfe
Ick lass mir nich schinden. – Ich lasse mich nicht schinden.
Dativ (mir) wird statt Akkusativ (mich) verwendet.

Sprache und Stil

Sprachliche Mittel und ihre Wirkung

In vielen Schlagzeilen werden Formulierungen bewusst verändert oder in einen neuen Zusammenhang gestellt.

1 **Hoffen auf Otto Extremverbraucher**

2 **Das Leben in vollen Zügen genießen**

3 **An einem Gebiss hatte das Fundamt lange zu knabbern**

4 **Kann denn Kopie Sünde sein?**

1 Worum könnte es in den Zeitungsartikeln zu den jeweiligen Schlagzeilen gehen? Stellt Vermutungen an.

2 Wodurch entsteht jeweils eine veränderte oder neue Bedeutung? Untersuche drei Schlagzeilen genauer.

- Wortschöpfung
- wörtliche und übertragene Bedeutung einer Redensart
- ...

Starthilfe

Schlagzeile	sprachliche Mittel
1 Hoffen auf ...	Wortschöpfung: „Otto Extremverbraucher" ist eine Anspielung auf den Ausdruck „Otto Normalverbraucher".

3 Wie wirken die Schlagzeilen auf die Leser? Tauscht euch darüber aus.

sprachliche Mittel und ihre Wirkung untersuchen

Zu diesem Zeitungsartikel fehlt eine Schlagzeile.

Moskau/Darmstadt (dpa) – Nach vielen missglückten Versuchen ist der europäischen Raumfahrtorganisation ESA erstmals ein Kontakt zur fehlgeleiteten russischen Marsmond-Sonde Phobos-Grunt gelungen. „Der Patient ist zwar nicht tot, aber wie krank er ist, wissen wir noch nicht", sagte René Pischel, der Leiter der russischen ESA-Vertretung, am Mittwoch der Nachrichtenagentur dpa in Moskau. Es bleibe abzuwarten, ob die seit zwei Wochen in der Erdumlaufbahn kreisende Raumsonde zu retten sei. [...]

4 Lies den Zeitungsartikel und schreibe eine passende Schlagzeile auf.

5 Finde für den Zeitungsartikel weitere Schlagzeilen, die das Interesse der Leser anregen. Verwende dazu sprachliche Mittel.

sprachliche Mittel verwenden

Durch die Wortwahl und Verwendung sprachlicher Mittel kann eine Zeitung die Meinung ihrer Leser beeinflussen.

Saarbrücken (dpa) – Der Castortransport hat Deutschland erreicht. Der Zug mit hoch radioaktivem Atommüll aus Frankreich passierte nach Angaben der Polizei bei Saarbrücken die französisch-deutsche Grenze. Möglicherweise wird er in Neunkirchen wieder eine Pause einlegen. In Speyer ist eine Kundgebung gegen den Transport geplant. Der Transport bringt deutschen Atommüll aus der Wiederaufbereitungsanlage La Hague nach Gorleben. Im Wendland war es gestern bereits zu Zusammenstößen zwischen Polizei und Atomkraftgegnern gekommen.

Schlagzeilen:
1 Castor macht Pause
2 Castortransport in Deutschland angekommen
3 Castor sicher in Deutschland
4 Gewalt um Castor
5 Atomkraftgegner protestieren vergeblich

6 **a.** Lies den Zeitungsartikel und die möglichen Schlagzeilen in der Randspalte.
b. Entscheide, welche Schlagzeilen sachlich sind und welche eine Wertung enthalten.
c. Erkläre, wie die Leser beeinflusst werden.

Starthilfe

1 Castor macht Pause: Atommülltransport wird personifiziert, eine weniger wichtige Information („macht Pause") wird in der Schlagzeile betont. Die Gefahr wird ...

Fotos in Zeitungen und im Internet zeigen Ausschnitte aus dem wirklichen Geschehen. Durch Bildunterschriften kann das Gezeigte verschieden bewertet werden.

7 Tauscht euch über die folgenden Fragen aus:
- Wie wirkt das Foto am Rand ohne die Bildunterschrift?
- Wie verändert sich die Wirkung durch die Bildunterschrift?
- Wie werden die Leser beeinflusst?

Bildunterschrift aus einem Artikel in einer Online-Zeitung: Der Protest gegen Atommülltransport kann auch friedlich ablaufen. Eine lange Menschenschlange demonstriert in einem Waldstück.

8 Verändert die Bildunterschrift so, dass sie das Gezeigte nicht bewertet.

W **Wählt eine der folgenden Aufgaben.**

9 Welche Probleme entstehen durch eine Beeinflussung in den Medien? Diskutiert darüber in der Klasse.

Aufgaben gemeinsam bewältigen ➤ S. 304

10 Macht eine kleine Fotoreportage aus drei Bildern von eurem Klassenraum, eurem Schulgelände oder eurem Wohngebiet. Findet Bildunterschriften, die die Bilder positiv, negativ oder neutral wirken lassen, und schreibt sie auf.

Auch durch die Werbung sollen Menschen gezielt beeinflusst werden. Mit diesen Slogans auf öffentlichen Mülltonnen wirbt die Stadtreinigung in Hamburg.

Werbeslogans und ihre Wirkung untersuchen

11 Untersuche die Slogans.

a. Schreibe die übliche Bedeutung der Aufschriften auf.

b. Führe als Beispiel eine Situation an, in der die Sätze verwendet werden könnten.

c. Ergänze, was mit den Slogans auf den Mülltonnen gemeint ist.

Starthilfe

	übliche Bedeutung	Situation	Bedeutung des Slogans
jemandem den Rest geben	jemanden ...	...	Aufforderung: Reste in ...

12 Welche Wirkung haben die Slogans auf euch?
Welche Absicht verfolgen die Werbetexter?
Tauscht euch über die Fragen aus.

W Mit diesen Wahlaufgaben könnt ihr für eure Ziele werben.

Aufgaben gemeinsam bewältigen ➤ S. 304

sprachliche Mittel für eigene Ziele nutzen

13 Im Tandem!

a. Schreibt weitere Slogans auf, die als Aufschriften auf Papierkörben an eurer Schule gut ankämen.
Tipp: Ihr könnt dazu Sprichwörter und Redewendungen verwenden.

Starthilfe

Was du heute kannst entsorgen, ...

b. Stellt sie in der Klasse vor und fragt eure Mitschüler nach den verwendeten sprachlichen Mitteln.

14 Gruppenarbeit!
Entwerft eine Werbekampagne für etwas, das an eurer Schule wichtig ist.

a. Schreibt eure Slogans auf.

b. Gestaltet Werbeplakate und hängt sie in Absprache mit der Schulleitung auf.

- eine Schulaufführung
- Energiesparen
- ein Projekt
- ...

Stilblüten untersuchen

Als Stilblüten bezeichnet man Formulierungen, die durch einen Missgriff in der Wortwahl, Wortstellung oder durch Doppeldeutigkeit komisch wirken. Die folgenden Beispiele standen in Tageszeitungen, Illustrierten oder Online-Artikeln.

1 Auf jeden Grafschafter Kopf fallen 288 Eier pro Jahr.

2 Iran – Rektor geht ans Netz

3 Unfall
Motorrad fährt Jogger an,
beide sind im Krankenhaus

4 Gibt es ein Leben nach dem Tod? – Seminar mit praktischem Teil

1 Was bedeuten die Formulierungen wörtlich?
Erkläre sie oder fertige eine lustige Skizze zur wörtlichen Bedeutung an.

Formulierungen und ihre Wirkung untersuchen

2 Was ist mit den Formulierungen eigentlich gemeint?
Schreibt die Formulierungen sprachlich korrekt und inhaltlich eindeutig auf.

Starthilfe

1 Jeder Einwohner der Grafschaft verbraucht ...

3 Wodurch wirken die Formulierungen komisch?
Schreibe jeweils die Ursache auf.

- Wortwahl
- Satzbau
- Ausdruck mit mehreren Bedeutungen
- inhaltlicher Bezug

Auch in anderen Bereichen sind Stilblüten zu finden.

4 Untersuche die Formulierung auf dem Foto am Rand.
Gehe dabei vor wie in den Aufgaben 1 bis 3.

5 Suche nach weiteren Stilblüten.
  a. Schreibe sie ab oder fotografiere sie.
  b. Notiere die Quelle oder den Ort, an dem du sie gefunden hast.
  c. Untersuche sie sprachlich und inhaltlich.
Z **d.** Erläutere, wodurch sich der Sprachwitz von Stilblüten und Werbeslogans (S. 272) unterscheiden.

Ironie erkennen und verstehen

In den Medien werden unter anderem auch ironische Texte veröffentlicht, wie z. B. Glossen.

1 Wie verstehst du den folgenden Glossenausschnitt?
  a. Lies ihn für dich mithilfe des Textknackers.
  b. Lies ihn nach deinem Verständnis wirkungsvoll vor.

das Textverständnis lesend zum Ausdruck bringen

Straßenguck   Heinz Boente

Hurra, liebe Glossenleser! Meine Begeisterung kennt nun wirklich keine Grenzen mehr. Endlich, endlich, endlich kann ich durch die Straßen einiger Großstädte meines geliebten Vaterlandes spazieren, ohne meinen Hintern vom Computerstuhl erheben zu müssen. Der Wahnsinn! Wenn es etwas gibt, auf das ich (und vermutlich der Rest der Welt) jahrelang sehnsüchtig gewartet habe, dann dieses: Googles Straßenguck (ausländisch auch *Street View* genannt), der virtuelle Blick in die scheinbare Realität der uns umgebenden architektonischen Wirklichkeit. Man stelle sich das doch bloß mal vor: Per Mausklick kann ich ab sofort den bzw. das Brandenburger Tor im Internet sehen, wann immer ich will. Oder auch den derzeit noch oberirdisch befindlichen Stuttgarter Hauptbahnhof. Sensationell! Und nicht nur das, nein, ich sehe auch jede Menge erstarrte Gestalten mit verpickelten ... nein, verpixelten Gesichtern, die zufällig auf den Bürgersteigen oder sonst wo rumgestanden haben, als vor zwei Jahren Googles Kameraauto dort vorbeiknipste. Fast so schön eingefroren in ihrer Gestik wie seinerzeit Dornröschen und ihr gesamter Hofstaat [...]

Gut, es mag Leute geben (und solche oder ähnliche Leute findet man immer), die halten das ganze *Street View* Unterfangen für vollkommen überflüssig, ja, geradezu nutz- und sinnlos, und fragen lapidar[1]: „Was soll der ganze Scheiß?", aber davon lasse ich mir persönlich doch meine Begeisterung nicht vermiesen. Ok, zwar muss ich in stillen Stunden mir gegenüber diesen Leuten insgeheim beipflichten und ebenfalls die Frage stellen: „Was soll das eigentlich?", aber – wie gesagt – nur insgeheim. Offiziell bin ich nach wie vor völlig aus dem Häuschen vor lauter Enthusiasmus[2], denn *Street View* insgesamt finde ich klasse und freue mich jetzt schon auf die Weiterentwicklung: Google *House View*, mit dessen Hilfe man dann sogar in die Häuser und Wohnungen hineinschauen und virtuell beispielsweise vom fremden Gästeklo in die fremde Küche schlendern kann. Wenn man will, versteht sich. Und natürlich, sofern die Küche sich beim Hineinschauen nicht nur als ein verwaschener Fleck darstellt.

[1] lapidar: knapp, ohne weitere Erläuterung [2] der Enthusiasmus: die Begeisterung

2 Wie wirkt der vorgelesene Ausschnitt auf dich?
Führe Textstellen an, die dir aufgefallen sind, und beschreibe, wie sie vorgelesen wurden.

die Wirkung eines vorgelesenen Textes beschreiben

Viele Textstellen sind ironisch gemeint. Sie bedeuten eigentlich etwas anderes oder das Gegenteil von dem, was ausgedrückt wird.

3 Schreibe Beispiele aus der Glosse auf und erkläre, was eigentlich gemeint ist.

Ironie und ihre Bedeutung verstehen

Starthilfe

„Meine Begeisterung kennt keine Grenzen“ (Zeile 1) – bedeutet eigentlich: ...

4 Was bewirkt Ironie in dieser Glosse?

a. Schreibe die Zeilen 1–15 um und ersetze die ironische durch die eigentliche Bedeutung.

b. Vergleiche den Originaltext mit dem umgeschriebenen Text.

Ironie und ihre Wirkung verstehen

Ironie kommt aus dem Griechischen und bedeutet „Verstellung“ oder „Vortäuschung“.

5 Was wird durch Ironie vorgetäuscht? Wer verstellt sich? Tauscht euch darüber aus.

Info

Ein Sprecher oder Autor setzt **Ironie** meist mit der Erwartung ein, dass der Leser oder Hörer versteht, was er eigentlich meint. Um Missverständnisse zu vermeiden, kann er sogenannte Ironiesignale wie Mimik, Gestik, Betonung oder Anführungszeichen verwenden.

Z Welche Vor- und Nachteile hat eine Glosse als Form der Kritik? Diskutiert darüber.

W **Mit diesen Wahlaufgaben könnt ihr selbst die Wirkung von Ironie erproben.**

7 Im Tandem!
In welchen Situationen könnten die Sätze in der Randspalte geäußert werden?

a. Wählt einen Satz aus.

b. Stellt in einem Rollenspiel zwei Situationen vor, in denen der gleiche Satz einmal ironisch und einmal erst gemeint ist.

- Das ist ja eine schöne Bescherung!
- Das ist ja echt 'ne tolle Party, zu der du mich geschleppt hast!
- Nichts lieber als Prüfungen!

8 Wann und wozu habt ihr zuletzt Ironie im Alltag verwendet?
Wie habt ihr reagiert, als euch jemand zuletzt mit Ironie begegnet ist?
Tauscht euch über diese Fragen aus. Führt Beispiele dazu an.

9 Suche in diesem Buch nach Texten, die unter anderem Ironie als Mittel der Kritik verwenden.

a. Wähle einen Text aus und lies ihn wirkungsvoll vor.

b. Besprich mit deinen Zuhörern, was kritisiert wird.

Ironie als Stilmittel verwenden

10 Zu welchem Thema möchtest du humorvoll Kritik äußern?
Schreibe eine Glosse für die Schülerzeitung.
Verwende Ironie als Stilmittel.

- Soziale Netzwerke: Hast du viele Freunde?!
- Mein Handy ist überall dabei.
- ...

Wortfelder nutzen

Die Schüler der Klasse 10 a haben eine Erzählung aus verschiedenen Perspektiven verfasst. Die erste Begegnung der Hauptfiguren wird so beschrieben:

1 Er durchsuchte den weiten Raum. Hielt Ausschau nach einem Startpunkt für seine Aufgabe. Sah dann sie. Er erblickte den leeren Platz ihr gegenüber, stutzte, starrte sie wie verzaubert an und ließ sich ohne Rückfrage auf den Stuhl fallen. Sie immer noch anstarrend, vergaß er fast, weshalb er hier war, bis er schließlich schamhaft wegguckte. Wie hatte er sie nur so wie ein Weltwunder anhimmeln können?

2 Sie musterte die Kaffee und Kuchen verschlingende Menge der Kaufhauskunden um sich. Sie registrierte, wie rammelvoll das Café war, die Unruhe. Kaffee schlürfende Eile. Dann erblickte sie den sich nähernden Hängejeanstyp, der sie von Anbeginn anstierte, als sei sie eine nicht erwartete geöffnete Weihnachtsüberraschung. Ohne zu fragen oder zu grüßen, ließ er sich auf den gegenüberliegenden Stuhl plumpsen. Sie runzelte die Stirn und beobachtete ihn weiter aus den Augenwinkeln.

ein Wortfeld erkennen und erweitern

1 Welche Verben beschreiben das Wahrnehmen der männlichen, welche das der weiblichen Figur? Schreibe sie im Infinitiv auf.

Starthilfe

Ausschau halten, ...

Die Verben aus Aufgabe 1 gehören zu einem Wortfeld.

2 Zu welchem Wortfeld gehören die Verben aus Aufgabe 1?
- **a.** Schreibe das Merkmal auf, in dem sie übereinstimmen.
- **b.** Schreibe weitere Verben auf, die zu diesem Wortfeld gehören.

Starthilfe

erspähen, ...

Wörterbücher und Thesaurusfunktion nutzen

Z **3** Suche mithilfe eines Synonymwörterbuches oder der Thesaurusfunktion eines Computerschreibprogramms nach weiteren Verben zum Wortfeld aus den Aufgaben 1 und 2 und schreibe sie auf.

Untersuche das Wortfeld genauer.

Bedeutungen vergleichen

4 Stelle Bedeutungsvergleiche an. Wähle fünf Verben aus den Aufgaben 1 bis 3 und erkläre, worin sie sich unterscheiden.

Starthilfe

erblicken – geschieht plötzlich, unerwartet

Das ist der Hintergrund der Handlung.

John, der Junge, um den es in der Erzählung geht, gehört zu einem Jugendchor, der einen Flashmob in einem Kaufhauscafé organisiert. In einem Gesangsstück, das plötzlich beginnt, sollen die Cafébesucher von zwanzig Sängern beeindruckt werden. Absicht: herausfinden, wie solch überraschender Gesang auf die Menschen im Einkaufsalltag wirkt. Als Amira, die weibliche Hauptfigur, John zum ersten Mal begegnet, ist sie von ihm zunächst überhaupt nicht begeistert. Höchstpeinlich findet sie ihn sogar. Bei John ist das genau umgekehrt. Er ist durcheinander, weil ihm Amira gefällt. – Einiges ändert sich bei Amira, als John als Erster mit seinem Gesangsteil dran ist. Er singt solo [...]

W Mit diesen Wahlaufgaben kannst du weitere Wortfelder nutzen.

Wortfeldarbeit für eigene Texte nutzen

5 Wie könnte sich Johns Gesangssolo in Amiras Ohren anhören?
- **a.** Schreibe Wörter aus den Wortfeldern **singen** oder **Gesang** auf.
- **b.** Beschreibe Amiras Eindrücke von Johns Solo. Verwende dazu passende Wörter aus Aufgabe 5a.

Starthilfe
Der Sänger in den Hängejeans stimmte eine Melodie an, die ...

6 Setze den Romanauszug aus Johns oder Amiras Perspektive fort. Verwende dazu Wörter aus dem auf Seite 276 erarbeiteten Wortfeld.

7 Erik, ein heimlicher Verehrer von Amira, beobachtet ebenfalls Johns Auftritt.
- **a.** Schreibe Wörter zum Wortfeld **Jugendlicher** auf.
- **b.** Beschreibe aus Eriks Sicht, wie John auf ihn wirkt. Verwende passende Wörter aus Aufgabe 7a.

Starthilfe
Jugendlicher: Typ, Schnösel, ...

W Mit diesen Aufgaben kannst du deine Wortfeldarbeit auswerten.

den Nutzen der Wortfeldarbeit reflektieren

8 Wozu dient die Verwendung unterschiedlicher Wörter für den gleichen Sachverhalt? Beschreibe, wie der Text aus Aufgabe 5b oder 7b wirkt, wenn du in jedem Satz dasselbe Wort für **singen/Gesang** oder **Jugendlicher** verwendest.

9 Was kann durch die Wortwahl ausgedrückt werden?
- **a.** Markiere, ob die in Aufgabe 5a oder 7a verwendeten Wörter aufwertend, abwertend oder neutral sind.
- **b.** Begründe deine Wortwahl in Aufgabe 5b oder 7b.

Starthilfe
anstimmen (neutral); Schnösel (...)

Satzglieder im einfachen Satz

Satzglieder wiederholen

Satzglieder ➤ S. 311

Die Klasse 10 c sammelt Gründe für eine Präsentation mit PowerPoint.

1	2
ein besseres Verstehen Zuhörern die folgende Diskussion speeches Referate	normalerweise besser meistens more interesting insbesondere

3	4
fördern veranschaulicht make ermöglichen gefallen	They Präsentationen Gelungene Präsentationen Sie Eine gute Präsentation

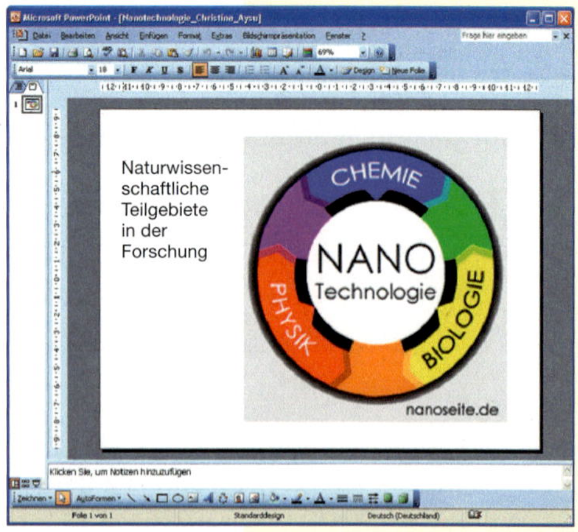

1 In welchem Feld steht welches Satzglied?
a. Ordnet die Satzglieder den jeweiligen Feldern zu.
b. Sprecht darüber, wie ihr sie zugeordnet habt.

Subjekt
Prädikat
Dativobjekt
Akkusativobjekt
Adverbiale Bestimmung

Mithilfe der Satzglieder kannst du herausfinden, welche Gründe genannt wurden.

2 **a.** Formuliere aus den Satzgliedern sinnvolle Sätze und schreibe sie auf.
b. Unterstreiche die Satzglieder in verschiedenen Farben.

Starthilfe
Präsentationen gefallen …

Regeln erkennen

3 Verändere in deinen Sätzen zu Aufgabe 2 die Wortstellung.
a. Finde heraus, welches Satzglied immer an zweiter Stelle steht.
b. Erkläre, welche Einschränkungen für den englischen Satz gelten.

den Satzbau untersuchen und veranschaulichen

4 Untersuche den Satzbau jedes Satzes.
- Welches Satzglied kann entfallen, ohne dass der Satz grammatikalisch falsch wird?
- Welches Satzglied bestimmt die Anzahl der Satzglieder im Satz?

Z **5** Veranschauliche die Funktion der Satzglieder in einer Grafik.

Die Schüler der Klasse 10 c wägen Vor- und Nachteile einer PowerPoint-Präsentation ab.

Präsentationen ergänzen einen Vortrag ______. Der Referent zeigt seinen Zuhörern Folien ______. ______ hilft er seinen Zuhörern, denn Bilder erleichtern das Verstehen. Durch Animationen wirkt ein Vortrag ______.

In manchen Präsentationen wirkt der Vortrag ______ langweilig. Das reine Ablesen von Folientexten hilft dem Zuhörer ______. Ein Referent muss schon ______ sprechen. Sonst schlafen die Zuhörer ______ ein.

abwechslungsreicher
zur Orientierung
trotzdem
auf interessante Weise
auf ihren Stühlen
Durch Bilder
frei und lebendig
selten

6 Welche Überlegungen äußern die Schüler?

a. Schreibe die Äußerungen in den Sprechblasen ab und ergänze sie dabei sinnvoll.

b. Schreibe mithilfe des Merkwissens dazu, welche Satzglieder du in Aufgabe 6 a ergänzt hast.

Starthilfe

Präsentationen ergänzen einen Vortrag auf …
(adverbiale Bestimmung der …)

7 **a.** Lest die Äußerungen ohne adverbiale Bestimmungen vor.
Tipp: An einigen Stellen müsst ihr den Satzbau ändern.

b. Diskutiert darüber, welche der folgenden Aussagen zutreffen:
- Ohne adverbiale Bestimmung ist der Satz grammatisch falsch.
- Adverbiale Bestimmungen verdeutlichen die näheren Umstände.
- Adverbiale Bestimmungen sind der wichtigste Teil des Satzes.
- Adverbiale Bestimmungen erklären das Verb näher.

Merkwissen

Adverbiale Bestimmungen sind Satzglieder, die die näheren Umstände einer Aussage verdeutlichen.
Adverbiale Bestimmungen
- **der Zeit** erfragst du mit: **Wann?/Wie lange?**
- **des Ortes** erfragst du mit: **Wo?/Wohin?**
- **der Art und Weise** erfragst du mit: **Wie?/Auf welche Weise?**
- **des Grundes** erfragst du mit: **Warum?/Weswegen?**
- **des Mittels** erfragst du mit: **Womit?/Wodurch?**
- **des Zwecks** erfragst du mit: **Wozu?/Zu welchem Zweck?**
- **der Einräumung** erfragst du mit: **Trotz welcher Gründe? Trotz was?**

Satzglieder im Satzgefüge

Subjektsatz und Objektsatz

Das ist Anna Lena am Tag vor ihrer PowerPoint-Präsentation.

Anna Lena fragt sich, ...
Sie findet, dass ...
Was sie im Internet gefunden hat, ...
Sie weiß aber, dass ...

1 Worüber macht sich Anna Lena Gedanken?
Schreibe mithilfe der Satzanfänge am Rand vollständige Satzgefüge auf.

Satzglieder können im Satzgefüge in Form von Nebensätzen auftreten.

2 Untersuche die Satzgefüge aus Aufgabe 1.
a. Ermittle mithilfe von Fragen, welche Satzglieder im Satz vorkommen.
b. Unterstreiche die Satzglieder mit verschiedenen Farben.
c. Schreibe auf, welche Satzglieder jeweils als Nebensatz auftreten.

Satzglieder im Satzgefüge ermitteln

Satzglieder ➤ **S. 311**

Nach der Präsentation hat Anna Lena ein Feedback bekommen.

Es half den Zuhörern nicht, dass ...
Es freute sie, dass ...
Es beeindruckte alle sehr, dass ...

3 **a.** Bilde sinnvolle Satzgefüge.
b. Untersuche sie wie in Aufgabe 2.

Merkwissen

Subjekte und Objekte können auch **als Nebensätze** auftreten.
Diese Nebensätze nennt man **Subjektsätze** bzw. **Objektsätze**.
Du kannst sie wie Subjekte und Objekte im einfachen Satz erfragen.
Nach einem **Subjekt** fragst du mit: **Wer oder was?**
Nach einem **Dativobjekt** fragst du mit: **Wem?**
Nach einem **Akkusativobjekt** fragst du mit: **Wen oder was?**
Objektsätze stehen häufig nach **Verben des Sagens und Meinens**.

Indirekte Rede im Objektsatz: Konjunktiv I

Maryam hat eine Präsentation zu den neuen Medien besucht und sich folgende Aussagen der Referentin und des Publikums notiert.

Referentin: „In zehn Jahren wird nur noch im Internet eingekauft. Schon jetzt hat man mit Kommunikationspartnern über das Internet mehr Kontakt als direkt mit Menschen in seiner Umgebung."
Teilnehmer: „Darüber ist noch nicht das letzte Wort gesprochen. Es gibt immer mehr Aktivitäten wie Sportvereine, Musik- oder Theatergruppen in vielen Stadtteilen."
Referentin: „Das ist nicht der Regelfall. Im Alltag erfährt man immer weniger persönliche Rücksicht und Anteilnahme unter den Menschen."

In einem Bericht für die Schülerzeitung möchte Maryam die verschiedenen Meinungen wiedergeben.

1 **a.** Schreibe die Aussagen, die Maryam notiert hat, in indirekter Rede auf. Verwende dazu den Konjunktiv I.

Starthilfe
Die Referentin behauptete, in zehn Jahren werde nur noch ...
Sie hob hervor, dass schon jetzt ...

b. Untersuche, welches Satzglied als Nebensatz auftritt.

Verbformen im Konkunktiv I
es wird – es werde
man hat – man habe
es ist – es sei
es gibt – es gebe
man erfährt – man erfahre

Auch die folgenden Sätze wurden geäußert.

- *„Wer hundert virtuelle Freunde kennt, hat keinen echten."*
- *„Schon heute gehen moderne Fernseher auf Zuruf aus."*
- *„Jedes neue Medium erzeugt Angst."*

2 **a.** Formuliere die Sätze in die indirekte Rede um.
b. Unterstreiche im Objektsatz das veränderte Verb im Konjunktiv I.

Starthilfe
Jemand aus dem Publikum betonte, ...

den Konjunktiv in Objektsätzen verwenden
Konjunktiv I ➤ S. 309

Z **3** Welche Sprecherhaltung wird durch den Konjunktiv I ausgedrückt?
a. Vergleiche die Sätze zu Aufgabe 1 im Indikativ mit denen im Konjunktiv.
b. Schreibe auf, was ein Sprecher oder Autor durch die Verbform ausdrücken kann.

Adverbialsätze erkennen und verwenden

Alva und Lars haben Streit. Beide sind schon lange befreundet und hatten eigentlich geplant, das Wochenende gemeinsam zu verbringen. Lars will die Situation ändern und schreibt Alva eine E-Mail.

An: alva@mailfix.com

Liebe Alva,
weil du immer noch nicht mit mir sprichst, versuche ich es per Mail.
Nachdem du bereits ______, finde ich, ______.
Damit ich nicht immer ______, könnten wir endlich ______,
sodass wir ______. Obwohl du bisher noch nicht ______, würde
ich gern am Wochenende ______. Wenn du auch ______.
Bis dann, Lars

1 Schreibe die Mail ab und ergänze die Sätze dabei sinnvoll.

2 Untersuche den Satzbau genauer.
- **a.** Unterstreiche alle Nebensätze.
- **b.** Markiere im Nebensatz jeweils die einleitende Konjunktion.

3 Welche Satzglieder treten als Nebensätze auf?
- **a.** Ermittle die Satzglieder durch Fragen.
- **b.** Bestimme die Art der Adverbialsätze näher.

adverbiale Bestimmungen ➤ S. 279

Starthilfe

Weil du immer noch nicht ... – Die Konjunktion „weil" leitet eine Begründung ein, also adverbiale Bestimmung des Grundes.

Alva überlegt, wie sie Lars antworten könnte.

4 Schreibe eine Antwortmail an Lars.

Starthilfe

Lieber Lars,
nachdem du wieder einmal bewiesen hast, ...

nachdem du ...
bevor wir aber ...
obwohl ich wenigstens ...
damit wir ...
wenn du mir versprichst ...

5 Untersuche den Satzbau und die Nebensätze. Gehe dabei vor wie in den Aufgaben 2 und 3.

mehr zu adverbialen Bestimmungen ➤ S. 279

Merkwissen

Adverbiale Bestimmungen können auch als **Nebensätze** auftreten. Diese Nebensätze nennt man **Adverbialsätze**. Du kannst sie näher bestimmen, indem du wie nach adverbialen Bestimmungen im einfachen Satz fragst.

Auch in Sachtexten kommen Adverbialsätze häufig vor.
In diesem Textausschnitt fehlen die einleitenden Konjunktionen.

Medienrevolutionen

(Zeit) Johannes Gutenberg 1454 den Buchdruck erfunden hatte, entwickelten sich ab 1600 in den deutschen Ländern die ersten Tageszeitungen. Viele Fürsten sorgten sich, **(Grund)** sich nun viel mehr Menschen über das Geschehen im Lande informieren konnten. **(Zweck)** sie diese Informationen unter Kontrolle behielten, führten viele Fürsten in ihren Kleinstaaten eine „Zensur“ ein. Zeitungen mussten **(Art und Weise)** geschrieben werden, **(Art und Weise)** sie die hohen Herren nicht in Frage stellten. **(Bedingung)** jeder die Bibel lesen kann, wird womöglich ihre Auslegung hinterfragt, fürchtete die Kirche. Lesen galt für manche hohe Herren als bedrohlich, während man heute eher das Gegenteil sieht: **(Mittel)** viele Menschen lesen lernen, wird die Demokratie gestärkt.

Gutenberg mit seinem ersten Druckbogen

6 Schreibe den Text ab und ergänze dabei passende Konjunktionen.

7 Welche Adverbialsätze kommen vor?
- **a.** Unterstreiche die Adverbialsätze.
- **b.** Schreibe Fragen nach den einleitenden Konjunktionen auf.

Starthilfe

Wann entwickelten sich ab 1600 ...? – Nachdem Johannes Gutenberg ...

Konjunktionen:
indem
weil
damit
nachdem
so ... dass
wenn

Die einleitenden Konjunktionen geben einen Hinweis darauf, um welche adverbiale Bestimmung es sich im Nebensatz handelt.

8 **a.** Trage die Konjunktionen passend in eine Tabelle ein.
b. Ergänze die Tabelle durch weitere Konjunktionen.

Starthilfe

Grund	Zeit	Bedingung	Art und Weise
...	...	sofern, ...	sodass, ...

sofern
sodass
als
während
bevor
um ... zu
falls
dadurch dass
da
seitdem

Das ist die Fortsetzung des Sachtextes.

Neue Massenmedien haben immer Angst ausgelöst, ______ doch durch Medien auch neue Möglichkeiten entstanden sind. Gefährlich wird es allerdings, ______ die Medien im Besitz des Staates oder nur weniger Personen sind. Auch in Demokratien kann es Zeitungsmonopole geben, ______ dadurch die Pressefreiheit gefährdet ist.

Z **9** Ergänze den Text sinnvoll und untersuche die Adverbialsätze wie in Aufgabe 7.

Adverbialsätze ergänzen und untersuchen

Verständlich formulieren

Aviſa I.
Relation oder Zeitung.
Was ſich begeben vnd zugetragen hat / in Deutſch: vnd Welſchland/Spannien/Niederlandt/Engellandt/Franckreich/Vngern/Oſterreich/Schweden/Polen/ vnnd in allen Provintzen/ in Oſt: vnnd Weſt Jndien etc.
So alhie den 15. Januarij angelangt.
Gedruckt im Jahr/1609.

Tageszeitung vom 15. Januar 1609

Viele Sachverhalte lassen sich als Adverbialsatz oder als adverbiale Bestimmung ausdrücken.

1 Nachdem Johannes Gutenberg 1452 den Buchdruck erfunden hatte, entwickelten sich ab 1600 in den deutschen Ländern die ersten Tageszeitungen.

2 Nach der Erfindung des Buchdrucks 1452 durch Johannes Gutenberg entwickelten sich ab 1600 in den deutschen Ländern die ersten Tageszeitungen.

1 Welcher Satz ist auf Anhieb leichter zu verstehen? Tauscht euch über diese Frage aus.

2 Vergleiche den Satzbau der Sätze.
a. Unterstreiche Haupt- und Nebensätze in jeweils unterschiedlichen Farben.
b. Erkläre, worin sich der Satzbau unterscheidet.

3 Vergleiche den Stil der Formulierungen.
a. Untersuche, in welchem Satz derselbe Sachverhalt als Adverbialsatz und welchem er als adverbiale Bestimmung ausgedrückt wird.
b. Untersuche, in welchem Satz Nominalstil und in welchem Verbalstil verwendet wird.

Sätze stilistisch vergleichen

mehr zu Nominal- und Verbalstil ➤ **S. 39**

In Sachtexten werden oft viele Informationen in knapper Form vermittelt.

1 Viele Fürsten sorgten sich, <u>weil sich nun viel mehr Menschen über das Geschehen im Lande informieren konnten</u>.

2 Viele Fürsten sorgten sich <u>wegen der besseren Informationsmöglichkeiten über das Geschehen im Lande</u>.

3 <u>Damit sie diese Informationen unter Kontrolle behielten</u>, führten viele Fürsten in ihren Kleinstaaten eine „Zensur“ ein.

4 <u>Zwecks Informationskontrolle</u> führten viele Fürsten in ihren Kleinstaaten eine „Zensur“ ein.

4 Wodurch gelingt es, knapper zu formulieren?
a. Vergleiche die unterstrichenen Textstellen in Sätzen mit gleichem Inhalt miteinander.
b. Welcher Satz ist am besten zu verstehen? Begründe deine Antwort.

5 Verknüpfe die folgenden Sätze zu einem verständlichen Text.

Die Zukunft überregionaler Zeitungen ist ungewiss. Firmen geben weniger für Werbung in der Zeitung aus. Viele informieren sich im Internet. Kleine Lokalzeitungen bemühen sich besonders um das Vertrauen ihrer Leser. Manche Wochenblätter werden kostenlos verteilt. Sie finanzieren sich allein durch Werbung. Die Berichte sind nicht immer gut geschrieben.	Sie haben viel Konkurrenz. Sie zahlen ja auch für Werbung im Internet. Die Abonnentenzahlen gehen zurück. Sie können sonst nicht auf dem Markt bestehen. Sie sind erfolgreich. So sichern sie sich ihre Existenz. Sie sind nicht auf ihre Leser angwiesen.

Mit diesen Aufgaben könnt ihr üben, adverbiale Bestimmungen und Adverbialsätze zu erkennen und zu verwenden.

6 Im Tandem!

a. Tauscht eure Texte aus und überprüft ihre Verständlichkeit.

b. Tauscht euch darüber aus, wie ihr welche Textstellen verständlicher formulieren könnt.

einen Text stilistisch überarbeiten

7 Unterstreicht mit zwei verschiedenen Farben die Textstellen, an denen ihr Adverbialsätze und an denen ihr adverbiale Bestimmungen verwendet habt.

8 In der grammatischen Fachsprache werden oft lateinische Bezeichnungen für die Arten der Adverbialsätze verwendet.

a. Recherchiere, was die Bezeichnungen in der Randspalte bedeuten.

b. Ordnet sie in einer Tabelle der deutschen Bezeichnung zu.

c. Schreibt jeweils einen Beispielsatz dazu.

Fachsprache kennen und verwenden

Starthilfe

lateinische Bezeichnung	deutsche Bezeichnung	Beispielsatz
Kausalsatz	Begründungssatz	Weil überregionale Zeitungen viel Konkurrenz haben, …

Kausalsatz
Finalsatz
Temporalsatz
Modalsatz
Konditionalsatz
Konzessivsatz

Lernen durch Lehren

Grammatik erarbeiten und vermitteln

Kannst du etwas besser verstehen, indem du es anderen beibringst? Wer es schon versucht hat, weiß, dass das gut gelingen kann.

1 Welche Erfahrungen habt ihr beim Lehren gemacht, z. B. als Nachhilfelehrer oder Trainer? Sprecht darüber.

Mit den folgenden Aufgaben könnt ihr ausprobieren, ein Grammatikthema selbst zu erarbeiten oder zu wiederholen.

Merkwissen

Manche Verben erfordern **eine bestimmte Präposition, mit der das Objekt angeschlossen wird**, z. B. rechnen mit, bitten um, sich erinnern an. Da der Fall dieses Objekts von der Präposition bestimmt wird, nennt man es **Präpositionalobjekt**.
Beim Erfragen dieses Objekts ist die Präposition immer in der Frage enthalten, z. B. womit, worum, woran, wonach, wovon, worüber ...?
Ich rechne mit deiner Hilfe. – Womit rechne ich?

Info

Auch adverbiale Bestimmungen können mit womit, wozu, wonach erfragt werden. Bei der **Adverbialbestimmung** erfordert das Verb **keine bestimmte Präposition**.
Ich komme mit dem Rad.
Ich komme am Sonntag.
Präpositionalobjekt:
Ich rechne mit deiner Hilfe.

2 Lest die Texte im Merkkasten und in der Randspalte.

3 Was habt ihr verstanden? Was ist euch noch nicht ganz klar?
- **a.** Sprecht über die Regeln und Beispiele zum Präpositionalobjekt.
- **b.** Recherchiert weitere Informationen zu diesem Thema in einer Grammatik oder im Internet.

Diese Verben erfordern eine bestimmte Präposition.

sich interessieren ... sich erkundigen ... warten ... auffordern ...

4 Bilde Beispielsätze mit Präpositionalobjekten.
- **a.** Ordne den Verben eine passende Präposition zu.
- **b.** Schreibe Beispielsätze auf, in denen du sie verwendest.
- **c.** Ergänze eigene Beispielsätze.

nach, zu, für, auf

Z **5** Schreibt Beispielsätze mit Präpositionalobjekten in anderen Sprachen auf. Übersetzt und vergleicht sie mit den deutschen Beipielsätzen.

soñar con (span.)
ответить на (russ.)

W **Hier erhaltet ihr Aufgaben zur Wahl, mit denen ihr anderen Wissen zum Präpositionalobjekt vermitteln könnt.**

Aufgaben gemeinsam bewältigen ➤ S. 304

ein Referat oder eine PowerPoint-Präsentation vorbereiten

6 Bereitet ein Kurzreferat oder eine Powerpoint Präsentation zum Präpositionalobjekt vor und präsentiert das Thema in der Klasse. Ihr könnt eure Ergebnisse aus den Aufgaben 2 bis 5 nutzen.

Übungsaufgaben entwickeln

7 **a.** Schreibt zehn Verben aus dem Themenbereich „Berufe" auf, die eine bestimmte Präposition fordern.

Starthilfe

sich kümmern um, sich bewerben ...

b. Bildet Sätze mit den Verben aus Aufgabe 7 a.
c. Entwerft ein Arbeitsblatt für eure Mitschüler, auf dem sie die Prädikate und Präpositionalobjekte erkennen sollen.

8 **a.** Bereitet einen Lückentext zum Thema „Berufe" für eure Mitschüler vor, in dem sie ihr Wissen zum Präpositionalobjekt anwenden können.
b. Prüft, ob die Aufgabe lösbar ist.
c. Überarbeitet euren Text, falls nötig, oder stellt euren Mitschülern Hilfsmittel zur Verfügung.

9 Adverbiale Bestimmung oder Präpositionalobjekt?
a. Bereitet dazu Übungsaufgaben vor, in denen man zwischen beiden Formen unterscheiden muss.
b. Vermittelt dazu die passende Regel.

10 Präpositionalobjekte in der englischen Sprache
a. Bildet Sätze mit Präpositionalobjekt im Englischen.
b. Lasst sie von euren Mitschülern ins Deutsche übersetzen und dabei die Präpositionalobjekte unterstreichen.
c. Prüft gemeinsam, ob sich in jedem Fall auch ein Präpositionalobjekt im Deutschen ergibt.

to fight for ...
to look after ...
to shout at ...
to long for ...
to care for ...

Auch andere Themen könnt ihr euch erarbeiten, indem ihr sie anderen vermittelt.

11 Welches grammatische Thema interessiert euch? Welches möchtet ihr besser verstehen?
a. Wählt aus Grammatikeinheiten auf den Seiten 262–285 oder aus dem Wissenswerten aus.
b. Bereitet dazu eine anschauliche Präsentation und verschiedene Übungsaufgaben vor.
c. Vermittelt euren Mitschülern das Wissen, das ihr erarbeitet habt.

Grammatikkenntnisse überprüfen ➤ S. 288–289

Grammatik im Wissenswerten ➤ S. 307–310

Das kann ich!

Grammatikkenntnisse überprüfen und anwenden

Du hast dir im Laufe der Zeit Grammatikkenntnisse angeeignet. Auf diesen Seiten überprüfst du, welche Themen du gut beherrschst und zu welchen du noch Informationen und Übungen benötigst.

1. Die Satzarten

Nanotechnologie wird weltweit als Technologie der Zukunft gesehen Autoreifen, die sonst hart sind, macht sie geschmeidig Sie hilft beim Energiesparen und sie kann Kranke heilen Nanoteilchen könnten in Zukunft sogar Wirkstoffe an verschiedene Stellen im menschlichen Körper transportieren, obwohl wir uns das kaum vorstellen können Warum sollten sie nicht genutzt werden Wenn es Probleme gibt, dann muss man neue Wege gehen Welche guten Gründe gibt es noch zu zögern Forscherinnen und Forscher, packt es an

1 Schreibe den Text ab und ergänze dabei passende Satzschlusszeichen.

2 Markiere die folgenden Satzarten mit verschiedenen Farben:

Satzreihe Satzgefüge Relativsatz Adverbialsatz

mehr zu Satzarten
➤ S. 280–285, 309–310

2. Die Formen des Verbs

3 Untersuche und verwende verschiedene Verbformen.
- In welchen Sätzen werden Passivformen verwendet? Warum werden diese Sätze vermutlich im Passiv ausgedrückt?
- Wie wird wohl in zehn Jahren über Nanotechnologie geschrieben?
- Schreibe die ersten zwei Sätze und verwende dabei das Präteritum.
- In welchem Satz wird eine Konjunktivform verwendet? Was wird dadurch ausgedrückt?

mehr zu Verbformen
➤ S. 309

3. Die Wortarten

4 Ein Wort in jeder Spalte gehört nicht zur selben Wortart wie die anderen. Schreibe die übrigen Wörter auf und notiere die passende Wortart dazu.

bei	geschmeidig	heilen	sie	und
an	gut	macht	wir	obwohl
hart	weltweit	nützt	es	wenn
für	zögern	obwohl	unsere	warum

mehr zu Wortarten
➤ S. 307–309

4. Die Satzglieder

Nanotechnologie erfreut sich wachsender Beliebtheit: Es heißt, sie helfe beim Energiesparen. Sie flexibilisiere Autoreifen. Der Medizin diene sie. „Sie ist die Technologie der Zukunft", so manche Forscher. Bedauerlicherweise schadet sie der Gesundheit. Eine schöne Bescherung wäre sie dann. Aus diesem Grunde macht sie vielen Menschen Angst. Die Forscher sind in einer Zwickmühle. Die einen wollen mit ihr die Zukunft beim Schopf packen, die anderen sehen sie als Trojanisches Pferd. Es ist beispielsweise nicht schön, sich vorzustellen, wie sich unberechenbare Zwergteilchen genüsslich durch den menschlichen Körper fressen. Realisten erwidern: Die Teilchen seien zwar winzig, klitzeklein, unscheinbar, mikroskopisch fast unsichtbar, aber das sei auch ihr Vorteil. Zwischen „nützlich, medizinisch verwertbar, lebensrettend" und „bedrohlich, unberechenbar, lebensgefährlich" scheiden sich die Geister. Jeder sollte sich gut informieren über Chancen und Schäden.
Es kommt darauf an, Möglichkeiten zu nutzen und Gefahren zu verringern.

5 **a.** Schreibe Sätze mit dem folgenden Satzbau ab.
- Subjekt - Prädikat - Genitivobjekt
- Dativ - Prädikat - Subjekt
- Subjekt - Prädikat - Präpositionalobjekt
- Subjekt - Prädikat - Akkusativobjekt
- Adverbiale Bestimmung des Grundes - Prädikat - Subjekt - Dativobjekt - Akkusativobjekt

b. Lege Farben für die einzelnen Satzglieder fest und unterstreiche sie in den entsprechenden Farben.

mehr zu Satzgliedern
➤ S. 278–283, 310

5. Wortwahl und sprachliche Mittel

6 **a.** Schreibe Sätze ab, in denen die folgenden sprachlichen Mittel verwendet wurden, und unterstreiche die entsprechenden Textstellen.
- eine ironische Formulierung
- sprachliche Bilder
- Wörter, die zum selben Wortfeld gehören

b. Erkläre, was jeweils mit den sprachlichen Mitteln ausgedrückt wird.

mehr zu Ironie
➤ S. 274–275
mehr zu sprachlichen Bildern
➤ S. 290
mehr zu Wortfeldern
➤ S. 276–277

Starthilfe

ironische Formulierung: „Eine schöne …" - Der Autor kritisiert …

So kannst du vorgehen, wenn du noch Informationen oder Übungen zu einem bestimmten Thema benötigst.

7 **a.** Informiere dich auf den Seiten 262–287 und 307–310 über das Thema.

b. Erarbeite es wie auf den Seiten 286–287 und vermittle es deinen Mitschülern.

Wissenswertes auf einen Blick

Texte – Literatur – Medien

Literarische Gattungen

In der Literatur gibt es **drei Gattungen** – die **Lyrik** (Gedichte), die **Epik** (erzählende Literatur) und die **Dramatik** (Bühnendichtung).

Lyrik

Gedichte ➤ S. 106, 114, 116, 120, 126–139

Gedichte bilden die Gattung Lyrik. Sie haben mindestens eine **Strophe** und sind in **Versen** (Gedichtzeilen) geschrieben. Sie reimen sich häufig.
- Der **Reim** ist der möglichst genaue Gleichklang von Wörtern.
  - Paarreim: Reime am Ende von Gedichtzeilen (a a b b)
  - Kreuzreim: Reime der übernächsten Zeilen (a b a b)
  - Umarmender Reim: ein Reim, der einen Paarreim umschließt (a b b a)
- Eine **Strophe** verbindet eine bestimmte Anzahl von Versen (Gedichtzeilen) zu einer Einheit und gliedert das Gedicht oder Lied.
- Die **Verse** (Zeilen) eines Gedichts sind häufig nach einem Sprechrhythmus gegliedert, dies wird **Metrum** oder **Versmaß** genannt. Das bedeutet, dass die betonten (x́) und unbetonten (x) Silben einer bestimmten Ordnung folgen. Wichtige Metren/Versmaße sind:

Metrum ➤ S. 136, 137, 139

Jambus – unbetonte und betonte Silben wechseln sich ab, z. B.:

x x́ x x́ x x́ x x́ x x́
Dem Bürger fliegt vom spitzen Kopf der Hut

Trochäus – betonte und unbetonte Silben wechseln sich ab, z. B.:

x́ x x́ x x́
Edel sei der Mensch

Daktylus – einer betonten Silbe folgen zwei unbetonte, z. B.:

x́ x x x́ x x x́ x x x́
Ameisenemsig, wie Eidechsen flink

Dichter verwenden in ihren Gedichten einen **Sprecher**. Wird die Ich-Form verwendet, dann spricht man vom **lyrischen Ich**, das jedoch nicht mit dem Dichter gleichzusetzen ist.

lyrischer Sprecher/ lyrisches Ich ➤ S. 116, 131, 136, 137

Sprachliche Bilder

sprachliche Bilder ➤ S. 73, 114, 117
sprachlicher Vergleich ➤ S. 116

Sprachliche Bilder sind Wörter oder Wortgruppen, die nicht in ihrer eigentlichen, sondern in einer **übertragenen Bedeutung** verwendet werden. Texte wirken durch sprachliche Bilder anschaulicher. In der Fantasie der Leser oder der Hörer können so Bilder von den beschriebenen Lebewesen, Gegenständen, Stimmungen oder Gefühlen entstehen.
Metaphern sind sprachliche Bilder, bei denen ein Wort oder eine Wortgruppe aus einem bekannten Zusammenhang herausgenommen und auf etwas anderes übertragen wird, z. B.: ein Wohnhaus grimmer Schmerzen.
Die **Personifikation**: Ein Gegenstand, ein Tier oder eine Pflanze wird als Person dargestellt, vermenschlicht, z. B.: Aus dem Leib der geschundenen Heimat

Metapher ➤ S. 67, 114, 116
Personifikation ➤ S. 194–195

Epik

Sagen, Märchen, Fabeln, Kurzgeschichten, Novellen, Kriminalgeschichten, Erzählungen und Romane gehören zur Gattung **Epik**. Ein **Erzähler** präsentiert das Geschehen. Er darf nicht mit dem Autor gleichgesetzt werden.
Der Erzähler und die Erzählweise können durch verschiedene Merkmale unterschieden werden:

- **Ich-Erzähler:** Der Ich-Erzähler erzählt in der Ich-Form. Er erscheint gleichzeitig als erlebende und als erzählende Figur.
- **Er-/Sie-Erzähler:** Der Er-/Sie-Erzähler vermittelt das Geschehen. Er gibt das Geschehen aus der Sicht einer oder mehrerer Personen wieder und verwendet die Er- oder Sie-Form.
- **Auktorialer Erzähler:** Der Er-/Sie-Erzähler steht außerhalb der Handlung. Er kennt die Gedanken und Gefühle aller Figuren und hat die Übersicht über alle Einzelheiten der Handlung. Er kann sich direkt an die Leser wenden und sie durch Vorausdeutungen, Kommentare und Urteile leiten.
- **Innerer Monolog:** Die Gedanken, Gefühle und Wahrnehmungen der handelnden Figur werden als gesprochene, direkte Gedankenrede in der Ich-Form wiedergegeben, z. B.: **Das Leben kann so schön sein. Mir geht es gut. Wenn ich dann in Wien ankomme, werde ich den schönen Damen noch einmal tief in die Augen schauen.**

Ich-Erzähler ➤ S. 67–70, 80–81, 140–141, 185–186, 188–189
Er/Sie-Erzähler ➤ S. 145–148, 160–161, 182–185
auktorialer Erzähler ➤ S. 74–77, 142–143, 162–163, 164–165
innerer Monolog ➤ S. 71, 105, 113

Als **Roman** bezeichnet man verschiedene **umfangreiche Formen des Erzählens**. Romane können ihrem Inhalt nach ganz unterschiedlich sein, z. B. gibt es Abenteuerromane, Jugendromane, Zukunftsromane, Science-Fiction-Romane, fantastische Romane und viele andere Arten von Romanen.

Romanauszüge ➤ S. 145–165
Jugendbuchauszüge ➤ S. 67–70, 80–81, 182–186, 188–189

Als **Erzählung** bezeichnet man verschiedene **Kurzformen des Erzählens**, die nicht genauer durch bestimmte Merkmale gekennzeichnet sind.

Eine **Kurzgeschichte** ist eine knappe, moderne Erzählung. Kurzgeschichten handeln meist von einem **kurzen Ausschnitt** aus einem **alltäglichen Geschehen**, das zu einem **entscheidenden Moment** im Leben einer oder mehrerer Figuren wird.
Der **Einstieg** in das Geschehen erfolgt **unvermittelt**. Kennzeichnend ist die unerwartete Wende der Handlung im Verlauf der Kurzgeschichte.
Das **offene Ende** lässt Deutungsmöglichkeiten zu und fordert den Lesenden zum Nachdenken auf. An der Handlung sind nur **wenige Figuren** beteiligt.

Kurzgeschichten ➤ S. 140–143, 145–148, 150–151

In einer **Satire** werden häufig **Übertreibungen** verwendet. Sachverhalte werden **verzerrt dargestellt** und **verspottet**. In humorvoller Weise können satirische Texte die Leser oder Hörer unterhalten, etwas kritisieren, belehren oder überzeugen.

satirische Texte ➤ S. 162–163, 196–201

Eine **Parabel** ist eine meist **kurze, lehrhafte Erzählung**. Hier ist das Gesagte nicht wortwörtlich zu verstehen, es wird übertragen. Dabei wird die Bildebene (das, was erzählt wird) auf eine Sachebene (das, was gemeint ist) übertragen. Die Parabel fordert zum Erkennen auf.

Parabel ➤ S. 218

Dramatik/Bühnendichtung

Ein **Drama** ist ein Text, der für seine **Umsetzung auf einer Bühne** geschrieben wurde. Ein Drama besteht aus **Dialogen** (Gesprächen) und/oder **Monologen** (Selbstgesprächen) und Regieanweisungen. Es gliedert sich in Akte, die in Szenen unterteilt sind.
Bertolt **Brecht** entwickelt für das **epische Theater** neue Techniken der **Verfremdung (V-Effekt)**. Die eigentlich vertrauten Vorgänge sollen dem Publikum als fremd erscheinen und es dadurch zum Staunen und Nachdenken bringen.

Dramenauszüge ➤ S. 109–112, 122–123, 167–168, 170–172, 174–176

episches Theater ➤ S. 167–179

Epochen der deutschen Literaturgeschichte

Epochen

Als Epochen bezeichnet man Zeitabschnitte mit gemeinsamen Merkmalen, die sich in geschichtlichen Entwicklungen, Ideen, Werten und Formen zeigen. Die Einteilung der Geschichte in Epochen findest du in vielen Bereichen, z. B. in der Literatur, der Musik und der Kunst.
Sie hilft, Entwicklungen großer Zeitabschnitte besser zu verstehen.
Wichtige Epochen zwischen 1700 und 1925 im deutschen und auch im europäischen Kulturraum sind die folgenden:

Barock (1600 bis ca. 1720) Die Zeit des Barock wurde durch einen starken Gegensatz geprägt. Einerseits entstanden prunkvolle Schlösser, andererseits starb im Dreißigjährigen Krieg (1618–1648) mehr als ein Drittel der Bevölkerung in Deutschland. Die Fürsten schwelgten im Luxus, die Menschen in Stadt und Land mussten ums Überleben kämpfen. Sie hofften auf die Erlösung von dieser schlimmen Welt durch den Tod im Himmelreich, dem „Jenseits“. Andere wollten die Not verdrängen und das Glück im Augenblick finden (Carpe diem! = Lebe den Tag!). Die deutsche Sprache gewann an Bedeutung, da zuvor meist nur auf Lateinisch geschrieben wurde.
Aufklärung (1750 bis 1780) Einige gebildete Bürger und Adelige fingen an, das herrschende System von Adelsherrschaft und Leibeigenen zu kritisieren; die Menschen sollten selbst denken. Der Verstand wurde zum Maßstab aller Dinge. Die Philosophen erklärten, der Mensch sei von Natur aus gut; das Leben auf Erden habe einen Sinn, den man herausfinden müsse. Erziehung und Bildung waren der Weg zur Veränderung der Gesellschaft; dies wollte man unter anderem durch Fabeln, Lehrgedichte (Parabeln) und Satiren erreichen.
Sturm und Drang (1770 bis 1780) Vor allem junge Menschen äußerten andere Ideen: Verstand und Vernunft wären nicht alles. Ihnen ging die schöpferische Kraft, das Genie, über alles. Das Gefühl sollte mit dem Verstand eine Einheit bilden. Die Schriftsteller zeigten in ihren Werken literarische Figuren, die sich gegen gesellschaftliche Vorschriften auflehnten, aber auch oft daran zugrunde gingen.
Klassik (1780 bis 1830) Wesentliche Ideen dieser Zeit waren: Der Mensch sollte sich einem Ideal annähern, das tugendhaft ist, und nach innerer und äußerer Harmonie streben. Gefühl und Verstand, Pflicht und Neigung sollten eins werden.

Sturm und Drang ➤ S. 157–159

Klassik ➤ S. 106–108, 118, 120–121

Romantik (1800 bis 1840) Das Bürgertum erstarkte und mit ihm entwickelten sich die Wissenschaften und erste Formen der Industrialisierung.
Die Schriftsteller der Romantik sehnten sich nach der vergangenen Welt des Mittelalters und der Märchen. Der Künstler hatte die Aufgabe, die Welt der Poesie, die unter dem grauen Alltag verborgen war, wieder aufzudecken.
„Junges Deutschland“ (1825 bis 1848) Die Wirtschaft hatte sich rasant weiterentwickelt, aber dem Bürgertum war die politische Beteiligung nicht erlaubt. Soziale Not herrschte in den aufkommenden Fabriken. Man forderte mehr Rechte für alle. Die Obrigkeit sollte außerdem die Zeitungszensur abschaffen, man wollte Demokratie. Es entstand eine Bewegung von Schriftstellern, die sich für die Einheit Deutschlands, die Grundrechte aller Menschen, die gerechte Verteilung der Güter und für die Gleichberechtigung der Frau einsetzten.
Naturalismus (1880–1900) Gegen Ende des 19. Jahrhunderts entwickelte sich eine Richtung in der Literatur, die den neuartigen naturwissenschaftlichen Erkenntnissen verpflichtet war. Autoren dieser Zeit wollten den Menschen mit allen guten und schlechten Handlungsweisen, Bedürfnissen und Eigenschaften beschreiben. Themen wie Alkoholismus, Elend, Industrialisierung wurden in sozialkritischer Absicht behandelt.
Expressionismus (1905–1925) Anfang des 20. Jahrhunderts wandten sich verschiedene Gruppen gegen die realistischen Darstellungsformen in der Kunst und Literatur. Sie beschrieben nicht mehr die äußere Welt, sondern brachten das innere Erleben zum Ausdruck. Dabei vermischten sich die Darstellungen der Innen- und der Außenwelt. Die Welt mit ihren Veränderungen durch Industrialisierung, Großstadtleben und Erstem Weltkrieg wird als Chaos wahrgenommen.

Naturalismus
➤ **S. 105, 109–113, 118, 124–125**

Expressionismus
➤ **S. 105, 114–117, 119–121**

Einen literarischen Text im Zusammenhang mit dem Autor und seiner Zeit interpretieren

einen literarischen Text interpretieren ➤ **S. 106–125**

1. **Lies** den Text **mehrmals**.
2. Überlege, welches **Thema** darin behandelt wird und welche **Grundstimmung** erkennbar ist.
3. **Untersuche** den Text.
   - Achte auf den Aufbau und die Textsorte.
   - Fasse den Inhalt abschnittsweise oder strophenweise zusammen.
   - Erkläre die Bedeutung der sprachlichen Bilder und beschreibe ihre Wirkung.
   - Führe andere Besonderheiten an, die dir aufgefallen sind. Gehe auf ihre Wirkung ein.
4. **Recherchiere** und **sammle** weitere **Informationen**
   - zur Biografie der Autorin oder des Autors,
   - zu den sozialen und politischen Verhältnissen der Zeit,
   - zu weiteren Werken der Autorin oder des Autors oder anderer Schriftsteller der Zeit.
5. Überlege, in welcher **Beziehung** der **literarische Text** zu den **Hintergrundinformationen** stehen könnte.
6. Überlege, in welche **Epoche** der Text eingeordnet werden könnte.
7. **Bewerte** den Text: Was macht Text und Autor auch heute noch interessant?

Der Textknacker

Der Textknacker hilft dir beim Lesen und Verstehen
von Sachtexten und literarischen Texten.
Als Erstes musst du wissen, warum du einen Text liest.
Du suchst z. B. nach Informationen zu einem Thema oder du hast einen bestimmten Arbeitsauftrag.

Schritt 1: Vor dem Lesen
Du siehst dir den Text als Ganzes an, z. B. die Bilder und die äußere Gestalt.

Schritt 2: Das erste Lesen

Sachtexte
Du überfliegst den Text:
- Was fällt dir auf?
- Was kennst du schon?
- Worum geht es?

Literarische Texte
Du liest den Text einmal durch:
- Was fällt dir auf?
- Was kennst du schon?
- Worum geht es?
- Wie wirkt der Text auf dich?

Schritt 3: Beim genauen Lesen

Sachtexte
Du achtest auf:
- die Überschrift
- die Absätze
- die Schlüsselwörter
- unbekannte Wörter

Literarische Texte
Du fragst nach:
- den Handlungsbausteinen
- den Gattungsmerkmalen
- der Sprache

Dabei beziehst du die Überschrift, die Absätze, die Schlüsselwörter und andere wichtige Wörter ein.

Welche Fragen hast du an den Text?
Was ist wichtig für deine Arbeit?

Schritt 4: Nach dem Lesen

Sachtexte **Literarische Texte**
Du schreibst etwas zum Text auf oder erfüllst deinen **Arbeitsauftrag** und arbeitest dabei mit deinen Arbeitsergebnissen aus Schritt 2 und 3.

Sachtexte erschließen
➤ S. 20–21, 30–33, 58–59, 88–89, 90–91, 102, 210, 274
literarische Texte erschließen
➤ S. 74–77, 106, 109–111, 126–129, 132–133, 140–151, 167–177, 213–219

Die Handlungsbausteine untersuchen

Um den Aufbau und die Wirkung eines literarischen Textes zu verstehen, suchst du im Text nach den **fünf Handlungsbausteinen**. Sie finden sich in fast allen Erzähltexten und enthalten das Wichtigste der Handlung.
Wenn du diese fünf Bausteine herausgefunden hast, kannst du **den Aufbau und die Wirkung einer Geschichte** verstehen.
Stelle diese **Fragen**, wenn du die Handlungsbausteine ermitteln willst:
- Wer ist die **Hauptfigur**? In welcher **Situation** befindet sie sich?
- Welchen **Wunsch** hat sie?
- Welches **Hindernis** ist ihr im Weg?
- Wie **reagiert** die Hauptfigur auf das Hindernis, wie versucht sie, es zu überwinden?
- Wie **endet** die Geschichte? Ist die Hauptfigur erfolgreich?

die Handlungsbausteine einer Geschichte untersuchen
➤ S. 84, 111, 141, 151

Eine Karikatur interpretieren

- Betrachte zunächst die Karikatur und finde heraus, welches **Thema** darin dargestellt wird.
- Beschreibe und erkläre die Karikatur mithilfe von folgenden Fragen:
  - Welche **Situation** oder welches **Problem** wird darin dargestellt?
  - Welche **Figuren** werden dargestellt?
  - Welche **Symbolik** haben die einzelnen zeichnerischen Elemente?
  - Welche Informationen bietet die **Überschrift**? Welche Bedeutung hat sie?
  - Wie ist der **Bildaufbau** gestaltet (Vordergrund, Hintergrund, Perspektive)?
  - Welche anderen **Gestaltungsmittel** fallen auf?
- **Recherchiere** zu den politischen, wirtschaftlichen oder kulturellen Zusammenhängen, die wichtig sind, um die Karikatur zu verstehen. Untersuche, mit welchem Ziel der Karikaturist die Karikatur erstellt hat.
- **Bewerte die Karikatur** mithilfe folgender Fragen: Wird die Aussage der Karikatur präzise dargestellt? Sind die zeichnerischen Mittel geeignet, um das Ziel zu erreichen?

Karikaturen interpretieren ➤ S. 115, 192–193

Richtig zitieren

- Wähle Zitate, die in deiner Interpretation **wesentliche Aussagen unterstützen**. Sie sollen nicht für sich allein sprechen, du musst die **Aussagen mit eigenen Worten erläutern**. Das Verhältnis von Zitaten und eigenem Text sollte sinnvoll sein, d. h. nicht ein Zitat an das nächste reihen.
- Kennzeichne Sätze, Wörtergruppen oder Wörter, die du wörtlich übernimmst, durch **Anführungszeichen**.
- Zitierte Wörtergruppen oder Wörter werden dem Satzbau deines eigenen Satzes angepasst. Müssen dazu **grammatische Änderungen** vorgenommen werden, werden diese in **Klammern** gesetzt, z. B.: Der Ich-Erzähler will nicht, „dass (er) als Horcher überrascht“ wird.
- **Ausgelassene Textstellen** werden durch [...] kenntlich gemacht.
- Nach dem Zitat folgt in Klammern die **Seiten- und Zeilenangabe**.
- Auch wenn du einen Inhalt in eigenen Worten wiedergibst, verweist du auf die Textstelle, auf die du dich beziehst: z. B.: (vgl. S. 1, Z. 12). Die Abkürzung vgl. steht für „vergleiche“.

zitieren ➤ S. 81, 107, 129, 144, 148, 151, 156, 159, 163, 186, 189, 226–227

Grafiken erschließen

Grafiken (Tabellen, Karten und Diagramme) können **zusätzliche Informationen** zu Sachtexten enthalten.
- Lies die **Überschrift** oder die **Bildunterschrift** und benenne das Thema.
- Lies die **Erklärungen**, z. B. die Legende.
- Sieh dir nun die **Grafik genauer** an.
- **Stelle Fragen** an die Grafik und formuliere entsprechende Antworten.
- Erkläre mit eigenen Worten, was in der Grafik dargestellt ist.

Grafiken erschließen ➤ S. 32, 48, 203

Im Internet recherchieren

- Gib **Stichworte** in das **Suchfeld** einer Suchmaschine ein.
- **Prüfe**, welche der angezeigten Einträge **Wichtiges** zu deinem Thema enthalten können, und öffne diese zuerst.
- Sieh nicht nur die ersten Treffer an.
- **Vergleiche** die gefundenen Informationen.
- **Stütze deine Aussagen** immer auf mehrere Quellen.

recherchieren ➤ S. 15, 24, 113, 159, 193, 194, 201, 211

Ideen sammeln, planen, schreiben, überarbeiten

Cluster ➤ S. 106, 135, 140, 144, 166

Ideensammlung: Cluster

So kannst du vorgehen:
- Nimm dir ein **leeres Blatt Papier**.
- Schreibe in die Mitte ein Wort oder eine Wortgruppe, z. B. Fortschritt. **Kreise** das Wort oder die Wortgruppe ein.
- Schreibe nun **die Wörter rund um das Wort** auf, die dir dazu einfallen.
- **Verbinde** die neuen Wörter **durch Striche** mit dem Kernwort.
- Manchmal kannst du auch zu den neuen Wörtern **weitere Wörter** finden.

Texte überarbeiten ➤ S. 46, 62–63, 82–84, 153, 191, 222–225

Texte planen, schreiben, überprüfen und überarbeiten

Vor dem Schreiben:
- Lies die **Aufgabe** mehrmals genau durch.
- Schreibe auf, was du tun sollst.
- Beantworte die Fragen zum **Schreibziel**: **Für wen** oder **an wen** schreibe ich? **Was** möchte ich **erreichen**?
- Sammle **Informationen** und **Ideen**.

Während des Schreibens:
- Beantworte die Fragen zum **Aufbau** deines Textes: Was steht in Einleitung, Hauptteil und Schluss? In welcher **Reihenfolge** schreibe ich?
- Ordne deine Informationen.
- Schreibe einen **Entwurf**. Finde eine **Überschrift**.

Nach dem Schreiben:
- Überprüfe deinen Text. Verwende **Checklisten**.
- Überarbeite deinen Text. Achte auf die **Rechtschreibung**.

Geschichten weiterschreiben ➤ S. 71, 79, 84

Geschichten schreiben ➤ S. 78, 81, 188, 191

produktives Schreiben ➤ S. 82–84

Nach einem Erzählplan erzählen

Wenn du eine **eigene Geschichte** erzählen möchtest, erstelle zunächst einen Erzählplan.
- Für den Erzählplan überlegst du dir die **Handlungsbausteine** deiner Geschichte: **Hauptfigur** und **Situation, Wunsch, Hindernis, Reaktion, Ende.**
- **Notiere** für jeden Baustein deine **Ideen** in Stichworten. Du kannst dazu **Fragen** stellen:
  - Wer soll meine Hauptfigur sein?
  - In welcher Situation ...?
  - ...
- Entscheide, mit welchem Handlungsbaustein deine Geschichte beginnen soll, um das Interesse der Leser zu wecken. **Ordne** die Bausteine in einer **sinnvollen Reihenfolge**.
- Baue **Spannung** auf. Verrate nicht zu viel auf einmal.
- Mache die Leser durch **Andeutungen** und **Geheimnisse** neugierig.
- **Beschreibe** die Figuren, ihre Gedanken und Gefühle ausführlich, damit sich die Leser hineinversetzen können.
- Erzähle erst zum **Schluss**, wie sich die Spannung **auflöst**.
- Überlege dir eine **Überschrift**, die die Leser neugierig macht.

Eine Gedichtinterpretation schreiben

Gedichtinterpretation
➤ S. 136–139

Mit einer Interpretation erläuterst du **deine Deutung** und Sichtweise eines Gedichtes. Wichtig ist, dass du deine Interpretation **am Text belegen** kannst und dass sie schlüssig hergeleitet ist. Du schreibst **sachlich** und verwendest das **Präsens**.
Eine Gedichtinterpretation besteht aus einer **Einleitung**, einem **Hauptteil** und einem **Schluss**.

1. In der **Einleitung** nennst du den **Titel**, den **Autor**, die **Textsorte** und beschreibst das **Thema** des Gedichtes.
2. Im **Hauptteil analysierst** du das Gedicht inhaltlich und sprachlich:
   - Gib den Inhalt Strophe für Strophe mit eigenen Worten wieder.
   - Arbeite die Besonderheiten des **Gedichtaufbaus** und die **sprachlichen Mittel** heraus.
   - Überlege auch, welche **Funktionen** diese Mittel haben.
3. Im **Schlussteil fasst** du deine Ergebnisse noch einmal **zusammen** und formulierst eine begründete **Bewertung** des Gedichtes.

Einen Gedichtvergleich schreiben

Gedichtvergleich
➤ S. 136–139

- Untersuche die Gedichte jeweils einzeln nach **Inhalt, Form und sprachlichen Besonderheiten**:
  Beschreibe dabei den ersten Leseeindruck, benenne das Thema und gebe den Inhalt wieder.
  Untersuche die Form des Gedichtes (Strophe, Vers, Reim, Metrum).
  Untersuche die sprachlichen Mittel im Gedicht und ihre Wirkung.
- Fasse die **Gemeinsamkeiten und Unterschiede** in einer Tabelle zusammen.
- Schreibe den Gedichtvergleich:
  In der **Einleitung** benennst du das gemeinsame Thema.
  Im **Hauptteil** stellst du deine Ergebnisse dar und belegst sie mit Zitaten.
  Zum **Schluss** fasst du die Ergebnisse zusammen und deutest die Gedichte.

Die Interpretation einer Kurzgeschichte schreiben

Interpretation
einer Kurzgeschichte
➤ S. 150–153

Mit einer **Interpretation** weist du nach, dass du die Kurzgeschichte verstanden hast. Wichtig ist, dass du deine **Deutung am Text belegen** kannst. Du schreibst im **Präsens** und stellst die Handlung
in der richtigen **zeitlichen Reihenfolge** dar. Gib nur die **wichtigsten Informationen** wieder. Eine Interpretation besteht aus einer **Einleitung**, einem **Hauptteil** und einem **Schlussteil**.

1. In der **Einleitung** nennst du den **Titel**, die **Autorin**/den **Autor**, die **Textsorte** und **fasst** den **Inhalt** knapp **zusammen**.
2. Im **Hauptteil analysierst** du die Kurzgeschichte **inhaltlich** und **sprachlich**. Belege deine Ergebnisse mit Zitaten.
   - Fasse die Handlung zusammen. Die Handlungsbausteine helfen dir dabei.
   - Charakterisiere die Hauptfigur.
   - Erkläre die Merkmale einer Kurzgeschichte am Text.
   - Erkläre sprachliche Besonderheiten und ihre Bedeutung.
3. Im **Schlussteil fasst** du deine Ergebnisse **zusammen**. Du **bewertest** sie und die Aussage der Kurzgeschichte.

Eine literarische Figur charakterisieren

charakterisieren ➤ S. 149, 151, 161, 185

In einer Figurencharakteristik beschreibst du **Merkmale** und **Eigenheiten** einer literarischen Figur. Diese können im Text **direkt** oder **indirekt** dargestellt werden. Eine Figurencharakteristik gliederst du in drei Teile: Einleitung, Hauptteil und Schluss.

Einleitung:
- Name der Figur, Titel der Erzählung/des Buches und Name des Autors
- allgemeine Angaben (Alter, ...)
- Lebensumstände (Familienverhältnisse, Beruf, ...)

Hauptteil:
- Aussehen
- Charaktereigenschaften, Verhalten
- Gefühle, Gedanken, Einstellungen, Vorlieben und Abneigungen
- Verhältnis zu anderen Figuren
- Verhalten in besonderen Situationen

Zum **Schluss** kannst du die Figur und ihr Verhalten beurteilen.

Einen erzählenden Text schreiben oder fortsetzen

➤ S. 82–84

- **Sammelt Ideen** mithilfe einer Mind-Map.
- **Markiert** die wichtigsten Ideen.
- **Erstellt** einen **Erzählplan** mit den **Handlungsbausteinen** (Hauptfigur und Situation, Wunsch, Hindernis, Reaktion, Ende).
- **Recherchiert** Informationen, die in eurem Text eine Rolle spielen.
- **Schreibt** den Text mithilfe des Erzählplans und eurer Notizen.

Eine Argumentation schreiben

Argumentation ➤ S. 34–37, 44–46, 144, 222–223

Mit einer **Argumentation** stellst du **deine Position** zu einem strittigen Thema oder zu einer strittigen Frage dar. Du führst **Pro- und Kontra-Argumente** auf und verdeutlichst, welche **Schlussfolgerung** du ziehst.
Eine Argumentation baust du dreiteilig auf:
In der **Einleitung** benennst du das Thema und formulierst dein Interesse daran und deine Position.
Im **Hauptteil** führst du die Pro- und Kontra-Argumente auf. Du kannst dabei nach dem Prinzip der **Sanduhr** vorgehen. Du beginnst mit dem stärksten Argument der Gegenposition und endest mit dem schwächsten. Du kannst schwache Argumente der Gegenposition an dieser Stelle entkräften. Zur Unterstützung deiner Position beginnst du mit dem schwächsten Argument und endest mit dem stärksten Argument.
Im **Schlussteil** fasst du deine Position zusammen und ziehst deine Schlussfolgerung zum Thema.

Einen informativen Text schreiben

informativer Text ➤ S. 95, 99, 100–102

Sammle Informationen aus Sachtexten und Grafiken zu dem Thema.
- Gliedere die Informationen in einer **sinnvollen Reihenfolge**.
- Formuliere in der **Einleitung** das **Thema** deines Textes.
- Schreibe den **Hauptteil** sachlich und verständlich.
- **Vermeide wörtliche Rede** oder ersetzte sie durch den **Konjunktiv**.
- Gib die **Quellen** deiner Informationen an.
- Zum Schluss kannst du deine **eigene Meinung** zum Thema äußern.
- Überprüfe und überarbeite deinen Text.

Eine Streitschrift schreiben

Streitschrift ➤ S. 92–93

Mit einer Streitschrift **appellierst du** an deine Leser. Du forderst sie damit zu einer Reaktion auf.
- Lege das **Schreibziel** und die **Adressaten** fest.
- Wähle überzeugende **Fakten zum Thema** aus.
- Schreibe eine **Gliederung**.
- **Erwecke Interesse** für das Thema.
- Stelle **deine Position** dar und verwende geeignete sprachliche Mittel.
- Finde eine aussagekräftige **Überschrift**.

Texte in der Schreibkonferenz überarbeiten

Schreibkonferenz ➤ S. 37, 222–225

- Gebt die Texte reihum: **Lest** sie erst still und anschließend laut vor.
- Formuliert einen **ersten Leseeindruck**.
- **Kopiert** die Texte und klebt sie einzeln auf DIN-A3-Bögen.
- Gebt sie reihum weiter und schreibt eure **Kommentare** an den Rand.
- Schreibt **Verbesserungsvorschläge** für jeden Text jeweils auf eine Karteikarte.
- Lest Kommentare und Verbesserungsvorschläge zu euren Texten und besprecht sie anschließend.
- **Überarbeitet** eure Texte.

Eine Lesemappe anlegen

Lesemappe ➤ S. 219–220

In einer **Lesemappe** sammelst du Informationen und Notizen, die dir helfen, deine Arbeit mit Texten zu **bewerten**.
- Gestalte ein schönes **Deckblatt**.
- Lege alle Texte, die du rund ums Lesen schreibst, in deine Lesemappe.
- Sammle darin außerdem deine Bilder und Plakate, die du zu Texten gestaltet hast, sowie Lesetipps.

Ein Plakat gestalten

Plakate gestalten ➤ S. 41, 67, 89, 97, 113, 159, 209, 272

Entscheide:
- Welches **Papierformat** eignet sich für den Inhalt am besten?
- Wie soll die **Überschrift** lauten?
- Welcher **Text** und welche **Bilder** sollen auf das Plakat?
- Wie sollen Überschrift, Text und Bilder **verteilt** werden?
- Welche Wörter möchtest du besonders **hervorheben**?
- Welche Stifte und Farben verwendest du, damit das Plakat gut **lesbar** ist?

Gestalte anschließend dein Plakat.

Die Placemat-Methode nutzen

Placemat-Methode ➤ S. 104, 206, 215

- Setzt euch **zu viert** um einen Tisch. Legt in die Mitte des Tisches einen großen Bogen Papier.
- Schreibt das **Thema** in ein quadratisches Feld **in der Mitte** des Bogens.
- Jeder schreibt sein **Wissen, Ideen oder Gedanken** in das Feld vor ihm.
- **Dreht den Bogen** und lest, was euer Nachbar geschrieben hat.
- Ergänzt anschließend, was euch noch zum Thema einfällt.
- Der Bogen wird so oft gedreht, bis er vollgeschrieben ist oder keiner mehr etwas hinzuzufügen hat.

Einigt euch im Gespräch auf **die wichtigsten vier Aussagen** und schreibt sie in die Mitte des Bogens.

Mündlich argumentieren, diskutieren, präsentieren

Ein Statement formulieren

Statement ➤ S. 14, 24, 201

In einem Statement triffst du eine **klare Aussage**, mit der du zu einer Frage oder zu einem Thema **eindeutig Position beziehst**.
- Formuliere in einem Satz deine persönliche Meinung.
- Unterstütze deine Meinung durch ein oder zwei Argumente und veranschauliche sie möglichst durch Beispiele oder sprachliche Bilder.
- Beende dein Statement mit einem Appell oder einer Warnung.

Einen Debattierwettstreit durchführen

Debattierwettstreit ➤ S. 16–17, 24–26

In einem Debattierwettstreit debattieren vier Teilnehmer (Debattanten) nach **festgelegten Regeln** über eine Entscheidungsfrage.
Eine Debatte besteht aus drei Phasen:
1. Eröffnungsrunde: Debattanten der Pro- und der Kontraposition verdeutlichen abwechselnd ihren Standpunkt in einem Statement, ohne unterbrochen zu werden.
Jeder Debattant hat zwei Minuten Zeit.
2. Freie Aussprache: Die Debattanten hören einander zu und gehen im freien Wortwechsel aufeinander ein. Sie nennen ihre Argumente und entkräften die Argumente der Gegenposition. Sie einigen sich spontan auf die Reihenfolge der Beiträge. Gesamtdauer dieser Phase: zwölf Minuten
3. Schlussrunde: Alle Debattanten geben in der Reihenfolge der Eröffnungsrunde ein abschließendes Statement ab.
Jeder hat jetzt aber nur eine Minute Zeit, Meinungsänderungen sind möglich.
In allen Phasen notiert die Jury ihre **Bewertung der Debattanten**.

Diskutieren

diskutieren ➤ S. 96, 117, 149, 199, 211

- Wählt einen **Diskussionsleiter**.
- Tauscht eure **Argumente** aus. Verwendet dabei keine Killerphrasen, bleibt **sachlich**.
- Geht auf die Redebeiträge der **Vorredner** ein.
- **Hört** euch gegenseitig **zu** und **seht** euch beim Reden **an**.
- **Sprecht** klar und **deutlich**.
- Achtet darauf, dass ihr am Ende der Diskussion zu einem **Ergebnis** kommt.

Kritik üben und annehmen

Kritik üben und annehmen ➤ S. 224

So kritisierst du richtig:
- Beginne mit dem **Positiven**.
- Bleibe **höflich** und **sachlich**.
- Formuliere **Ich-Botschaften**.
- Mache möglichst zu jedem Kritikpunkt **Verbesserungsvorschläge**.

So kannst du Kritik annehmen:
- **Höre** ruhig **zu** und unterbrich die Sprecher nicht.
- **Rechtfertige dich nicht**.
- **Frage nach**, wenn du etwas nicht verstehst.
- Nimm die **Kritik als Hilfe** an.

Ein Feedback empfangen und geben

Feedback ➤ S. 26, 53

Beim Feedback steht nicht die Kritik im Mittelpunkt. Es ist eine **Möglichkeit, mehr über sich zu erfahren** - positiv wie negativ.
Damit du es gut nutzen kannst, solltest du Folgendes beachten:
- **Lass** den Feedback-Geber **ausreden**.
- **Höre** gut **zu** und **frage nach**, wenn etwas unklar oder zu allgemein ist.
- Vermeide spontane **Rechtfertigungen** oder Verteidigungen.
- Zeige durch die **Körpersprache** (Nicken, Blickkontakt), dass du das Feedback anerkennst.
- Denke anschließend in Ruhe darüber nach, welche Punkte du akzeptierst, und **entscheide, was du ändern möchtest**.

Gehe so vor, wenn dich jemand um ein Feedback bittet:
- Gib nur dann ein Feedback, wenn dich jemand darum bittet.
- Beginne mit den **positiven Eindrücken**.
- **Beschreibe sachlich**, was dir aufgefallen ist. **Werte nicht**.
- Kritisiere nur, was der Feedback-Empfänger verändern kann.
- Sprich **nicht zu viel auf einmal** an.
- Verwende **Ich-Botschaften**.
- Formuliere brauchbare **Verbesserungsvorschläge**.

Anschaulich präsentieren

präsentieren ➤ S. 89, 108, 113, 119, 228–233, 287

- Suche nach **Materialien, die wichtige Informationen** in deinem Referat **veranschaulichen,** oder fertige selbst solche Materialien an.
- **Wähle** Materialien **aus**, die wichtige Informationen für deine Zuhörer enthalten.
- **Gestalte** die Materialien **übersichtlich**.
- **Wähle Medien aus**, die sich zum Präsentieren deiner Materialien eignen, die dir zur Verfügung stehen und die du bedienen kannst.
- **Übe den Vortrag und die Präsentation** der Materialien, bis du die Medien sicher bedienen kannst, während du dich auf den Inhalt deines Referats konzentrierst.
- **Halte** dein **Referat** und **präsentiere** die vorbereiteten Materialien.

Eine PowerPoint-Präsentation erstellen

PowerPoint-Präsentation ➤ S. 113, 119, 228–233, 287

- Entscheide dich für ein **Layout**, das auf allen Folien der Präsentation gleich ist. Ein scharfer Kontrast zwischen Schrift und Hintergrund sorgt für eine **gute Lesbarkeit**. Die sparsame Verwendung von Farben und beweglichen Animationen fördert die **Konzentration** der Zuhörer **auf den Inhalt** des Referats.
- Gestalte eine **Titelfolie** mit Angaben zum Unterrichtsfach, mit dem Titel der Präsentation und den Namen der Präsentierenden.
- Erstelle ein **Inhaltsverzeichnis (Agenda)** mit den wichtigsten Themenschwerpunkten deiner Präsentation als Überblick.
- Notiere jeweils einen Themenschwerpunkt und **zwei bis fünf Unterpunkte auf einer Folie.**
  Formuliere keine ganzen Sätze, sondern **Stichworte**.
- Füge passende **Bilder und Grafiken** ein.
- Achte darauf, den mündlichen Vortrag in den Mittelpunkt deiner Präsentation zu stellen, nicht die Folien.

Ein Referat vorbereiten

Mit einem **Referat** kannst du andere über ein Thema **informieren.**
1. Schritt: Suche ein **Thema** aus.
2. Schritt: Beschaffe **Informationen** aus Büchern, Lexika und dem Internet.
3. Schritt: Lies die Texte, markiere **Wichtiges** und mache dir Notizen.
4. Schritt: **Gliedere** das Kurzreferat und **ordne** deine Notizen.
5. Schritt: Formuliere eine **Überschrift**, eine **Einleitung** und einen **Schluss**.
6. Schritt: **Übe**, das Referat vorzutragen.

Referate ➤ **S. 59, 89, 108, 113, 159, 287**

Ein Referat frei vortragen

- Stelle dich so hin, dass dich alle sehen können.
- Versuche, **frei zu sprechen** und wenig abzulesen. Schaue die Zuhörer an.
- **Sprich langsam** und deutlich.
- Orientiere dich an deinen **Stichworten**.
- Schreibe **Schlüsselwörter** an die Tafel.
- **Zeige** deine Bilder und Materialien an passenden Stellen.

Einen Text ausdrucksvoll vorlesen

ausdrucksvoll vorlesen ➤ **S. 126, 134, 195**

- **Lies** den Text mehrmals **leise**. Lies ihn **gründlich**.
- Der **Textknacker** hilft dir beim Verstehen des Textes.
- Beachte beim Vorlesen die **Satzzeichen**. Mache jeweils eine **Pause**.
- Senke bei einem Punkt am Satzende etwas die Stimme. Halte oder hebe die Stimme bei einem Komma oder einem Semikolon.
- Ausdrucksvoll liest du, wenn du einzelne Wörter besonders **betonst**.
- **Übe** das Vorlesen **mehrmals**, bevor du den Text anderen vorliest.

Ein Gedicht auswendig lernen und ausdrucksvoll vortragen

Gedichte vortragen ➤ **S. 115, 130**

- Lerne die Strophen **einzeln** und **Zeile für Zeile** auswendig.
- Sprich dann **jede Strophe** als Ganzes.
- Wenn du das ganze Gedicht auswendig sprechen möchtest, kannst du dir am Anfang mit einem **Blatt Papier** helfen: Lege es so, dass du jeweils nur den **Anfang jeder Zeile** lesen kannst.
- Nutze **Symbole** für Sprechpausen, zur Senkung und Hebung der Stimme.
- **Schaue** beim Vortrag **die Zuhörerinnen und Zuhörer an**.
- Sprich das Gedicht auswendig, aber halte das **Gedichtblatt** in der Hand, damit du notfalls nachschauen kannst.
- Sprich **langsam**, **deutlich** und **betone** wichtige Wörter und Wortgruppen.
- Mache **Pausen**.
- Drücke mit deiner Stimme **Gefühle** und **Stimmungen** aus.
- Setze **Mimik** und **Gestik** passend zum Vortrag ein.

Inhalte zusammenfassen und wiedergeben

Inhalte zusammenfassen ➤ **S. 21, 41, 42, 59, 67, 70**

In einer Zusammenfassung gibst du die **wichtigsten Textinhalte** wieder.
- Nenne zuerst den **Titel**, den **Autor**, das **Thema** und die **Textsorte**.
- Gib dann nur die wichtigsten Informationen **in wenigen Sätzen** und **mit eigenen Worten** wieder.
- Verwende das **Präsens**. Wenn Geschehnisse vor anderen stattgefunden haben, verwendest du das **Perfekt**.
- **Vermeide wörtliche Rede oder ersetze sie** durch indirekte Rede.

Ein Buch vorstellen

ein Buch vorstellen ➤ S. 181

Nenne zuerst den **Titel** und den **Autor** des Buches.
- Sage, um welche **Art** von Buch es sich handelt (z. B. Jugendbuch).
- Stelle die **Hauptfiguren** vor.
- Erzähle kurz vom **Inhalt** des Buches, aber verrate nicht zu viel.
- Gib den Inhalt im **Präsens** wieder.
- **Begründe**, warum dir das Buch gut gefallen hat.
- **Lies** einen Ausschnitt aus dem Buch vor.

Szenisch lesen

szenisch lesen ➤ S. 113, 119, 167–168, 170–171, 174–176, 269

Beim szenischen Lesen wird der Text, in Rollen aufgeteilt, so gelesen, wie er in einer konkreten Szene gesprochen wird.

1. Übt, den Text eurer Rolle **gut** zu **lesen**. Beachtet dabei eure Vortragszeichen und die Regieanweisungen, die ihr mit eurer Stimme umsetzen könnt, z. B. *(mit lärmendem Geschrei)*.
2. Drückt mit eurer Stimme **Gefühle** aus, die zu eurer Figur und zur Handlung in der Szene passen. So könnt ihr eure **Stimme** einsetzen:
   - **Betont** wichtige Wörter.
   - Fügt **Sprechpausen** nach Sinneinheiten des Textes ein.
   - Verändert das **Sprechtempo** und die **Lautstärke** passend zur Figur.
3. **Lest** den Text aller Figuren **mit**. Achtet darauf, wann ihr dran seid.

Szenisches Spiel, szenisch interpretieren

szenisch spielen und interpretieren ➤ S. 48, 53, 57, 113, 119, 144, 149, 174–176, 187

Im szenischen Spiel könnt ihr zeigen, wie ihr die Handlung, die Figuren und die Aussagen einer Geschichte oder eines Theaterstücks versteht.
- Schreibt auf, was die **Figuren sagen**, **denken** und **fühlen**.
- Formuliert den Text und **Regieanweisungen** für jede Figur. Entscheidet, ob die Gedanken und Gefühle der Figuren ausgesprochen oder beim Spielen verdeutlicht werden sollen.
- Verteilt die Rollen und lernt euren Text auswendig.
- Übt das gemeinsame Spiel: Drückt dabei unausgesprochene Gedanken und Gefühle durch **Betonung**, **Mimik** und **Gestik** aus.
- Spielt die gesamte Szene einmal vor Zuschauern durch.

Ein Standbild bauen und auswerten

Standbilder ➤ S. 111, 141, 166

Mit einem Standbild können **Situationen**, **Gefühle** oder **Begriffe** dargestellt werden. So geht ihr dabei vor:
- **Klärt**, welche **Situation** ihr darstellen wollt.
- Eine „Bildhauerin“ oder ein „Bildhauer“ **formt** das Standbild: **Position der Personen**, **Haltung**, **Gestik**, **Mimik**. Die „Statuen“ **bleiben** mit dem gewünschten Gesichtsausdruck in der geformten Haltung **stehen**. Wichtig ist, dass beim Bau des Standbildes nicht geredet wird.
- Anschließend **sehen** sich die Betrachter das Standbild von allen Seiten **an**. Sie **geben** eine **Rückmeldung** darüber, wie sie das Standbild gedeutet haben.
- Die „Statuen“ **beschreiben**, wie sie sich gefühlt haben.
  Tipp: Ihr könnt das fertige Standbild mit einer Digitalkamera fotografieren und die Fotos für die Diskussion benutzen.

Gemeinsam lernen und arbeiten

➤ S. 16–17, 53, 57, 67, 73, 84, 93, 97, 119, 133, 135, 173, 177, 208–209, 212–221, 224–225, 232–233, 258, 260, 271–272, 286–287

Aufgaben gemeinsam bewältigen

Gemeinsam mit **einem Partner/einer Partnerin** oder **in der Gruppe** lassen sich manche Aufgaben besser verstehen und lösen.
- Beim gemeinsamen Arbeiten und Lernen ist jeder sowohl für die **gemeinsamen Ziele** als auch für seinen **eigenen Beitrag** verantwortlich.
- Je nach Aufgabe kann es sein, dass ihr **Zeit für Einzelarbeit, für den Austausch** und **zum Präsentieren** eurer Ergebnisse einplanen müsst.
- Plant, kontrolliert und bewertet euer Vorgehen gemeinsam.
- Jeder vertritt seinen persönlichen Standpunkt, aber wichtige Entscheidungen trefft ihr zusammen.
- Bemüht euch, **möglichst selbstständig** zum Ergebnis beizutragen, **unterstützt einander**, wenn es nötig ist.
- Bleibt **fair und sachlich** im Umgang miteinander.

Rechtschreiben

Die Arbeitstechniken

Partnerdiktat
➤ S. 237, 253, 260–261

Das Partnerdiktat

Ein Partner diktiert.	**Der andere Partner schreibt.**
- Lies bei **Texten** den ganzen Satz vor. Diktiere dann die Sinnabschnitte.	- Höre dir den ganzen Satz in Ruhe an. Schreibe die einzelnen Sinnabschnitte auf.
- Lies bei **Wörterlisten** die ganze Liste vor. Diktiere dann Wort für Wort.	- Höre dir die Wörter in Ruhe an. Schreibe Wort für Wort auf.
- Lies bei **Wörterreihen** die ganze Reihe vor. Diktiere die einzelnen Teile der Reihe.	- Höre dir die ganze Wörterreihe in Ruhe an. Schreibe nacheinander die einzelnen Teile der Wörterreihe auf.
- Sage bei einem Fehler sofort „Stopp!“. Lass dem Partner Zeit, den Fehler zu finden. - Gib Hilfen oder zeige den Text, die Liste oder die Reihe.	- Kontrolliere das zuletzt Geschriebene ruhig und konzentriert mithilfe der Rechtschreibhilfen (S. 252–255), um den Fehler zu finden. - Streiche das Fehlerwort durch. Schreibe das Wort richtig darüber.

Das Abschreiben

Die Schritte zum Abschreiben:
1. Lies den Text, die Wörterliste oder -reihe langsam und sorgfältig. Gliedere einen Abschreibtext in Sinnabschnitte.
2. Präge dir die Wörter einer Sinneinheit, einer Wörterliste oder -reihe genau ein.
3. Schreibe die Wörter auswendig auf.
4. Kontrolliere Wort für Wort.
5. Streiche Fehlerwörter durch und korrigiere sie.
6. Ordne die Fehlerwörter in eine Rechtschreibkartei ein.

Übungen zum Abschreiben von Texten ➤ **S. 260**

Übungen zum Abschreiben von Wörterlisten und Wortreihen ➤ **S. 261**

Rechtschreibhilfen

Das Dehnungs-h

➤ S. 259

Wenn du nicht sicher bist, **ob in einem Wort ein h vorkommt**, kannst du prüfen, welche Buchstaben davor und dahinter stehen. Sie helfen dir, dich für die richtige Schreibung zu entscheiden. Das **Dehnungs-h** steht nach einem langen Vokal und nur vor den Konsonanten **l**, **m**, **n** und **r**:
Stuhl – nehmen – ohne – ehrlich
In den meisten Wörtern folgt aber nach einem langen Vokal kein **h**.

Das Gliedern

➤ S. 259

Beim **Gliedern** zerlegst du ein Wort in Sprechsilben.
Das hilft dir beim richtigen Schreiben. Un | ter | richts | stun | de

Das Verlängern

➤ S. 259

Wenn du nicht weißt, ob ein Wort mit einem Doppelkonsonanten geschrieben wird, kannst du es **verlängern**. Von Verben kannst du z. B. den Infinitiv bilden und **dann gliedern**:
er i**r**/**rr**t? → i**r** | **r**en → also: er i**rr**t
Das Verlängern und **deutliches Sprechen** der Wörter hilft dir auch, wenn du nicht hörst, mit welchem Buchstaben ein Wort endet.
hervorragen**d**/**t**? → hervorragen**d**e Leistungen → also: hervorragen**d**

Das Ableiten

➤ S. 259

Wenn du nicht hörst, ob ein Wort mit **ä** oder **e**, mit **äu** oder **eu** geschrieben wird, kannst du es ableiten und eine Entscheidung treffen.
Suche **verwandte Wörter** mit **a** oder **au**: h**äu**fig → H**au**fen, kr**ä**ftig → Kr**a**ft

Wortbildung

➤ S. 247, 252–255, 256

Viele Wörter sind **zusammengesetzt**. Wenn du die einzelnen Bausteine richtig schreibst, dann kannst du auch die Zusammensetzungen richtig schreiben.
Mit **Präfixen** (Vorsilben) und **Suffixen** (Endungen) entstehen neue Nomen und Verben:

Präfix	+	Verb	= neues Verb und neues Nomen
re-	+	organisieren	= reorganisieren, die Reorganisation
Adjektiv	+	Suffix	= Nomen
auffällig	+	-keit	= die Auffälligkeit

Getrennt- und Zusammenschreibung

Zusammenschreibung

➤ S. 242–243, 250, 256–257

Wortgruppen aus **Adjektiv + Verb** werden **zusammengeschrieben**, wenn eine **neue (übertragene) Bedeutung** gemeint ist.

Zusammenschreibung: Wir konnten nicht alle Probleme lösen, einige Fragen mussten offenbleiben.
→ übertragene Bedeutung: Einige Fragen konnten nicht gelöst werden.

Getrenntschreibung: Das Fenster soll offen bleiben.
→ wörtliche Bedeutung: Das Fenster soll nicht geschlossen werden.

Zusammengesetzte Nomen werden großgeschrieben.
Die Wörter **das**, **beim**, **zum** machen's!

Nomen + Verb:	Fußball spielen	→	beim Fußballspielen
Verb + Verb:	spazieren gehen	→	das Spazierengehen
Adjektiv + Verb:	auswendig lernen	→	zum Auswendiglernen

Groß- und Kleinschreibung

Nominalisierungen

➤ S. 236–237, 250

- Aus **Verben** können **Nomen** werden.
  Die starken Wörter **beim**, **zum**, **vom**, **im**, **das** und **ein** machen's!
  reisen – das Reisen   trainieren – beim Trainieren   klopfen – ein Klopfen
- Aus **Adjektiven** können **Nomen** werden.
  Die starken Wörter **etwas**, **nichts**, **viel**, **wenig** und **im** machen's!
  schön – etwas Schönes, nichts Schönes, viel Schönes

Eigennamen

➤ S. 238–239

Eigennamen schreibt man **groß**.
Eigennamen sind z. B. Namen von Personen, Staaten, Straßen und Festen.
Die von **geografischen Eigennamen** abgeleiteten Wörter auf **-er** schreibt man immer **groß**: Pforzheimer Bürger
Adjektive auf **-isch**, die von **geografischen Eigennamen** abgeleitet sind, werden **kleingeschrieben**: italienische Oliven

Fremdwörter

➤ S. 235, 246–247, 254–255

Viele **Fremdwörter** kann man an ihren Suffixen (Endungen) erkennen.
Viele **Nomen** haben die Suffixe **-ik, -ie, -or, -ität**. Sie werden großgeschrieben.
Viele **Adjektive** enden auf **-(i)ell** und **-iv.** Sie werden kleingeschrieben.

Steigerungsformen von Adjektiven

➤ S. 240–241

Die 2. Steigerungsform eines Adjektivs (Superlativ) wird kleingeschrieben:

schön	schöner	am schönsten
Positiv	Komparativ	Superlativ

Zeichensetzung

Aufzählungen, Zusätze, Nachträge

Die Teile einer Aufzählung, die nicht durch **und/oder** verbunden sind, werden durch **Komma** abgetrennt.
Anreden, Ausrufe und nachgestellte Erläuterungen, die häufig mit **das heißt (d. h.), und zwar, zum Beispiel (z. B.)** beginnen, werden durch Komma vom Hauptsatz getrennt.

Satzreihen

➤ S. 248–249

Satzreihen bestehen aus zwei oder mehreren Hauptsätzen. **Hauptsätze in Satzreihen**, die nicht durch **und/oder** verbunden sind, werden durch **Komma** abgetrennt.

Satzgefüge

➤ S. 248–249, 257

Ein Satz, der aus einem **Nebensatz** (NS) und einem **Hauptsatz** (HS) besteht, heißt **Satzgefüge**. Der NS wird durch Komma vom HS abgetrennt. Am Anfang des NS steht häufig eine Konjunktion.

Satzanalyse

➤ S.257

Schritt 1: Finde die **Konjunktion**.
Oft beginnen Nebensätze mit einer Konjunktion, z. B. **als, dass, weil, obwohl**.
Schritt 2: Finde die **konjugierte Verbform**.
Am Ende eines Nebensatzes steht immer eine konjugierte Verbform.
Schritt 3: Erkenne den **Hauptsatz**.
Ein Hauptsatz kann allein ohne Nebensatz stehen.
Schritt 4: Setze das **Komma** zwischen Nebensatz und Hauptsatz.

Infinitiv + zu

➤ S. 245, 251

Sätze mit einem Infinitiv + zu (Infinitivsatz) **beginnen** häufig **mit** den Signalwörtern **um, ohne, anstatt** und **enden** immer mit einem **Infinitiv + zu**. Diese Sätze können vor oder nach dem Hauptsatz stehen. Sie werden mit Komma abgetrennt.

Um frische Luft zu bekommen, öffnete er das Fenster.

Er öffnete das Fenster, um frische Luft zu bekommen.

Relativsätze

➤ S. 244–245, 251

Relativsätze sind **Nebensätze**, die sich meist **auf ein vorangehendes Nomen beziehen**. Sie werden immer durch ein Komma abgetrennt und durch ein Relativpronomen (z. B. **der, die, das**) eingeleitet.
Sie enden immer mit einer gebeugten Verbform.

Es gibt eine Schiedsrichterin, die auch Spiele der Männer pfeift.

Ist der Relativsatz in den Hauptsatz **eingebettet**, wird er durch **zwei Kommas** abgetrennt.

Der Psychologe, der einen Vortrag hielt, stellte folgende These auf.

Grammatik

Wortarten

Übungen zu den Wortarten
➤ S. 288

Nomen

Nomen bezeichnen **Lebewesen** (Menschen, Tiere, Pflanzen), **Gegenstände** und **gedachte** oder **vorgestellte** Dinge. Nomen werden im Deutschen immer großgeschrieben. Vor dem Nomen steht oft ein bestimmter Artikel (der, das, die) oder ein unbestimmter Artikel (ein, ein, eine). Fast alle Nomen können im **Singular** (Einzahl) und im **Plural** (Mehrzahl) stehen.
Werden Nomen zusammengesetzt, richtet sich der Artikel nach dem letzten Nomen: **der Ball – der Wasserball**

Übungen zu den Fällen
➤ S. 278

Jedes Nomen kann in verschiedenen **Fällen** (Kasus) stehen.
Du kannst nach dem Fall, in dem ein Nomen steht, fragen.

Im Deutschen gibt es vier Fälle:	Fragen:
Nominativ (1. Fall)	**Wer oder was?**
Genitiv (2. Fall)	**Wessen?**
Dativ (3. Fall)	**Wem?**
Akkusativ (4. Fall)	**Wen oder was?**

Pronomen

Die **Personalpronomen ich**, **du**, **er**, **sie**, **es**, **wir**, **ihr**, **sie** kannst du für Personen, Lebewesen und Dinge einsetzen.

Possessivpronomen zeigen an, wem etwas gehört.
Sie können im **Singular** und im **Plural** stehen: **mein/meine, dein/deine, sein/seine, ihr/ihre, unser/unsere, euer/eure, ihr/ihre**.

Übungen zu den Relativpronomen
➤ S. 244–245, 251

Mit den **Relativpronomen der**, **die**, **das/welcher**, **welche**, **welches** kann man **Nebensätze** einleiten. Das Relativpronomen **bezieht sich auf ein Nomen** oder **Pronomen** und steht nach einem **Komma**, z. B.:
Ich lese das Buch, das du mir geschenkt hast.

Mit den **Demonstrativpronomen dieser**, **diese**, **dieses/jener**, **jene**, **jenes** kann man auf etwas zeigen oder hinweisen, z. B.:
Sie mochte dieses Lied, weil es sie an jenen Tag erinnerte.

Übungen zu Adjektiven
➤ S. 250, 288

Adjektive

Adjektive werden auch als **Eigenschaftswörter** bezeichnet.
Sie werden immer **kleingeschrieben**.
Mit Adjektiven kann man Personen, Tiere oder Gegenstände genauer beschreiben: **ein langes Kleid, eine nette Lehrerin**

Adjektive auf **-isch**, die von geografischen Eigennamen abgeleitet sind, werden kleingeschrieben: **italienische Oliven**

Wenn du Personen, Tiere oder Gegenstände vergleichen willst, kannst du **gesteigerte Adjektive** verwenden:

Positiv	**Komparativ**	**Superlativ**
(Grundform)	(1. Steigerungsform)	(2. Steigerungsform)
(so) groß (wie)	**größer (als)**	**am größten**

Verben

Verben sind Tätigkeitswörter und geben an, was jemand tut oder was geschieht. Verben bilden verschiedene **Zeitformen**.

Verben im **Präsens** verwendest du, um auszudrücken,
- **was man regelmäßig tut**: Karl schreibt ihm jede Woche einen Brief.
- **was man jetzt tut**: Karl schreibt seinem Vater gerade einen Brief.

Bei vielen Verben bleibt im Präsens der Verbstamm gleich.
Es verändern sich nur die Endungen. Sie richten sich nach der Person.

Verben im **Präteritum** verwendest du, wenn du **schriftlich über etwas berichtest oder erzählst**, was schon vergangen ist:
In Berlin feierten zahlreiche Fans den Sieg der Nationalmannschaft.

Verben im **Perfekt** verwendest du meist, wenn du etwas **mündlich erzählst**, was schon vergangen ist.
Viele Verben bilden das Perfekt mit **haben**: Sie hat gebacken.
Einige Verben bilden das Perfekt mit **sein**: Wir sind gelaufen.

Das **Plusquamperfekt** verwendest du, wenn du ausdrücken willst, dass etwas **vor einem zurückliegenden Ereignis geschah**:
Chaos brach aus, nachdem die Luftbehörden den Luftraum über vielen Ländern geschlossen hatten.

Das **Futur** verwendest du, wenn du über Dinge sprichst, die in der **Zukunft** liegen, also noch nicht geschehen sind: Morgen werde ich ins Kino gehen.

Übungen zu den Zeitformen
➤ S. 288

Das **Aktiv und das Passiv** sind zwei Verbformen, die bei der Darstellung von Handlungen unterschieden werden.
Das **Aktiv** beschreibt, wer handelt:
Die Fluggesellschaften strichen tausende Flüge.
Das **Passiv** beschreibt, was getan wird. Der Handelnde kann erwähnt werden.
Tausende Flüge wurden gestrichen.

Übungen zum Aktiv und Passiv
➤ S. 288

Verben im **Konjunktiv I** drücken unsichere Informationen aus.
Auch bei nichtwörtlicher Rede (indirekter Rede) wird der Konjunktiv I verwendet. Dadurch wird deutlich, dass die Aussage nicht wahr sein muss.
Er sagt, er laufe jeden Morgen zehn Kilometer.
Sie meint, sie sei die Beste im Schwimmverein.

Verben im **Konjunktiv II** (Möglichkeitsform des Verbs) drücken aus, dass etwas nicht oder noch nicht Wirklichkeit ist:
Möglichkeiten, erfüllbare oder nicht erfüllbare **Wünsche**.
Ich wäre gern ein Star.
Der **Konjunktiv II** wird vom Präteritum abgeleitet.
Präteritum → Konjunktiv II
du hattest → du hättest gern
sie blieb → sie bliebe bestimmt

Übungen zum Konjunktiv
➤ S. 72, 281, 288

Partizipien werden wie Adjektive verwendet, sie werden vom Verb abgeleitet.
Das **Partizip I** wird vom Infinitiv abgeleitet:
Infinitiv + d → Partizip Präsens rasen + d → rasend
Das **Partizip II** wird mit dem Präfix **ge-**, dem Wortstamm und der Endung **-(e)t** oder **-en** gebildet.
Perfekt: Die Rettung ist gelungen. Partizip II: die gelungene Rettung

Präpositionen

Präpositionen geben ein Verhältnis an, z. B. ein örtliches (Wo? Wohin?).
Sie **bestimmen den Fall** des nachfolgenden Wortes oder der Wortgruppe.
Die **Präpositionen an**, **auf**, **hinter**, **neben**, **in**, **über**, **unter**, **vor** und **zwischen** können sowohl mit dem **Dativ** als auch mit dem **Akkusativ** stehen.

Übungen zu Präpositionen
➤ S. 256, 286–287

Konjunktionen

Konjunktionen (Bindewörter) verbinden Sätze.
Nebenordnende Konjunktionen wie **und**, **oder** und **aber** verbinden Wörter und Sätze.
Unterordnende Konjunktionen wie **wenn**, **weil**, **dass**, **als** verbinden Haupt- und Nebensätze.
Die Konjunktionen **weil** und **denn** leiten Begründungen ein.
Die Konjunktionen **nachdem**, **bevor** und **während** drücken eine zeitliche Abfolge aus.

Übungen zu Konjunktionen
➤ S. 18, 38, 283

Adverbien

Adverbien (Umstandswörter) machen genaue Angaben zu dem Geschehen.
Adverbien des Ortes drücken aus, wo etwas geschieht, z. B. **draußen**.
Adverbien der Zeit drücken aus, wann etwas geschieht, z. B. **immer**.
Adverbien der Art und Weise drücken aus, wie etwas geschieht, z. B. **gern**.
Adverbien des Grundes drücken aus, warum etwas geschieht, z. B. **deshalb**.

Übungen zu Adverbien
➤ S. 257

Der Satz

Übungen zum Satzbau
➤ S. 39, 278–287

Satzreihe

Eine **Satzreihe** besteht aus mindestens zwei **Hauptsätzen**.
Zwei oder mehr Hauptsätze können mit nebenordnenden Konjunktionen, z. B. **denn** oder **aber**, verbunden werden:
Eva gibt sich im Praktikum Mühe, denn sie verdankt den Praktikumsplatz ihrer Tante.

Satzgefüge

Das **Satzgefüge** besteht aus einem **Hauptsatz** und einem **Nebensatz**.
Der Nebensatz endet mit einer **konjugierten Verbform**.
Nebensätze werden mit Konjunktionen, z. B. **weil**, **da**, **wenn**, **falls**, **obwohl**, **damit**, eingeleitet und vom Hauptsatz durch Komma getrennt.
Lukas bekam den Praktikumsplatz nicht, obwohl er überzeugend auftrat.

Relativsätze

Relativsätze sind **Nebensätze, die sich** meist **auf ein vorangehendes Nomen beziehen** (Relation = Beziehung). Sie werden immer durch Komma abgetrennt und durch ein Relativpronomen (z. B. **der**, **die**, **das**) eingeleitet.
Ein Mädchen, das Ball spielte, rannte schnell in das Haus.

Satzglieder/Satzgliedteile

Übungen zu den Satzgliedern ➤ S. 278–287

Umstellprobe

Übungen zur Umstellprobe ➤ S. 278–279

Mit der **Umstellprobe** kannst du Satzglieder ermitteln: Wörter/Wortgruppen, die sich umstellen lassen, ohne dass der Satz sinnlos wird oder seinen Inhalt ändert, sind Satzglieder.

Subjekt

Übungen zu Subjektsätzen ➤ S. 280

Das **Subjekt** kann eine Person oder eine Sache sein.
Mit **Wer oder was?** fragt man nach dem Subjekt:
Sabine hat Geburtstag. – Wer oder was hat Geburtstag? – Sabine.

Prädikat

Das **Prädikat** sagt etwas darüber aus, was jemand tut oder was geschieht.
Mit **Was tut ...?** fragst du nach dem Prädikat:
Eric gratuliert. – Was tut Eric? – Eric gratuliert.

Objekte

Übungen zu Objektsätzen ➤ S. 280–281

Mit **Wen oder was?** fragst du nach dem **Akkusativobjekt**:
Sabine bringt die Gäste zur Tür. – Wen bringt Sabine zur Tür? – Die Gäste.
Mit **Wem?** fragst du nach dem **Dativobjekt**:
Sarah gratuliert Sabine. – Wem gratuliert Sarah? – Sabine.
Mit **Wessen?** fragst du nach dem **Genitivobjekt**:
Tim erfreute sich des Sieges. – Wessen erfreute sich Tim? – Des Sieges.
Manche Verben erfordern eine bestimmte **Präposition, mit der das Objekt angeschlossen wird**, z. B. rechnen mit, bitten um.
Da der Fall dieses Objektes von der Präposition bestimmt wird, nennt man es **Präpositionalobjekt**. Nach einem Präpositionalobjekt fragst du z. B. mit **Womit? Worum? Woran? Worauf? Wonach? Wobei?**
Ich rechne mit deiner Hilfe. – Womit rechne ich? – Mit deiner Hilfe.

Übungen zum Präpositionalobjekt ➤ S. 286–287

Adverbiale Bestimmungen

Übungen zu adverbialen Bestimmungen ➤ S. 279

Übungen zu Adverbialsätzen ➤ S. 282–285

Nach der **adverbialen Bestimmung der Zeit** fragst du mit **Wann?**:
Der Spion kam um 10 Uhr. – Wann kam der Spion? – Um zehn Uhr.
Nach der **adverbialen Bestimmung des Ortes** fragst du mit **Wo?**, **Woher?**, **Wohin?**: Er traf ihn am Bahnhof. – Wo traf er ihn? – Am Bahnhof.
Nach der **adverbialen Bestimmung der Art und Weise** fragst du mit **Wie?**:
Die Übergabe verlief hektisch. – Wie verlief die Übergabe? – Hektisch.
Nach der **adverbialen Bestimmung des Grundes** fragst du mit **Warum?**:
Wegen der Eile übersah er ihn. – Warum übersah er ihn? – Wegen der Eile.
Adverbiale Bestimmungen mit **kraft**, **dank**, **wegen**, **aufgrund** und **angesichts** werden mit dem Genitiv gebildet. Der Duden lässt bei **wegen** auch den Dativ zu. In der Schriftsprache solltest du eher den Genitiv wählen.

Attribute

Attribute sind beigefügte **Wörter, Wortgruppen oder Nebensätze**. Sie geben **zusätzliche Informationen** zu Nomen. Sie können dem Nomen **vorangestellt oder nachgestellt** sein: die unendliche Geschichte Geschichten aus aller Welt Geschichten, die das Leben schrieb

Textquellen

Ausländer, Rose: Nicht mit dem Ohr (S. 214). Aus: Die Sichel mäht die Zeit zu Heu. Gedichte 1957-1965. Hg. v. Helmut Braun. Frankfurt/Main (Fischer) 1985, S. 98.

Blazejewski, Ingo: Internet-Versand verdrängt Handel (S. 22). Aus: http://www.derwesten.de/staedte/duisburg/west/internet-versand-verdraengt-handel-id39299.html [13.03.2012].

Böll, Heinrich: Anekdote zur Senkung der Arbeitsmoral (S. 142-143). Aus: Das Heinrich Böll Lesebuch. Hg. v. Viktor Böll. München (dtv) 1982.

Böttcher, Bas: Die Macht der Sprache (S. 126). Aus dem Originalwerk: Vorübergehende Schönheit. Dresden (Voland & Quist) 2012.

Boente, Heinz: „Straßenguck" (S. 274). Aus: http://www.heinz-boente.de/strassenguck.pdf [04.05.2012].

Boldt, Paul: Auf der Terrasse des Café Josty (S. 116). Aus: Lyrik des Expressionismus. Hg. v. Silvio Vietta. Tübingen (Max Niemeyer) 1976, S. 53.

Braun, Volker: Das Eigentum (S. 132). Aus: Die Zickzackbrücke. Halle (Mitteldeutscher Verlag) 1992.

Brecht, Bertolt (1898-1956): Fragen eines lesenden Arbeiters (S. 129). Aus: Bertolt Brecht. Werke. Große kommentierte Berliner und Frankfurter Ausgabe, Bd. 11/12. Frankfurt/Main (Suhrkamp), 1988.
Der gute Mensch von Sezuan (S. 167-168, 170-171, 172, 174-176). Aus: Der gute Mensch von Sezuan. Berlin (edition suhrkamp) 1964, S. 18-21, 33-35, 65-66, 138-141, 144.
Die Voraussetzung für die ... (Auszug) (S. 178). Aus: Bertolt Brecht: Ges. Werke in 20 Bänden, Bd. 15: Schriften zum Theater 1. Frankfurt/Main (Suhrkamp) 1967, S. 341-342.
Es ist verhältnismäßig einfach ... (Auszug) (S. 178). Aus: Bertolt Brecht: Ges. Werke in 20 Bänden, Bd. 16: Schriften zum Theater 2. Frankfurt/Main (Suhrkamp) 1967, S. 546.

Drechsler, Wolfgang: Afrika zeigt Kreativität und große Sprünge im ICT-Sektor (S. 210-211). Aus: http://www.az.com.na/wirtschaft/afrika-zeigt-kreativitt-und-groe-sprnge-im-ict-sektor.140745.php [19.04.2012].

Ehlers, Ingrid Ute und Schäfer, Regina: Eine haarige Angelegenheit - Aus dem Leben einer Azubi (S. 50-53). Aus: Ehlers, Ingrid Ute/Schäfer, Regina: Bin gut angekommen. Die wichtigsten sozialen Spielregeln für Azubis. Nürnberg (Bildung und Wissen Verlag) 2011 (aktualisierte Auflage), S. 19-23.
Talkshow mit Tobias - Aus dem Leben eines Azubi (S. 54-57). Aus: Ehlers, Ingrid Ute/Schäfer, Regina: Bin gut angekommen. Die wichtigsten sozialen Spielregeln für Azubis. Nürnberg (Bildung und Wissen Verlag) 2011, S. 61-64.

Eichendorff, Wilhelm von: Der Blick (S. 214). Aus: Joseph von Eichendorff. Sämtliche Gedichte und Versepen. Hg. v. Hartwig Schultz. Frankfurt/Main (Insel) 2001, S. 574.

Friedrich, Jesko: Was darf Satire? (S. 201). Aus: http://www.ndr.de/fernsehen/sendungen/extra_3/wir_ueber_uns/wasdarfsatire100.html [14.05.2012].

Gerhardt, Peter: „Taste the Waste" (S. 92). Aus: http://www.daserste.de/ttt/beitrag_dyn~uid,3now13tjdunz9ozt~cm.asp [04.05.2012].

Gernhardt, Robert: Was es alles gibt (S. 137). Aus: Gesammelte Gedichte 1954-2006. Frankfurt/Main (S. Fischer Verlag) 2008.

Glattauer, Daniel: Gut gegen Nordwind (S. 154-156). Wien (Paul Zsolnay Verlag) 2006, S. 154-157.

Goethe, Johann Wolfgang von: Das Göttliche (S. 105, 106). Aus: Werke, Bd. 1: Gedichte und Epen. Hg. v. E. Trunz. München (Beck) 1978.
Die Leiden des jungen Werthers. Sämtliche Dichtungen (S. 157-159). Düsseldorf (Artemis & Winkler) 2004, S. 139-141, 228-229.

Hauptmann, Gerhart: Der Biberpelz. Eine Diebeskomödie (S. 122-123, 269). Aus: Klassische Schülerlektüre. Hg. v. Ekkehart Mittelberg. Berlin (Cornelsen) 1980, S. 21-22.
Die Weber (S. 105). Aus: Klassische Schülerlektüre. Hg. v. Ekkehart Mittelberg. Berlin (Cornelsen) 1996, S. 31.

Hessel, Stéphane: Empört euch! (S. 90-91). Berlin (Ullstein) 2011, S. 7, 9-10, 13, 18-21.

van Hoddis, Jakob: Weltende (S. 114). Aus: Dichtungen und Briefe. Hg. v. Regina Nörtemann. Zürich (Arche Verlag), 1987, S. 15.

Hoffmann, Rüdiger: Waffenschieber. (S. 195). Aus: Der Hauptgewinner (Audio-CD). München (SME Spassgesellschaft) 1995.

Ibsen, Henrik: Nora oder Ein Puppenheim. Schauspiel in drei Akten (S. 109-111, 112). Aus: Klassische Schülerlektüre. Hg. v. Ekkehart Mittelberg. Berlin (Cornelsen) 1995, S. 71-73, 84-85.

Iturra, Claudio: Venceremos (S. 131). Aus: http://www.deanreed.de/texte/venceremos.html [08.05.2012].

Kafka, Franz: Der Nachbar (S. 140-141). Aus: Franz Kafka. Meistererzählungen. Hg. v. Paul Raabe. Frankfurt/Main (Fischer) 1969, S. 345-347.
Eine kaiserliche Botschaft (S. 218). Aus: Franz Kafka. Das erzählerische Werk. Erzählungen, Aphorismen, Brief an den Vater. Hg. v. Klaus Hermsdorf. Berlin (Rütten & Loening) 1983, S. 218.
Heimkehr (S. 226). Aus: Sämtliche Erzählungen. Hg. v. Paul Raabe. Frankfurt/Main (Fischer Taschenbuch), 1970.

Kaléko, Mascha: Mein schönstes Gedicht (S. 216). Aus: In meinen Träumen läutet es Sturm. München (dt. Taschenbuch Verlag) 1977, S. 138.

Kästner, Erich: Die Ballade vom Nachahmungstrieb (S. 198). Aus: Gesammelte Schriften. Band 1 (Gedichte). Zürich (Atrium Verlag) 1959.
Sachliche Romanze (S. 213). Aus: Lärm im Spiegel. Zürich (Atrium Verlag), 1928.

Krechel, Ursula: Umsturz (S. 132). Aus: Nach Mainz! Neuwied (Luchterhand) 1977, S. 13.

Kruppa, Hans: Gegengewicht (S. 127). Aus: http://www.hans-kruppa.de/gedichte/gedichte.htm [08.05.2012].

Kunt, Bekir Sıtkı: Moderne Alte (S. 145-148). Aus: Merhaba Türkiye! Eine Türkei-Reise in Kurzgeschichten. Türkisch-Deutsch. Mülheim/Ruhr (Verlag an der Ruhr) 2006.

Lasker-Schüler, Else: Chaos (S. 105, 112). Aus: Werke und Briefe. Hg. v. Norbert Oellers. Frankfurt/Main (Jüdischer Verlag) 1996, S. 49.
Weltende (S. 120). Aus: Werke und Briefe, Bd. 1, 1: Gedichte. Frankfurt/Main (Jüdischer Verlag) 1996.

Lening, Fritz: Dree Wiehnachten (S. 268). Stuttgart (Cotta) 1885, S. 138.

Logau, Friedrich von: Heutige Weltkunst (S. 136). Aus: Sämtliche Sinngedichte. Hg. v. G. Eitner. Tübingen (Bibliothek des literarischen Vereins in Stuttgart) 1872.

Mann, Heinrich: Der Untertan (S. 160-161, 162-163). Frankfurt/Main (Fischer Verlag) 1995, S. 5-6, 9-10, 134-137.

Marti, Kurt: Neapel sehen (S. 150-151). Aus: Dorfgeschichten. Darmstadt (Hermann Luchterhand Verlag) 1983, S. 23-24.

Mieder, Eckhard: Nanotechnologie: „Zwerge" ganz groß (S. 30-32). Originalbeitrag.
Die Nanos und ich - Eine unheimliche Beziehung (S. 46). Originalbeitrag.

Die gefühlte und die verlorene Zeit (S. 79). Originalbeitrag.
Miersch, Michael: Bei Nano-Partikeln ist große Vorsicht geboten (S. 40–41). Aus: http://www.welt.de/wissenschaft/article4922148/Bei-Nano-Partikeln-ist-grosse-Vorsicht-geboten.html [13.03.2012].
Meister, Mimi: Lost Generation - reloaded (S. 134). © Mimi Meister.
Mulert, Hendrik: „Bildung ist ein Menschenrecht". Interview mit Ursula Nölle (S. 100). Aus: sh:z/Stormarner Tageblatt, 08.10.2011
Mulisch, Harry: Vorfall. Fünf Erzählungen (S. 74–77). München (Carl Hanser Verlag) 1993, S. 156–162.
Novak, Helga M.: Lernjahre sind keine Herrenjahre (S. 133). Aus: Grünheide. Gedichte 1955–1980. Darmstadt (Luchterhand) 1983, S. 32.
Oates, Joyce Carol: Beim Schreiben allein (S. 180, 190–191). Aus: Beim Schreiben allein. Handwerk und Kunst. Berlin (Autorenhaus) 2006, S. 23–30, 31–35.
Unter Verdacht (S. 182–185, 185–186). Aus: Unter Verdacht. Die Geschichte von Big Mouth und Ugly Girl. München (Carl Hanser Verlag) 2003, S. 67–76, 13–17, 77–78.
Nach dem Unglück schwang ich mich auf, breitete meine Flügel aus und flog davon (S. 188–189). München (Carl Hanser Verlag) 2008, S. 7.
Oliver, Lauren: Wenn du stirbst, ... (S. 67–70, 72, 80–81). Hamburg (Carlsen Verlag) 2010, S. 23–24, 404, 5–8, 162, 179, 263–265.
Palma, Felix J.: Die Landkarte der Zeit (S. 82, 83). Reinbek (Rowohlt) 2010, S. 233–234, 149–151.
Pinthus, Kurt: Die Überfülle des Erlebens (S. 117). Aus: Lyrik des Expressionismus. Hg. v. Silvio Vietta. Tübingen (Max Niemeyer) 1976, S. 9.
Rilke, Rainer Maria: Wenn es nur einmal so ganz stille wäre (S. 221). Aus: Die Gedichte. Frankfurt/Main (Insel) 1986, S. 202.
Schiller, Friedrich: Die Worte des Glaubens (S. 120). Aus: Gedichte. Eine Auswahl. Hg. v. Gerhard Fricke. Stuttgart (Philipp Reclam jun.) 1974, S. 157.
Trakl, Georg: Sommer (S. 217). Aus: Die Dichtungen. Salzburg (Otto Müller) 1938, S. 166.
Tucholsky, Kurt: Eine Frage (S. 128). Aus: Gesammelte Werke 9. 1931. Hg. v. Mary Gerold-Tucholsky u. Fritz J. Raddatz. Reinbek (Rowohlt) 1960, S. 121.
Statistik (S. 200). Aus: Deutschland, Deutschland über alles. Berlin (Verlag Volk und Welt) 1980, S. 46–52.
Tyler, Anne: Die Reisen des Mr. Leary (S. 164–165). Frankfurt/Main (Fischer Taschenbuch Verlag) 2003, S. 7–9.
Valentin, Karl und Karlstadt, Liesl: Dialog zwischen Karl Valentin und Liesl Karlstadt über Hunger, Waffen und Atombomben (S. 196–197). Aus: I sag gar nix - dös wird man doch noch sagen dürfen!: Politische Sketche. Karl Valentin. Hg. v. Bachmaier Helmut. Frankfurt/Main (Büchergilde Gutenberg) 2002, S. 96–97.
Widmann, Arno: So geht es nicht weiter (S. 98–99). Aus: http://www.berliner-zeitung.de/newsticker/st-phane-hessel-wurde-in-berlin-geboren–kaempfte-in-der-franzoesischen-r-sistance-gegen-die-deutschen–ueberlebte-das-konzentrationslager–war-sekretaer-der-un-menschenrechtskommission-und-hat-gerade–mit-nunmehr-93-jahren-ein-buch-geschrieben–das-die-menschen-zur-empoerung-ermuntert-so-geht-es-nicht-weiter,10917074,10772646.html [04.05.2012].
Wurzel, Christoph: In jeder Situation angemessen agieren (S. 58–59). Originalbeitrag.
Ziegler, Jean (geb. 1934 in Thun, Schweiz): Rede des Jahres 2011 „Der Aufstand des Gewissens" (S. 20–21). Aus: http://www.ard.de/-/id=2007576/pdp26u/index.html [13.03.2012].

Ungenannte Verfasser:
„ Afghanistan-Schulen" (S. 101). Aus: http://www.afghanistan-schulen.de/ [04.05.2012].
„Auf jeden Grafschafter ..." (S. 273). Aus: http://www.dog-gmbh.de/index.php?id=440 [04.05.2012].
„Castortransport in Deutschland angekommen" (S. 271). Aus: http://www.berliner-zeitung.de/newsticker/castortransport-in-deutschland-angekommen,10917074,11217490.html [04.05.2012].
„Das Leben in vollen Zügen genießen" (S. 270). Aus: http://www.berliner-zeitung.de/archiv/ausnahmezustand-bei-der-s-bahn—berlin-rueckt-zusammen--denn-auf-der-stadtbahn-fahren-nur-noch-regionalzuege–vier-berichte-von-umsteigebahnhoefen-und-tipps-fuer-wege-durchs-chaos–das-leben-in-vollen-zuegen-geniessen,10810590,10654354.html [04.05.2012].
„Die Gedanken sind frei" (S. 130). Aus: http://handmann.phantasus.de/g_die gedankensindfrei.html [08.05.2012].
Die Geister, die ich rief ... (S. 43). Originalbeitrag.
Die Regeln eines Poetry Slam (S. 135). Aus: Anders, Petra: Poetry Slam. Mühlheim an der Ruhr (Verlag an der Ruhr) 2007, S. 16.
Die Werte des Glaubens (S. 120). Schiller, Friedrich
„Hoffen auf Otto Extremverbraucher" (S. 270). Aus: http://www.spiegel.de/wirtschaft/soziales/0,1518,798000,00.html [04.05.2012].
Hohlspiegel: „An einem Gebiss ..." (S. 270). Aus: Der Spiegel (Hg.): Hohlspiegel. Die besten Fundstücke. München (Heyne) 2010, S. 162.
„Iran - Rektor geht ans Netz" (S. 273). Aus: http://www.spiegel.de/fotostrecke/fotostrecke-73125-10.html [04.05.2012].
Jonas und Alicia sprechen Plattdeutsch (S. 266). Originalbeitrag.
Jugendliche engagieren sich (S. 96). Aus: http://www.spiesser.de/ehrenamt?page=0,0 [04.05.2012].
„Kann denn Kopie Sünde sein?" (S. 270). Aus: http://www.welt.de/print/die_welt/kultur/article13729037/Kann-denn-Kopie-Suende-sein.html
„Lernen", „Lesen", „Schule" (S. 263). Nach: Duden. Das Herkunftswörterbuch. Etymologie der dt. Sprache. Hg. v. Wissenschaftlichen Rat der Dudenredaktion. Mannheim (Dudenverlag) 1989, S. 416, 653.
Medienrevolution (S. 283). Originalbeitrag.
Mit einem „U-Boot" Krebs bekämpfen? (S. 42). Originalbeitrag.
Schluss mit der Lebensmittelverschwendung (S. 94). Originalbeitrag.
Stéphane Hessel - Glückskind, Kämpfer und Abenteurer (S. 88–89). Originalbeitrag.
Test: Umgangsformen im Beruf. Kennst du dich aus? (S. 49). Aus: planet-beruf.de. September 2011, Heft 05, S. 20.
Texte (S. 234–261). Originalbeiträge.
„Unfall - Motorrad fährt Jogger an, ..." (S. 273). Aus: http://www.abendblatt.de/hamburg/article1982200/Motorrad-faehrt-Jogger-an-beide-sind-im-Krankenhaus.html [04.05.2012].
„Warum ist Empörung etwas Kostbares?" Interview mit Stéphane Hessel (S. 87). Aus: http://www.kleinezeitung.at/nachrichten/politik/2851107/warum-empoerung-etwas-kostbares.story [07.05.2012].
Warum schmeißen Supermärkte so viel weg? (S. 95). Originalbeitrag.
Was ist ein Weblog? (S. 206). Originalbeitrag.

Bildquellen

S. 11 (1, 2), 12 (oben), 14, 25, 47, 49, 51, 52, 55, 56, 60, 61, 233: Peter Wirtz, Dormagen; S. 11 (3): „Jugend debattiert" © Gemeinnützige Hertie-Stiftung; (4): © http://bilderdienst.bundestag.de; S. 12 (unten): „Jugend debattiert" © Gemeinnützige Hertie-Stiftung; S. 19: © privat; S. 20 (oben): picture-alliance/picturedesk.com/Robert Newald; (unten): fotofinder/Zoonar.com/Peter Probst; S. 22 (oben): fotolia.com - Peter Kerkhoff; (unten): fotolia.com - Lucian Milasan; S. 24: fotolia.com - VRD; S. 27 (oben): picture-alliance/PhotoAlto/Fréderic Cirou; (unten): TU Braunschweig, Institut für Werkstoffe/Andreas Landefeld; S. 28 (1): picture-alliance/dpa-Fotoreport; (2): picture-alliance/Everett Collection; (3): fotolia.com - shootingankauf; (4): picture-alliance/dpa/Andrea Warnecke; S. 29 (1): picture-alliance/Nees-Institut Bonn; (2): fotolia.com - Visionär; (3): © Fraunhofer ISE; (4): picture-alliance/Zentralbild/Patrick Pleul; S. 30 (unten): TU Braunschweig, Institut für Werkstoffe/Andreas Landefeld; S. 31 (1): © Fraunhofer ISE; (2): picture-alliance/Nees-Instutut Bonn; (3): fotolia.com - Visionär; (4): picture-alliance/Zentralbild/Patrick Pleul; S. 40: fotolia.com - MP2; S. 41: fotolia.com - Jörg Rautenberg; S. 42: © Frank Geisler/DocCheck/Medical Services GmbH; S. 46 (oben): Flad & Flad Communication GmbH; (unten): Flad & Flad Communication GmbH; S. 59: © www.bkj.de; S. 63: fotolia.com - Picture-Factory; S. 65, 74: Algoba Systems/akg-images; S. 68: picture-alliance/PHOTOPQR/LA DEPECHE DU MIDI/FREDERIC CHARMEUX; S. 71, 80: Lauren Oliver, Wenn Du stirbst, zieht dein ganzes Leben an Dir vorbei, sagen sie. Cover: Kerstin Schürmann formlabor © der dt. Ausgabe: Carlsen Verlag GmbH, Hamburg 2010; S. 71: Cinetext/Richter; S. 73: © Grit Ellen Sellin; S. 74 (oben): picture-alliance; (unten): Cover von: Harry Mulisch, Vorfall. © Barbara Hanke; S. 77: Algoba Systems/akg images; S. 79: © Grit Ellen Sellin; S. 82: Cover von: Félix J. Palma, Die Landkarte der Zeit. © 2010 by Rowohlt Verlag GmbH | Originalausgabe © 2008 by Félix J. Palma; S. 85 (oben links): Cover von: Stéphane Hessel, Time for Outrage. © Quartet Books Ltd. 2011; (oben rechts): Cover von: Stéphane Hessel, Czas oburzenia. © Oficyna Naukowa 2011; (unten links): Cover von: Stéphane Hessel, Indignez Vous. © Indigène éditions 2010; (unten rechts): © Cover von: Stéphane Hessel, Indignatevi.© ADD editore 2011; S. 86, 90: Cover von: Stéphane Hessel, Empört Euch. © Sabine Wimmer; Berlin; S. 87 (rechts oben): Getty Images, Inc; (links unten): ddp images/AP/Francois Mori; S. 88: Abdruck aus: Manfred Flügge: Stéphane Hessel. Ein glücklicher Rebell. Aufbau Verlag GmbH & Co KG, Berlin 2012 © Privatbesitz S. Hessel; S. 89: picture-alliance/dpa © epa-Bildfunk; S. 92: Filmplakat aus dem Kinofilm Taste the Waste SCHNITTSTELLE Film/THURN Film; S. 93: fotofinder/Mike Schroeder/argus; S. 95: SCHNITTSTELLE Film/ THURN Film, aus dem Kinofilm Taste the Waste; S. 96: © www.SPIESSER.de; S. 98: picture-alliance/JOEL SAGET/EPA OUT dpa; S. 100: picture-alliance/Volker Dornberger dpa/lby; S. 101: Afghanistan-Schulen e.V.; S. 103 (1): akg-images; (2) und S. 106: akg-images/De Agostini Pict. Lib.; (3): picture-alliance/ZB - Fotoreport; S. 108: iStockphoto.com - © Ralf Hettler; S. 113 (oben links, oben rechts): © Thomas Aurin; S. 115: © DHM, Berlin; S. 116: © Ludwig Meidner-Archiv, Jüdisches Museum der Stadt Frankfurt a.M.; S. 118 (oben): fotolia.com - l-pics; (unten): fotolia.com - nickolae; S. 119: Cover von: Kurt Pinthus, Menschheitsdämmerung. Ein Dokument des Expressionismus. © Rowohlt Taschenbuch Verlag GmbH; S. 121 (links oben): akg-images; (rechts oben): picture-alliance/ akg-images; S. 124: picture-alliance/© dpa Bilderdienste; S. 126: picture-alliance/dpa/dpaweb © dpa - Report; S. 127: fotofinder/Andreas Wrede/VISUM; S. 128: picture-alliance/akg-images; S. 129: © Sophie-Brahe-Schule; S. 130: © Erwin Schemionek; S. 132 (oben): fotofinder/ Klaus Rose/imagetrust; (unten): fotofinder/Thomas Raupach; S. 134: © Florian Einfalt; S. 135: ullstein Bild - Malzkorn; S. 136: © privat; S. 137: fotofinder/Peter Peitsch; S. 140, 142: picture-alliance; S. 146: fotofinder/© JULIO ETCHART/Still Pictures; S. 150: picture-alliance/ akg-images/Niklaus Stauss; S. 152: iStockphoto.com - © Luigi Rescigno; S. 154: fotofinder/© Peter Peitsch/peitschphotot.com; S. 156: Cover von: Daniel Glattauer, Gut gegen Nordwind. © Thomas Kussin/buero 8; S. 157: fotolia.com - Georgios Kollidas; S. 158: Cover von: Johann Wolfgang von Goethe, Die Leiden des jungen Werthers. © fotofinder/ ©Fototeca/Leemage; S. 160: ullstein bild - Atelier Jacobi; S. 162: Cover von: Heinrich Mann, Der Untertan. © picture-alliance/dpa-Report; S. 163: fotofinder/COL.EZ/bsd-photo-archiv.de; S. 164: ddp images/AP/Diana Walker; S. 165: Cover von: Anne Tyler, Die Reisen des Mr. Leary. © Fischer Taschenbuch Verlag 2003; S. 166 (oben, unten): © Silke González León; S. 169 (links): © Silke Winkler; (rechts): © Iko Freese; S. 176: © Silke Winkler; S. 179: picture-alliance/dpa; S. 180: picture-alliance/dpa-Fotoreport/Schmidt; S. 181 (oben): Cover von: Joyce Carol Oates, Blond. © Fischer Taschenbuch Verlag 2012; (mittig 1): Cover von: Joyce Carol Oates, Jene. © Deutscher Taschenbuch Verlag 2007; (mittig 2): Cover von: Joyce Carol Oates, Du fehlst. Fischer Taschenbuch Verlag 2009; (unten): Cover von: Joyce Carol Oates, Über Boxen. Manesse-Verlag 1988; S. 182 (links): Cover von: Joyce Carol Oates, Big Mouth & Ugly Girl. © Alison Donalty; (rechts): Cover von: Joyce Carol Oates, Unter Verdacht. Die Geschichte von Big Mouth & Ugly Girl. © Doris Katharina Künster; S. 188: Cover von: Joyce Carol Oates, Nach dem Unglück schwang ich mich auf, breitete meine Flügel aus und flog davon. © Stefanie Schelleis; S. 190: ullstein bild - Teutopress; S. 191: Cover von: Joyce Carol Oates, Beim Schreiben allein. © Sigrun Bönold; S. 192 (1): Kamensky/toonpool.com; (2): © Klaus Stuttmann; (3): © Horst Haitzinger; S. 194 (1): © NEL; (2): © Klaus Staeck; S. 196: picture-alliance; S. 198: picture-alliance/ IMAGNO/Schostal Archiv; S. 202 Collage: fotolia.com - bimbo13; S. 203: nach Medienpädagogischer Forschungsverbund Südwest: JIM-Studie 2011, S. 33; S. 204 (links): fotolia.com - Eisenhans; (rechts): fotolia.com - Jeanette Dietl; S. 205 (links): fotolia.com - newbeginner; (rechts): fotolia.com - Alex Suvorov; S. 206 (oben): fotolia.com - Klaus Eppele; (unten): fotolia.com - arahan; S. 208: fotofinder/Manfred Vollmer/imagetrust; S. 210 (oben): picture-alliance/dpa-Grafik-infografik; (unten): Getty Images/Brian Harkin; S. 216 (oben): Christie's Images Ltd - ARTOTHEK; (unten): ARTOTHEK; S. 218: fotofinder/Westend61/Achim Sass; S. 221 (oben): picture-alliance/akg-images; (unten): David Hall - ARTOTHEK; S. 224: fotofinder/plainpicture/Maskot; S. 238: picture-alliance/dpa/ ZDF/Alexander Hain; S. 239: fotolia.com - Imel900; S. 242: fotolia.com - Hartmut Bethke; S. 244: fotolia.com - Wikinger; S. 248: fotofinder/ ALIMDI.NET/Giesbert Kuehnle; S. 249 (oben): fotolia.com - Starpics; (unten): fotolia.com - GordonGrand; S. 264: ullstein bild - Archiv Gerstenberg; S. 266 (oben, unten): © Ekhard Ninnemann, Lüneburg; (Mitte): © Radio ZuSa/Rundfunkgesellschaft Nordostniedersachsen gGmbH; S. 267 (links, Mitte, rechts): EDITIONS-ALBERT-RENE; S. 269: BIBERPELZ COVER; S. 270: fotofinder/Jochen Eckel; S. 271: picture-alliance/dpa/Julian Stratenschulte; S. 272 (links, Mitte, rechts): © Ekhard Ninnemann, Lüneburg, S. 273: © privat; S. 274: © Ulrike Selders, Köln; S. 282: fotolia.com - Vitaliy Hrabar; S. 283: picture-alliance/ Judaica-Sammlung Richter; S. 284: © Brunswyk; S. 286 (oben): fotofinder/ALIMDI.NET/Uwe Umstaetter; (unten): Cover von: Diethard Lübke, Schulgrammatik Deutsch. Vom Beispiel zur Regel. © Cornelsen Verlag, Berlin 2000.

Illustrationen

Stefan Bachmann, Wiesbaden: S. 109-111, 114, 122, 155, 158, 160, 168, 170, 172, 174-175, 177-178

Thomas Binder, Magdeburg: S. 68, 75, 77

Sylvia Graupner, Annaberg: S. 141, 143, 147-148, 151, 226

Ulrike Selders, Köln: S. 32, 36, 38, 48, 58, 262-263, 265, 268, 273-274, 276-277, 279-280

Rüdiger Trebels, Düsseldorf: S. 234, 236-237, 246, 251-253, 255

Henning Ziegler, Berlin: S. 183-185, 189

Textartenverzeichnis

Sachregister

Das Buch wurde erarbeitet auf der Grundlage der Ausgaben von Renate Krull (Gesamtherausgeberin) sowie den Herausgebern Werner Bentin, Hans Joachim Heinz, Christa Knirsch, Ekhard Ninnemann und Martin Plieninger; von Benildis Andris, Helga Artelt, Susann Bartsch, Susanne Becker, Werner Bentin, Kathleen Breitkopf, Ulrich Deters, Jörg Diekneite, Claudia Eisele, Gisela Faber, Filiz Feustel, Christiane Frauen, Axel Frieling, Julia Giede, Nadine Glück, Michaela Greisbach, Angela Haar, Hans Joachim Heinz, Karin Hofer, August-Bernhard Jacobs, Christa Knirsch, Michaela Koch, Renate Krull, Ina Lang, Gisela Mössle, Ursula Oswald, Martin Plieninger, Lisa Rivo, Werner Roose, Simone Schlepp-Pellny, Jutta Schöps-Körber, Stephan Theuer

Zu „Doppel-Klick" gibt es das Arbeitsheft 10 und eine begleitende Unterrichtssoftware.

Projektleitung: Gabriele Biela
Redaktion: Daphná Pollak, Grit Ellen Sellin, Dietlinde Thomas
Bildrecherche: Petra Ebert

Umschlaggestaltung: tritopp, Berlin
Layoutkonzept: nach Entwürfen von Farnschläder & Mahlstedt, Hamburg
Layout und technische Umsetzung: Buchgestaltung +, Berlin

www.cornelsen.de

Dieses Werk berücksichtigt die Regeln der reformierten Rechtschreibung und Zeichensetzung. Bei den mit [R] gekennzeichneten Texten haben die Rechteinhaber einer Anpassung widersprochen.

1. Auflage, 1. Druck 2013

Alle Drucke dieser Auflage sind inhaltlich unverändert und können im Unterricht nebeneinander verwendet werden.

Druck: Mohn Media Mohndruck, Gütersloh

ISBN 978-3-06-061900-9

Inhalt gedruckt auf säurefreiem Papier aus nachhaltiger Forstwirtschaft.

Auf einen Blick:
Die Übungen zu den Aufgaben des Kernlehrplans

mündliche Aufgabentypen	Aufgaben	Seite	Kapitel
Sprechen			
Typ 1: sachgerecht und folgerichtig, auch mediengestützt, präsentieren, z. B. a. Arbeitsergebnisse b. Referate c. eigene Standpunkte	über einen umfangreichen und differenzierten Wortschatz verfügen	18–19	Debattieren: Streiten mit Kultur
		276–27	Training Grammatik: Sprache und Stil
	längere freie Redebeiträge leisten	11–23	Debattieren: Streiten mit Kultur
		24–26	Training: Eine Debatte, vorbereiten, durchführen, auswerten
	verschiedene Medien nutzen	202–211	Auftritt im Netz
		228–233	Präsentieren mit Powerpoint
	sich artikuliert, verständlich und angemessen äußern	47–57	Gut ankommen im Beruf
		60–61	Training: Sich präsentieren
	Empfindungen und Gedanken unter Beachtung der Formen gesellschaftlichen Umgangs äußern	47–57	Gut ankommen im Beruf
		60–61	Training: Sich präsentieren
		126–135	Macht(,) Gedichte!
	Präsentationstechniken kennen und nutzen	89, 97	Empört euch!
		228–233	Präsentieren mit Powerpoint
		286–287	Training Grammatik: Lernen durch Lehren
	Medien zur Präsentation und ästhetischen Produktion nutzen	62–64	Training: Sich präsentieren
		288–233	Präsentieren mit PowerPoint
gestaltend sprechen / szenisch spielen			
Typ 2: gestaltend vortragen, z. B. a. dialogische Texte b. Gedichte	verschiedene Formen mündlicher Darstellung unterscheiden und anwenden	16–17	Debattieren: Streiten mit Kultur
		50–57	Gut ankommen im Beruf
		134–135	Macht(,) Gedichte
		167–177	Theater, Theater
	Texte sinngebend und gestaltend vortragen	107, 115, 117	Mensch – Wer bist du?
		126, 134–135	Macht(,) Gedichte
		167–177	Theater, Theater
		195	Mit spitzer Feder gezeichnet und geschrieben
	Texte ausdrucksvoll vorlesen, Gestaltung von Rollen im szenischen Spiel	109–113	Mensch, wer bist du?
		145–149	Begegnungen in Kurzgeschichten
		167–177	Theater, Theater
	Texte szenisch gestalten	50–57	Gut ankommen im Beruf
		60	Training: Sich präsentieren
	Textinterpretation mithilfe gestaltenden Sprechens und szenischen Spielens	109–113	Mensch, wer bist du?
		145–149	Begegnungen in Kurzgeschichten
		274	Training Grammatik: Sprache und Stil
Gespräche führen			
Typ 3: Sprechakte gestalten und reflektieren, z. B. a. in der Diskussion b. in Bewerbungsgesprächen	Gesprächsregeln einhalten	16–17	Debattieren: Streiten mit Kultur
		26	Training: Eine Debatte vorbereiten, durchführen und auswerten
		224–225	Training: Texte in der Schreibkonferenz überarbeiten
	auf Gegenpositionen eingehen	14–15	Debattieren: Streiten mit Kultur
	Argumente zu einer Argumentationskette verknüpfen und abwägen	35–38	Nanotechnologie – Die Größe liegt im Kleinen
		44–46	Training: Eine Argumentation schreiben
	begründet Stellung nehmen	11–23	Debattieren: Streiten mit Kultur
		24–26	Training: Eine Debatte vorbereiten, durchführen und auswerten
		92–93	Empört euch!
	Wirkungen der Redeweise kennen und anwenden	20–21	Debattieren: Streiten mit Kultur
	unterschiedliche Sprechsituationen gestalten (z. B. Vorstellungsgespräche)	50–57	Gut ankommen im Beruf
		60–61	Training: Sich präsentieren
	verschiedene Gesprächsformen praktizieren	11–23	Debattieren: Streiten mit Kultur
		60–61	Training: Sich präsentieren
	sich konstruktiv an einem Gespräch beteiligen	14–17	Debattieren: Streiten mit Kultur
		26	Training: Eine Debatte vorbereiten, durchführen und auswerten
		224–225	Training: Texte in der Schreibkonferenz überarbeiten
	durch gezieltes Fragen Informationen beschaffen	60–61	Training: Sich präsentieren
		212–215	Lesen und Verstehen erforschen
	„Sprachen in der Sprache“ ausgewählte Erscheinungen des Sprachwandels kennen und bewerten, Sprachvarianten reflektieren	262–269	Training Grammatik: Sprache und Sprachgebrauch

Schriftliche Aufgabentypen	Aufgaben	Seite	Kapitel
Schreiben			
Typ 2: Verfassen eines informativen Textes (Materialauswahl und -sichtung, Gestaltung des Textes, Reflexion über Mittel und Verfahren)	Texte schreiben	85–99	Empört euch!
		100–102	Training: Einen informativen Text verfassen
	Texte sinnvoll aufbauen und strukturieren	85–99	Empört euch!
		100–102	Training: Einen informativen Text verfassen
	Informationsquellen gezielt nutzen	85–99	Empört euch!
		100–102	Training: Einen informativen Text verfassen
	Wesentliches hervorheben und Zusammenhänge verdeutlichen	85–99	Empört euch!
		100–102	Training: Einen informativen Text verfassen
Typ 3: eine (ggf. auch textbasierte) Argumentation zu einem Sachverhalt erstellen	eine Stoffsammlung erstellen, ordnen und eine Gliederung anfertigen	34–37	Nanotechnologie – Die Größe liegt im Kleinen
		44–46	Training: Eine Argumentation schreiben
	sich argumentativ mit Meinungen und Sachverhalten auseinandersetzen	30–43	Nanotechnologie – Die Größe liegt im Kleinen
	Argumente zu einer Argumentationskette verknüpfen und abwägen	35–38	Nanotechnologie – Die Größe liegt im Kleinen
	Gegenargumente formulieren, überdenken und einbeziehen	44–46	Training: Eine Argumentation schreiben
	Entwickeln eines eigenen Standpunktes	36–37	Nanotechnologie – Die Größe liegt im Kleinen
	Thesen formulieren	35–37, 43	Nanotechnologie – Die Größe liegt im Kleinen
	begründet Stellung nehmen	92–93	Empört euch!
Lesen – Umgang mit Texten und Medien			
Typ 4: a. einen Sachtext, medialen Text analysieren, einen literarischen Text analysieren und interpretieren b. durch Fragen bzw. Aufgaben geleitet: aus kontinuierlichen und/oder diskontinuierlichen Texten Informationen ermitteln, die Informationen miteinander vergleichen, Textaussagen deuten und abschließend reflektieren und bewerten	über grundlegende Lesefertigkeiten verfügen	30–33	Nanotechnologie – Die Größe liegt im Kleinen
		212–221	Lesen und Verstehen erforschen
	Leseerwartung und Leseerfahrung bewusst nutzen, formulieren von Hypothesen unter Einbeziehung eigener Wissensbestände	30–33	Nanotechnologie – Die Größe liegt im Kleinen
		68–71, 74–79	Alles hat seine Zeit
		140–149	Begegnungen in Kurzgeschichten
		162–163	Die Liebe in Romanen
		166	Theater, Theater
		212–221	Lesen und Verstehen erforschen
	Nachschlagewerke zur Klärung von Begriffen und Sachfragen heranziehen	12	Debattieren: Streiten mit Kultur
		33	Nanotechnologie – Die Größe liegt im Kleinen
		263	Training Grammatik: Sprache und Sprachgebrauch
		276	Training Grammatik: Sprache und Stil
		286–287	Lernen durch Lehren
	komplexe Texte strukturiert zusammenfassen	30–33	Nanotechnologie – Die Größe liegt im Kleinen
		58–59	Gut ankommen im Beruf
		109–111	Mensch – Wer bist du?
		124–125	Training: Einen dramatischen Text interpretieren
		212–219	Lesen und Verstehen erforschen
	Inhalte mit eigenen Worten wiedergeben	87–91	Empört euch!
		111, 114, 117	Mensch – Wer bist du?
		197, 200	Mit spitzer Feder gezeichnet und geschrieben
	Randbemerkungen setzen, Texte gliedern und Teilüberschriften finden	30–33	Nanotechnologie – Die Größe liegt im Kleinen
		222–225	Texte in der Schreibkonferenz überarbeiten
		212–221	Lesen und Verstehen erforschen
	Inhalte veranschaulichen	228–233	Präsentieren mit Powerpoint
	komplexe altersgemäße epische, lyrische und dramatische Texte bedeutender Autoren kennen	65–81	Alles hat seine Zeit
		103–121	Mensch – Wer bist du?
		126–134	Macht(,) Gedichte!
		140–149	Begegnungen in Kurzgeschichten
		154–165	Die Liebe in Romanen
		167–177	Theater, Theater
		180–191	Joyce Carol Oates: Eine Stimme Nordamerikas
		213–219	Lesen und Verstehen erforschen
	epische, lyrische und dramatische Texte unterscheiden	106–117	Mensch – Wer bist du?
		122–125	Training: Einen dramatischen Text interpretieren
		136–139	Training: Gedichte vergleichen
		150–153	Training: Eine Kurzgeschichte interpretieren
	Zusammenhang zwischen Text, Entstehungszeit und Lebensumständen des Autors/der Autorin untersuchen	103–121	Mensch – Wer bist du?
		122–125	Training: Einen dramatischen Text interpretieren
		178–179	Theater, Theater
		221	Lesen und Verstehen erforschen
	zentrale Inhalte erschließen	30–33	Nanotechnologie – Die Größe liegt im Kleinen
		106–117	Mensch – Wer bist du?
	wesentliche Elemente eines Textes erfassen	122–125	Training: Einen dramatischen Text interpretieren
		136–139	Training: Gedichte vergleichen
		150–153	Training: Eine Kurzgeschichte interpretieren
		192–193	Mit spitzer Feder gezeichnet und geschrieben
	Informationen zielgerichtet entnehmen, ordnen, vergleichen, prüfen und ergänzen	30–33	Nanotechnologie – Die Größe liegt im Kleinen
		100–102	Training: Einen informativen Text verfassen
		226–227	Richtig zitieren

Schriftliche Aufgabentypen	Aufgaben	Seite	Kapitel
	Intentio(en) eines Textes erkennen	42–43	Nanotechnologie – Die Größe liegt im Kleinen
		90–91	Empört euch!
		192–201	Mit spitzer Feder gezeichnet und geschrieben
		210–211	Auftritt im Netz
		270–277	Training Grammatik: Sprache und Stil
	aus Sach- und Gebrauchstexten begründete Schlussfolgerungen ziehen	20–21	Debattieren: Streiten mit Kultur
		90–91	Empört euch!
		270–277	Training Grammatik: Sprache und Stil
	Informationen und Wertung in Texten unterscheiden	20–21	Debattieren: Streiten mit Kultur
		192–201	Mit spitzer Feder gezeichnet und geschrieben
		271, 275	Training Grammatik: Sprache und Stil
Sprachliche Formen und Strukturen in ihrer Funktion			
Typ 5: einen Text unter vorgegebenen Gesichtspunkten sprachlich analysieren und überarbeiten und die vorgenommenen Textänderungen begründen	Ergebnisse einer Textuntersuchung darstellen	44–46	Training: Eine Argumentation schreiben
		100–102	Training: Einen informativen Text verfassen
		122–125	Training: Einen dramatischen Text interpretieren
		136–139	Training: Gedichte vergleichen
		150–153	Training: Eine Kurzgeschichte interpretieren
		222–225	Texte in der Schreibkonferenz überarbeiten
	zentrale Schreibformen beherrschen	44–46	Training: Eine Argumentation schreiben
		100–102	Training: Einen informativen Text verfassen
		122–125	Training: Einen dramatischen Text interpretieren
		136–139	Training: Gedichte vergleichen
		150–153	Training: Eine Kurzgeschichte interpretieren
	Vorgehensweise aus Aufgabenstellungen herleiten	30–33, 36–37	Nanotechnologie – Die Größe liegt im Kleinen
		44–46	Training: Eine Argumentation schreiben
	eigene Texte hinsichtlich der Aufgabenstellung überprüfen	46	Training: Eine Argumentation schreiben
		125	Training: Einen dramatischen Text interpretieren
		153	Training: Eine Kurzgeschichte interpretieren
		222–225	Texte in der Schreibkonferenz überarbeiten
	Formulare ausfüllen	64	Training: Sich präsentieren
	Zitate in den eigenen Text integrieren	226–227	Richtig zitieren
	Grundregeln der Rechtschreibung und Zeichensetzung sicher beherrschen	234–261	Training Rechtschreiben
	häufig vorkommende Wörter richtig schreiben	234–261	Training Rechtschreiben
	individuelle Fehlerschwerpunkte erkennen und abbauen, selbstständige Fehleranalyse	250–251	Training Rechtschreiben
		256–257	5-Minuten-Übungen
	Textdeutungen begründen	114–212	Mensch – Wer bist du?
		128–130	Macht(,) Gedichte!
		169, 171, 176	Theater, Theater
		217	Lesen und Verstehen erforschen
	sprachliche Bilder deuten	114–117	Mensch – Wer bist du?
		136–139	Training: Gedichte vergleichen
		194	Mit spitzer Feder gezeichnet und geschrieben
	Texte überarbeiten	46	Training: Eine Argumentation schreiben
		153	Training: Eine Kurzgeschichte interpretieren
		222–225	Texte in der Schreibkonferenz überarbeiten
	sprachliche Gestaltungsmittel und ihre Wirkungsweise darstellen	19–21	Debattieren: Streiten mit Kultur
		40–41	Nanotechnologie – Die Größe liegt im Kleinen
		114–117	Mensch – Wer bist du?
		270–277	Training Grammatik: Sprache und Stil
	eigene Deutungen des Texts entwickeln, belegen und sich darüber verständigen	103–121	Mensch – Wer bist du?
		136–139	Training: Gedichte vergleichen
		145–149	Begegnungen in Kurzgeschichten
		226–227	Richtig zitieren
	analytische Methoden anwenden	111	Mensch – Wer bist du?
		141	Begegnungen in Kurzgeschichten
	verschiedene Textfunktionen und Textsorten unterscheiden	44–46	Training: Eine Argumentation schreiben
		62–64	Training: Sich präsentieren
		90–93	Empört euch!
		100–102	Training: Einen informativen Text verfassen
		103–121	Mensch – Wer bist du?
	medienspezifische Formen kennen	64	Gut ankommen im Beruf
		192–193	Mit spitzer Feder gezeichnet und geschrieben
		202–211	Auftritt im Netz
		228–233	Mit PowerPoint präsentieren
		270–275	Training Grammatik: Sprache und Stil
produktionsorientiertes Schreiben			
Typ 6: produktionsorientiert zu Texten schreiben (mit Reflexionsaufgabe)	produktive Schreibformen nutzen	86–89	Produktives Schreiben
		141–148	Begegnungen in Kurzgeschichten
		199	Mit Spitzer Feder gezeichnet und geschrieben
	Portfolio anlegen und nutzen	219–220	Lesen und Verstehen erforschen
	Schreibkonferenzen/ Schreibwerkstatt durchführen	222–225	Texte in der Schreibkonferenz überarbeiten